Memorias de una salvaje

@srtabebi

Memorias de una salvaje

Planeta

Av. Diagonal, 662-664, 08034 Barcelona
www.editorial.planeta.es
www.planetadelibros.com

Primera edición: noviembre de 2018
Tercera impresión: diciembre de 2018
Depósito legal: B. 24.129-2018
ISBN: 978-84-08-19445-3
Preimpresión: J. A. Diseño Editorial, S. L.
Impresión: Black Print
Printed in Spain - Impreso en España

El papel utilizado para la impresión de este libro es cien por cien libre de cloro y está calificado como **papel ecológico**

A todas las Katias

El lector encontrará aquí un Proceso.
Una metamorfosis a fuego lento.
Una partida librada a muerte.
El Proceso —la partida— le llevará hasta la Verdad.
Esa verdad no es otra cosa que quién es usted.
Y quién es usted constituye la respuesta a una, a priori,
simple pregunta: ¿Contra qué lucha?

Su padre quería un niño. No sabía que, a menudo, lo que uno desea para sí no coincide en absoluto con lo que el destino necesita para conseguir algo más importante.

—Ahí está mi hijo —decía borracho y con actitud más entusiasta que de costumbre por el vino.

Palmeaba suave y despacio la barriga abultada de su mujer. Lo hacía, sobre todo, en las comidas que preparaban en la casa de campo que poseían en el interior de la provincia, cada sábado. Como para demostrar la existencia pronta de un primogénito. Un hijo que heredaría el negocio. Al que enseñarle a ser como él.

Casi quince años juntos. Los médicos habían reducido a una probabilidad ínfima que su mujer pudiera quedar embarazada, a tenor de una patología prostática que hacía prácticamente inexistente la fertilidad de él. Es por ello por lo que el embarazo había sido el acontecimiento más importante de la vida conyugal. No había dudas de ningún tipo: su mujer le era ciegamente fiel y ese hijo era suyo, su vástago, probablemente la única progenie que podría llegar a tener. Una oportunidad para delegar su poder y extender su legado. Una milagrosa noticia que aumentaba todavía más la megalomanía de aquel hombre, que vio cumplidos sus deseos como si de un dios se tratara, como si en un desafío a duelo contra la naturaleza él hubiera resultado el ganador, una vez más. Corría el verano del año 1996. Él contaba entonces con treinta y seis años, ella con treinta y cuatro. Habían esperado mucho. Demasiado.

—Este será peor que el padre —advertía bobalicón y desafiante presidiendo una larga mesa de madera de ébano colombiana; un regalo de uno de sus socios que ostentaba, inmóvil y oscura, su poder, al igual que lo hacía él desde su persona. Era en esa mesa donde comían la familia y los invitados —unos de tantos, pues la casa de campo siempre se procuraba llenar en esos eventos— el cordero asado con patatas, antes de emborracharse hasta que los dormitorios quedaban todos ocupados de gente alcoholizada que no podía ni andar.

Jacobo era un hombre poderoso, pero inesperadamente fácil de tratar. Mediano de estatura y de complexión gruesa, con una barriga que sobrepasaba sus caros cinturones de marca casi diez centímetros. Barba hirsuta, aunque corta. La piel morena y curtida. Unos brazos fuertes. Callado y serio, hablaba lo justo. Era lo que solía llamarse un hombre de confianza y buen trato. Su labor consistía, básicamente, en intermediar entre traficantes. Y lo hacía estupendamente, porque la gente se fiaba de él. En un mundo como el del narcotráfico, que la gente se fiara de ti significaba dinero. Mucho dinero.

Desde el puerto de Vigo, donde atracaba la cocaína de los colombianos, hasta la Línea de la Concepción, donde llegaba el costo de los marroquíes, si se quería llevar y asegurar la compra de la droga —en su caso, en la costa alicantina— se llamaba a gente como Jacobo. Los hombres como él conseguían los transportadores, los compradores, y organizaban toda la red de distribución del estupefaciente. Algo así como organizadores de eventos en los cuales, en vez de una celebración, el acontecimiento era hacer llegar la sustancia al destino.

Dedicarse a mover el tráfico de drogas no era tarea fácil.

Había muchísimas cosas de las que ocuparse. Contrataba a chicos —la mayoría jóvenes y aspirantes al negocio del menudeo— para el viaje. Movían la droga de las ciudades de recepción a la provincia y vigilaban el camino, aunque este solía estar despejado gracias a las mordidas a la policía. Después, una vez distribuida, la mercancía se almacenaba en *guarderías*. Garajes y naves de «reposo» del género hasta que llegara a su destino final: el traficante y, más tarde, el consumidor. También se negociaba el precio con los camellos que comprarían la droga, intentando conseguir un trato óptimo que atrajera a los más grandes: los que se encontraban por encima de quienes negociaban con Jacobo. No era cuestión baladí. Conllevaba largos viajes —a veces de tres días— y un compromiso real de que cada uno cumpliría su parte, pero a su vez implicaba ciertas ventajas.

La droga no pasaba por sus manos en ningún momento. Las reuniones solían hacerse en los mismos clubs de alterne que tanto beneficio económico proveían al negocio, en restaurantes de carretera o dentro de los coches en aparcamientos públicos.

El narcotráfico era un negocio eminentemente familiar. Se traspasaba generacionalmente de abuelos a nietos y de padres a hijos. Los niños eran familiarizados con los términos, las estrategias, las tretas y el ocultismo que debía seguir a las operaciones y tratos muy pronto. Veían, aprendían y repetían. Como el que tiene un padre que dice «por favor» y «gracias» y se educa en ello, el que tenía padres traficantes aprendía exactamente igual, porque, aunque el ambiente no sea el mismo, un niño es un niño y un padre es un padre. Cosas del negocio, las llamaban. Como que cuando uno llevaba carga encima, un coche sin carga —los llamados «lanzaderas»— debía ir delante para avisar de los controles de la policía en las rotondas, en las entradas y salidas de las ciudades o en autovías para travesías largas dentro de un mismo país. Los teléfonos, siempre a nombre de personas sin hogar o adictas, a cambio de un pico o de algo de dinero, para que quedaran registrados por otra persona. La mercancía, siempre almacenada en lugares ajenos a la vivienda oficial. Garajes a nombre de amantes, donde también se guardaban coches comprados con dinero negro y lanchas de transporte. Todo ello se aprendía desde que uno sabía mirar y oír. Simplemente.

El oficio se convertía en toda una subcultura. Una manera de vivir al margen de la ley. Mujer oficial como ama de casa, cuidadora y madre, mujeres extraoficiales como objetos de valor de los que presumir. Varios vehículos y propiedades a nombre de testaferros inmobiliarios. Alta gama en todo, desde los coches hasta el alcohol que se sirve en las salidas nocturnas continuas, donde se hacen los mejores tratos. Opulencia al vestir y al comportarse. Altivez. Relojes de oro, cadenas pesadas de precio desorbitado, camisas de seda, tatuajes violentos intercalados con iconografía religiosa. Todo de marca, mucha marca. Las marcas que portaban creaban a su vez otra: la marca del traficante.

Cuando los niños cumplían la edad apropiada, se los llevaba a los prostíbulos, primero a mirar y escuchar a sus padres hablar de trabajo, después, cuando tenían edad para «estrenarse», a perder la virginidad con una prostituta. Allí era donde se cerraban los negocios mientras se invitaba a los socios a copas, y a mujeres, como si fueran el chupito final, el que cierra la transacción y materializa el buen trato.

La prostitución, la violencia explícita, la traición, la soberbia. La dureza en sus formas que casi se exageraba. La necesidad continua de imponer. Grotescos en sus manifestaciones, gastaban el dinero como si se tratara del agua de un grifo que se abre y cuya factura paga otro al que no se conoce. No importaba la proveniencia geográfica en cuestión de criminalidad organizada, tampoco el tipo de trabajo. Todos —fueran de donde fueran y se dedicaran a lo que se dedicaran— participaban de la cultura de los criminales, que se rige y se conforma con sus propias normas y costumbres.

Constituía toda una socialización aparte. Y, como toda mala educación, se transmitía de padres a hijos. De padres a hijos: solo hombres.

Como cualquier negocio, el objetivo oficial y directo era enriquecerse. Pero, ulteriormente, lo que los negocios ilegales aportan no es dinero, no son coches, casas, oro, mujeres. La criminalidad organizada conlleva algo casi más importante que todo lo anterior: poder.

Pugna por la cúspide, por tomar el mando, por ostentar el poder. Y está claro quién ostenta el poder en las sociedades.

Es por ello por lo que Jacobo quería un niño. Y es por ello por lo que tener una hija —sobre todo en sus circunstancias, cuando sabía que muy probablemente no podría tener más descendencia— fue, para él, una patente y expresada decepción. Las mujeres no encajan correctamente en el imaginario del éxito social. Mucho menos en el imaginario del éxito ilegal. Son quienes deben soportar el peso de la pirámide que solo los hombres escalan. Aunque ellos se maten —ya sea de forma literal, o no— para ello. Y aunque ellas mueran soportando sus pisadas. Esas pisadas dadas en la competición constante por hacerse con la cima. Esa cima que a las mujeres les es prohibida desde la sutileza de lo cotidiano y desde su propio nacimiento.

La mayoría de las personas dedicadas al tráfico de drogas pecan de agresividad e impulsividad. Jacobo era distinto. Tranquilo, sereno y serio, atento y profesional. Aparentemente fiel a los principios que regían su mundo. Culto, aunque no tuviera estudios. No se dejaba engañar y exponía su autoridad cuando era necesario. Todo ello le valió una situación privilegiada en el universo del narcotráfico. Su mujer, Ana —una niña morena, pequeña y delgada, nieta de andaluces que emigraron a Alicante tras la industrialización del calzado en los años 20—, lo conoció con pocos años. Se dejó cortejar por él entrada la adolescencia y ya no se separó de su lado. Se habían conocido en la calle principal del vecindario, una cuesta larga y empinada de unos doscientos metros que ella y su madre subían todos los días, con la agilidad de quien lo hace una y otra vez, para ir y volver al pueblo, cargadas con bolsas. En aquella cuesta los niños jugaban entonces, a finales de los años 60, a la rayuela y el escondite. Ella entraba en casa de Jacobo todos los domingos, junto a otros niños del barrio, para ver la televisión. Por aquel entonces, quien tenía un televisor tenía amigos los domingos y moscas cojoneras con piernas y brazos durante tres o cuatro días antes de cada partido de fútbol, o cada vez que se retransmitía algún evento de interés, y la familia Fernández, de tradición comerciante, había sido la primera en toda la calle en tener televisión. La gente del vecindario se agolpaba —los más allegados, o los que más cara tenían, dentro del salón, los menos en la puerta de la casa, que la familia dejaba abierta muchas veces— alrededor de esa curiosa caja de luz, que aquellos días emitía imágenes del mundo en blanco y negro.

Ana tenía unos ojos profundos y grandes, avellanados. Pelo grueso negro y largo. Piel olivácea y limpia. Se remangaba el vestido y se sentaba en el reposabrazos del sofá de casa de sus vecinos cada semana mientras el televisor sonaba, fascinando, aún sin saberlo, al hijo mayor de estos. Allí se conocieron, se cortejaron y se prometieron. Al padre de ella no le gustó que su hija se enamorara de lo que él llamaba un «quinqui». «Nos va a traer la ruina», dijo cuando se enteró de que su hija se veía con él a escondidas. Cuando el padre murió debido a una enfermedad coronaria —ella tenía dieciséis años entonces— y comenzó a entrar dinero de los negocios de Jacobo en casa, todos se mordieron la lengua, lo integraron en la familia y dejaron de llamarle quinqui.

Ana cumplía con los preceptos patriarcales de manera típica. Esa forma sumisa bien aprendida que hacía que casi pareciera naturalmente preparada para ello. Educada en la idea tradicional del matrimonio, se situaba al margen de los negocios de su pareja, centrándose en el mantenimiento del hogar. Sostenían la esperada relación teórico-práctica: ella callaba, servía y cuidaba a su marido; él hacía dinero y mantenía a su mujer como compañera de vida oficial.

No la acompañó a ninguna de las ecografías. Iba sola, con su hermana mayor Gladis o alguna hermana de su madre. Su marido se limitó a comprobar sin preguntar, solo por los silencios de ella, que todo estaba bien, y solo se interesó verdaderamente por una cuestión en concreto del embarazo: la que definía el sexo del bebé. En cuanto ella llegaba y él la miraba, sabía exactamente lo que quería saber.

—Creen que es un niño —le repetía ella tras cada revisión desde la puerta al llegar.

Jacobo tampoco dijo nada tras el parto. No hubo reproches ni peleas. El día que su mujer sostuvo a su bebé entre sus brazos morenos y alcanzó a ver la vagina entre las pequeñas piernas rollizas y blancas de aquel ser diminuto y llorón, no dijo nada. Ni una sola palabra. Hermetismo puro del que se abstrae a sabiendas de los acontecimientos y parece vagar por otro mundo que no es el presente y tangible.

—Enhorabuena, es una niña preciosa —dijo la enfermera sonriente, observando la abundante mata de pelo rubio que descansaba en el hueco de los brazos de su madre—; con lo morenos que ustedes son y mírenla, ¡parece nieve en un campo de girasoles!

En la mitología griega, Kassandra, hija de los reyes de Troya, engañó a Apolo. Él estaba enamorado de ella y esta, aprovechándose de la circunstancia, le ofreció un encuentro sexual a cambio de obtener el don de la adivinación. Después lo engañó. Y cuando Apolo cayó en el engaño, la maldijo. Le escupió en la boca y sentenció que, pese a tener el don, la condenaría a que nadie nunca creyera sus presagios. En el mito ella vivió frustrada y dolida, puesto que nadie creyó nunca en lo que vio, ni se hizo caso a sus advertencias de futuro. Kassandra siempre supo lo que estaba por venir, pero nunca fue creída. Se la condenó a esperar la desgracia una y otra y otra vez.

La diferencia entre la Kassandra del mito y la hija de Ana y Jacobo fue que ese trocito de carne de ojos verdes y gigantes se convertiría en una mujer que no esperaría a que las desgracias se sucedieran incesantes y cíclicas. El día en el que Kassandra engañó a Apolo, se condenó a la figura de la mujer astuta al ostracismo. El día en el que nació Kassandra Fernández, también deberían haberla desterrado. Solo que uno —afortunada o malogradamente— no puede evitar lo que todavía no sabe que va a suceder.

El nombre de aquel bebé sentenció la decepción de Jacobo y la insignificancia de la niña como hija de su padre y como mujer. Había leído mitología en su adolescencia y eligió el nombre a sabiendas porque conocía su significado. Porque nunca quiso tener una hija y porque en el fondo, aquel día, desde lo más recóndito de sí mismo, deseó que su hija fuera un varón.

El nombre tenía varios significados. Todos se movían en torno a lo masculino. «Hermana de los hombres» era el que él conocía y el que propició su elección, autoconvenciéndose así de que no era solo su hija, sino la hermana del hijo que nunca tendría. Una niña que nació siendo considerada débil para continuar el legado familiar en un mundo controlado y dominado por los hombres. Una desgracia. Preciosa, pero una desgracia, al fin y al cabo. Una némesis para su padre y sus aspiraciones divinas. Su nacimiento fue una mala suerte.

Jacobo no supo, cuando con rabia decidió su nombre, que este tenía otro significado más puro y fidedigno a la etimología e historia iniciales. «Kassandra» significaba, en realidad, «aquella que enreda a los hombres».

La hija de Ana y Jacobo nació un 3 de diciembre de 1996. Lloró muchísimo. Lloró tan fuerte que casi se ahoga en brazos de la inexperta y joven enfermera que, asustada y casi primeriza, intentó calmarla con sonidos sibilantes y meneos de cuna. Pero siguió llorando, como si supiera qué venía después, como si ya fuera acumulando rabia dentro de ese cuerpo que apenas contaba segundos, como desafiando a la vida de la única manera que había aprendido hasta ese momento.

Potente, brava, sin pausa y sin atender a caricias. Lloraba y lloraba y lloraba. Los párpados rojos e hinchados. El pecho espasmódico por los sollozos que subía y bajaba entrecortado. Abrió los ojos en cuanto su madre la acogió en medio de su brazo izquierdo y su pecho. Unos grandes ojos prematuramente formados, muy verdes, intercalados por pequeñas motas amarillas, como si el sol se colara entre la vegetación frondosa de su iris. Entonces, en aquel preciso momento en el que abrió los ojos, Kassandra dejó de llorar.

Fue de golpe. La niña se quedó seria y miró a todas y cada una de las personas que se encontraban en aquel momento en la habitación del hospital. Ni un solo giro de cuello, solo con el movimiento de sus ojos. Muy quieta y en silencio. Haciendo enmudecer de la sorpresa y con su extraño gesto a todos los presentes.

Los que estuvieron allí aquel día lo comentaron miles de veces. Narraron con asombro y provocando expectación en sus círculos sociales lo que ocurrió aquella mañana fría de un lóbrego día de diciembre. En comidas, cenas, fiestas y bodas se comentaba como anécdota —casi con tono tenebroso— el momento en el que la hija de Jacobo Fernández dejó de llorar de golpe y porrazo, imperativa, como si hubiera obedecido a una orden externa. En aquel instante, su pupila izquierda se quebró y el color de su iris la invadió unos milímetros, dejando a su paso lo que parecía la huella de una garra, quebrando su ojo y rompiéndole la mirada. Algunos, incluso, para añadir fantasía a la historia, inventaron que en aquel instante la niña balbuceó en arameo. Ya se sabe cómo son las leyendas. Pero la que mejor y más veces lo relató fue Gina, la amiga íntima de uno de los primos del padre. Ella se encontraba en aquel momento justo en frente de la recién nacida.

La niña dejó de moverse, pero permaneció en tensión, y el verde intenso entró en la pupila, como si la selva hubiera invadido lo humano, contaba.

Fue como si un león acabara de escuchar a una gacela moverse justo detrás, decía Gina. Como si fuera una criatura salvaje a punto de cazar.

K

♟

En un mundo de hombres como lo era aquel, Kassandra se limitó a sonreír.

Sonreía cuando los extranjeros visitaban su casa de campo los veranos. Se entretenía clasificando mentalmente a cada uno de los «amigos» de su padre. Les ponía nombres, los agrupaba.

Los alemanes e ingleses siempre traían coches caros, de los cuales su padre solía elegir alguno para sustituir el que venía conduciendo hasta entonces. Los latinoamericanos le parecían ruidosos y bebían mucho. Tenían bigotes tupidos, tatuajes algunos —de santos, calaveras y motivos religiosos—. Eran morenos, con un acento peculiar y musical. Algunos llevaban sombreros y vestían con botas y vaqueros. Sin ningún género de duda, era con los que más se divertía y los que más cariño le mostraban. Solían traer a sus mujeres —mujeres que variaban mucho, aunque fuera el mismo hombre el que visitaba varias veces al año su casa de campo— y a sus hijos, que eran exactamente igual de ruidosos y divertidos que ellos. Le gustaban porque siempre le hacían regalos y traían comida procedente del otro lado del océano.

Los Hombres de Hielo, como ella los llamaba por su aspecto físico —muy blancos, enrojecidos, altos, de aspecto rudo, musculados y de ojos claros— llegaron más tarde, cuando ella tenía ya unos seis años. Eran la antítesis a los latinos. Serios y antipáticos. Hablaban también alto, pero el acento era más seco y no tenía nada de musical. Solo se reían entre ellos estruendosamente. Bebían muchísima cerveza. Cuando trataban con gente que no era de la suya, su expresión cambiaba y se volvía tosca y distante. No traían mujeres ni niños ni tampoco traían diversión. Ni trajeron nada bueno. Nunca.

Con todo, ella sonreía a todo el mundo como le enseñaron a hacer. Sonreía a los marroquíes, a los alemanes, a los franceses, a los colombianos y a cualquiera que llegara y estrechara la mano de su padre. Eso era lo que tenía que hacer, sonreír. Les sonreía a todos, aceptaba sus regalos foráneos y volvía al sofá a revolcarse en bragas. Con diez años ya tenía un montón de cachivaches extranjeros que no tenía ni la menor idea de para qué servían, maquillajes varios —algunos infantiles y otros no tanto— y chapurreaba tres idiomas: inglés, francés y alemán. Con el tiempo, el estudio y gracias a aquella base, conseguiría convertir el chapurreo en un dominio casi perfecto, al menos del francés y del inglés.

Su infancia no fue una infancia común. En cierto modo, la obsesión de su padre por tener un hijo varón hizo mella en su educación y su personalidad. La educaron como a una niña. Le compraron juguetes de niña. Vestidos de niña. Su aspecto, con su pelo rubio y suave, su piel blanca y sus rasgos delicados, era el que se consideraba que debía tener una niña. Salió tremendamente bonita, pero absolutamente contestataria. Nadie —por más que intentaran esconder bajo la alfombra su conducta poco infantil— lo podía negar. Su madre intentó por todos los medios que su hija creciera en un ambiente lo más normalizado posible, fuera de los problemas y avatares vitales que provocaba su situación familiar. A pesar de tener como amigos a hijos de otros delincuentes, con los que se sentía cómoda, nunca fue una niña excesivamente problemática. Sí nerviosa y astuta, violenta en ciertas formas y de una picardía innata con los adultos, que, curiosamente, no empleaba con los niños de su edad, pero no problemática.

Demasiado astuta, para el gusto de su madre. Ella siempre quiso que su hija fuera una niña normal y conociera otros ambientes, que desechara por sí misma toda probabilidad de enrolarse en esos mundos. Que estudiara algo de provecho. Y se empeñó en ello, precisamente, porque temió exactamente lo contrario. Porque a los pocos días de nacida, desde sus primeras miradas de párpados todavía arrugados y entreabiertos, desde la primera vez que esos ojos color verde selvático de largas pestañas rubias la miraron fijamente, supo muy bien que su hija había salido, en temperamento, al hombre que la creó.

Fue a una buena escuela, pero algunos de sus compañeros no terminaron de aceptarla del todo. Asistía a un colegio privado donde la procedencia social importaba lo suficiente como para modular el trato de los profesores a los niños y de los niños a los otros niños. De dónde provenía el dinero que se pagaba —muchísimo— era algo que se conocía. Hijos de banqueros, empresarios, políticos locales y familias adineradas colmaban las listas de entrada cada año escolar.

Cuando los niños se enteraron, por comentarios de sus padres y otros adultos, de que el papá de K era «malo», ella se convirtió inmediatamente en una niña que traía cosas malas.

En una ocasión la asaltó en el patio un grupo de cuatro niñas encabezado por una líder llamada Kimberly. Kimberly vestía de rosa y morado los jueves y viernes, y lo hacía de blanco y negro los martes y miércoles, porque ella lo quería así y así lo hacía su madre. Su madre podía vestirla del color que quisiera los lunes, siempre y cuando le pusiera a Kimberly la ropa que ella quería.

Siempre llevaba el pelo recogido en una cola de caballo extremadamente repeinada. En navidad, sus padres le regalaban bolsos de mujer mayor, que ella llevaba a clase y de los que presumía delante de las otras niñas con cara de minipersona *cool*, como si el hecho de tenerlos la hubiera ascendido, automáticamente, de clase social en la pirámide imaginaria que constituía el colegio. Ya despuntaba por su despotismo y olía a madera de futura animadora cruel de película universitaria estadounidense. Y lo más importante: odiaba irremediable e inexplicablemente a Kassandra.

Aquel día la pararon en una esquina del patio y la rodearon, sin dejarle escapatoria. Kimberly puso en antecedentes a las otras niñas previamente. Contó que su padre, durante la comida aquel domingo, había comentado que en casa de Kassandra hacían polvo. Al preguntar qué era ese polvo y por qué lo hacían, su padre respondió que eran brujos y hacían «polvos mágicos», mientras se reía con su madre y esta comentaba que se mantuviera lejos de ella por si le echaba mal de ojo.

En el patio del lunes, Kimberly le gritó todo eso y más muy cerca de la cara y le tiró del pelo. Después, sus amigas le echaron agua bendita de la fuente para protegerse de ella y se burlaron gritándole bruja, mientras los demás niños se reían u observaban la escena con asombro y entusiasmo, como si de una representación teatral del medievo se tratara.

Kassandra respondió mordiéndole en la cabeza a Kimberly y rompiéndole su diadema favorita, lo cual no hizo más que aumentar el odio de la niña popular hacia ella. La recogieron sus padres por una llamada de la directora. A ella, no a Kimberly. No contó absolutamente nada —nadie contó absolutamente nada—. Fingió delante de su madre que había sido una tontería y lloró en su cama aquella noche hasta quedarse dormida.

Las burlas continuaron un curso tras otro, secundaria incluida. Los niños crecieron y aprendieron. Sus ideas evolucionaron con ellos y pasaron de llamarla bruja a hacer el sonido de esnifar con la nariz cuando se cruzaban con ella por el pasillo. Por si fuera poco, el proceso fisiológico que conllevó el paso de niña a adolescente fue rápido y brusco. Aquello, obviamente, no mejoró la relación con sus compañeros. A los trece años empezó a desarrollarse y las curvas comenzaron a pugnar por un lugar en el cuerpo. Tenía un pelo rubio, ondulado y brillante como su madre, largo hasta la cintura. La piel muy blanca. Los pómulos marcados. Ojos color verde intenso. Una mirada inquisidora que penetraba. Los colores y la suavidad de sus rasgos le brindaban un aspecto levemente nórdico.

Algunos niños se sintieron atraídos por sus repentinas formas, quc portaban un cartel parpadeante con letras neón donde se leía la palabra «novedad». Producto de la atracción y de no saber manejarla, se limitaron a reírse de ella, a hacerle burlas bobaliconas y comentar con descaro tras sus pasos. Ciertas niñas —futuras animadoras y no futuras animadoras— empezaron, por consiguiente, a envidiarla y a reproducir comportamientos tóxicos hacia ella. Algunos grupos de chicas, con sus respectivas abejas negras de pompones imaginarios y voz de pito, la ignoraban en las clases y le ponían cara de asco en los cambios. Todo ello se enmarcó en un escandaloso proceso que duró casi nueve años.

Un viernes por la tarde, cuando ya había cumplido los catorce, dos de sus amigos, hijos y nietos de camellos del pueblo, la encontraron llorando en la puerta de su casa. Los chicos le preguntaron —ya casi a sabiendas, pues era un secreto a voces que no tenía casi amigos en el colegio— si le había ocurrido algo en clase. Insistieron e insistieron hasta que explotó: dos chicos del último curso habían hecho una apuesta con su grupo de amigos y le habían manoseado el culo a la salida de clase.

Las malas formas de sus compañeros desataron un temerario viaje en moto a sesenta kilómetros por hora de los otros, que anduvieron buscándolos por todos lados, y una posterior pelea —una vez fueron encontrados en uno de los parques del pueblo—, bates incluidos.

Fueron dos contra cinco, pero ninguno de los cinco chicos del colegio —dada la reputación de los otros dos— hizo nada. Tuvieron que darle cuatro puntos a cada uno de los imbéciles que le habían manoseado el culo. Al primero le dieron los cuatro puntos en la cabeza. El segundo se los repartió entre el occipital y la ceja.

La pelea —según se rumoreó en el pueblo— fue un ajuste de cuentas a muy baja escala por unos porros no pagados por parte de los niños pijos a los otros dos. Los padres de los niños pijos tuvieron que callar la boca porque sus hijos fumaban porros, así que no indagaron más para no descubrir más. Ella no dijo nada en casa —nadie dijo nada, como siempre—, pero los delincuentes en miniatura se ocuparon de que todos en su franja de edad supieran que el ajuste de cuentas había sido por lo de la apuesta.

Aquel lunes nadie la molestó. De hecho, nadie volvió a molestarla en público durante los casi dos años que tuvo que seguir en aquel colegio, aunque siguieron odiándola en silencio. Y los niños pijos también se ocuparon de que ella lo notara.

Tuvo que darse cuenta de que estaba sola. Tuvo que admitir que la única persona a la que le interesaba su sufrimiento —aparte de a su madre, que la adoraba— era a ella misma. Y la coraza apareció, repentina, un buen día. Se despertó y la descubrió, sellada a la piel como un tatuaje. Y se fue haciendo más y más dura y fue añadiendo más y más capas conforme se daba de bruces con la vida una y otra vez. Hasta que tuvo tal coraza que dejó de saber cómo era la persona que había debajo. Dejó de acordarse de la niña inocente que fue —aquello de la inocencia duró, en su caso, muy poco—. Se endureció muchísimo. Se afiló las aristas y se creó a sí misma como un arma que usar en caso de emergencia.

Duele portar la coraza, pero a veces el exterior duele mucho más. Así que Kassandra recorrió su adolescencia acorazada, hasta que llegó a la universidad y se produjo la colisión, quebrándola lo suficiente como para que entrara lo que debía entrar.

La colisión fue muy sentida, aunque nadie al principio reparara en ella.

Aquel golpe le hizo un daño gigantesco, pero el cómo Kassandra se levantó después, indiscutiblemente, hizo historia.

Se trasladaba en autobús todos los días, puesto que la universidad se situaba a unos treinta kilómetros del pueblo donde vivían sus padres, cerca de Alicante, la capital de provincia. Allí conoció a su amiga Bilma. Bilma era cariñosa, risueña, comprometida con las causas nobles, naturalmente alegre y de carácter afable —y más cotilla que la vecina que se sienta en la puerta de casa mientras escudriña todo su alrededor—. Compartía con Kassandra el gusto por la lectura, el maquillaje y la escritura. Era más alta que ella. Un metro sesenta y cinco aproximadamente. El pelo muy grueso, ondulado y oscuro, a media espalda. Nariz prominente y algo encorvada que le aportaba personalidad y encajaba perfectamente con su cara, y sus ojos rasgados marrón muy miel, color del ámbar. Al contrario que Kassandra, poseía una belleza poco normativa. Era eso mismo lo que la hacía arrebatadoramente preciosa. La belleza, al fin y al cabo, no es un canon, sino una expresión. Y Bilma la expresaba como si hubiera nacido con un don para ello. Vivía en Alicante ciudad e hicieron buenas migas desde el principio, pese a tener caracteres totalmente dispares.

Bilma supo muy pronto que a Kassandra le costaba horrores mostrar cualquier atisbo de afectividad hacia los demás, así que no tardó en agobiarla con abrazos y besos, que le impregnaban de saliva las mejillas, cuando quería hacerla rabiar. A una le atraía el realismo descarnado y el humor negro de la otra, y a la otra, la positividad y el dinamismo continuo de la primera. Se necesitaban y se encontraron. A veces los polos opuestos se complementan.

El día de la colisión estaban juntas tomando algo en una de las cafeterías de la universidad mientras Kassandra esperaba al autobús que la llevaría a casa.

—¿Has visto las ojeras que tenía el profesor de Deontología? —exclamó Bilma fingiendo un asombro exagerado—. Ese hombre no sabe lo que es un corrector.

—Ese hombre no sabe lo que es dormir —contestó Kassandra antes de darle un sorbo al café y dirigir su mirada hacia la ventana.

—Yo con su examen tampoco lo supe durante cuatro días.

—Yo no lo sé desde que nací.

—Oye, ¿qué tal tus padres? ¿Va mejor la cosa?

Bilma sabía cuál era la situación. No estaba de acuerdo con el hecho de que el padre de su amiga se dedicara a lo que se dedicaba, pero no la juzgaba. El padre de Kassandra —según ella le comentó una vez en uno de sus escuetos y contados ataques de sinceridad íntima— había tenido problemas con el juego. Comenzaron cuando ella cumplió los trece. Cogía el dinero, desaparecía unos días y volvía sin nada o con menos de lo que tenía. Cuando el dinero disponible se le acababa, apostaba un coche, una moto, un sillón. Al principio, recuperarse económicamente era sencillo, puesto que no le faltaban clientes y ganaba cantidades ingentes, pero cada vez iba a más. Después de las timbas de póker vinieron las ruletas, las apuestas de juego y la lotería. Rumbo a la ruina. A la adicción irremediable.

En algunas ocasiones apostaba tanto que no recobraba dinero hasta que alguien que le debía le pagaba lo suyo, y eso, obviamente, se hacía cuando el que le debía dinero lo recuperaba. Así que las facturas no se pagaban, al coche no se le echaba gasolina y su madre comenzó a ahorrar a escondidas en vista del nuevo pasatiempo de su marido. Por supuesto, nadie le decía nada. Nadie le reprochaba nada. Jacobo era un hombre tranquilo, pero de un carácter impredecible y que infundía incertidumbre incluso a su familia. Kassandra no mantenía una relación padre-hija al uso con él. Ambos guardaban una distancia acordada desde muy temprano y que no rompían porque, simplemente, no había ninguna necesidad. Cuando el dinero faltaba en casa, faltaba hasta que regresaba. Y punto. No había más que hablar.

—Mi padre está de viaje, vuelve mañana. Mi madre está en casa —contestó Kassandra evitando el tema.

—Bueno, si necesitas algo, cualquier cosa, ya sabes.

—Espero que emborracharme este fin de semana entre en esa lista —dijo.

Bilma puso cara de «por supuesto», reflejando obviedad. Hacer salir a su amiga de su propio ambiente cuando sabía que las cosas iban mal era algo que la satisfacía enormemente como persona. Sin duda alguna, Bilma poseía ese espíritu colaborador que la arrojaba a preocuparse por los demás de forma cuasi innata.

—Te vienes, bebemos en mi casa y luego nos vamos a MOMA.

—Hecho. Déjame tus pantalones vaqueros de tiro alto, que me hacen un culazo —le pidió Kassandra.

—No te vienen —contestó Bilma.

—Sí me vienen —la interrumpió—. Mi culo y esos pantalones están enamorados.

—No te vienen de cadera, tengo mucha más que tú. Además, a ti te gusta vestir menos sofisticada, ponte un chándal dorado —le espetó a media risa.

A Kassandra le encantaba llamar la atención con su vestimenta. No tenía punto de equilibrio, o vestía faldas de cuero, escotes y tacones bien altos, o vestía en chándal. O niña de barrio o venus galáctica. Su forma de vestir iba acorde con su carácter: provocativa, dual y descarada. Bilma, por el contrario, tenía un estilo más sobrio. Prefería la discreción.

—Me tienes envidia porque me parezco a Beyoncé —se atusó Kassandra el pelo fingiendo soberbia.

—¿Beyoncé blanca como una pared recién pintada? Por Dios, qué insulto más gratuito.

—Tienes razón —resopló divertida.

—Lo sé.

—Que te den por el culo.

Bilma hizo el amago de darle con la mano en el hombro desde la silla de en frente. Kassandra se apartó, esbozando una sonrisa juguetona.

—Me piro, vampiro —le dijo mientras se levantaba de su silla y se colgaba su mochila en el hombro.

—¡Los vampiros son blancos, como otras, yo soy muy morena! —gritó Bilma desde la mesa mientras Kassandra se dirigía a las puertas de salida de la cafetería.

—¡Que te jodan, pseudo-Beyoncé! —contestó esta.

Bilma miró a su amiga mientras caminaba hacia la derecha en dirección a la parada de autobús. Dos de los chicos de un grupo de seis que estaban sentados fuera en las mesas fumando vitorearon su paso. Maleducados, pensó. O bien educados, dependiendo de la óptica con la que se mirara.

Kassandra se giró tras escuchar los sucios piropos. Dirigió su atención a todos ellos y los miró desafiante unos segundos. Los chicos también la miraron callados, sin esperarse esa respuesta por su parte. Mantuvo seria la mirada, como amedrentándolos. Un segundo. Dos. Tres. Cuatro. Cinco. Segundos interminables que obligaron a alguno de ellos a desviar la mirada ante la incomodidad que provocaba esa fijeza de ella. Tras diez prolongados segundos, despacio dio media vuelta y siguió su camino, desapareciendo de la vista. Uno de los chicos hizo un gesto a los demás indicando que lo que acababa de pasar era una mujer brava. Los demás rieron.

Bilma sorbió un trago de su café y pensó en ella. En aquella actitud retadora. En lo que su vida había hecho de su amiga y en el escudo que ella misma se había forjado frente a los demás. No era necesario que le contara absolutamente todo para darse cuenta de que su infancia y su niñez no habían sido fáciles. Al menos no como la suya.

Hay personas cuya existencia es una lucha continua. Personas que, batalla tras batalla, han aprendido a transformar su naturaleza y fortalecerse, hacerse ejército, como si de contingentes humanos se tratara. Se las reconoce porque se enfrentan a los desafíos de la vida, aunque sean unos chicos que intentan intimidarte a la salida de la cafetería de la universidad, levantando la cabeza y mirándolos fijamente a la cara. Negando cualquier atisbo de miedo y esperando a ser más fuertes que el choque. Aunque no lo sean. Y lo sepan. Y vean venir el impacto desde el inmovilismo férreo aprendido que las impele y obliga a resistir. La vida, para algunas personas, consiste continuamente en ver venir el golpe, en obligarse a resistirlo. Y en hacerlo. Kassandra era una de ellas.

QUIÉN MANDA AQUÍ

Octubre

Su madre tenía los párpados y lagrimales hinchados, como si le hubieran dado una paliza. Llevaba horas llorando. No había comido en casi dos días. No había salido a la calle más que para ir al tanatorio y a la pequeña capilla. No había hecho otra cosa que llorar y musitar lamentos mientras recibía consuelo de sus vecinas y familia. Lloraba con las manos en la cara. Sentada, recostada, de pie para volver a caer en el sofá. Endeble. Representación en carne de un fantasma.

Una vecina y su hermana Gladis se habían turnado para cuidar de su estado tras la que a Kassandra le pareció una interminable tanda de visitas. Ella observaba la escena desde la cocina, con sus dos primas pequeñas sentadas en las sillas plegables con los pies colgando y medio ajenas a lo que ocurría y la puerta abierta, que quedaba justo en frente del salón. Levantó la cafetera y miró hacia allí, volviendo la mirada a la cocina vitrocerámica casi al instante. Se secó el sudor frío de las manos en el vestido negro. La vista panorámica de la reunión le hacía sentir náuseas. Tenía un nudo en el estómago y las pulsaciones aceleradas desde hacía horas. No tenía hambre, pese a no haber probado bocado desde las tres de la tarde del día anterior.

Su padre estaba muerto. Definitivamente muerto. Aquello era real.

Le habían dado un tiro en el pecho. Le habían atropellado

tres veces. No una ni dos, sino tres. Su padre había muerto de un tiro, y una vez muerto, le habían atropellado tres veces y pegado tres tiros más. No uno ni dos, sino tres. Pum, pum, pum. Ya muerto. Como señal de mandato. Estamos aquí. Mirad de lo que somos capaces. Nosotros estamos aquí, él ya no. Alguien se había tomado la molestia de asesinarle a sangre fría.

La llamada se produjo a las diez de la mañana del jueves. Kassandra se encontraba en aquel momento en la universidad y no recibió la noticia hasta las cuatro de la tarde, cuando regresó a casa. Ana escuchó la voz desde el otro lado de la línea y no hizo falta más que aquel «Buenos días, es la policía» para saberlo.

La autopsia reveló que murió tras el primer disparo, que había impactado en el pecho. El cuerpo inerte había sido encontrado en una carretera secundaria por un camionero que transportaba sal cinco horas y media después. Lo habían matado de madrugada y probablemente después de una noche de alcohol, juego y quién sabe qué más. Un transportista de sal. Cristal blanco. Polvo blanco. Ironía.

Los periódicos hablaban de un posible ajuste de cuentas entre bandas que operaban en la Costa Blanca y la Costa del Sol. Desde los años 60, tras el franquismo, España se había convertido en un lugar maravilloso con un clima, un ambiente y una posición geográfica privilegiada para traficar. Y no solo para traficar, sino que, como país, ofrecía infinitas posibilidades de pasar desapercibido si no lo hacías como delincuente en tu país de origen. El *boom* turístico posdictadura posibilitó a su vez el blanqueo de dinero en propiedades. Hoteles, urbanizaciones de lujo, chalés, complejos turísticos. Las cantidades de turistas extranjeros que hacían rebosar las playas en las épocas calurosas hacían el control informal en los vecindarios mucho más laxo que en otros lugares. Nadie sospechaba que su vecino fuera un mafioso fugado, un proxeneta, un capo. España se llenó de extranjeros, como era lógico en un país hermoso que comenzaba a vivir después de décadas muerto. Un país maravilloso de sol, de gente divertida, de costa y de una estupenda calidad de vida. Quién no querría visitarlo, disfrutar de él. Situado exactamente entre tres continentes. América Latina, de un lado. África, de otro. Europa, extendiéndose hacia arriba. Y en medio, la bisagra española. Con posibilidad de entrar en ella por mar, tierra y aire. Un incipiente flujo de contrabando de ilegalidades. Sustancias como el hachís, la cocaína y la heroína hicieron millonarios a los traficantes españoles —y no españoles—. Trata de blancas desde África y Latinoamérica hacia Europa. Vista gorda. Diversión y consumo sin límites.

Era el paraíso descubierto. Si a ello le sumamos un *laissez faire* jurídico y policial producto de un cambio de sociedad vertiginoso, de un momento en el que se descubren nuevas libertades políticas y sociales, en el que todo es líquido, incertidumbre, tenemos el caldo de cultivo propicio para gestar un plato exquisito. España, país del negocio ilegal. País de paso, de actividad y retiro. Recién hecho. Humeante. Listo para consumir. Cualquier delincuente o mafioso extranjero que quisiera refugiarse en España lo tenía relativamente fácil.

Su cercanía con África, en concreto con Marruecos, procuró que ya en los años 70 se visibilizara la problemática del asentamiento de grupos criminales franceses provenientes de este país y de Argelia que, tras la independencia en los 60 de ambos países y con la connivencia del régimen franquista —única condición: inversión—, se habían instalado junto a la mafia italiana en el sur del país. Y habían descubierto que la criminalidad organizada cotizaba —y cotizaría todavía más con el despegue del turismo de la costa española— al alza. Muy al alza. Un espacio, en su caso, donde la prostitución ilegal podía campar a sus anchas y aportarles pingües beneficios.

A los contrabandistas marroquíes, a los franceses, a los camorranos italianos, a los alemanes y a los holandeses se sumaron, ya en los 80 con la apertura de fronteras de Gibraltar, los ingleses. El pequeño reducto británico se convirtió en banco, fondo de inversiones y lugar de negociaciones, contrabando y paso fronterizo. En aquellos locos 80, el desborde ante la poca preparación para algo que no se conocía anteriormente era patente. Y la fiesta continuaba. El hachís dejó paso a la lujosa cocaína. La heroína, con su nombre de salvadora, diezmó la población joven española. Un estrago total. Y la fiesta continuaba. Nada sigue funcionando si nadie obtiene beneficio.

Uno de los beneficiarios indirectos fue el padre de Kassandra. Supo, junto a otros, hacerse con el control de toda una provincia aprovechando sus contactos con los narcos y proxenetas más grandes, aunque al final no todo saliera como se esperaba.

Sus asesinos llegaron más tarde al país, en los 90. Y a la cabeza tenían a un serbio afincado en Francia con un talento innato para la criminalidad organizada. Mafias del Este, las llamaban. Hombres muy violentos, muchos con entrenamiento militar. Generaciones enteras llevadas a la sociopatía producto de la pobreza, la hambruna y el desastre de las guerras separatistas de la antigua República Federal Socialista de Yugoslavia. La caída del comunismo se sucedió con la consecuente huida de ingentes masas de población civil, entre las que surgieron las mafias albanokosovares, serbias y bosnias. A ellas, de España les atrajo el clima y también la laxitud legal; el universo por crear. Todo un territorio del que podían aprovecharse. Se les sumaron rumanos y búlgaros en una camaradería de interés. Sanguinarios de ojos claros. Con una pericia alarmante para efectuar robos a gran escala, prostituir mujeres y traficar con armamento. Organizaciones piramidales estrictas con deslinde en filiales. Pocos capos. Tres, cuatro jefes. Hombres de confianza encargados del negocio en las diferentes bases, a veces en varias. Operadores y matones, abajo, haciendo el trabajo sucio. Todo controlado. Carácter frío, haciendo honor a sus orígenes. Y brutales. Brutales como ningunos.

Tan brutales y violentos eran que, en 2016 —el año en el que aquellos hombres asesinaron a su padre—, 7 de cada 100 presos de las cárceles españolas eran esos hombres.

Ninguno de los que hicieron negocios con su padre asistió al entierro. Nadie. Ni los de fuera ni los de allí. Ni los de mucho trato ni los conocidos. Ni los que le reían las gracias los sábados ni tampoco los que lo tenían por debajo. Ni siquiera los vecinos o la gente del pueblo asistieron, por posibles represalias, por temor o para evitar habladurías. Solo la familia política y de sangre lloró su muerte durante toda la noche, y Kassandra, sentada en uno de los sillones de fuera de la estancia donde el féretro estaba siendo velado en aquel tanatorio oscuro y silencioso, repasó todas y cada una de las veces que imaginó aquel momento, como quien imagina situaciones que sabe —aunque intente negárselo— que tienen una probabilidad muy alta de suceder.

Ahí estaba su padre, acribillado a balazos. Huellas de neumático grabadas en la piel. Ahí estaba su madre, llorando, a sabiendas de lo que venía. La hegemonía de Jacobo fue sustituida rápidamente por antiguos socios y compradores de mercancía. En este mundo —como en todo el mundo—, uno vale lo que obtiene. Cuando dejas de obtener, dejas de valer, y tu respeto y tu nombre se esfuman por el sumidero como se esfuma el agua del grifo que antes pagaba otro. Sin tener hijo varón heredero del oficio, otros camellos como aves de rapiña despellejaron los restos de Jacobo, exceptuando los de su cadáver. Todos los demás —agenda, contactos, clientes— fueron repartidos en un juego competitivo de rapidez y astucia. Ocupando el puesto y vacío de su ausencia y aprovechando el momento. Como si fueran buitres carroñeros subidos en la cima del árbol, esperando a que el último ser humano vele al cadáver.

Vendieron la casa de campo y el domicilio del pueblo y con el dinero se sirvieron para pagar las deudas que restaban por saldar, pertenecientes a los últimos contrabandeos y a las últimas timbas de póker perdidas. La abuela de Kassandra, que residía en Alicante, les ofreció un modesto pisito cerca del centro que tenía previsto dejar de herencia a Ana, adelantándola. Y allí se trasladaron.

A ella no le importó dejar atrás los recuerdos de aquel pueblo lleno de gente estúpida. Su vida, pese a la repentina muerte de su padre, olía mejor ahora que se iba de allí para no volver.

No lloró la muerte de su padre. Nunca habían mantenido un lazo afectivo estrecho. La había educado —bien y mal—, la había mantenido y había procurado que nunca le faltara nada. Nunca había pegado a su madre, pero la había respetado poco. El poco respeto a las mujeres era una de esas cosas que no necesitaban perdón porque no era una equivocación. Kassandra había crecido escuchando comentarios despectivos y chistes misóginos que provocaban estallidos de risas masculinas en reuniones de amigos. Había visto cuál era el funcionamiento desde muy pequeña: mujeres cocinando, hombres en la mesa; mujeres limpiando y recogiendo, hombres fumando o bebiendo la copa de después del atracón; mujeres callando, hombres negociando, llevando la batuta de la conversación y del evento, aunque fueran las mujeres quienes lo prepararan, pusieran todo en marcha y se encargaran realmente de que todo funcionara correctamente y de que este pudiera llevarse a cabo. ¿No era eso violencia?, se preguntaba continuamente. ¿No era violencia relegar a las mujeres a un segundo plano, acallarlas, usarlas como objetos? ¿No era violencia castigar a tu mujer silenciosamente durante toda tu vida por no haberte dado un hijo varón? ¿Echarle la culpa cuando el que teóricamente era estéril eras tú? ¿No era violencia regalar mujeres en los clubs en los que cerraban los tratos, como si fueran la guinda de un pastel de excrementos?

Todos aquellos hijos de la mierda inmunda, los que emplearon aquella escatológica violencia con su madre, con ella y con otras, fueron quienes la llenaron de rabia. Porque no nació odiándolos, pero se lo ganaron a pulso. Todos se lo ganaron a pulso. Desde los críos apostando tocar su cuerpo hasta los socios de su padre fumando el puro y haciéndose a un lado para que su madre pudiera recoger el plato sucio. Incluyendo y destacando, por supuesto, todo aquello que sucedió, de lo que fingía no acordarse. Cuando terminó la mudanza y metió la última caja en ese sencillo, pequeño y nuevo hogar —un piso de urbanización cochambrosa, impregnada de olor a cola y piel de las fábricas de zapatos—, y abrió las ventanas para respirar el viento de levante cargado de sal y humedad, el mundo le pareció todo un campo de aromas. El olor a podrido casi se disipó. O al menos, eso creyó.

Su madre empezó a trabajar cosiendo para el dueño de una de las fábricas del pequeño polígono industrial que había dos calles más arriba. Se adaptó bien. Su abuela le había enseñado a manejar la máquina de aparado antes de casarse con Jacobo —cuando aún podía caber una remota posibilidad de que algún día trabajara—. Aquello le vino bien a su mente y a su economía. Para Ana, aquellos dos meses de mudanza e instalación fueron una especie de «plan renove»: trae tus cosas viejas y te ofrecemos algo nuevo, totalmente actualizado. Y eso mismo hizo: aceptó el dolor, pagó las deudas y empezó a ser una mujer nueva. El hombre del que una vez se enamoró ya no estaba, pero su hija sí, y las dos seguían, aunque Ana intuía que había una deuda mayor que saldar. Una deuda que nada tenía que ver con el dinero. Aquello la aterraba en silencio.

Para Kassandra fue un alivio llegar a Alicante. Le posibilitó estar más cerca de la universidad y de sus amigas, sobre todo de Bilma, que ahora vivía a tres paradas del autobús urbano. Veinte minutos andando. Una nueva oportunidad, pensó. Y, efectivamente, así fue. Aquellos dos meses supusieron la apertura a algo nuevo. Y la llamada —aunque no lo supiera— a una misteriosa puerta. La puerta de un mundo que iba a conocer. Quisiera o no.

Bilma quiso asistir al entierro, pero ella se lo prohibió. Siempre, desde que se conocieron, había intentado mantenerla al margen de su vida familiar. No consideraba que fuera a aportarle nada interesante ni mucho menos bueno, le decía. Se lo repetía hasta la saciedad, cada vez que Bilma lo intentaba. «¿Por qué no me presentas a tus padres?», decía ella. «Conocer a mi familia no va a aportarte nada bueno», le contestaba Kassandra. «¿Por qué no pasamos el fin de semana que viene en tu casa en vez de en la mía?», insistía Bilma algunos viernes. «Venir a mi casa no te va a aportar nada nuevo ni interesante», le contestaba la otra. Entonces venía la jugada maestra —Bilma pecaba de ingenua, pero tonta no era—. Le contestaba —aprovechando la poca capacidad de respuesta ante las muestras de afecto de su amiga—: «Yo creo que conocerte a ti sí me ha aportado cosas buenas». «Eso es porque me conoces solo desde hace tres años, espera un tiempo», contestaba Kassandra. Cara de fastidio de Bilma, cara de triunfo de ella. Fin de la jugada. Cambio de tema.

En realidad, estaba genial que se hubieran conocido. A veces, lo maravilloso de la vida son las circunstancias fortuitas que preceden a lo inevitable. Algo así sucedió con las dos amigas. Se encontraron y, muy pronto, supieron que de su encuentro se extraería algo, aún sin conocer el qué. Uno no elige a quien conoce, a quien va a matarle un poco la existencia, con quien luchará codo con codo o de quien se enamorará

—poder hacerlo convertiría la vida en un terminante aburrimiento, al fin y al cabo.

Bilma era una de esas personas que se entrega mucho a quienes quieren de verdad, y se preocupan por que se note. Enviaba postales por navidad —aun viviendo a tres kilómetros del destinatario—, se acordaba de los cumpleaños, daba buenos consejos y sabía escuchar. Justamente —aunque a veces le costaba reconocerlo— lo que Kassandra necesitaba en su vida. Nunca se lo dijo, pero se alegró de poder estar a partir de entonces más cerca de ella. Al menos lo hizo antes de que la muerte de su padre abriera esa maldita puerta que nunca debió abrirse.

Lo que más jodió su vida durante los tres meses siguientes al terrible acontecimiento, al margen del propio terrible acontecimiento, no fue lo que ella llamó «la mudanza de los cojones» —lo cual sonaba muy a trilogía dramático-épica.

Por suerte, la casa chalé —un adosado con todas las comodidades— se vendió en seguida. Como todo lo que su padre dejó, se rifó, como si de una obra de arte se tratara. Hubo varios aspirantes a compradores, por lo que su madre aprovechó para regatear el precio a su favor. El pisito humilde de la ciudad —la herencia anticipada de su abuela materna— era pequeño pero acogedor. Kassandra se habituó a él en pocas semanas. Los muebles minimalistas y los colores crudos no eran de su gusto, y cuando llegó noviembre, notaron que no habían comprado ninguna estufa. Hacía tanto frío que abrían las ventanas para que entrara el calor. Nunca me habría imaginado que en una casa pudiera hacer más frío que en la calle, le decía a su madre. Su madre contestaba a todo llamándole exagerada mientras miraba estufas en Amazon a escondidas, temiendo morir de hipotermia esa misma noche.

Pero, siendo realista, lo que más molestó a Kassandra respecto al cambio de aires fue que la gente se empecinara en no dejarle vivir del todo el cambio de aires.

Cuando alguien sufre una pérdida, todo el mundo espera

que se suma en un estado letárgico-melancólico-depresivo-apático-pseudo-pre-suicida. Si uno reacciona de otro modo —lo cual es absolutamente normal, porque en la forma de vivir el duelo no manda nadie (ni siquiera uno mismo), mucho menos los demás—, la sociedad se empeña en hacerle sentir peor de lo que parece. Y eso fue lo que sucedió. Tuvo que soportar casi tres meses de miradas de sé-por-lo-que-estás-pasando, te-entiendo, no-te-conozco-pero-qué-putada-tía-de-verdad y símiles que la sumieron en un estado de dejadme-en-paz-y-ocuparos-de-vuestras-propias-vidas. Por-favor.

Por suerte, nadie se enteró de cuáles fueron las circunstancias de la muerte de su padre, y si se enteraron, no se dijo nada, pero al mes prácticamente todos sus compañeros de clase conocían que había muerto. Al descubrimiento en escalada le siguieron las sonrisas condescendientes de gente que, en realidad, la criticaba por detrás, las cesiones de asiento con sonrisa también condescendiente por parte de gente que ella sabía que la odiaba, y los «me he enterado de lo de tu padre, si necesitas algo, ya sabes» con otra sonrisa condescendiente de gente a la que ella sabía que no caía bien. Si había algo que Kassandra odiaba era la falsedad y el intento de modular la vida de los demás que tanto se llevaba. Su padre estaba muerto y era ella la que tenía que adaptarse a ello como le diera la gana. Aguantar a todas esas personas —no a las que sabía que lo sentían de veras, obviamente— fue, definitivamente y para alguien con su carácter, un trabajo mucho más agotador que el de subir 168 cajas a un tercero sin ascensor. El drama épico cambió de título y pasó de llamarse «la mudanza de los cojones» a denominarse «la condescendencia de los cojones».

El tercer miércoles del primer mes, Pablo De Lamo —un pijo redomado, hijo de empresarios automovilísticos, igual de guapo que de clasista y cínico— se le acercó a la salida de la segunda clase, con su pelo castaño bien recortado y peinado hacia la derecha y su polo carísimo sin una sola arruga. Otra vez. Bilma tuvo la suerte de que la escenita la pillara entrando al baño del aulario, unos metros a la derecha del ancho pasillo. Se refugió detrás del tabique que separaba la entrada, a unos cuarenta metros, para no perdérsela.

Pablo la atrapó nada más salir por la puerta. Llevaba acosándola desde el primer año. En cuanto la vio supo que se la tenía que llevar al huerto y cumplir con el designio tantas veces repetido: «la más sexy de la clase cae con el más cabrón y seductor». La verdad era que una parte resultaba cierta. Kassandra era una joven tremendamente atractiva. De Lamo tenía mucho de cabrón y de seductor. Y también de insistente y pesado.

Intentaba «comprar» a las mujeres ofreciéndoles regalos sumamente caros y alardeando continuamente de todo el dinero que tenía. Le sobraba el dinero y le sobraba la soberbia, y sabía que aquello no convencía a Kassandra, lo cual añadía ganas e incontinencia a su afán de competición por el premio. Quería tener algo con ella a toda costa, y ella quería que él se fuera a la mierda a toda costa.

En cada cena de clase se las ingeniaba para acabar a su lado y echarle miraditas bien ajustadas a su cara simétrica y angulosa de modelo de pasarela. En cada cambio de clase buscaba su atención, ya fuera una conversación sobre el vestido que llevaba, un cruce de miradas, un guiño atrevido o una invitación a alguna de las fiestas que daba en su casa de cuatro pisos y sótano-casa para el servicio. No había mes que no la hubiera invitado a navegar en su barco o a pasar unos días en su ático de la playa —nombrando, por supuesto, sus magníficas vistas y sus múltiples prestaciones como el jacuzzi al aire libre o el control domótico—. Kassandra siempre decía a sus amigas que Pablo De Lamo parecía un agente inmobiliario con muchas ganas de follar.

—Hola, Kassandra —la abordó al salir, colocándose delante de ella.

La llamaba por su nombre completo, como si eso le ofreciera algún tipo de intimidad especial entre ambos.

—Hola, Pablo.

Kassandra puso su mejor cara de sonrisa fingida, sin ánimo alguno de disimular que la estaba fingiendo.

—Me he enterado de lo de tu padre.

«Ya estamos», pensó ella.

—Sí, bueno, fue hace tres semanas, pero estamos bien.

—Habéis venido a vivir aquí, ¿verdad? Bueno, aquí no, a Alicante, me refiero.

—Mi madre ha vendido la casa del pueblo y nos hemos trasladado más cerca de mi abuela, está sola desde que murió mi abuelo y mi tía también quería tenernos cerca.

—Qué raro es vender una casa tan pronto.

Kassandra iba a contestarle, pero él la interrumpió.

—Pero, vamos, si no hubiera habido comprador, la habría comprado yo si hubiera hecho falta —le sonrió pícaro.

«Ya estamos».

Aquello no era ningún cumplido, sino un alarde descarado de capacidad económica en aras de captar su atención. Kassandra suspiró. No de tristeza, sino de asco y pocas ganas de seguir la conversación. Pablo interpretó su suspiro como le dio la gana —como siempre hacía—. Se hizo el silencio unos segundos. Él la miraba lascivamente a la boca, sin preocuparse lo más mínimo por si la incomodaba. Ella buscaba algo o a alguien detrás de él, fijando la mirada a lo lejos.

—Si necesitas cualquier cosa, dímelo. Ya sé que no te gusta pedir favores a la gente, pero quiero que sepas que estoy aquí disponible… —ambos se miraron— para lo que quieras —concluyó él.

Ella volvió a fingir la sonrisa. Esta vez le salió incluso peor.

—Estás preciosa hasta triste —le levantó la barbilla con una mano, buscando sus ojos.

Ella no lo soportó más y palpó su culo en busca del móvil. El otro seguía mirándola embobado. De Lamo era muy posesivo. Se ponía celoso cuando algún chico se le acercaba o entablaba conversación con ella. En MOMA —la discoteca a la que ella y Bilma eran asiduas, y a la cual él también iba muchos sábados—, la cosa se volvía tremendamente insoportable. Cuando bebía se magnificaba su conducta acosadora. Había llegado a hacer sentir incómodo, con sus miradas desde la barra de en frente, a más de un chico que solo la saludaba o que la conocía y charlaba con ella. Todo ello sin necesitar estímulo previo ninguno por parte de Kassandra, que solo una vez —para reírse de él— le mandó un beso desde lejos al reservado donde él se encontraba, cuando uno de los amigos de ella le comentó disimulando que el otro llevaba mirándola sin pestañear como diez minutos. Era absolutamente fatigoso y absolutamente opuesto a lo que ella podría buscar nunca.

—Tengo que llamar —le soltó para quitárselo de encima.

—¿No puedes llamar luego? —insistió él. Ella negó mirando la pantalla de su teléfono—. Está bien —accedió, y le dedicó una mirada lasciva que la recorrió de arriba abajo—, me voy a la cafetería de Derecho. Ven cuando acabes y te invito a algo.

Kassandra se puso el móvil en la oreja derecha e hizo el gesto de despedida con la mano, sin contestarle. Él se fue, por fin, por el pasillo. Las chicas de en frente, al lado de la puerta, intercalaron miradas que iban desde el «cómo puede ser tan guapo» al «cómo puede pasar la otra tanto de este Adonis griego». Probablemente —pensó Kassandra— no había abierto la boca delante de ellas en su vida. Lo vio andar con esa actitud chulesca que le caracterizaba hacia la puerta, presumiendo de la conversación que acababa de mantener con la que para él era su futura conquista —futura conquista que prestaba más atención a una llamada falsa que a su espalda perfectamente piramidal de dos días de remo olímpico a la semana en el club náutico—. Abrió la puerta y se retiró para dejar pasar a otra chica a la que guiñó un ojo.

Menudo caballero, pensó Kassandra. Todo un caballero

a lomos de los tropecientos caballos de su descapotable gris. El exacto concepto de caballero salvador. Prefiero despeñarme de la torre a esperar a que venga a rescatarme semejante pseudopríncipe engominado.

Avistó a Bilma detrás del tabique de la entrada de los aseos. Le lanzó una mirada que decía claramente: «¿Por qué me pasa esto a mí?». Bilma no pudo aguantar las ganas de reír y se metió sofocada en el baño femenino.

—Qué pesadilla Pablo De Lamo.

Pablo se encontraba en la misma cafetería que ellas, justo en la parte contraria, donde él se sentaba con sus amigos. Igual de clasistas y altivos que él.

—Si yo fuera él, creo que me habría dado ya cuenta de que no tengo nada que hacer contigo desde algo así como el primer mes del primer año de la carrera —dijo Bilma con cara de circunstancia.

—¿Puedes ser él, por favor? —Kassandra puso morritos con cara de fastidio.

—No. Y si pudiera tampoco lo sería. Debe ser asqueroso estar tan hueco y que solo te rellene el dinero. Lo siento, amiga.

—En realidad tampoco te haría esa putada —brindaron con las tazas de café, en señal de concierto de opiniones—. Por cierto, me pasa algo muy raro. Tengo un vacío en el estómago que no se me llena ni con medio supermercado. Parece que me haya fumado cinco porros. Estoy empezando a preocuparme.

—¿Estás preñada? —fingió asombro.

—Sí, de De Lamo. El bebé solo quiere que coma marisco y beba Moët.

Kassandra exageró sus labios, que ya eran gruesos de por sí, haciendo una pose seductora. Fingió llevar unas gafas de sol y mirar de soslayo a su amiga, soberbia como una nueva rica de Beverly Hills.

—No pegáis ni con cola.

—De hostias sí pegamos. Verás algún día como se pase de la raya. Le voy a dejar la cara chata, como el morro de su coche.

Era curiosa la discordancia entre el aspecto físico terriblemente femenino de Kassandra y sus formas. Sus expresiones rozaban lo grotesco. Tenía un acento peculiar. Aplicaba artículos donde no tocaba. A veces acababa las palabras por la mitad. Su hablar era una mezcla de todas las musicalidades que había conocido y escuchado desde niña. Arrastraba las ces y las cus como las mujeres de los amigos colombianos de su padre, y terminaba las frases con un tono impropio de la provincia, como extranjero. De no ser porque parecía nórdica, mucha gente hubiera jurado que tenía algo latino. Toda una diacronía lingüística que la había ayudado a obtener muy buenos resultados en las asignaturas de lenguas extranjeras durante su etapa escolar. Tenía una voz dulce, pero una forma de hablar gamberra. Mostraba una jerga distintiva, y exponía en su voz una especie de seducción infantilizada con idioma propio. Muchos tacos. Mucha agresividad verbal. Mucha dulzura en el tono. Las facciones aniñadas y suavizadas contrastaban con una forma de vestir llamativa y una actitud provocadora. Y «soberbia», «elegante» y «extrema» eran las palabras que más le iban a su personalidad.

Todo en ella parecía sacado de un oxímoron. Hacía honor a sus orígenes y a su socialización como hija de narco; de hecho, casi como hijo de narco. Las hijas de los narcotraficantes no acostumbraban a adoptar actitudes como las suyas. Se dedicaban a gastar ingentes cantidades de dinero en caprichos. Ella no lo había llegado a poder hacer —el dinero se esfumaba en las manos de su padre como si de agua corriente se tratara—, pero tampoco lo habría hecho de haber tenido la oportunidad. Su parte alienada de mujer —la feminidad— parecía exagerarse en lo naíf de su aspecto y de la tonalidad de voz, en un primer momento, para dejar paso, cuando profundizabas un poco, a alguien impulsivo y de un carácter indómito. Kassandra tenía esa mirada dolorida y rabiosa que surge cuando la asta de la bandera de la rebeldía se te clava en el pecho. Ese mirar entrecerrado, profundo y continuamente desafiante que portan aquellas personas destinadas a cambiar las cosas.

«Ser mujer es mucho más que buscar a un hombre —le decía muchas veces a su madre—. El sistema es una mierda porque lo manejan hijos de la mierda, que nos hunden en la mierda a nosotras, las mujeres. Porque ser mujer es una posición política, mamá. La posición del aguante».

Hijos de la mierda era su insulto favorito. En el idioma de Kassandra, la mierda no era algo que estuviera en las cloacas y alcantarillas, ni algo que se pudriera en una recóndita esquina. La mierda era la desigualdad. Lo corrupto del ser humano. Y quien genera y se nutre de la desigualdad, decía, merece el peor insulto del mundo.

Su pobre madre no entendía ni papa, pero sabía que su hija llevaba razón. Una madre siempre sabe cuándo su hija lleva razón. Aunque sepa que sus razones le van a complicar la vida.

Aquella chica de rasgos aniñados y temperamento imperativo era la demostración no patente —en absoluto patente, pues en cuanto a apariencia, encajaba perfectamente en el cliché— de lo que era ser alguien de armas tomar.

—No sé, Bil, es como ansiedad —le aclaró sobre su sensación estomacal—. Y se me sube hasta el pecho y la boca. Como cuando tienes casi claro que algo malo va a pasar; como cuando hay un familiar en la UCI y la puede palmar en cualquier momento, ¿tú me entiendes?... Lo que tengo es como un mal presentimiento. Como si algo fuera a explotar de un momento a otro dentro de mí... —se agarró el cuello apretándose la garganta y tragando saliva—. Como si tuviera dentro la mecha de una dinamita que ya está chispeando.

Kassandra esperaba el autobús en la parada de la universidad. A esa hora del día, justo antes de comer, la zona de la pequeña terminal siempre se encontraba atestada de gente. Ella siempre se sentaba en uno de los bancos cinco minutos antes de la hora, puntual como un reloj. Le encantaba, mientras aguardaba a su llegada, analizar la conducta de los demás. Era algo que había puesto en práctica desde que era muy pequeña.

Miró hacia la acera de en frente, en el aparcamiento. Los coches estaban aparcados en batería. Había dos chicas besándose en un coche. Una de ellas cogía la cara de la otra, atrapándole el pelo. La otra se dejaba llevar, los ojos cerrados, tímida. Justo al lado, un coche de alta gama. Mercedes. CLA Coupé. De lejos refulgían las llantas plateadas y robustas de las ruedas. Color negro. Cristales tintados. Mucho dinero, pensó. Un vehículo bárbaro. Le pareció algo raro que un coche de tan alta gama tuviera los cristales tintados. Eso era propio de la gente con la que ella se había criado. Siguió con la mirada la carrocería. En la puerta del conductor había un hombre alto apoyado, con un teléfono en la mano.

La estaba mirando.

Era extranjero. Corpulento y de cuello ancho. Llevaba manga corta, pese a ser enero. Una gorra, pese a no hacer sol. Los hombros y el pecho grandes. Algo de barriga abultaba bajo la camiseta. Un tatuaje negro le ocupaba la mitad inferior del brazo. Parecía una cruz céltica gruesa. Eran tatuajes que ella había visto antes pero no sabía dónde. Quizá en una película. La verdad era que aquel individuo no pintaba nada allí, con esa bandolera de marca y esas pintas de portero de discoteca.

El autobús llegó y ella se levantó para entrar. Se sentó en el asiento más ancho —su favorito— y apoyó las piernas en la repisa de la ventanilla, quedando en posición fetal, sentada y acurrucada. La gente seguía subiendo al autocar. Muchos estudiantes acababan las clases a esa misma hora o aprovechaban para ir a casa a comer en el descanso entre la mañana y la tarde, cuando tenían asignaturas pendientes de otros cursos en el otro turno. Se colocó los auriculares. Sonaba *Quién manda aquí*, de la Mala Rodríguez. Bisbiseaba la canción mirando por el cristal, absorta en su propio mundo, siguiendo el ritmo con el pie. Buscó por curiosidad con la mirada el lugar donde había estado aparcado el coche negro de antes. Seguía ahí.

El hombre continuaba mirándola.

Estaba hablando por teléfono, serio. No apartaba la vista de ella. Kassandra desvió la mirada hacia el conductor. Nadie más por subir. Se pusieron en marcha.

Echó un último vistazo a aquel hombre antes de perderlo de vista por el movimiento. Estaba colgando el teléfono o mirando a la pantalla, no estaba segura. El hombre alzó la vista y volvió a mirarla. Ella le quitó casi inconscientemente los ojos de encima al percatarse de que la había pillado observándole. El conductor dejó pasar a unos chicos en un paso de peatones y continuaron avanzando. Menuda paranoica, pensó. Ves un coche caro con un tío tatuado que parece del Este de Europa y ya piensas que es mala gente. Casi sintió vergüenza por pensar de semejante manera. Quizá —se permitió quitarse parte de culpa— fueran reminiscencias subconscientes de su niñez las que la abocaban a esa desconfianza crónica.

El autobús giró en dirección a la salida, pasando justo

perpendicular a los aparcamientos. Ahí seguía el coche de las chicas, con las dos enamoradas dentro haciéndose carantoñas.

Siguió el trayecto con la mirada antes de que la universidad desapareciera de su vista, pero no vio nada más. Solo aquel hueco vacío en el aparcamiento.

El hombre se había ido.

Ver a su madre llorar otra vez la retrotrajo a los meses anteriores. No pudo evitar acordarse de ello. Se sintió extraña, como si reviviera la escena otra vez. No entendía qué ocurría, pues no le había dicho todavía palabra ni contestaba a sus preguntas. Solo lloraba y se lamentaba continuamente.

Había llegado de la universidad, echado la mochila y la chaqueta en el armario y se había dirigido al salón, donde se la había encontrado así. Sentada muy erguida. Quieta. No tan frágil como cuando murió su padre, sino impertérrita, más sólida. Miraba al frente como ausente. La boca seria en un hilo fino, inmóvil. Los ojos muertos, que no respondían ni a Kassandra ni, al parecer, a ella misma. Las lágrimas que caían en orden, una a una, por sus ojos. Una, dos, tres, como si rebosara un vaso. Como si acabaran de darle una noticia que alguna vez, por más remota que fuera la posibilidad, se hubiera esperado. Como enfadada consigo misma por darse una razón que nunca hubiera querido darse.

Le preguntó qué ocurría, una vez más, pero no hubo respuesta. Le preguntó si había ido algo mal en el trabajo. Comenzó a ponerse más nerviosa. Sentía que algo iba realmente mal.

—Estoy bien en el trabajo —dijo por fin.

—Entonces, ¿qué es lo que pasa? Digo yo, pasará algo para que estés así.

Su madre siguió mirando al frente. Se mojó los labios y tragó saliva como intentando lubricar la boca seca.

—Siéntate —espetó.

Se sentó en el sillón, en frente del sofá azul que ocupaba su madre. Se clavó los dedos de las manos en las palmas. Nerviosa. Esperando a la noticia. Fuera lo que fuera lo que tenía que decirle, no era nada bueno. ¿Podía haber algo peor? Menuda cagada, pensó. Qué cagada de vida. La vida todo el rato. Algo tuve que hacer muy mal en la pasada. Quizá fui Hitler. Mussolini. O una ermitaña muy aburrida. Algo para que el destino me deba en esta toda su jodida y macabra diversión.

—Tu padre tenía un problema con el juego.

Aquello ya lo sabía.

—Lo sé —no habían hablado de ello nunca, como siempre, pero ambas lo sabían, como siempre.

—Han venido hoy aquí dos hombres. Dicen que dejó a deber una deuda bastante grande.

—Cuánto.

—Treinta y cinco mil euros.

Eso era mucho.

—Vale —dijo—. Está bien. ¿Y la casa del pueblo? ¿Y la casa de campo? —preguntó refiriéndose al dinero que había sacado su madre por ellas.

—Pagué todo lo demás, pero se acabó el dinero —contestó Ana—. No sabía nada de esto. Yo pensaba que estaba todo pagado.

La voz se le quebró en la última palabra. Había algo extraño en ella. Kassandra no sabía discernir si le estaba mintiendo u ocultando algo o si solo eran imaginaciones suyas, pero aquella no era una tristeza normal.

—Bueno, la pagaremos, mamá —intentó tranquilizarla—. Me pondré a trabajar, no te preocupes por eso.

Su madre rompió a llorar tapándose la cara. Sollozos ahogados. Siguió hablando cuando pudo recobrar la respiración.

—Han venido aquí a decirme que quieren que trabajes para ellos.

—¿Para ellos? ¿En qué? ¿Dónde? Ni siquiera los conozco.

—No son desconocidos, hija. Saben muy bien dónde vivimos, y dónde vive la abuela, y dónde la tía Gladis. Lo saben todo. Dónde estudias. Todo. Hasta el nombre de tu amiga Bilma.

De golpe, entendió la gravedad de la situación. Del pecho le brotó la ansiedad, plomiza. Sintió una punzada en el lado izquierdo de su torso. Se le entrecortó la respiración y se levantó del sillón para moverse, pero se mareó y tuvo que volverse a sentar.

No podía permanecer sentada.

No. No te sientes.

Volvió a levantarse y anduvo muy despacio por el salón, respirando hondo. Miró a las estanterías. Los álbumes de fotos, uno a uno. Escuchaba los hipidos de su madre, que lloraba. Siguió moviéndose, intentando gastar energía en ello para que no la supusiera nerviosa. Sigue moviéndote. No te pares.

Como Ana no dejaba de llorar, se sentó otra vez en su sitio.

Respira, se dijo.

Respiró.

Le habló pausadamente a su madre, todo lo segura y sincera que pudo.

—Si tengo que vender drogas, lo haré —soltó seria. El tono imperativo impregnó toda la frase.

Su madre rompió a llorar con más fuerza. Más ruidosa e intensa. Imaginó su decepción. Imaginó su situación. Era inevitable vagar por el imaginario mental, en aquel instante, hasta llegar a los peores futuros previsibles. La entendía. Siempre había entendido a su madre. Siempre la entendería, pensó. Hasta que habló y dejó de entenderla un momento.

—No son narcotraficantes —dijo Ana, casi inaudible.

No entiendo. Ahora sí. Las sienes de Kassandra se inflaron de sangre. Sintió los bombeos en su cabeza con cada latido pesado. Bum-bum. Bum-bum. Bum-bum. Qué coño pasa aquí.

—Cómo que no —dijo en tono expectante.

—No venden drogas, Kassandra —repitió rápido.

Su madre se sonó con el pañuelo del bolsillo mientras intentaba tranquilizarse.

—Cómo que no —insistió.

Ana inspiró hondo y miró hacia el frente, hasta encontrarse poco a poco con la cara de su hija. La vio allí vigilante, esperando. Expresión confusa. Esos ojos verdes abiertos y rígidos. Soltó un poco de aire en cada palabra para hablar. No le contaría la verdad. Era incapaz de hacerlo. Pero tenía que saber ciertas cosas.

—Son los hombres del Este.

Kassandra recordó a aquellos hombres blancos de tez enrojecida por el sol sentados a la mesa de la casa de campo de sus padres. Ojos claros, altos, rudos. Tatuados hasta el cuello. Aquellas estatuas hieráticas que solo sonreían cuando las circunstancias exprimían tanto la situación que se requería un atisbo de muestra de empatía por su parte.

Las imágenes se agolpaban en su memoria, como si de un cortometraje a mil por hora se tratara. Sus miradas fijas. Sus labios cerrados. Su falta total de expresividad y naturalidad. Su hermetismo calculado. La misma encarnación del dominio. La mano que estranguló su inocencia. Las manos que —ahora estaba segura— mataron a su padre.

Los hombres a los que tanto temía de pequeña. Cuyas visitas tanto llegó a odiar y temer a partes iguales. Aquella abominación insolente que la rompió, que la impregnó completa y le hizo raíces. El nombre que de niña les asignó por su actitud pétrea y violenta. Se repitió en su mente la voz de su madre. «No venden drogas», «los hombres del Este», «no son narcotraficantes», «no venden drogas».

Recordó entonces la denominación con la que los bautizó, justo en el mismo instante en que su madre se armó de valor y pronunció las últimas palabras que diría aquel día y en los días siguientes. El bucle mental cesó cuando la realidad apareció asesina y brutal, como aquellos monstruos, en escena.

Sincrónicas. Pronunciando a la vez. La una en su mente, la otra con la voz.

«Los Hombres de Hielo».

—Venden mujeres.

Alicante (España), año 2001

Despertó recordando las palabras de aquel hombre en la barbacoa de la casa de campo de sus padres mientras permanecía muy quieta en su cama.

La barbacoa se encontraba justo detrás de la vivienda. Era un pequeño estudio de cincuenta metros cuadrados, con paredes de piedra natural que la mantenían fresca durante los largos y calurosos veranos y retenían el calor que en invierno emanaba la chimenea. Disponía de una mesa larga, un sofá y un pequeño dormitorio para invitados. El aseo estaba fuera, cerca de la piscina, procurando el ahorro de espacio.

«Vamos a jugar a que somos novios», se repitieron las palabras en su mente.

Sus párpados estaban cubiertos por una masa espesa. Mezcla de las lágrimas y las legañas que habían surgido durante la noche. Le dolía la espalda. Solo la espalda. Era tanta la tensión que le había producido la situación, apretando todos los músculos del cuerpo, que sentía agujetas desde los riñones hasta la base del cuello. Las primeras de su corta vida.

Había pasado aquella hora, en la que su padre la había dejado con aquel hombre para bajar al pueblo a comprar las bebidas y recoger a su madre, arqueándose con fuerza, temblando, intentando alejarse de aquel cuerpo que se le pegaba por detrás en la cama.

Se despertó culpable. Porque la culpa era suya: por no negarse, por no correr hacia fuera o haberse escondido en algún lugar recóndito del jardín hasta que sus padres regresaran. Ella, una niña de carácter, no dijo nada ni hizo nada. Se limitó a quedarse muy quieta, como fusionándose con el colchón. Y no recordaba nada más. Solo sabía que había sucedido.

Se levantó antes de que su madre entrara en su habitación. Alcanzó sus pequeñas zapatillas de terciopelo y anduvo hasta la cocina, directa a la nevera. Su madre se encontraba tostando pan con la radio encendida, escuchando una telenovela mexicana.

La niña se acercó a la puerta de la nevera y señaló un día en el calendario magnético. Tenía seis años recién cumplidos, aunque aparentaba menos por su estatura.

—¿Qué día es ese? —preguntó la madre.

Ella siguió mirando el mes en el calendario, el dedo inmóvil en el mismo sitio, hasta que, tras unos segundos, contestó.

—36 de enero —dijo la niña.

La madre rio estruendosa.

—No, cariño, hoy es 6 de febrero. Ayer fue 5 de febrero, hemos cambiado de mes.

La niña bajó el brazo y se giró. Miró a su madre con sus grandes ojos, sin pestañear. Volvió a fijar su mirada en aquel día.

—Es 36 de enero —volvió a decir.

Quería borrar no solo lo que había sucedido, sino aquel día, por completo, de su memoria. Olvidar que el 6 de febrero existía en algún calendario.

Nadie debería poder robar nada a un niño. Ni siquiera un juguete. Mucho menos se debería poder robar su tiempo, su capacidad de creer a ciegas, su infancia y su significado, o lo único que les hace, al fin y al cabo, niños: la inocencia.

Aquel 6 de febrero, mientras miraba aquel día, una niña

de apenas seis años juró que competiría con la vida por ver quién podía más. Se vengaría. Igual que la vida se había vengado de ella. La diferencia es que ella tenía verdaderos motivos para hacerlo.

Su madre se acercó, apretándole los hombros con las manos.

—Está bien, K —le dijo su madre mirando el calendario y le dio un beso en la sien antes de dirigirse hacia el pasillo—, a partir de ahora este día será el día 36.

LOS HOMBRES DE HIELO

Enero

Tenía la sensación de no pesar absolutamente nada. Avanzaba por el tablero como un autómata, como si una fuerza extraña la impulsara a dar un salto de una casilla a otra. Blanca. Negra. Blanca. Se sentía liviana, como si en vez de ser ella fuera una pluma. Intentó mirarse un brazo, pero toda ella era un borrón. Solo alcanzaba a ver nítidamente el tablero que se extendía a lo largo de una especie de habitación blanca inmensa, sin final. Parecía que no había allí nada más que ella y aquel tablero gigante, ocho por ocho casillas, sesenta y cuatro en total. Más allá, la nada.

Movió el pie desplazándose hasta otra casilla, hacia atrás. Negra.

Algo se movió detrás de ella, haciendo exactamente el mismo ruido, como un vaso que se desliza sobre una mesa. Se detuvo y quedó muy quieta, aguzando el oído. Lo que se había movido se encontraba, supuso, aproximadamente una fila de casillas debajo de la suya. Algo más abajo de la mitad del tablero.

Se movió, otra vez, más abajo. Blanca. Esperó conteniendo la respiración.

Nada. No escuchó nada. Volvió a respirar y, entonces, a mitad de la inhalación, escuchó otro movimiento más, más cerca. Lo escuchó tan cerca que casi lo sintió en su espalda. El tablero pareció ampliarse y adquirió una tonalidad blanca intensa, en contraste con la tenuidad amarillenta anterior, una luz blanquecina de hospital que le permitió ver más nítido todo a su alrededor.

El suelo no era de madera, sino de mármol pulido. Brillante y elegante, a dos colores, intercalándose en recuadros de tamaño mediano. Estaba participando claramente en una partida humana de ajedrez. Los bordes de madera lacada recorrían el final del tablero formando un cuadrado mucho más grande. Miró alrededor, hacia los lados y más allá. No vio nada. Parecía estar sola.

O no.

Un movimiento más, en su oído. Casi dentro de su oído. Lo escuchó tan intensamente que corroboró que había sido diagonal.

No es un peón, pensó. Se mueve en diagonal. Y lo tengo justo detrás.

Entonces, poco a poco, comenzó a girarse con cautela. Había detrás de ella otra pieza. Lo sabía. No estaba sola. O más bien había alguien delante, pues había estado avanzando en las casillas vuelta del revés. Entonces lo entendió. Había avanzado por el tablero al mismo tiempo que la otra pieza, acercándose ambas, buscándose sin verse. Al menos ella no le veía.

Giró su cuerpo del todo, ciento ochenta grados, y quedó frente a frente con su adversario. Supo que era el rey negro pese a no ser una pieza de ajedrez, sino la silueta de un hombre, alta y espigada, toda negra como una sombra. Entonces miró sus propias manos, manchadas de blanco, y luego toda ella, blanca pálida, como si la hubieran metido hacía unas horas en escayola fresca. Aquel hombre parecía, por el contrario, bañado en petróleo. Negro intenso. Sus ojos blancos, como petrificados, le infundían un miedo horrible en contraste con el negro de su cara. Se posaron en los de ella inquisitivos, mirándola fijamente. No constituía en absoluto una mirada tranquila, sino frenética, casi feroz, pero no se movía ni pestañeaba, y cayó en la cuenta de que ella tampoco.

Pestañeó un segundo. En ese instante en el que sus ojos se abrieron, tras esa milésima de tiempo, pudo verlo: aquel hombre blanco de ojos azules. El más gélido de todos los Hombres de Hielo. El rey negro, en jaque él, frente a frente. Podían matarse el uno al otro, pero según las reglas del juego el turno era suyo. De ella.

Antes de que pudiera ejercer cualquier tipo de movimiento, se abalanzó repentinamente sobre ella. Cayó al suelo y, al instante, pudo sentir la saliva, los dientes afilados apretando la carne de su clavícula muy fuerte, hasta hacer brotar su sangre. El peso del rey en cada músculo encima de su cuerpo. Se sintió una niña otra vez. Herida, inmóvil, sin ejercer acción alguna. Él apretando cada vez más, con sus dientes, la carne de su cuello, veloz y agresivo. Un león paralizando a su presa.

Sintió que se desmayaba, pero tragó saliva y abrió mucho los ojos. Todo lo que pudo.

En un arrebato de fuerza que surgió de lo más profundo de ella misma, golpeó a su cazador en la sien con el puño. Golpe seco. Otro. Otro. Cuatro, cinco golpes a un ritmo frenético, de impacto.

El hombre retiró la cara del cuello de Kassandra rápidamente y quedó encima de ella, muy cerca. Un brazo estirado a cada lado de su cabeza. Atrapada entre él y el tablero. Vio su rostro desencajado y la boca goteante y llena de su propia sangre, que manchaba la casilla blanca en la que se encontraban.

Asestó otro golpe en su cara con más fuerza que los anteriores, hacia atrás, obligándole a balancearse hacia su derecha y aprovechando el momento para zafarse de él. Podía huir. No sabía a dónde, pero podía hacerlo. Y no lo hizo.

Se abalanzó sobre él y mordió su cara, arrancándole un trozo de carne de la mejilla. El hombre se incorporó levantando la parte del cuerpo que no estaba debajo de ella, con un movimiento muy rápido y casi uniendo sus caras. Una sonrisa macabra se dibujó en su rostro. El pómulo cercenado, empapado en sangre. Entonces pudo escuchar aquella voz y su eco gutural, que rebotó por las paredes inexistentes de aquel lugar. Aquel sonido bronco y áspero que hacía años que no oía la invadió entera justo un instante antes de despertar:

—Jaque mate.

Se despertó de golpe, sintiendo que no podía moverse. Solo pudo abrir los ojos y quedarse en la cama estirada, boca arriba, durante más de dos minutos. Los ojos abiertos, la respiración agitada e intensa. Cuando pudo moverse y alcanzó a darse la vuelta en el colchón para incorporarse, un dolor punzante en los riñones le recorrió la espalda de la espinilla a la base de la nuca, pintando una expresión de dolor en su rostro. Aquellas pesadillas le rondaban desde hacía relativamente poco, unos meses. Se habían intensificado desde la muerte de su padre y llevaba casi tres meses soñando al menos una vez a la semana que aquel hombre la mataba. De diferentes formas, pero siempre él, excepto aquella vez en la que había sido ella quien había tomado el mando.

Aquel monstruo que le destrozó la niñez. El dolor al despertar era exactamente el mismo que aquella vez, intenso, como un pulso interno en la columna. La tensión al dormir había quedado como un remanente somático de todas las veces que aquel hijo de la mierda abusó de ella. Porque aquello sucedió más veces, casi en cada visita que le hizo a su padre. Hasta que ella cumplió catorce años y él decidió asentar su base perenne en Francia, delegando sus sucursales españolas a otros monstruos más pequeños que trabajaban para él, pero no por ello poco desalmados. Supo que veraneó en España unas cuantas veces, pero la relación entre el monstruo y su padre ya no era la misma. Y por suerte, a estos segundos a los que legó el negocio no les dio por hurgar dentro de su sufrimiento.

El jueves de la semana que viene, le había dicho su madre. Le habían indicado una dirección donde debía presentarse ese mismo día. Había intentado calmar los ánimos, porque la tensión podía romperse a soplidos. Ninguna quiso volver a tocar el tema y, sin embargo, el tema era la cuestión central de sus vidas en aquel momento. Era el eje alrededor del cual giraban todas las demás circunstancias: su economía, la estabilidad de su presente, su futuro, su vida e, incluso —aunque no quisieran contemplar esa posibilidad, ni mentarla siquiera—, su muerte.

Andaban por la casa la una y la otra como fantasmas, midiendo palabras y emociones. Tenía clase todas las mañanas en horario de ocho a una, de lunes a jueves, así que el momento cumbre de acumulación de tensión era claramente la noche. Por las tardes emigraba a la biblioteca de la facultad con Bilma o con alguna otra compañera de clase o del curso de escritura creativa de los lunes. Cuando llegaba a casa se limitaba a entrar en silencio en su habitación, cambiarse, sujetarse los mechones kilométricos del pelo en una coleta y encerrarse en el aseo. A veces a ducharse, a veces a no hacer nada o a trenzarse el pelo intentando no pensar, con la música puesta sonando a todo volumen.

Habían conseguido salvar casi todos sus encuentros con esa estrategia de evitarse —los cuales se limitaban a las cenas— desde que se produjo la llamada. Incluso se habían reído. Las mujeres fuertes, resistentes, no olvidan que lo son, al fin y al cabo. Kassandra se partió de risa con un monólogo sobre frutos secos del miércoles noche. No era excesivamente bueno y rozaba el humor fácil, pero el nerviosismo latente y las ganas de expulsarlo, junto a algunas salidas muy buenas del monologuista, le pudieron. Su madre la vio reír y se unió a ella, al principio tímidamente, después bastante y tras cada frase. Reían convencidas. Desafiaban a lo que estaba por venir. Una especie de provocación infantil e ingenua: miradnos, estamos riendo. Anteponiendo la dignidad bruta como sello genético. Ser valiente era cuestión de familia, decía muchas veces su madre, y llevaba razón. Así que decidieron reír. Estamos riendo, cabrones. Estamos cagadas de miedo y nos estamos tronchando.

Aquella misma noche, algo más tarde, su madre sacó el tema mientras vacilaba con el tenedor en el plato, intentando encontrar más el momento que el guisante.

—Mañana a las cinco tienes que ir donde dijeron los amigos de tu padre.

No estuvo acertada.

—Estupendo. Pero no eran sus amigos. Ni son sus amigos —respondió Kassandra sin alterarse.

—Ya sabes que siempre los he llamado así.

Ana siempre llamó a los socios de Jacobo de esa manera. Era una forma de restarle importancia al asunto y de normalizar la situación, de hacerla más soportable. También una buena forma de ocultar a su hija las cosas que no quería hacerle ver. Es muy complicado explicarle a tu hija de cinco, ocho o diez años quiénes son todas esas personas que aparecen y desaparecen, que rotan en las visitas, que estrechan manos, que comen en casa, como si conocieran de toda la vida a la familia, y luego se van para no volver en meses o, directamente, no hacerlo nunca. «Los amigos de papá», decía Ana. «Papá se ha ido con sus amigos fuera», comentaba. Y Kassandra asentía y seguía jugando con su tocadiscos. Eso es lo que tiene la infancia, que crees. La creencia ciega, que tantos milagros y traumas causa a la vez. Durante la infancia, creemos. Luego, tristemente, solemos dejar de hacerlo. Y un adulto que cree es un adulto que conserva la capacidad de ser niño, por más dolor que causen los desengaños.

—Te di la dirección, ¿verdad? —preguntó su madre.

—Está cerca.

—¿Cómo de cerca?

—Bastante, mamá, no sé, a media hora andando o así. Está por el centro. Hemos pasado mil veces por ahí.

—Vale —su madre esperó unos instantes y continuó hablando—. Me llamó un hombre. Es Emil Baztlaba. Trabaja para un individuo muy importante que maneja mucho dinero. Tienen pisos o casas, o lo que sea, por todo el país y en otros estados. No sé si te acordarás de ellos, porque estuvieron muy pocas veces en casa. El jefe se llevaba especialmente bien con tu padre. Era uno de los pocos españoles con los que trataba. Siempre venían tres o cuatro con él y le apodan el Rey.

Había luchado toda su vida contra el deseo intenso de decirle la verdad, pero nunca había podido contársela porque no había sabido cómo hacerlo. No tenía las palabras. Se las habían quitado, como hacían con muchas otras. Le habían arrebatado la capacidad de contar su propia historia, insertándole el miedo hasta las costillas, hasta que lo adoptó como hijo propio. Uno nunca está preparado para comerse la vida triturada y cruda. Vaticina arcada, siempre. Su hija iba a vomitar, estaba segura. Y aunque ella misma tampoco supiera exactamente qué clase de alimentos se cocían en aquel negocio en concreto, sabía que aquello solo era el calentamiento de un gran banquete.

Iba a proseguir cuando Kassandra la cortó.

—Los Hombres de Hielo. Les llamaba así de pequeña. Sé quiénes son. Me acuerdo. Son los que venían los veranos al apartamento de vuestro amigo en Campello. También fueron a la casa de campo alguna vez.

A su madre le sorprendió la memoria que demostraba tener su hija. En cierto modo la agradeció.

—Al jefe le llamaban el Rey de Corazones —continuó Kassandra. Pronunciar aquel nombre le produjo una punzada en el estómago—. Daba mucho dinero porque en esos sitios..., ya sabes, se consume mucho. Lo oí decir varias veces.

No dejaba de ser curioso que llamaran así a alguien que se dedicaba a todo menos al amor, pero así era el mundo criminal. Si te dedicabas a la cocaína, te llamaban el Señor de los Cielos, aunque la adicción te llevara al infierno. Si te dedicabas a la compra, venta y explotación sexual de mujeres, te llamaban el Rey de Corazones porque —valga el sarcasmo macabro— te dedicabas al amor. Al amor egoísta, violento y estrangulador. A ese amor unilateral y falso. Obligado, exclusivo de una sola parte, que asfixia. Al amor bestial y patriarcal.

El amor de los hombres que no aman a las mujeres. Sexo y posesión. Como quien posee una propiedad a su nombre y la alquila a otros inquilinos para su uso y disfrute. Ellos, aquellos mafiosos sin escrúpulos que campaban a sus anchas. Los dueños del amor, los reyes del tablero. Dueños y amos impuestos en algo que no es de nadie, ni aunque dijeran y aseguraran que se pudiera pagar y comprar.

—Por favor, avísame cuando llegues allí —dijo su madre con resignación.

Kassandra miró al plato con fastidio. Luego se volteó para mirar a su madre en la silla de la esquina de la mesa.

—¿Qué vas a llamar, a la policía?

No lo dijo enfadada, ni mucho menos. Lo dijo para poner de manifiesto que no había solución. Si algo caracterizaba a Kassandra era su realismo descarnado. Nada de adornar las cosas ni de ser idealista. El idealismo y la utopía solo eran válidos para las luchas. Y esto no era una lucha, era una rendición. Solo intentaba mostrar a su madre —que quería, a su vez, mostrárselo a ella— cómo eran y estaban las cosas. Esto es lo que hay. Esto es lo que nos queda: resistir.

No importaba lo que hubiera sucedido antes. El ahora era el ahora. Y ahora alguien las había sentenciado —que ni siquiera advertido—: o pagas o pagas. Tú decides cómo.

Era duro, sí, pero simple, al fin y al cabo. O pagas o pagas, sin alternativa, solo una elección: contarlo y morir, ser una chivata y destrozar tu vida y la de las personas a las que querías, o resistir y —en el mejor de los casos, que también daba mucho asco— destrozártela solo a ti.

Ana advirtió una muestra de congoja en su propio rostro ante la contestación de su hija. Se sentía mal. Se sentía fracasada y una cobarde por seguir ocultándole la verdad.

—No te agobies, mamá. Lo pagaremos y punto —intentó quitarle hierro al asunto de la mejor manera que se le ocurrió—. Al fin y al cabo, a mí se me da tan bien joder como joderme.

La casa estaba, como le había indicado Google Maps, a media hora caminando desde su casa. Decidió coger la línea de autobús porque, al encontrarse a unas calles del centro, era una zona bien comunicada. Más bien estaba casi en pleno centro. Le llamó la atención el lugar. Era un complejo arquitectónico que repartía los inmuebles en cuadrículas. Cuatro chalés por manzana. Parecía ser de clase media acomodada. Buscó el número que le habían indicado, el 14. Entonces se paró en frente.

Se trataba de un chalé con jardín de entrada, supuso, por la valla y la puerta que lo resguardaban. Miró hacia arriba. Mínimo dos pisos. Respiró una vez y pulsó el botón. No miró a la cámara del portero automático.

La puerta de la calle se abrió sin que hubiera contestado nadie por el interfono. Entró y pudo ver el pequeño jardín a la derecha, ocupado en su totalidad por césped artificial. Aséptico, impersonal, sin nada que hiciera pensar que allí alguien hacía su día a día. Las ventanas del piso de arriba parecían cerradas. Las de abajo estaban a medio abrir. Todas tenían rejas, incluso la puerta de entrada tenía una, la cual se abría con llave. Dilucidó su función en seguida. Antirredadas, pensó. Probablemente la puerta principal fuera blindada.

Subía los cuatro escalones cuando esta se abrió y una mujer apareció tras ella. Abrió también la reja con las llaves, sin mirarla. Kassandra no dijo nada.

Era rubia, rubia natural, debajo de un tinte rubio más intenso. El pelo liso hasta mitad de la espalda, recogidas las greñas de delante y la mitad superior en un pasador dorado y marrón. Vestía bien, pero con alguna que otra traza chabacana. Pantalones vaqueros ceñidos, jersey blanco de marca y zapatillas de deporte, también de marca, también blancas. Pendientes dorados y negros, de oro, que colgaban. El jersey dejaba entrever un escote pronunciado. Tendría unos treinta, como muchísimo. La piel, pese a ser blanca e impoluta, no parecía saludable. O había fumado mucho o había sufrido mucho. Era como si hubiera abusado del insomnio o del tabaco. O como si la vida hubiese abusado de ella. La expresión era tan seria como la de aquellos hombres para los que, imaginó, trabajaba. De una altivez hueca. Infundía miedo y provocaba respeto. Era extranjera, seguro.

Kassandra la miró unos breves segundos, constatando el parecido físico entre ambas. Las dos pálidas de tez, ojos claros, bajas de estatura, pelo rubio. La actitud —aunque ahora la de K estuviera cohibida— era también algo parecida. Seriedad ensayada, rozando la soberbia. Belleza desafiante. También tenía, como ella, los ojos grandes y las pestañas tupidas. Carita de muñeca, que decía su padre. De muñeca rusa, de porcelana, pero apariencia de saber mucho o más de lo que se quiere. La mujer se apoyó en el marco de la puerta con el antebrazo izquierdo, en pose relajada.

—Ya estás aquí —espetó.

Le echó una mirada de arriba abajo. No fue una pregunta, sino una afirmación agria y despectiva, como recriminándoselo.

Kassandra no alcanzó a decir otra cosa que un débil y desencajado sí. Qué joven era aquella mujer. Podría ser mi hermana mayor, pensó. Tenía la belleza gastada, propia de las mujeres que habían sido muy hermosas hacía mucho tiempo. En cambio, era joven. La voz con ese acento del Este, pausada y neutra, de teleoperadora hastiada.

La desconocida abrió más la puerta y se metió dentro. Ni siquiera le indicó que pasara. Se limitó a dirigirse hacia el interior. Kassandra la siguió, cerrando la puerta tras de sí.

Las paredes estaban empapeladas en color negro. A la izquierda del zaguán había una pequeña puerta. En frente, otra. Todo recto se extendía el pasillo, dando paso a más habitaciones a la izquierda. Aquella mujer se situó detrás de un escritorio —el único mobiliario que había en el recibidor—, empujó la silla de escritorio bajo la mesa y comenzó a hablar de manera automática.

—Aquí se registran las visitas y se cobra a las chicas. También vas a tener que sacar las toallas del ropero —señaló la puertecita de en frente— y todo lo demás. Ahí se guardan también las chaquetas de los clientes.

Clientes.

Anduvo por el pasillo, pasando por un espejo grande de cuerpo entero. Kassandra se miró en él un instante y se vio más pequeña que de costumbre, allí, en aquel lugar. No solo demasiado joven como para estar allí dentro, sino pequeña. Se vio diminuta. «Insignificante», era la palabra. Se sintió como una hormiga recién nacida a la que podía aplastar cualquiera.

La casa era moderna, en tonos negro y malva, de estilo japonés. Todo era muy funcional.

La mujer giró y abrió la primera puerta del pasillo. Era una cocina. Una estancia cuadrada cuya luminosidad por la presencia de una pequeña galería al fondo contrastaba con la oscuridad cromática del pasillo.

Cerró la puerta rápidamente y continuó con paso lento y elegante.

—Detrás de mí. No me adelantes —dijo áspera.

Portaba una riñonera de la misma marca que las zapatillas. Costaría, mínimo, ochocientos euros.

Estaba convencida de que el atuendo de la mujer era pensado. El hecho de que una de las suyas vistiera como sus captores y sus explotadores producía en las chicas la misma sensación de control y temor que infundían los proxenetas. Mismo atuendo, mismo poder, aunque delegado. Aquella riñonera donde guardar lo que los hombres pagaban por sus cuerpos también era funcional: yo soy la que mando, no os paséis de la raya. Vosotras trabajáis y yo cobro. No somos iguales. Ahora estoy con ellos, no con vosotras.

Ahora. Probablemente —pensó Kassandra— antes de llevar esa riñonera fue una de ellas.

Avanzaron hasta una segunda puerta cerca de la cocina. La mujer la abrió y encendió la luz.

Estaba claro que la habitación era, inicialmente, un baño. Había una cama de noventa, una mesilla de noche y una lamparita. A la izquierda, detrás de una cortina de madera, un lavabo, una ducha y un inodoro. Todo en menos de diez metros cuadrados. Sin ventanas. Funcional, volvió a pensar. La palabra, esta vez, casi le provocó náuseas.

La mujer pasó junto a otra puerta con Kassandra detrás.

—Esta puerta es de otra habitación igual que la anterior. Arriba hay otra igual —dijo.

Se estaba dirigiendo hacia la última puerta, que daba a lo que parecía ser la estancia del final del pasillo.

Pudo ver entonces el salón. Era bastante grande, estética también oscura, con las paredes negras con motivos florales asiáticos de color plata. Unas cortinas grandes tapaban por completo lo que parecía ser un ventanal al fondo. Entraron y la mujer encendió unas luces rojo neón que iluminaron el mobiliario desde atrás. El salón cambió su ambientación por unos segundos hasta que las apagó. Se había equivocado de interruptor. Encendió las luces amarillas de los ojos de buey, que iluminaron un sofá cheslón y un mueble de conglomerado donde se situaba la televisión de plasma.

A su izquierda, Kassandra avistó una mesa grande con seis sillas, dos a cada lado y una a cada extremo, presidiéndola, de más calidad que el resto del mobiliario y que no parecía muy usada.

—¿Qué es lo que miras tanto? —Kassandra desvió su atención hacia la voz y se encontró cara a cara con el rostro malhumorado de la mujer, que la observaba con aire asqueado.

—Solo echo un vistazo al salón —contestó.

La mujer recorrió la sala hasta las escaleras, que surgían de un pequeño hueco interno, justo detrás del mueble principal, y ambas subieron hasta llegar a la planta de arriba, que se distribuía de manera casi exacta a la de abajo. Era otro pasillo de longitud similar. Las tres estancias se situaban a la izquierda y había una más al fondo cerrándolo. Redujo el paso en la primera puerta.

—Aquí está la habitación que es igual que las de abajo —siguió andando—. El aseo de arriba —abrió la segunda puerta y cerró rápido para seguir con la visita.

Señaló la tercera puerta.

—Aquí duermen ellas.

Kassandra pensaba que se limitaría a señalar la habitación, sin más. Imaginó que quienquiera que fuese el que trabajaba allí, «ellas», como las llamaba aquella estúpida mujer, estaría ahí metido. Para su sorpresa, la abrió y encendió el interruptor. Una luz amarillenta inundó la habitación.

Era bastante amplia, pero todo lo que se acumulaba dentro de ella hacía pensar que no lo suficiente. Había dos literas y una cama más abajo, que se extraía de debajo de una de ellas. Un espejo y una especie de mueble tocador a la izquierda, con maquillaje y productos esparcidos por él. Pintalabios, sombras y envases varios se amontonaban encima. Un armario empotrado y bastante desorden. Pero lo que más llamó la atención a Kassandra fue que todas las camas estaban ocupadas. Uno, dos, tres, cuatro, cinco cuerpos tapados con mantas. Podía ver sus cabezas y sus colores de pelo en matas enmarañadas encima de la almohada. Dormían todas ellas, a las seis de la tarde, hacinadas en una habitación, cuando había contado tres habitaciones más. Cinco mujeres dormían en una sola habitación dentro de un chalé que tenía una, dos, tres, cuatro, probablemente cinco habitaciones. El ejemplo visual era claro: aquellas mujeres no eran mujeres. Ni siquiera eran mano de obra. Eran objetos. Máquinas de hacer dinero guardadas en la bodega, a la espera de ser expuestas cuando el negocio volviera a abrir sus puertas. A la mujer ni siquiera le importó encender la luz y despertarlas. Kassandra pudo ver como uno de los bultos, en una de las literas de abajo, se movió justo cuando se cerraba la puerta.

Reparó en que absolutamente todas las estancias, excepto el ropero, la cocina y los aseos, que tenían pestillo, cerraban con llave. Aquella mujer portaba un llavero con más de diez llaves, decorado con un pompón de pelo marrón. Más de diez llaves para una sola casa. ¿Para qué? Para que no salgan cuando están con los clientes, pensó. O para encerrarlas. Para que no puedan salir si no es con permiso.

Abrió la boca por segunda vez. Mal hecho. Su voz brotó con un tono tan agudo que no la reconoció como propia. Si ya de por sí tenía una voz infantil, esta vez su pregunta pareció formulada por una niña de cinco años.

—¿Las chicas duermen todas ahí?

No hubo respuesta, como era de esperar. En realidad, su pregunta no había sido más que un fallo en la contención de la incredulidad interna que embargaba su cuerpo. Un interrogante propio que había salido expedido impulsivamente por su boca. Aquella mujer prosiguió su guía turística de los horrores hasta abrir la última puerta. Kassandra volvió a hablar.

—¿No pueden dormir en las otras habitaciones?

La mujer se giró y la miró con cara de evidente fastidio.

—Esa es su habitación —espetó. Y dio por terminada la conversación.

Entraron en la última estancia.

Había un vestidor justo al principio, en un pasillito minúsculo que daba paso a una cama de matrimonio con una alfombra sintética debajo que aportaba distinción y un toque de elegancia. Una mesita de noche a cada lado, una cómoda en frente con una ventana encima y lo que parecía ser un aseo a la izquierda. Era una habitación mucho más cuidada que las demás. Mobiliario caro, más propio de chalé de aquel barrio. Dudo que esto sea para clientes, pensó. Ellos, ella, quienes cojones sean, descansarán aquí. Entonces echó la vista arriba y lo vio: un espejo gigante, que ocupaba casi medio techo, reflejaba toda la cama. Volvió a pensar en la palabra «funcional» y de nuevo sintió náuseas.

Se encendió un interruptor justo al lado del aseo y la cama se iluminó con los mismos neones del salón, a través de unos tubos muy finos fijados en los bordes. El reflejo en el espejo de arriba sumía la habitación en una luz rosa de alterne que le aportaba un aspecto extravagante. Volvió a apagarlo, abrió la puerta del aseo sin entrar y accionó el interruptor de al lado. Kassandra se asomó tímida y pudo ver un baño de mármol y porcelana, color crema, con bañera de hidromasaje, tocador, dos lavabos e inodoro. Primera calidad. La mujer casi le da con la puerta en la cara al cerrarla. Kassandra se apartó dando un respingo y salió rápido de la habitación detrás de ella, que había dado por acabada la excursión y ahora andaba muchísimo más rápido.

—No tengo todo el día —la avisó desde el fondo de las escaleras mientras Kassandra las bajaba todo lo veloz que le dejaban sus piernas y su inexperiencia visual de la casa.

Una vez de vuelta al recibidor, la señora se colocó detrás del mueble y se puso a revolver en los cajones buscando algo. Extrajo dos teléfonos móviles extranjeros, probablemente cifrados e indetectables por la policía. Se sentó en la silla, arrimándose a la mesa, y la miró a los ojos.

Kassandra cayó en la cuenta de que era la primera vez que lo hacía tan intensamente desde que había llegado. Sus ojos azul eléctrico le perforaron la sensación de seguridad. ¿Cómo había llegado hasta allí? ¿Cómo llega una mujer a explotar a otras mujeres sin ningún atisbo de empatía por su parte?

—Trabajarás aquí los jueves noche, viernes noche y sábados tarde. Atiendes el teléfono —puso los dos móviles sobre la mesa—, contesta a lo que te pregunten. El precio lo hablan con las chicas una vez que han venido. Das la dirección y les dices que el bar está en el sótano. Y los animas a venir, que no se te vayan.

—¿No puedo atender el teléfono desde mi casa? —la pregunta le salió casi sin querer. Tenía la impresión de no poder dejar de fallar con sus comentarios, aunque, pensándolo mejor, ni mostrándose monosilábica gustaría a aquella mujer.

—Los recibes. Les das las toallas y los condones —abrió la agenda— y apuntas el tiempo y el dinero. Vienes a las cinco y te vas a las cinco. Por la tarde vienes a la una para ayudar a limpiar y te vas a las diez.

No prestó en absoluto atención a su pregunta. Prácticamente, no le prestaba atención a ella. Se limitaba a reproducir mecánicamente lo que alguien —supuso— le había indicado que hiciera y dijera.

Hablaba español bastante bien, debía llevar bastante tiempo en España. No pronunciaba bien las jotas, que quedaban en un intento de ge. Las uves eran claramente de fonética extranjera. Exageradas.

—Pero si el viernes salgo a las cinco y vuelvo a venir el sábado a la una…

—Si prefieres dormir aquí, tú verás —la interrumpió.

Lo hizo con una actitud cínica y casi burlona, sabiendo que se refería a que dormiría pocas horas y mal.

Siguió rebuscando entre los cajones ignorándola.

Era mala. Mala de verdad. Y le gustaba serlo y que se le notara el gusto. La miraba con asco porque sentía asco real hacia ella. Y sabía que mandaba. Y le gustaba saberlo y hacerlo.

—Prefiero dormir en casa —dijo Kassandra.

—Mejor. Aquí no has venido a pasearte. A trabajar.

Dio un golpe en la mesa en un arrebato inesperado de violencia. Kassandra dio un respingo a su vez asustada. Metió todo en el cajón, lo cerró con llave y se dirigió hacia el pasillo llamando por el móvil. Destacó entre el silencio del lugar, muy débilmente, una voz de fondo al otro lado de la línea. Ella contestó en un idioma extranjero mientras la miraba de arriba abajo. Colgó.

—Te esperas a que venga el jefe y luego ya te vas —se dio la vuelta para recorrer el pasillo en dirección al salón—. Ya se te irán las ganas de preguntar —dijo casi para sí misma antes de cerrar la puerta del salón tras ella.

Se quedó sola y en silencio. No un silencio normal, sino ese silencio extrañamente raudo, anterior al grito, pero no pudo gritar.

Intentó respirar hondo y descargar toda la tensión que aquella mujer le había acumulado dentro. Se agarró el colgante que llevaba puesto y lo acarició con la mano. Abrió y cerró sus manos entumecidas y sudorosas. Se giró, recorriendo la pequeña estancia, y fijó su mirada en un cuadro de la pared detrás de ella, justo al lado del ropero y en el que no había reparado.

Era una marina al óleo que representaba el puerto de Alicante. En él reconoció el dique, el paseo del puerto y la Explanada. Parecía retratar la ciudad en un mundo paralelo, porque el cielo era soleado y en el paseo de la Explanada no había nadie. Eso era imposible.

La Explanada de Alicante siempre tenía a alguien que pasara por ella. De mayo a septiembre se atestaba de turistas y habitantes que paseaban disfrutando del ambiente y de sus noches cálidas, echando un vistazo a los productos artesanales y *souvenirs* que los comerciantes, conocidos como «los hippies», ofrecían en sus tiendecitas de artesanía colocadas a lo largo de todo el emblemático paseo en hilera.

Fijó su vista en el espigón cercano al puerto. En el pasillo estrecho de piedras de ocho metros de diámetro que se insertaba en el mar. Había ido allí alguna noche, de madrugada, a acompañar a un amigo mientras pescaba. Se sentaban en el lado izquierdo, mirando hacia las luces de la zona de fiesta y observando, desde la tranquilidad y la calma, la ciudad. Escuchando el eco de los sonidos que la actividad frenética que sucedía unos metros más allá les ofrecía. Fue una de las veces en que se sintió más en paz con su vida.

Un sonido de llave en la cerradura la despertó de su ensoñación.

Detrás de la puerta principal aparecieron dos hombres. Ambos grandes, también extranjeros. Kassandra tardó unos segundos en reconocer al más alto y ancho: era el hombre del aparcamiento, el calvo tatuado. Iba vestido exactamente de la misma manera que cuando lo vio allí mirándola. Solo la camiseta había cambiado. Su corazón dio un vuelco e intentó disimular el sobresalto sin conseguirlo del todo. Pasó por su lado sin siquiera mirarla, yendo hacia dentro de la casa mientras el segundo, más bajo y delgado, cerraba la puerta del chalé con llave.

—Tú eres la chica —habló.

Lo afirmó más que lo preguntó. Entonces, tras echarle el primer vistazo, terminó de cerrar la puerta.

Ella se quedó inmóvil en medio del recibidor. Ausente. Mirándolo, pero sin verlo.

—Soy Emil.

Vestía pantalón vaquero y camisa lisa blanca. Algo más arreglado que el otro, aunque también informal. Un reloj dorado y de aspecto carísimo en la muñeca izquierda que destellaba al reflejar la luz del techo. Una bandolera de marca cara y unas gafas de sol arriba, aprisionando el pelo rubio y muy corto.

Sintió miedo al ver, por fin, cara a cara a los hombres que manejaban aquello. Se quedó paralizada. Disipó la sensación como pudo de su mente y movió los pies, cambiándolos de posición para no perder la compostura.

—Baja —le dijo el hombre abriendo la puerta a la izquierda del recibidor. Aquella puerta no se había abierto desde que ella había entrado en el chalé.

Lo escuchó bajar escaleras. Al principio vaciló, pero supo que no tenía otra opción que seguirle. Descendió por ellas. Temblando las piernas. Intentando dar aspecto de paso firme. Dobló una esquina hacia la derecha al final y lo vio a través de la puerta que el tipo había dejado abierta.

Era un club de alterne completo, con su barra de copas y taburetes a juego, sus cinco mesas redondas, sus baños al término del sitio y sus luces fluorescentes. Olía intensamente a canela, como si se echaran cantidades ingentes de ambientador continuamente y el aroma se hubiera quedado incrustado en las paredes. Al fondo, un cartel con finos tubos de neón rezaba la palabra LOVE, decorativo y dañino a partes iguales. Dolía verlo, luminoso y fijo. El bar, pese a estar excesivamente iluminado por las luces de neón y los ojos de buey del techo, era oscuro. Las paredes, negras y plateadas, acolchadas. Las mesas también eran negras. Había una pantalla grande en la pared de la derecha, de plasma, pegada a ella. Una lámpara que colgaba del techo con forma de bombilla gigante decoraba más que iluminaba, sin aportar excesiva claridad. Era el típico sitio donde siempre parece ser de noche. La barra también estaba iluminada por alambres de luces color rojo detrás de las botellas. Luz artificial para un amor artificial.

El tipo entró en la barra y le dijo que se sentara. Kassandra se sentó en uno de los taburetes y esperó a que le sirviera una copa de lo que parecía vodka.

—¿Con qué lo quieres? —preguntó el hombre.

Kassandra, en realidad, no quería esa copa en absoluto.

—Con naranja si puede ser, por favor.

Le añadió refresco de naranja. Hecho esto, siguió tanteando de espaldas a ella, buscando lo que parecía ser otra botella.

Tenía buenos músculos. No definidos. Forma corporal de

un boxeador aficionado. Pálido y de aspecto extranjero. Sería polaco, lituano, búlgaro, no lo sabía. La nariz recta y los labios finos, cara seria. Ojos azules. Físicamente imponía mucho menos que el otro hombre. El otro parecía un rompe piernas profesional. Este era más bajo y menos fuerte. Pero algo le decía que él era quien mandaba allí. Quizá su actitud más diplomática —si es que en aquel lugar la palabra «diplomacia» existía como concepto—, más negociante, más acostumbrado a tratar con gente, más listo y astuto.

Salió de la barra con un vaso de whisky con hielo en la mano y se sentó en el taburete de al lado, colocándose frente a ella. Dio un trago.

—Ya has conocido a mi mujer —afirmó mirándola de arriba abajo. Aquella mirada fue más violenta que viciosa, lo cual le infundió a ella mayor temor.

—Sí —contestó Kassandra.

Imaginó que su mujer era la señora rubia. Indiscutiblemente, ella era de los malos. Ni siquiera hacía falta saber que era mujer de alguno de ellos. Su actitud la definía.

—¿Te ha dicho cómo se llama? —dio otro sorbo al vaso.

—No. Creo que no me lo ha dicho. Me ha enseñado la casa... y eso. No sé si me ha dicho el nombre. Si lo ha hecho, no lo recuerdo.

—Se llama Polina. Ella te va a enseñar cómo funciona todo y lo que tienes que hacer. El hombre que viene conmigo es Bogdán, mi mano derecha. Aquí lo decís así, ¿no?

—¿El qué? —Kassandra tardó en contestar. No entendía la pregunta, a pesar de que el hombre hablaba muy bien español, mejor que la mujer.

El hombre sonrió. Y el gesto se le desdibujó en el rostro en cuanto apareció, convirtiéndose en una mueca extraña. Lo malévolo le marcaba incluso la forma de sonreír.

—La mano derecha. Cuando un jefe tiene a alguien que acompaña a todos los sitios, así creo que se dice en España —volvió a dar un sorbo mientras la miraba.

—Sí. La mano derecha.

Efectivamente, era el jefe.

De repente, se quedó muy quieto. Observándola. A ella se le subieron los nervios en forma de calor al rostro. Bajó la mirada por su cuello. No supo bien si miraba su colgante o sus pechos, pero se detuvo un largo instante antes de volver a pronunciar palabra.

—¿Y mi mujer te ha dicho para qué estás aquí?

—Tengo que coger el teléfono, abrir la puerta cuando toquen, repartir las toallas, recoger el dinero —enumeró mecánica.

—El dinero ahora no lo vas a coger tú. Lo llevarás cuando mi mujer te diga —le interrumpió—. Ahora haz lo que te diga que hagas y ayudas a la otra a limpiar antes de que abra el club.

—Vale —contestó más rápida que antes, aunque no tenía ni idea de quién era la otra.

Él volvió a quedarse en silencio otra vez, mirándola de arriba abajo. Los ojos pasaron, otra vez, por su cuello y su escote. Iba vestida como acostumbraba. Un jersey negro de lycra y cuello vuelto, unos vaqueros ajustados, su collar favorito —una cadena plateada y fina con un pequeño bate de béisbol que le había regalado su padre por su décimo cumpleaños y de la que nunca se separaba— y el pelo suelto, echado hacia la derecha y recogido detrás de la oreja izquierda. El hombre siguió mirándola atentamente, haciéndole un repaso que, ahora sí, comenzaba a ser lascivo.

—¿Cuántos años tienes?

—Diecinueve. Los acabo de cumplir.

—Eres muy guapa.

Kassandra dibujó una mueca extraña en su cara que no llegó a ser sonrisa, pero tampoco la cara de asco infinito que en realidad quería poner. El hombre apuró el vaso de whisky y lo dejó en la barra. Diecinueve años. Tenía solo diecinueve años. Cuán siniestra es a veces la existencia. Se puede asemejar a un jaque. Uno se encuentra acorralado, amenazado, sabiéndose a punto de que algo le de muerte, y aún así, con todo lo que eso significa, debe permanecer en su sitio, porque así son las reglas del juego. Malditas reglas.

—Yo conocía a tu padre —dijo de pronto. Aquello la sorprendió—. Fui algunas veces a verte con mi jefe. Porque, aunque yo sea el jefe de aquí, tengo otro jefe.

Emil Baztlaba, sentenció ella para sus adentros.

Lo había reconocido tras rebuscar en sus recuerdos. Ahí estaba. Frente a ella, aquel hombre que era una de las manos de uno de los mafiosos más gigantescos de Europa.

—Él se llevaba bien con tu padre, ¿lo sabías? —prosiguió refiriéndose a su jefe—. Cuando yo tenía unos cuantos años más de los que tú tienes, fui a tu casa. Hace ya un tiempo, cuando me vine aquí a España, por lo menos quince años. ¿Te acuerdas del Rey?

Aquello la mató un poco. El apodo de aquel hombre fue como la punta de un cuchillo clavándose en su estómago. Se sintió terriblemente débil en aquel momento, cosa que odiaba. No supo reaccionar y se quedó muda. No quería ni siquiera pensar que aquel hombre podía acordarse de ella. Era lo que menos quería que sucediera en el mundo. Solo de pensarlo se paralizaba física y mentalmente. Habían pasado muchos años, pero recordar a ese hombre la hacía volver a ser una niña en el columpio de rueda de neumático de su casa de campo, impulsándose, deseando saltar alcanzando el punto más alto, evaporarse con el aire y esfumarse para siempre.

Aquel hombre se acercó aún más a ella, empujando el taburete hasta quedar rodilla con rodilla.

—Yo respetaba a tu padre. Pero las deudas son las deudas y hay que pagarlas. Tú eres una privilegiada por estar haciendo otras cosas. Podríamos haberte puesto a trabajar de puta. Para puta vales. Eres guapa y estás muy bien.

Pensó que vomitaría en ese instante todo el miedo y la

tensión junto al único trago de vodka con naranja que había dado. Tragó saliva. Aquel nudo de emociones cayó a su estómago.

—Haz las cosas bien. Haz lo que yo te diga y ni a ti ni a tu madre ni a nadie os pasará nada —siguió en el mismo tono neutro—. Si lo cuentas o no haces lo que tienes que hacer, ya sabes lo que pasará. Os entierro a las dos. Primero a tu madre para que lo veas, y luego a ti.

Ahí estaba la clave. La estaba amenazando como el que se presenta con nombre y apellidos y dice a qué se dedica y cuáles son sus *hobbies*. A Kassandra le tronó la sangre en las venas. El pulso le retumbó en los oídos y le temblaron entonces también las manos. Tenía a aquel hombre en frente diciéndole que, si no hacía todo lo que él decía, enterraría viva a su madre. Esa gente no le temía a nada. El miedo para ellos era algo unidireccional. Algo que provocaban e infundían, pero que no sentían. Estaban desprovistos de esa capacidad. Eran psicópatas de manual. Lo único que podía preocuparles algo era la pérdida de poder.

Creyó cada una de sus palabras. Los había visto. Había visto cómo los propios narcos les temían. Cómo aquel monstruo, el jefe de jefes, se sabía el rey del mundo. Y pronto vería muchas cosas más.

De pronto se imaginó atada, cubierta de tierra, intentando encontrar un resquicio en sus fosas nasales que le permitiera la entrada de aire. Se imaginó ahogándose, inevitable. Se imaginó a su madre agonizando delante de sus ojos. Luchando por seguir con vida y no pudiendo hacer nada por ella.

—Mañana empiezas. Quítate el pantalón ese y ponte otra ropa. A los clientes les gusta que los reciban bien.

—Vale —contestó.

Se imaginó, al escucharse a sí misma y su consentimiento, hasta el cuello de mierda. Rodeada de podredumbre. Hasta el cuello de esa mierda de la que ella siempre hablaba; de esa que impregnaba el mundo y que había provocado que sociedad y suciedad se parecieran más que nunca; de esa mierda que paría hijos cada día. La que olía peor que cualquier otra. Cogió el vaso de vodka y se lo bebió entero de una sentada. Lo dejó en la barra con un golpe seco y cogió aire, llevando sus ojos al cartel parpadeante de LOVE de la pared del fondo. Parpadeo. Parpadeo. Parpadeo. Amor. Apagón. Amor. Apagón.

Amor.

Oscuridad.

Nunca la palabra «amor» me había dado tanto asco, pensó.

Mierda.

—Cómo odio estas sillas —se reacomodó Bilma entre resoplidos.

—Peores eran las que tenían los clavos asesinos que te enganchaban el pelo en el colegio.

—En mi colegio no había clavos asesinos —dijo Bilma.

—Pero seguro que había gente imbécil —contestó Kassandra.

—Eso sí.

—Eso es peor.

Estaban redesayunando en la cafetería después de clase de Derecho Penal. Habían desarrollado un hábito que no sabían si era saludable o no, pero que ya no podían dejar: llegaban a las ocho y cuarto a la universidad y desayunaban antes de entrar a clase para coger fuerzas. Después, a las diez y media, en el descanso, volvían a desayunar para paliar el trauma de las dos primeras horas.

—Podríamos quedarnos el jueves por la noche en el piso de Marta para jugar al *beer pong* —sugirió Bilma.

Ella y K eran las reinas indiscutibles del *beer pong*. Nadie les ganaba a encestar la pelota en el vaso ajeno y beber cerveza cuando sucedía lo contrario. Cuando Bil y K, las vaqueras y cerveceras forajidas, llegaban al lugar donde había reunión de *beer pong*, se hacía el silencio y la gente dudaba en participar. Todos sabían que ganarían ellas. Eran invencibles.

—No puedo —le dijo.

—Cómo que no puedes. ¿Qué te pasa? Tú tienes fiebre. —Bilma hizo ademán de levantarse para tocarle la frente. Kassandra negó con la cabeza.

—He encontrado trabajo —puso cara de sorpresa fingida.

—¡¿De qué?! No jodas. Méteme a mí. Necesito un coche y mi madre dice que me lo va a comprar cuando madure. Me veo sin coche toda mi vida.

—Si es así, te quedas sin coche, sí.

—Hija de puta. ¿De qué has encontrado trabajo?

—De recepcionista en un hotel —mintió—, y es de jueves a sábado, por lo que me han comentado. Igual algunos domingos también. Así que el jueves trabajo por la noche, el viernes también y el sábado mínimo hasta las nueve.

—Pues vaya mierda. Te joden todos los findes —puso cara de fastidio.

—Y la vida —contestó Kassandra. Nunca uno de sus sarcasmos había guardado tanta razón dentro.

—Cuando te mueras te voy a grabar en la lápida «murió de sarcástica» —contestó Bilma a su sarcasmo, abriendo los brazos en diagonal en señal de eslogan.

Kassandra no se rio, aunque sabía que tenía que hacerlo; no pudo. Bilma pensó que estaba más rara de lo normal, pero no le dio más importancia porque ella era rara siempre. Lo normal era que tuviera picos de rareza extrema. Así era ella: dulcemente borde y asquerosamente *querible,* aun con su extraña afición de hacer sentir a otros que el mundo no hacía ni puta gracia, aunque los demás nos empeñáramos en ponérsela.

Kassandra pensó en lo que se le venía encima y en que, una vez más en su vida —aunque debería decir «por primera vez en su vida», pero su asquerosa vida era así—, la realidad superaba a la ficción. Ahora más que nunca.

Odió esa estúpida némesis basada en hijos que pagaban por los errores de sus padres. Esa condición generacional que los obligaba a repetir sus pasos o a tener que intentar borrarlos toda su vida para que no les afectaran a ellos. Alguien debería haberle dicho de pequeña que huyera de los adultos. De sus bases, de lo que dicen que es lo correcto y lo inevitable. Alguien debería haberle dicho que corriera en sentido contrario. Corre, niña, corre. No mires atrás, no cometas los mismos errores que yo, que nosotros. Crece salvaje. Huye de aquí, combate aquello en lo que quieren convertirte. No te dejes domesticar. Es más, dedícate a intentar revertir este proceso que nos tiene a todos más mareados que un astronauta en su primer viaje espacial. Pero ningún adulto podría haberle dicho eso, porque estaban demasiado ocupados intentando no salirse ellos mismos del redil como para explicarles a los niños que el puto redil de los huevos te jodía la vida.

Los hijos nunca deberían pagar con su vida las vidas de sus padres. Pero lo hacían siempre, de una forma u otra. Tal vez siguiera los pasos de su padre. En todo. Tal vez en unos meses ella misma también estaría muerta.

—No pienso dejarte herencia como me pongas semejante epitafio de mierda en la tumba —contestó.

LAS PIEZAS

Febrero

Kassandra era una chica muy lista. Más lista que inteligente. Aquello le suponía una tremenda ventaja. Jugar con la astucia, interpretar lo que en apariencia no es susceptible de ser interpretado —en un mundo que se basa en relaciones de poder, engaños y secretismos— es muchísimo más útil que poseer una inteligencia alta y no saber adaptarla a un entorno hostil.

Había descubierto ya varias cosas en aquellas casi tres semanas que llevaba «trabajando» en aquel lugar. Aglutinaba en su propia cabeza sus pesquisas, ordenándolas en un mapa mental para dotar de algo de sentido a toda aquella locura.

Primera constatación: el jefe máximo, el que manejaba el cotarro, el de la cúspide, era quien ella conocía. Hablaban de él continuamente. El hombre que abusó de ella era el que dirigía, desde no sabía todavía dónde, toda una organización criminal en la que ella se había metido de lleno. Una organización con una estructura estrictamente piramidal.

Sabía que delegaba su poder en lo que ella autodesignó como administradores y operadores. Sabía que se distribuían por zonas.

Los administradores guardaban y distribuían el dinero. Elegían, compraban y movían a las chicas a demanda. Estudiaban los lugares de posicionamiento de los prostíbulos y de las mujeres y, muy probablemente, entablaban las negociaciones con los narcos que los proveían de las sustancias estupefacientes y con los proxenetas que les vendían chicas nuevas para variar la carta.

Traspasadas de unos proxenetas a otros como si fueran ganado, las vendían como quien vende un tocadiscos o un coche. Verdaderas esclavas en el centro de las ciudades. Anunciadas en los mismos periódicos que narraban en la crónica las operaciones contra bandas de prostitución ilegal y trata de blancas. Página 11: «Se calcula que más de 140.000 mujeres son víctimas de la explotación sexual y prostitución forzada solo en Europa, y en España la situación es alarmante». Página 35: «Casa de citas, chicas esperándote, chalé de lujo y discreto, en pleno centro», teléfono de contacto abajo.

La realidad en un periódico matutino que parecía leerse con los ojos cerrados. También en internet, a un simple clic. Complicidad sistémica.

Las mafias contaban con el beneplácito de la sociedad, las instituciones y el Estado. El silencio y la pasividad de todos ellos eran su mejor arma. Más incluso que las armas reales.

La fiesta dionisiaca, el imperio del placer y sus luces de neón parpadeantes animando a entrar se permitían las veinticuatro horas, todos los días del año. Era un negocio definitivamente eficiente. Y quienes lo sostenían eran los de fuera, porque las de dentro solo posibilitaban su expansión y mantenimiento, pero no eran cómplices, sino víctimas. Los cómplices eran otros.

Emil era el administrador indiscutible. Si los observabas físicamente, era el que menos imponía al lado del otro armatoste con pinta de guardaespaldas ilegal. Era guapo, más bajo y de menos apariencia bruta, pero dejaba claro quién mandaba en cuanto abría la boca. La actitud autoritaria, que casi se le podía oler, también hacía que se le respetara sin rechistar. El otro asentía a todo lo que él decía y no replicaba a absolutamente nada de lo que él indicaba.

Los operadores eran hombres como su segundo. Como su propio título indicaba, no eran cerebro y trato, sino puño y acción. Eran, como le había indicado Emil, los brazos derechos de los administradores y se dedicaban a controlar los clubs y a las mujeres, incluidas las *madames* como la mujer de Emil, quien, pese a ser la pareja del jefe de zona y contribuir directamente a la explotación de las chicas, no estaba exenta de ser controlada por la organización mafiosa, por ser mujer. De hecho, su propio marido le había dado un guantazo delante de ella por equivocarse con la recaudación. La *madame*, tras la hostia, se había cogido la cara y no había pronunciado ni la más mínima palabra. Lo había visto merodear por el club, observándolas, muy serio. El tío daba en realidad un miedo de cojones. Mucho más del que le dio el primer día: ya había entendido por qué era el jefe.

El otro debía estar duro como una mesa de mármol. Hasta el cuello que se extendía debajo de la cabeza calva era fibroso.

Y había más, mucho más.

En los lapsos breves de tiempo en los que había podido escuchar a aquellos dos hombres hablar en el salón, aguzando el oído desde su posición detrás del mostrador de la entrada, había escuchado Logroño, Oviedo, Madrid, Barcelona, Algeciras, Marbella y hasta Marruecos. Tenía claro que había muchas más zonas y que estaban repartidos, al menos, por toda España, y una leve sospecha de que el dinero se llevaba a Marruecos, por lo que aquel país podía ser la base de la organización, pero no podía estar segura. Había escuchado a Emil decirle a su mujer la palabra «novac», y sabía que significaba dinero, porque cada vez que la pronunciaba al llegar a las cinco de la tarde, ella le daba la recaudación del día anterior. La palabra «novac» y «Maroko» (Marruecos) se pronunciaban casi siempre juntas.

Segunda constatación: eran seis mujeres allí, incluida la jefa. Cinco mujeres obligadas claramente a prostituirse. Dos de ellas eran latinas, Marcela y Bruna, otras dos provenían del Este de Europa, Katia y Aleksandra. Había una de posible origen africano, Maisha. Las había visto varias veces. Cuando subían con los clientes, a las primeras cuatro, estando ella con la jefa observando cómo trabajaba para poder hacerlo sola más adelante mientras la otra atendiera la barra del club. A la otra chica la había visto limpiar el chalé. También había subido con algún hombre, pero parecía estar más abocada a chica de la limpieza y de los recados que a prostituta. No había mediado palabra alguna con ellas, siquiera mirada, puesto que la *madame* estaba observándolas a todas continuamente. Aquella mujer, con su mirada helada, era una jodida cámara de vigilancia. Estaba pendiente de hasta cuándo respiraban. Podría jurar que contaba sus respiraciones para ver si algo no estaba correcto. Si ella, que llevaba solo siete días allí en total —dado que trabajaba tres días a la semana—, ya tenía miedo de pensar según qué cosas, además de tener la continua sensación de que le leían el pensamiento, no quería pensar qué era lo que llevaban esas chicas sufriendo después de meses, e incluso años allí. La escrudiñaba cada vez que entraba por la puerta, como si buscara en ella un resquicio de mancha lavada de kétchup. Los ojos entornados y siempre ese aire de estupidez crónico. Lo haces todo mal, le había dicho varias veces. Así no atiendas al teléfono. En una de las ocasiones, el día anterior, la había obligado a cambiarse la camiseta y ponerse un corsé blanco con flores rosas bordadas. Se lo había apretado hasta cortarle el flujo sanguíneo y ella había tenido que fingir que se estaba meando para poder aflojárselo en el baño.

Los días eran exactamente iguales los unos a los otros. El club abría de cinco de la tarde a cinco de la mañana. Todos los días. Kassandra llegaba los jueves y viernes a las cuatro porque la mujer le había dicho que tenía que ir antes a ayudar a limpiar a la chica africana, pero todavía no la había ayudado. Se había limitado a andar detrás de aquella mujer y a escuchar sus escuetas explicaciones sobre todo lo que tenía que hacer.

«Sí. Está en el centro. Sí. Eso se habla con ellas». Repetía mecánicamente al teléfono. Después llegaban las visitas al club. Kassandra esperaba a que llegaran los hombres. Les guardaba las chaquetas. Bajaban y luego subían con las chicas a por las toallas, preservativos y a pagar. Media hora. Una hora. Veía a la *madame* atender el teléfono y luego le decía: ahora tú. Y luego le decía: «Lo has hecho todo mal». Y vuelta a empezar.

En la libreta apuntaba la tarifa y también las cosas que las mujeres pagaban. Les cobraba dinero por todo. Les cobraba por usar la habitación, por las toallas, por dormir allí, por la comida, por la ropa que usaban y que ella misma les vendía. Los precios se exageraban de manera desorbitada. Teóricamente, las chicas se quedaban la mitad de dinero del «servicio», una suma que, por supuesto, guardaba la mujer para entregársela al final de la jornada. Y de ella —de la parte que ellas se quedaban— se tenía que pagar por todo. No quedaba absolutamente nada para aquellas mujeres. Lo único que les quedaba era esperar a acabar de pagar la deuda. Nada era gratis, ni siquiera los condones. Los condones se pagaban follando. Así que tenías que follar para poder follar seguro. O lo tomas o lo dejas.

Lo que se debía no se pagaba jamás, porque no era real. Era una estafa. Una situación de esclavitud en medio de una ciudad de un país donde, se suponía, no existía tal esclavitud. España. Europa. La «civilización más civilizada» tolerando la esclavitud sexual de mujeres y siendo cómplice de ello.

Los anuncios, le había dicho la jefa, estaban en el periódico y en internet. ¿Cómo una sociedad podía dejar que esos anuncios estuvieran en todos los sitios? ¿Acaso no sabían que esas mujeres estaban ahí, claramente, en contra de su voluntad? ¿Acaso no importaba que estuvieran allí? Lo peor de todo ello fue que se sintió culpable. Se sintió culpable por hacer la vista gorda y se sintió exactamente igual de cómplice que las personas que ponían aquellos anuncios, que las personas que los leían y que las personas que llamaban. Se sintió cómplice de la situación de aquellas mujeres y pensó que aquello, por ende, también era culpa suya. Que estaba contribuyendo con su trabajo y su silencio a la reclusión y la violación no solo de ellas, sino de miles y miles de mujeres más. Y aquello le hizo vomitar en el baño varias veces.

Tercera constatación —aunque más bien esta era una sospecha que constataría más tarde—: las mujeres no eran conscientes de que estaban siendo esclavizadas. Habían asumido su condición como quien asume un trabajo que sabe que nunca le sacará de pobre. Un ritualismo mertoniano. Trabajar y trabajar en algo que no era un trabajo para pagar algo que no se debía.

Todas eran atractivas de alguna manera. Todas sonreían y se mostraban falsamente felices. Y todas tenían en su cara esa mirada de ausencia que provocaba un terror y una alerta continuos.

Cuando la *madame* la hizo entrar más tarde en aquella habitación, sintió como si el tiempo se parara unos segundos. Su vida se suspendió y solo quedaron ella y aquellas mujeres. Dos sentadas en cada litera. Una arriba, otra en una silla maquillándose, concentrada en el espejo. Como si pudiera borrar su sufrimiento con base líquida y colorete tono melocotón.

Las dos latinas —las más mayores según sus cálculos— rondaban ambas los veintipocos años. Aparentaban algo más, por lo poco cuidadas, pero el espíritu era joven, pese al continuo desgaste.

La presentación con las mujeres fue tan seca como lo era la horrible y déspota *madame*. Uno de los días abrió la puerta y la presentó.

—Aquí está la niñata. Se va a quedar mañana toda la tarde con vosotras, sola. Si hay algún problema, me llamáis —había dicho. Luego había cerrado la puerta.

Esa había sido toda la relación que había tenido con aquellas mujeres. Te odio, se repitió Kassandra para sus adentros. Recorrió las escaleras, el salón y el pasillo cagándose en su vida mentalmente. Había aprendido a cagarse en toda esa gentuza mentalmente el tercer día, cuando uno de los puteros le preguntó a la *madame* «si la recepcionista no bajaba al bar», refiriéndose a ella. La mujer le había contestado que todavía no, pero que igual algún día, con esa sonrisa macabra que se le formaba en la cara. A partir de entonces decidió cagarse en ellos cada vez que algo la llenaba de rabia. Era eso o acumularla. Y cuando uno acumula demasiada mierda, acaba por convertirse en la propia mierda.

La chica del 2008

¿Cómo llega una a cruzar al lado de los que sabes que desprecian a quienes están en el tuyo? ¿Cómo aceptas el mando de la explotación? Muy fácil: nunca dejas de estar en el lado de las explotadas y nunca tienes el mando de la explotación. Todo es un perfecto espejismo.

Polina fue captada con dieciocho años a través de la figura del príncipe azul con el que todas habíamos crecido. Para las mujeres cuyo origen se asentaba en el Este de Europa, el mecanismo más utilizado era el del novio o promesa falsa. Un captador las seducía y se las llevaba a otro país para luego prostituirlas.

Esperar al hombre ideal. Esperar, esperar, esperar. Al protector. Al que resuelve tu sino como mujer. Bien metidito en la cabeza, asentado de forma maestra allí donde se alojan las verdades más absolutas: sin un hombre no eres. No importa que no quieras: sin un hombre no eres, no estás completa. Porque tú sola, de por sí y por ti misma, no eres nada. Nunca lo has sido. Ese es tu nombre: nada. Mujer de. Sin un hombre no eres. Cuando aparece el hombre perfecto, el que te hará una mujer de verdad, alguien y no algo —aunque sigas siendo un objeto—, las ideas enraizadas en tu cerebro, por fin, florecen.

Haces lo que te pide y vas con él a otro país donde, además, hay más oportunidades. Lo acompañas. La errónea figura de la compañera, porque no lo eres nunca: eres esclava. Y prueba de ello es la hostia en la cara cuando, al llegar al que teóricamente va a ser tu nuevo país y hogar con el hombre que te ama, se descubre el pastel de mierda.

Claro que has sido elegida. Claro que cumples los requisitos para ser su mujer: la mujer de cuyo cuerpo y alma se va a lucrar vendiéndola a otros hombres.

Te encierran días y noches, sin comida, en un cuarto oscuro sin más opción que esperar, otra vez. Pero esta vez la idea es distinta. No te hacen creer que esperas al príncipe azul, sino que esperas y nadie irá a rescatarte. Ríndete. Ríndete, mujer. El hombre bueno y de ensueño es en realidad tu verdugo. Un proxeneta cuya posición en la red es captar a mujeres que esperan, como tú. Captar oferta futura y escoger producto de escaparate. Nadie va a ayudarte ahora.

Y cuando crees que te mueres, paliza tras paliza, sedienta y hambrienta, sucia y mugrosa, no lo haces. Ya estás lista: mujer sobreviviente fresca. Y llegas al lugar y te vistes con esa ropa de lentejuelas y rejilla que deja ver tu cuerpo como diciendo que ya no es tuyo, que es de ellos y está en venta. Y bajas al bar y lloras y te obligan a beber para que dejes de hacerlo. Entonces entiendes que bebiendo no lloras tanto y bebes más. Y luego el abismo y la aceptación de tu nuevo nombre: puta, fulana, prostituta, prepago. Y te olvidas del tuyo.

Y la princesa llega por fin a su reino.

Cuando el monstruo que te abocó y mantuvo en tu situación o algún otro te ofrece una salida al infierno donde ya no hay hombres encima de tu cuerpo, sino encima en el escalafón de mando, aceptas. La vía de escape, que no es más que convertirte en la cerradura de las vías de escape de otras mujeres que, como tú, quisieron ser princesas un día. Pero ya lo has olvidado como muchas otras cosas. Ahora eres alguien, no algo. Dueña y no esclava. Ama y no sierva. Explotadora y no explotada. Pero no es real. Ser verdugo no es estar obligada a explotar a víctimas, y ser alguien no es pasar de llorar bajo un pecho sudado para recoger billetes manchados de violencia. Nada es real.

Ni siquiera que te has rendido.

La chica del 2012

Marcela llegó a España un 30 de marzo. La esperaron en el aeropuerto. Era un chico medio joven, de unos veintipocos años. Subieron al coche y condujo durante horas sin decirle a dónde se dirigían. Al llegar al lugar vio que era un club, pero no llegó siquiera a imaginar que era un club de alterne. Pensó que era una discoteca; pensó que incluso si era un club sería camarera, que estaría detrás de la barra.

Al llegar no la trataron mal. Allí estaba el amigo del chico que le ofreció trabajo en su país. Lo reconoció por la voz, porque había hablado con él una o dos veces por teléfono. Le había comentado las condiciones del trabajo en España, el dinero que ganaría y los pasos que debía dar para ir. La había tranquilizado y resuelto las dudas muy amablemente. Fueron él y el Sastre —otro chico de su barrio en Ciudad Bolívar al que conocía desde que era pequeña— los que la convencieron. Al principio contactó el Sastre con ella. La comenzó a cortejar. Halagos, piropos, cumplidos. Ella venía de una familia muy pobre, sus padres casi ni tenían para pasar la jornada y ella apenas podía mantener a su hija, a la que había tenido con dieciséis años. Él comenzó a comprar comida y a darle algún dinero, a ganarse su confianza. Después le dijo que en España podría conseguir mucho dinero en muy poco tiempo y resolver su situación. Y ella lo creyó. Todo fue muy fácil. Todo lo solucionaron ellos. El pasaporte, el visado, hasta le dieron dinero para el viaje, claro que luego se lo quitaron porque —eso lo supo después— todo lo había pagado ella misma.

Dudó antes de viajar. Mucho. Incluso con las técnicas de persuasión bien efectuadas dudó. Al ver sus dudas, le dijeron que otro hombre se las resolvería. El Cachipo, le llamaban. Después de hablar por teléfono con él lo tuvo claro. Hablaba muy suelto, con mucha labia, sabía lo que hacía, todo eran ventajas. Y cuando llegó para trabajar de camarera, ni tuvo trabajo de camarera ni tuvo dinero. Lo único que tenía era una deuda que después subió y subió y subió con el «alojo» y «la diaria» —la habitación, los alimentos y la estancia en el club lo pagaban las propias mujeres, por lo que la deuda nunca dejaba de aumentar—. El primer día no hizo absolutamente nada. Le enseñaron el club, pero no se atrevió ni a preguntar.

Durmió en una habitación separada de las otras mujeres. La cosa se puso tenaz al segundo día, cuando la sentaron con dos más y le dijeron: va usted a ser puta. Póngase las pilas. Ella les dijo que no, que ni modo, que había venido a España para ser camarera y no para ser puta y que no la jodieran..., y el hombre dijo que, como no pagara todo lo que debía en Bogotá, el Sastre se iba a ocupar de su familia.

Marcela lo entendió todo. Las latinas tenían, muchas veces, un motivo muy importante para cumplir los preceptos de las mafias: lo familiar y emocional. Allí, la educación sexual era precaria y los abortos ilegales rondaban los trescientos mil al año. Con la consecuente mortalidad femenina, víctimas primero de la falta de educación o de la violación —las violaciones por parte de familiares de primera y segunda línea de consanguinidad eran una verdadera epidemia— y, después, de un sistema que no amparaba el cuidado de las madres jóvenes solteras ni de sus hijos. Abocadas a buscar trabajo y emigrar a Europa o Estados Unidos, solas, con niños pequeños que mantener y a los que darles un futuro, y que se quedaban en sus países de origen, eran pasto verde y recién cortado para las segadoras de las mafias. Eran las que más rápido lo entendían.

Aquel malparido le dijo que habían ofrecido mucho dinero por su belleza y que se iba para Alicante con los más malparidos de todos. Allá vas a trabajar sí o sí, ya lo verás, dijo riendo. En aquel mundo todos se llevan bien —o al menos si hay dinero de por medio hacen como que se llevan—. Y la venta se produjo satisfactoriamente.

Llegó a Alicante. Conoció a Emil Batzlaba el segundo día. Esta vez quedó mucho mejor avisada: conozco a los que te trajeron, le dijo. Como no trabajes voy a mandar que violen tanto a tu hija que ella misma va a pedir que la maten.

Aquello lo pausó todo. A partir de aquel momento trabajó como nunca. Y también escribió. Todo quedó escrito, en los escasos momentos en los que pudo pensar en sí misma —sus pensamientos, su añoranza, su sufrimiento, sus esperanzas—, en una libreta que guardó como el tesoro más preciado del mundo. Fue como hacer tinta su única herencia. Como saberse ya muerta. Pero se había jurado a sí misma algo. Un día, aunque no volviera a verla, aunque jamás pudiera volver a abrazarla, su hija conocería su historia.

La chica del 2013

Una mujer costaba unos mil, mil quinientos euros —dos mil euros las más caras—, y proporcionaba unos doscientos mil euros de beneficio en unos cuatro o cinco años. Era un perfecto y efectivo negocio. Se captaban jóvenes, cuanto más jóvenes mejor, y no importaba si eran menores. De hecho, los puteros las querían cada vez más jóvenes. Si eran niñas, mejor. De catorce a dieciocho era la edad ideal. Ingenuas y creyentes en el hecho de que podrían salir de allí si pagaban, para extraer más beneficio. Podían mantenerlas hasta cinco años, eran las que más duraban. Después morían víctimas de las infecciones, de la drogadicción o simplemente quedaban condenadas a la exclusión social y la pobreza. Pocas conseguían rehacer su vida.

La demanda es la demanda, como en cualquier negocio. Si el cliente pide un producto se le busca, y lo que se vendía era carne fresca. Niñas de quince, dieciséis o diecisiete captadas en sus países de origen, como Bruna, que llegó a España con apenas dieciséis años, con la promesa por parte de su captador en Bogotá de pagar el tratamiento de su madre con cáncer. Ella, a su vez, le prometió a su madre que enviaría dinero trabajando de camarera en España todos los meses.

Bruna fue obligada a prostituirse durante más de tres años en un macroprostíbulo de Castilla la Mancha propiedad de proxenetas españoles que compraban mujeres latinas a sus socios autóctonos al por mayor. No pudo prácticamente enviar dinero a su país ante la deuda ficticia que se le impuso y que la sumió en la esclavitud más absoluta, bajo el mandato de sus captores.

Su atractivo hizo que un cliente extranjero quisiera comprarla, pagando su deuda para quedársela. Pagó casi diez mil euros. Salió con él de allí un martes. El miércoles fue llevada a un hostal de carretera donde la esperaban tres hombres más que la violaron repetidamente durante toda la noche, preparándola para lo que le esperaba. Modelándola, dejándola lista y sumisa. Después fue vendida a los compatriotas del comprador, que no era más que un intermediario de los Hombres de Hielo que buscaba mercancía de calidad para la mafia más sanguinaria de todas las que comerciaban con víctimas de trata. La trasladaron a la provincia de Alicante.

Su madre murió un año después de que Bruna se fuera, sin volver a ver a su hija. Nadie pagó su tratamiento.

Las chicas del 2014

Las del Este llegaron después. En torno al año 2001 la trata de mujeres latinas había dejado paso a la de rumanas, búlgaras y serbias, más accesibles para las mafias. La prostitución forzada siempre nace de la miseria, la pobreza, la crisis y la falta de oportunidades. Se aprovecha de los momentos de incertidumbre y necesidad para engañar a las mujeres y captarlas vulnerables y necesitadas.

Se las engañaba y estafaba con la excusa de que trabajando pagarían la deuda del viaje y la estancia muy pronto y podrían ser libres e independientes en unas condiciones mucho mejores que las que vaticinaban sus países de economía deprimida. Con Katia y Aleksandra, ambas de Rumanía y menores de edad, sucedió aquello mismo.

Llegaron juntas. Cada una provenía de una población distinta. Dos pueblecitos rurales donde la oferta laboral y las salidas para las chicas jóvenes eran muy escasas.

Las trasladaron desde el aeropuerto de Barcelona hasta Alicante en coche. Contaban chistes y reían durante el viaje. No sospecharon en ningún momento que su excursión iba camino al infierno.

—¿Dónde está el bar? —preguntó Katia al llegar al destino, una gasolinera desvencijada y antigua junto a un caserío con un cartel de luces fundidas que rezaba «Quiéreme».

—No hay bar —dijo el conductor.

Los pagos se pedían a puñados y rápidos. Trabajar, trabajar, trabajar sin parar, sin dormir si era necesario. Uno tras otro. Turnos de noche, descanso de mañana, comida, aseo, maquillaje y vuelta a empezar. De lunes a domingo. Accediendo a todo si así se pagaba más, a costa de salud mental y física. Más tiempo, con más clientes, accediendo a todo deseo. La violencia que se ejercía bajo el imperio del Rey de Corazones la conocieron muy pronto.

Aleksandra solo sonrió. A todos. A los flacos. A los gordos. A los médicos. A los obreros. A los abogados. A los que olían mal. A los borrachos. A los cocainómanos. A los empresarios. A los que se estrenaban. A los casados con hijos. A los ancianos. A todos, pese a que la trataran como un trapo sucio. A Katia, por el contrario, la vida se le quedó muy seria. Se le quedó tan seria que Aleksandra la encontró un día intentando colgar la chaqueta en la mampara de hierro de la ducha.

La abrazó. Le acarició el cabello. La sentó en el suelo junto a ella y esperó a que llorara todo lo que tenía que llorar.

—Estoy sola, Aleksandra. Estoy muy sola. Me quiero morir.

—No estás sola —le dijo Aleksandra—. Siempre estarás conmigo.

La chica del 2015

Maisha había perdido la cuenta de los kilómetros andados desde el estado de Borno, al nordeste de su país, donde se encontraba su pueblo. Quizá fue algo más de un mes, quizá fueron dos. El trayecto desde Nigeria a la frontera de Mauritania con el Sáhara Occidental se hizo en dos coches, con la compañía de dos mujeres más y tres hombres. A partir de ahí, atravesó el desierto a pie, soportando las inclemencias del tiempo y el cansancio provocado por el desgaste y la falta de alimento. Caminaron durante más de doce horas al día, normalmente por la noche, hasta llegar a Nador, a noventa kilómetros de Melilla. Allí se refugiarían en el bosque, en los campamentos improvisados, junto a otros inmigrantes —la mayoría subsaharianos—, a expensas del aviso para poder pasar la frontera.

Fueron dos meses más de espera. El aviso lo daba la propia policía marroquí comprada por la organización, que posibilitaba su entrada en Europa y que hacía la vista gorda a los asentamientos.

Nunca había visto realizar un ritual de vudú. Fue una situación extraña. La música, el olor a carne chamuscada y el fuego hipnótico que prometía un futuro difícil de rechazar.

Tenía entonces dieciséis años y había terminado los estudios de secundaria. Su sueño era ser profesora.

Conoció a una mujer que le prometió un trabajo en España de camarera hasta que pudiera saldar el coste del viaje y el alojamiento inicial y asentarse allí por ella misma. Para ello debía andar hasta la frontera española, donde la esperaría alguien que la escondería dentro del maletero del coche para poder pasar. Allí se embarcaría rumbo a la península con ayuda de documentación falsa perteneciente a una de las chicas del poblado, que ya había viajado con aquella mujer y que la esperaría en España, a la cual podría llegar gracias a los documentos apócrifos y donde se encargaría de conseguirle alojamiento y trabajo.

La magia *yuyu* terminó con un juramento por su parte. Cincuenta mil euros, le dijeron. Eso era lo que teóricamente valían el viaje, el alojamiento y la deuda. A cambio, un trabajo y una nueva vida en Europa. Pagaría dicha deuda poco a poco. Ya se había llevado a varias chicas del pueblo hacia allá, con la connivencia de sus familias. No tenía ni idea de lo que significaba aquella cantidad económica. Desde luego, pensó que era muchísimo menos de lo que era en realidad. Si no lo hacía, si no pagaba, las consecuencias para ella y su familia serían horribles, había dicho la mujer como advertencia, que no como amenaza. La magia es la magia y los espíritus no atienden a plegarias.

Llegó a España exhausta pero esperanzada después de un viaje de casi cinco meses de pasos cansados, sed, hambre, abusos y miserias. Al fin pisó tierra española y llamó a un número de teléfono que le había indicado la mujer. Un chico joven la recogió en un coche y condujo durante horas hasta llegar a un lujoso chalé. No tenía ni idea de dónde estaba.

Allí, aquella mujer le dijo que era suya. «Mi propiedad», dijo. «Ponte esto», dijo.

La violaron siete veces durante el primer y segundo día. Luego, tras la primera paliza, comprendió que eso eran pocas veces. Que su rendimiento era bajo. A los catorce años, sus tías y una cortadora le realizaron el único ritual al que había asistido anteriormente al vudú: la ablación del clítoris. Las relaciones sexuales para ella eran dolorosas. Las otras chicas, compatriotas, aquellas otras chicas que ya se habían marchado a «trabajar» a Europa cumpliendo el sueño, estaban allí probablemente en las mismas condiciones físicas, pero se habían resignado y se limitaban a trabajar, cuanto más, mejor. Incluso competían entre ellas.

Tras su intento de suicidio con una cuchilla la segunda semana, la mujer concluyó que era peligrosa. No porque pudiera hacer daño a los clientes o a las otras mujeres, sino porque era débil —débil en aquel mundo significaba fuerte— y podía no someterse y avisar a la policía. Eso fue realmente lo que aquella mujer concluyó.

Maisha creía fervientemente que la policía de aquel país —como le había dicho la mujer— estaba del lado de sus captores. Que contaban con su beneplácito. Creía fervientemente que, si no pagaba su deuda, ella y su familia morirían bajo terribles sufrimientos, presas de la locura más extrema. Jamás se le habría ocurrido avisar a nadie, ni sabía a quién podía avisar ni si había alguien a quien le importara. Fue pasando el tiempo y con él aumentó su visión catastrofista.

No conocía aquel idioma ni sabía absolutamente nada de dónde estaba. Nadie la escuchaba al hablar ni la compadecía al llorar. Nadie se preocupó tampoco cuando calló. Se limitaron a llamarla inservible y vaga durante casi un año. Después la vendieron por quinientos euros a aquellos hombres tan diferentes, a aquellos demonios fríos que la trasladaron a un lugar más cálido.

Allí no había chicas de su país. La competencia era la misma. Pagar la deuda. Trabajar, trabajar, trabajar. Entonces limpió y limpió y limpió. Limpió el bar, las habitaciones, los baños. Limpió frenéticamente, como purificándose a ella misma y a su suciedad. Pese a su condición de *objeto deteriorado,* tuvo que soportar las violaciones de algún hombre que las quería negras o calladitas.

Por eso fue por lo que la suciedad, por más que limpió, nunca desapareció.

Se multaba a las mujeres hasta por respirar demasiado. Una mala noche podía costarte una sanción por mala gestión, por desgana o por estupidez con los clientes. No trabajar como se pudiera durante la menstruación también conllevaba una multa. No llegar a tiempo si se salía fuera —las pocas veces que se podía salir por algún recado— también se castigaba. La deuda se reducía —en cantidades ínfimas— solo a veces, cuando las circunstancias eran mágicamente favorables. Porque la deuda no estaba para reducirse. No era real. Estaba para obligarte a trabajar. Para exprimirte hasta que eras lo suficientemente vieja como para desecharte.

Mujeres de cualquier parte del mundo. Víctimas primero de la pobreza y la falta de oportunidades, después, de su propia condición de mujer, que, en un mundo así, era otra maldición. La maldición de ser producto de consumo y compartir escenario con monstruos que se lucraban de ello. Consideradas todas mercancía. Máquinas *tragaperros*, monedas dentro, monedas fuera. Y mientras, los proxenetas, en frente de ellas, pulsando los botones, escuchando los avisos: avance, una, dos palizas. Tres castigos, más deuda, avance. Una amenaza, si no hay hijos, familia. Avance, drogas, alcohol, cocaína, engancha, empuja a la espiral. Uno, dos. Más palizas. Avance. Hombres metiendo dinero, gastando su dinero, metiendo su dinero en sus rendijas, juego sucio. Juego lascivo. Premio. Y al final del proceso, que se repite, incesante y macabramente cíclico, una y otra y otra vez, el último botón para cobrar. Y el clin-clin del especial de aquellas destrozadas y cansadas máquinas de hacer dinero que llenaban sus bolsillos.

Aquel fin de semana apareció un hombre por allí que Kassandra no había visto nunca —y que deseó no volver a ver nunca jamás.

Ella había llegado a las doce, una hora antes, como siempre. Los fines de semana se trabajaba en jornadas de dieciséis horas, no de doce. Aquel hombre apareció por la puerta a las cuatro, gigante y moreno, todo tatuado. Pensó que tenía más pinta de operador que de administrador, y que, además, por la actitud, debía ser el mejor de los operadores. Tenía una cicatriz en el labio que le iba de la aleta derecha de la nariz hasta la mitad de la barbilla. Era calvo y gordo, el más alto de todos. Vestía con botas militares y chándal negro y dorado de bajo fruncido. Reloj gigante de marca deportiva y riñonera de cuero. Imponía más que el jefe y más que la mano derecha del jefe. De hecho, no tardó en admitirse a sí misma que era el hombre que más miedo le había producido en toda su vida, después del Rey. Sin mediar palabra entró al chalé. No la miró. Se dirigió hacia la cocina y cerró la puerta. Entonces se escuchó un grito de mujer y algo, lo que parecía un cubierto o un utensilio de metal, cayó al suelo. El grito decía: «Yo no». La mujer lo repetía una y otra vez: «Yo no», «yo no».

Kassandra se quedó muy quieta, escuchando los gritos y el movimiento dentro. Entonces oyó que se abría la puerta y que las zancadas se acercaban a donde ella estaba. El hombre apareció en el zaguán.

—Ven aquí —le dijo con voz grave. Y se metió para dentro otra vez.

Era la primera vez que otro hombre allí se dirigía a ella. No sabía si tenía que ir o no. No sabía nada.

Anduvo hasta la cocina confusa y abrió la puerta. Allí estaban las cinco mujeres. La *madame* sentada mirando su teléfono y fumando un cigarro en actitud pasiva, como si la cosa no fuera con ella.

Las demás estaban sentadas a la mesa y Aleksandra, la chica morena de ojos azules, se limpiaba con un pañuelo el ojo lloroso. Tenía la cara roja de la hostia que acababa de darle.

—¿Quieres que te cuelgue del árbol de fuera? —le dijo despacio aquel hombre a la chica arrastrando las palabras. Kassandra notó entonces su acento. También era del Este. Después la agarró del pelo, dando varias vueltas con su pelo a la mano, y la atrajo a su barriga, le dijo algo en otro idioma. La chica se cogía el pelo intentando que no le hiciera tanto daño. Lloraba y aguantaba el estirón como podía.

La soltó y ella se quedó muy quieta, incorporándose en la silla y encogida, protegiéndose la cara pañuelo en mano. El hombre se acercó y volvió a pegarle con la mano abierta. La cara de la chica se giró ciento ochenta grados y la torta sonó como una carpeta de plástico al caer al suelo.

Kassandra se estremeció. Los pelos se le erizaron. La boca se le secó. Aquel hombre había tenido la frialdad de reunirlas a todas para dar hostias ejemplarizantes. Sobre todo, para que ella, que debía vigilarlas aquel día, supiera lo que pasaba si no se hacían las cosas como quería aquella gente.

La *madame* se levantó y cogió a Kassandra del brazo apretándole con las uñas de porcelana hasta hacerle daño. Salió obligada de allí, con el matón y la mujer, que la soltó en el zaguán.

—Me voy. Hazlo todo bien y llámame si tienes que decirme algo. La negra se queda abajo en la barra. A las nueve vengo. No te equivoques contando el dinero. Bogdán está fuera vigilando.

«Y vigilándote».

Desaparecieron dando un portazo. Se quedó petrificada, teléfono en mano, la boca entreabierta. Quedaba todavía casi una hora para que el club abriera y tenía demasiado tiempo para pensar en lo que acababa de suceder. Allí el tiempo muerto para pensar era horriblemente usual y pasaba terriblemente lento.

De pronto escuchó un ruido en la cocina. Se asomó cautelosa desde la esquina de la pared y pudo ver la cabeza de una de las mujeres. Era Katia, la otra chica del Este.

Aquella chica era muy guapa. Muy delgada y alta, rubia platino, con los labios gruesos como ella, y unos intensos ojos azules que intimidaban al mirarte.

Le hizo el gesto de acercamiento con la mano y volvió a meterse.

La estaban llamando.

Pero qué cojones pasaba ese día, pensó. Que la dejaran todos en paz.

No podía ir. O sí.

No sabía si debía acercarse o si hacer caso omiso y permanecer en su puesto de recepcionista. Dio un paso, pero volvió a su sitio. Pensó un segundo y volvió a darlo, pero luego retrocedió otra vez. Kassandra, se llamó a sí misma. Muévete ya para quedarte o irte. Se limpió las manos en el pantalón vaquero. Qué coño hago, repetía en susurros. Qué coño hago. Joder. Tenía claro que no iba a ir allí. Le había costado muchísimo que la mujer de Emil la dejara empezar a trabajar para pagar la deuda. Cada día a partir de ese día era uno menos. No se iba a arriesgar a echarlo todo por la borda. Ese hombre le partiría el cuello en dos sin pestañear. Mataría a su madre sin inmutarse lo más mínimo. Respiró hondo y exhaló el aire despacio, relajándose, pensando en la escena que el proxeneta acababa de protagonizar delante de todas las mujeres. La brutal muestra de poder y dominación y la bestialidad con la que las trataba, como si fueran plastilina que estrujar y moldear a su antojo, dándoles la forma que le convenía. Eran mujeres. Mujeres con sentimientos reales. Mujeres que sufrían. La imagen de aquella chica llorando con el pañuelo en la mano temblorosa le paseaba por la cabeza. Aquella chica que había visto subir, callada y con la sonrisa puesta, con los puteros que la agarraban de la cintura. Aquella chica que podía ser su hermana mayor. Volvió a respirar lentamente e intentó asimilar la situación. Los nervios. El miedo.

Terminó de soltar todo el aire y apretó los puños con rabia. Después empezó a andar rápida en dirección a la cocina.

Allí estaban. Marcela, la más mayor, pululaba por la estancia buscando algo. Maisha estaba en la zona del tendedero. Clasificaba y metía ropa en la lavadora, absorta. Las otras tres estaban sentadas en las sillas desayunando o tal vez comiendo, dadas las horas y el descoloque de horario que provocaban los turnos.

—Siéntate con nosotras —le dijo tocando el respaldo de una silla con la mano Katia, la rubia, que se parecía un tanto a ella.

Aleksandra seguía apretando el pañuelo contra su ojo. Más tranquila. Parecía que el hecho de que el proxeneta se hubiera ido había sido un gran alivio.

—¿Cómo te llamas? —preguntó Marcela.

Le encantaba la voz de aquella mujer. La había escuchado hablar ya varias veces, tan alegre. Tenía algo que te hacía sentir protegida. Era una de esas personas que te caían bien sin conocerlas.

—Me llamo K.

—No había oído ese nombre nunca —dijo Katia.

—Es Kassandra, en realidad.

—Guau —dijo Aleksandra, la del ojo hinchado—, qué bonito, ¿qué significa? El mío significa… —Se dirigió a la chica rubia y le hizo una pregunta en un idioma que Kassandra no conocía. Entonces mantuvieron una breve discusión—. «La que defiende a los hombres» —remató.

—La-defensa-de-los-hombres —le corrigió Katia pausando las palabras, con acento extranjero. La otra hizo ademán de concordia—. Eso.

—Joder, pues qué casualidad. El mío significa algo parecido.

Se mostraba sorprendida por el recibimiento. Parecían mucho más simpáticas con ella que cuando las había visto subir a las habitaciones, pero también mucho más tristes. Menos fingidas.

—Yo soy Katia, aunque supongo que ya lo sabes —le dijo la rubia que había asomado la cabeza para decirle que fuera—, y no sé qué significa mi nombre, pero en español es Catalina.

—Yo Aleksandra —le dijo la que había recibido la hostia. Era muy delgada y alta y tenía los ojos azul muy intenso. Le recordaba un poco a la *madame*, aunque ella siempre sonreía. Tenía una actitud divertida y desairada. El pelo muy negro, con mucha cantidad y largo hasta la cintura. Un poco enmarañado y descuidado.

—Yo Marcela —le dijo la mujer latina de voz dulce.

—Ella es Maisha —prosiguió Katia señalando la puerta abierta de la galería y refiriéndose a la chica africana, que seguía ajena en sus tareas—, no te dice el nombre porque no sabe hablar.

—Sí sabe hablar —atajó Marcela con cara de reprimenda.

—No lo sabemos, no ha hablado nunca desde que está aquí. Hemos intentado enseñarle español, pero no dice ni una sola palabra —aclaró Katia, y se encogió de brazos.

—Yo no he escuchado nunca su voz —dijo Aleksandra.

—Nadie ha escuchado nunca su voz —dijo alguien.

Faltaba una de las mujeres por presentarse. La que acababa de hablar. Estaba sentada justo en frente de ella y la miraba de arriba abajo, con actitud circunspecta y celosa. Kassandra retiró la mirada y la dirigió a Marcela, para ver si así corroboraba algo de la actitud de la chica. Marcela la presentó.

—Ella se llama Bruna, que sí que habla. Bruna, dile algo a la niña.

La tal Bruna no contestó y siguió mirando seria la escena.

Era morena. Estaba segura de que era latina, porque la había oído hablar anteriormente con un cliente. El pelo largo y castaño, los ojos grandes y de color oscuro. Las cejas, muy marcadas y maquilladas, se le arqueaban muchísimo, dándole un aspecto de mala de telenovela. Tenía rasgos indígenas, dientes muy blancos y bien colocados, unas manos muy bonitas. Un cuerpo bonito también. Era más delgada que Marcela, que era bellísima y tenía el cuerpo más ancho. A Kassandra le pareció la más atractiva de todas, sin duda, y la más antipática. Le dedicó media sonrisa de mala gana, ante la presión silenciosa de sus compañeras, se levantó y fue hacia la nevera.

—¿Te has asustado mucho por lo que ha pasado antes? —preguntó Marcela.

Kassandra movió los labios y los hombros en señal de «un poco».

—Lleva cuidado con este hombre —le dijo.

—No lo había visto nunca —contestó Kassandra.

—Es Kráneo. No se llama así, pero aquí le llaman de esa manera —apuntó Katia.

—¿Por qué le llaman así? —inquirió Kassandra.

—Pues ya lo has visto, porque no tiene cerebro —dijo Katia.

Marcela y Aleksandra se rieron.

—Pues imagínate lo que hace para que le llamen así. Está loco —sentenció Marcela.

Su expresión cambió de la risa a la aflicción en una milésima de segundo. A Kassandra se le mimetizó la cara con la de la mujer. No sabía si quería escuchar más sobre aquel tipo.

—Ese es el que reparte —la chica que acababa de sufrir la paliza hizo el gesto de un puño hacia abajo—. Al que le mandan pegar, matar y lo que haga falta. Aquí pegan todos, pero ese, si quiere, te mata y le da igual. Le gusta ver cómo sufres. —Kassandra escuchaba atenta mientras sus dedos repiqueteaban nerviosos sobre el tapete de la mesa—. A Maisha cuando no le contesta le mea en la cara. Y como no le contesta nunca, pues casi siempre se lo hace —añadió mientras dejaba el pañuelo y se rozaba a toquecitos el corte de la cara—. Luego hay uno más, que se llama Bogdán. Ese no tiene de eso.

—¿De qué? —preguntó Kassandra.

—Como otro nombre para llamarlo.

—Apodo.

—Sí. Eso.

—O sea, que esos dos siempre están por aquí. ¿Y el otro? ¿Emil? —preguntó.

Las mujeres se miraron las unas a las otras al escuchar el nombre de la boca de Kassandra.

—¿Lo conoces? —le interrogó Katia.

—Sí. Claro.

—¿Has hablado con él?

—Claro.

Todas se volvieron a mirar unos segundos con cara de circunstancias. Estaban dudando de ella. Pudo oler el miedo y la incomodidad. El miedo repentino que les causaba la posibilidad de que estuviera con ellos, de que fuera una familiar, una pareja o quién sabe qué. Le preguntaron si era española y les dijo que sí, que conoció a Emil nada más llegar allí, que no tenía nada que ver con él en concreto, pero que no quería hablar mucho de ella misma porque no se sentía cómoda haciéndolo. La conversación siguió su curso.

—Emil es el jefe de los pisos y las casas de aquí —se refería a Alicante—. Kráneo es el que viene y mira todo el dinero, que esté bien todo. Luego se lo da al jefe. Y si no está bien, pues ya te puedes preparar —dijo Aleksandra.

—¿Te ha pegado porque no estaba todo el dinero?

—Porque no he trabajado bien. Si ganas menos de lo que tienes que ganar no le gusta. Tengo que ganar mínimo noventa o cien euros.

—¿Todos los días?

Aleksandra se rio. Hizo una mueca de dolor al mover la cara.

—Claro que sí. Si ganara eso a la semana ya estaría más muerta que una calavera. Esta gente no se anda con chiquitas. El que no está loco está muy loco. Al jefe lo ves muy serio, pero no te fíes de él porque es el peor. Una cosa es que te meen en la cara y otra que te peguen un tiro en la nuca. Si le tienen respeto los que nos dan puñetazos, por algo es.

Marcela preparó café. Tenían poco tiempo para conocerse, pero hablaron de todo. Hablaron de muchas cosas.

Kassandra sabía bien en qué consistía la trata de mujeres para la esclavitud sexual y sabía perfectamente que las chicas con las que estaba hablando en aquella cocina eran víctimas de ello. No sabrían absolutamente nada del país más que las pocas calles que habían pisado para hacer algún recado o los polígonos en los que habían hecho turno, y todas tenían condicionamientos que las obligaban a callar. Lo sabía, pero no dijo nada. Se calló porque no las conocía lo suficiente, pero sobre todo por miedo. Era el miedo a que alguna, por remota posibilidad que cupiera, dijera algo lo que la mantenía callada. El miedo a que alguna escapara y lo pagaran las demás, de que denunciaran la situación y aquello afectara a su familia y a ella. Tenía miedo de que se liberaran, ese era el miedo. La paliza ejemplarizante había dado sus frutos. Conseguían amedrentar hasta al carácter más insumiso. Todo estaba bien pensado y bien llevado a cabo.

Entendió entonces algo que jamás pensó que tendría que entender alguna vez en su vida.

No la habían trasladado a ningún país ni la habían encerrado en ninguna jaula de ningún burdel clandestino. No la habían maltratado físicamente ni obligado a prostituirse, pero la habían obligado a trabajar para sus negocios, en contra de su voluntad, y tenía que pagar una gran deuda económica. Había una mujer, había una mafia, había una amenaza, había una obligación de ejercer una determinada conducta mediante coacción, había un terror ya instalado, un sentimiento de explotación y una deuda. Aunque su posición en el club era muy ambigua.

Ellas, por su parte, no entendían el trato distinto hacia Kassandra. Kassandra, por la suya, tampoco entendía qué hacían allí cinco mujeres de nacionalidades diferentes desde hacía —como le habían dicho— muy pocos meses. Tampoco se recibía a demasiados clientes, al contrario de lo que le habían comentado que sucedía en otros prostíbulos en los que habían estado. Aquel club parecía más un escenario teatral que un verdadero burdel. Algo no terminaba de cuadrar en su cabeza.

Allí, en aquella cocina, hablando con aquellas mujeres a las que acababa de conocer y con las que protagonizaría aquella historia, Kassandra Fernández, la niña, Kassandra Fernández, la hija del traficante, y todas las Kassandras Fernández que formaban y formarían su vida —pues nunca podría dejar de ser ninguna de las mujeres que había sido e iba a ser— sintieron que tocaban a la puerta de su vida. Toc-toc.

Agarró el pomo. Lo giró. Lo entendió. Ahí estaba. Le dio la bienvenida.

Kassandra Fernández, víctima de trata.

NO LLORES AHORA

Abril

Uno nunca piensa que podrá aguantar mucho tiempo entre la espada y la pared. Pero cuando estás sujetando la espada y sabes lo que ocurrirá si la sueltas, continúas. Continúas con más razón todavía cuando, ahí en medio, entre lo que te impide retroceder y avanzar, no solo estás tú. Cuando detrás de ti está la gente a la que quieres.

No estaba dispuesta a ceder. Ya llevaba casi tres meses sujetando la espada. Y le daba exactamente igual cuánto le estuvieran sangrando las manos. Resistir es un tipo de existencia.

Había extraído más conclusiones:

Bruna, la otra chica colombiana, la odiaba. La diferencia de actitud entre ella y las demás chicas era abismal. No la había mirado bien ni una sola vez desde que se habían conocido. Las pocas veces que había intentado entablar conversación con ella, no le había contestado, o se había mostrado monosilábica y estúpida.

Marcela, que era un amor de mujer, le había dicho que no se lo tomara de manera personal, que en realidad Bruna era una chica muy dulce y muy amable, pero que le había dado por ahí. A Kassandra no le hacía ni puta gracia que aquella situación que tanto la incomodaba quedara en un simple «le habrá dado por ahí», pero tampoco sabía cómo abordar una conversación seria. Aquella chica trataba mejor a los propios puteros que a ella. Kassandra se limitó a dejarse odiar y a evitar el roce porque de alguna manera intuía que Bruna no se fiaba, que consideraba que, por alguna razón que desconocía, ella recibía un trato privilegiado, y aquello la ponía más del lado de los jefes que de las chicas.

Katia y Aleksandra, las rumanas, se reían por todo, lo cual le producía una sensación que iba de la extrañeza a la gracia. Al contrario que Bruna y Marcela —dulces y cariñosas de forma continua, exceptuando el caso de Bruna con ella—, las del Este eran secas con los clientes y divertidas en la intimidad, cuando estaban solo las chicas.

Con Maisha no había mediado palabra alguna. Algún gesto cuando la ayudaba a limpiar los sábados, pero nada más. Estaba seria, taciturna y como en su mundo todo el rato. Aquella chica tenía un problema psicológico real y patente —o al menos eso parecía— y a nadie le importaba. Ni siquiera a ella misma, que parecía ser que se había acostumbrado a estar así.

Los proxenetas que llevaban el club eran tres. Los había clasificado por posición y por carácter.

Bogdán era el que acompañaba a Emil casi siempre. Probablemente consumía cocaína, lo cual lo hacía muy agresivo —si es que podía caber más agresividad en una persona.

En su puño izquierdo, a letra por nudillo, lucía la palabra бог —«Dios» en búlgaro—, que se pronunciaba «bog», como el principio de su nombre. Eso era exactamente lo que se creían aquellos hombres: Dios.

Se reía estruendosamente, con esa voz potente y gutural que daba pánico, cuando estaba con los otros dos proxenetas, y cambiaba de actitud totalmente cuando no lo estaba. Era observador e impredecible. La miraba con actitud circunspecta y continua, haciéndole saber que era su sombra y que no moviera ni un solo dedo hacia la dirección a la que no tenía que ir.

Luego estaba Kráneo. Ese hombre, directamente, no se reía nunca a no ser que fuera para burlarse de alguna de las mujeres mientras las arrastraba del pelo o les escupía y meaba en la cara. Era un psicópata de manual. Las chicas temblaban cada vez que llegaba porque —según le habían contado ellas— solo iba por allí de pasada y cuando se le requería. Eso significaba que llevaba otros pisos o que controlaba los polígonos. También significaba que, cuando iba por allí, era para reunirse con Emil o para dar a alguna una paliza. A veces, ni siquiera había mandato del jefe. Las denigraba porque se aburría. Disfrutaba con ello. Era un misógino sádico y sin escrúpulos.

Aleksandra le había contado que, cuando ella trabajó en la calle, el tipo le había partido la cara —literalmente, por la mitad— a otro de los proxenetas por querer quedarse dinero que no le correspondía. Llegó cuando estaba cobrando a las chicas, bajó del coche, cogió al otro por la cabeza y se la estampó contra el bordillo de la acera del polígono sin mediar palabra.

Aquel monstruo corpulento, gordo y venoso andaba por la casa muchas veces sin camiseta mostrando sus tatuajes como signo de poder. Tenía dibujada una pantera en posición de caza, con los colmillos gigantes y los ojos fijos, de pecho a pecho. La barriga estaba llena de tribales rellenos en tinta negra, grotescos. Kassandra sospechaba que se había tatuado en la cárcel de su país o durante alguna borrachera. La técnica era pésima y llevaba lo que parecía un número de presidiario en uno de los pliegues de la nuca. Hasta la cabeza, calva, estaba tatuada por detrás. Su cuerpo era un lienzo en tinta que narraba odio hacia las mujeres. En su brazo derecho, una geisha sin cabeza sujetaba una taza de té en la mano. En su espalda se podía leer una frase en rumano que dibujaba un arco de omoplato a omoplato. La tipografía era temblorosa y rezaba «Urăsc femeile perverse» («odio a las mujeres perversas»). Debajo, la silueta de una mujer desnuda y de rodillas. Mostrando sus manos esposadas y mirando con ojos abatidos y ausentes a quien la miraba. Realidad y macabrismo. Eran ellos. Ahí estaban. Esos chándales y esas botas militares. Esas gorras y esos fajos de billetes sucios. Esas caras herméticas e innobles. Los hombres que odiaban a las mujeres con toda el alma que no tenían. Los Hombres de Hielo.

Emil tenía un carácter impredecible. Unas veces te hablaba sereno cual hombre de negocios y otras parecía que te chafaría la cabeza con el puño. El estatus estaba perfectamente marcado. Y se había marcado desde arriba. Estaba claro que había sido el Rey quien había dicho —ni siquiera lo habría tenido que decir para que se supiera, sino marcarlo con el trato— tú mandas, tú haces. Solo con el hecho de llamar a uno y no a otro para dar las órdenes el rol quedaba definido. Había elegido a Emil Baztlaba, y eso era por algo. A pesar de ser el de apariencia más cercana, era claramente el que más engañaba y, por tanto, el más peligroso. Lo cual llevaba a analizar otra situación, que constituía un grave problema: Kassandra era claramente su favorita.

No solo se había dado cuenta ella misma, sino que se había dado cuenta todo el mundo.

Las chicas se lo habían dicho en cuanto habían podido ver cómo la miraba nada más cruzar la puerta del chalé. Se la quedaba mirando un buen rato con cara lasciva. Le gustaba mirarla unos segundos antes de bajar al club o ir al salón. A veces ella se percataba y tenía que disimular los nervios escondiéndose en el mostrador y abriendo cajones.

—Lleva *cuidao*, mi niña, que le gustas al jefe —le había advertido Marcela—. Eso es una ventaja. Igual te salvas de alguna. Pero es muy peligroso también. Como le dé contigo, Dios no quiera... —le dijo. No quiso terminar la frase.

Aquel sábado estaban reunidos los tres proxenetas en la mesa del salón. Bebían *gin-tonic* y cerveza y cenaban comida a domicilio. Eran las diez y diez de la noche. Entró de puntillas a la cocina para despedirse de Marcela antes de recoger el zaguán e irse a casa. Intentó no hacer ruido y dijo adiós en susurros, pero la escucharon. La habían escuchado ya varias veces entablar conversaciones con ella. Incluso por las miradas se habían cerciorado de que su relación no era tan estrictamente escueta como se les había pedido. Aquella niñata podía estar comiéndole la cabeza a la puta, o viceversa, pensó Emil.

Kassandra llegó al zaguán y se dispuso a ir al ropero. Iba a coger la sudadera que se colocaba encima del escote kilométrico en pico cuando, sin mediar palabra, Kráneo apareció por detrás y la cogió del pelo. Sintió el tirón y el escozor e, instintivamente, su mano agarró la de él para paliar el impacto. No pudo.

Prácticamente la arrastró del pelo por todo el pasillo. A tirones. Intentaba acercarse al cuerpo del proxeneta para que aquel tirón doliera menos, pero no lo conseguía porque los pasos de él eran gigantes. Una vez en el salón, la sentó a la fuerza en una de las sillas de la mesa rectangular.

—¿Qué pasa? —preguntó con voz asustada, encogida.

Emil y Bogdán se levantaron y salieron de allí, cerrando la puerta del salón con llave. Kassandra, entonces, pudo imaginar lo que vendría después.

—De qué hablas con la colombiana —le inquirió casi sin tono interrogatorio el proxeneta.

Tanto el acento imperativo como su corpulencia le provocaban pánico. La cara rajada y psicópata se acercaba cada vez más a ella. Tuvo que cogerse las manos para parar el temblor.

—De nada —contestó ella débil.

La mano del proxeneta impactó en su oído, dejándola sorda unos segundos y haciéndola caer al suelo. La volvió a coger del pelo y la sentó otra vez en la silla.

—De qué hablas con la colombiana.

—De nada importante, de verdad. Por favor..., no hablamos de nada —suplicó.

Esta vez fueron tres. Cerró el puño y la golpeó en la cara, fuerte. Izquierda, derecha, izquierda. El labio comenzó a sangrarle y tardó unos segundos en poder moverse un poco. El ojo derecho le lloraba.

—¿Vas a abrir la boca? —escuchó la voz grave del proxeneta muy cerca.

Tenía los ojos tan entornados que no podía verle la cara. Sabía que se referían a ir a la policía. No contestó. La garganta no le respondía. Le había partido el labio. Chorreaba sangre por la boca y le caía hasta la camiseta gris, manchándola de un rojo intenso.

—¿Vas a abrir la boca? —volvió a preguntar.

Ella no contestó. Todavía estaba reincorporándose en su asiento a duras penas. Entonces el proxeneta se acercó y puso sus gruesas y duras manos en su cuello. Comenzó a apretar, constante. Kassandra dejó de poder inspirar desde el primer momento en que las manos le presionaron. La sangre se le acumuló en la cabeza. Podía sentir la presión. Sus venas iban a explotar. Podía verle la cara cerca, emborronada, la cicatriz del labio y la vena de la frente. Ni siquiera parecía que ejercer aquella fuerza le estuviera causando gran esfuerzo. Ella intentó mover sus brazos en señal de súplica, pero no le respondían. La cara de Kraneo se desdibujó en una masa difusa y los colores se le desbordaron. Se estaba ahogando. Supo que iba a desmayarse. Se ahogaba.

Perdió el conocimiento unos segundos, quizá unos minutos. Entonces la vio: era Kassandra niña.

Saltaba de una casilla a otra mirando al suelo, con su falda y los zapatitos de charol que su madre le ponía de pequeña para ir al colegio. Los calcetines blancos con el ribete fruncido en puntilla. Estaba jugando en el mismo tablero de ajedrez que aparecía en sus pesadillas, con todas las piezas, casi igual de altas que la niña, colocadas en sus puestos.

La niña paró al lado de un alfil y la miró a ella. Se quedó quieta con los pies juntos y levantó el dedo índice despacio hasta llevarlo a sus labios, en señal de silencio. La otra mano se apoyó en la cabeza del alfil y apretó. Apretó y empujó hacia la izquierda, hasta tirarlo al suelo. Volvió a mirarla a ella. Agachó las manos y negó con la cabeza mientras una media sonrisa cómplice se dibujaba en su cara.

«No lo vas a hacer», entendió.

No se refería a contarlo ni a denunciar, sino a dejar que esos hijos de la mierda ganaran.

Se acordó de aquel juramento que hizo delante del calendario aquel 36 de enero. La niña que había sido seguía buscando venganza.

Volvió de su desmayo, dejando que la imagen de la niña mirándola y sonriendo se difuminara hasta desaparecer. Cuando recobró el conocimiento, el proxeneta seguía ahí. Había dejado de estrangularla.

Zas.

El tortazo de aquella mano gigante le giró la cara hasta hacer bascular la silla.

—¿Vas a abrir la boca? —volvió a escuchar a duras penas entre los pitidos de impacto en sus oídos.

Tragó saliva y sangre, aún con la cabeza agachada a un lado. «No», pronunció. Un claro y lento «no».

Aquel monosílabo le habría dolido incluso más que la paliza de ser cierto, pero resultó que ya no le estaba contestando a él. Se estaba contestando a ella misma.

Una rabia despertó en su interior, más intensa que nunca. Notó la sensación caliente subir desde su vientre hasta su pelo. Giró despacio la cabeza hasta estar, otra vez, frente a frente con el proxeneta. Abrió los ojos tanto como pudo y le miró fijamente a la cara rajada.

—Por supuesto que no —dijo despacio.

Él lo tomó como una rendición y no como un desafío.

Ella supo que aquello era solo el comienzo.

Las palizas y agresiones aparentemente sin motivo eran algo habitual en la trata de mujeres, pero detrás de esa apariencia superficial se encontraba el motivo real y de mayor peso: el silencio. Conseguir el silencio de las víctimas era esencial. De hecho, constituía su propio alimento. Se alimentaban del engaño, las amenazas, el miedo y las bocas cerradas. No había negocio ilegal en el mundo que se nutriera más del silencio y el *laissez faire* que aquel. Sin silencio era imposible mantenerse. Pero quienes manejaban aquello sabían perfectamente que contaban con las dos armas más potentes para hacer callar: la violencia y el dinero.

Desde las amenazas y la alienación de las mujeres explotadas hasta la compra de policías, jueces, periodistas o políticos. El Estado callaba. La Ley callaba. Las mujeres callaban. Los informadores callaban. Y todo funcionaba a la perfección, silencioso y casi mecánico.

A Kassandra le partieron la cara, literalmente, y le destrozaron ambos ojos. Tenía un corte superficial pero horriblemente largo que iba desde la ojera hasta mitad del pómulo derecho. Los dos ojos hinchados como un pez globo. Amoratados y entrecerrados por la inflamación, que ya comenzaba a hacer su efecto. El cuello enteramente rojo, como un semáforo. Las huellas de los dedos gordos y asfixiantes de Kráneo se diferenciaban claramente debajo de sus orejas. Le dolía el oído izquierdo, que también estaba enrojecido y caliente. Ni una rotura, para evitar que tuviese que acudir al médico y limitar las curas a lo casero y el descanso. Todo medido a la perfección. Si necesitaba ir al médico, se haría parte de lesiones, puesto que cualquier profesional sabía discernir una paliza como aquella de una caída. Pero no había ni una sola rotura. Violencia estratégica.

Emil la llevó a su casa en coche para que nadie la viera. No intercambiaron ni una palabra. Ni siquiera se miraron durante el trayecto, ni se dijeron adiós cuando Kassandra salió del coche. Aquel hombre permaneció impasible y con una actitud sorprendentemente serena ante la cara destrozada de una niña de diecinueve años.

Su madre, después del susto inicial de media hora y los lamentos oportunos, le puso paños fríos en la cara, intentando evitar la inflamación. Después se sucedieron las untaduras de crema y los antiinflamatorios cada seis horas, que le dejaron el estómago hecho un desastre.

Aquel lunes no fue a la universidad. Ni el martes. Tuvo que dormir durante casi seis días con dos almohadas a la espalda, semisentada, para bajar la inflamación cuanto antes.

La maravillosa excusa que se le ocurrió fue que se había caído con la bicicleta el domingo en una ruta de montaña. Ni siquiera sabía montar en bicicleta. Lo había intentado con pocos años, pero una caída estrepitosa por las escaleras de su casa de campo, cinco escalones abajo, le había quitado las ganas de continuar. A veces, de los errores aprendemos a no volver a arriesgarnos. Y no nos damos cuenta de que ese constituye el peor error de todos. Fuera como fuera, Kassandra no tenía ni idea de montar en bici.

Bil:
¿K, dónde coño estás?

Marta:
En las Maldivas.

Bil:
Imposible, no me ha avisado
para fugarnos juntas.

Marta:
Jajajaja.

Noa:
Oye, K, ahora en serio. ¿Estás muerta?

K:
Hola, chicas. Estoy en casa. El domingo me caí
haciendo una ruta en bici con mi tía por San Juan.
Tengo la cara destrozada. Parezco un muñeco de cera.

Noa:
Pero ¿cuál de los muñecos de cera? Eso es
importante, porque algunos están bien.
¿Como el de Cristiano Ronaldo?

Bil:
No jodas, ¿estás bien?

Noa:
¿Como el de la infanta Leonor?

Marta:
¿Te has matao?

K:
Me he matao, sí. Bien matá.

Noa:
¿Como el de Michael Jackson?

K:
Llevo la cara hecha una mierda. Aunque parece que la inflamación ya ha empezado a bajar.

Noa:
¿Necesitas algo?

K:
Morirme.

Noa:
Eso siempre.

K:
¿Habéis hecho mucho en clase?

Bil:
No mucho, la verdad.

Marta:
Ayer faltó el de Deontología y solo dimos Política Criminal. Hoy tampoco hemos hecho gran cosa.

Noa:
Oye, ¿y cuándo vendrás a clase?

Marta:
No hemos hecho na' de na', como dirías tú.

K:
Mejor. No voy a ir en toda la semana.

Bil:
¿En serio? ¿Tan mal estás?
¿Te has roto algo?

K:
Caí de cara.

Marta:
Eso es muy tú.

K:
Sí.

Noa:
Te has tomado demasiado a pecho
lo de ir siempre de cara.

Bil:
Dios mío, eso me ha hecho mucha gracia,
estoy perdiendo facultades humorísticas.

Carmen:
Ay, Dios. ¿Qué ha pasado? ¿K, te has matao?

Bil:
Sí.

Noa:
Se ha matao.

K:
Me he matao, sí.

Marta:
Se ha matao.

Bilma le abrió una conversación privada por WhatsApp.

Bil:
¿Quieres que vaya a verte?

Kassandra se puso en alerta.

K:
No, no hace falta. Solo quiero descansar.
Así aprovecho para estudiar.

Bil:
Vale. Si necesitas algo, nos dices.
Por cierto, al margen de tu hostia. ¿El hotel
qué tal? ¿Mejor con la compañera estúpida?

Se refería a Bruna. Kassandra le había comentado algo sobre su inicial rechazo, adaptándolo a su mentira piadosa.

K:
Ni de coña. Igual hasta me ha echado mal de ojo y por eso me he caído. Me va a odiar hasta que me vaya.

Bil:
¿Ya estás pensando en que te vas a ir? Si no llevas ni cuatro meses.

Kassandra pensó que se había delatado con el mensaje. Decidió no contestar.

Bil:
¿Les has comentado a los jefes que hago unos cócteles buenísimos y que prometo no bebérmelos antes de entregarlos a los clientes? Véndeme bien que quiero curro este verano. Seguro que necesitan a más gente. Esto en mayo ya está a rebosar de turismo. No cabemos.

K:
Seguramente necesiten más personal. Les diré algo. Voy a descansar un poco, todavía me duele.

Bil:
Vuelve pronto o De Lamo y sus compis empezarán a acosar a otra.

K:
Eso sí que no.

Bil:
¿Entonces digo que te has caído?

K:
Sí. Puedes decirlo. Nos vemos el lunes.

Bil:
Si el sábado noche estás mejor (aunque no creo) vente a MOMA conmigo y con mi hermana.

K:
Te aviso.

Bil:
Abrazos de los que te agobian.

K:
Pero esquiva mi cara ;-)

Bil:
Pues ponte casco ;-)

Bloqueó el móvil y se recostó en el sofá colocándose bien las almohadas de debajo. Alargó su mano hasta alcanzar un espejo de aumento que tenía en la mesita de al lado. Lo utilizaba para ponerse la crema. Se miró en él y se vio amoratada y todavía muy hinchada. Parecía un híbrido entre una ardilla enfadada y un pececito de ojos saltones, de esos que todas las tiendas de animales exponen en sus peceras iluminadas. El cortecito del pómulo ya estaba cicatrizando, pero todavía faltaba como mínimo una semana y media para que no se notara lo que le habían hecho. El jueves tendría que volver al club. Y el lunes siguiente tendría que ir a la universidad con ese aspecto.

A colación de la despedida de su amiga, recordó una frase que una vez leyó en una de esas servilletas decoradas de los bares de tapas:

La vida duele. Ponte casco.

Jamás pensó que una servilleta tuviera tanta razón.

Aunque pensándolo bien —y sacándole algún fallo a

todo, en su línea personal—, quizá la persona que había escrito aquella frase tampoco había estado tan acertada. Demasiado fatalista, se dijo.

La reformuló en su mente e inmediatamente le asaltó el pensamiento de que su opción había quedado mucho mejor.

La vida duele.
Empieza a golpear tú también.

Nadie le preguntó qué le había pasado el jueves. Algún hombre, al llegar, se la había quedado mirando mientras ella lo saludaba con esa amplia sonrisa fingida o le guardaba la chaqueta en el ropero. Sus pechos seguían siendo aquello en lo que más se fijaban esos hombres. La verdad era que les importaba bastante poco cómo tenía la cara de demacrada. Tampoco había tenido que entablar muchas conversaciones, puesto que, siendo finales de abril y estando en Alicante, no había muchas chaquetas que guardar. Lo agradeció.

Las chicas le habían mirado con disimulo, unos breves segundos, la cara destrozada, con expresión apesadumbrada y de preocupación. Había sido en los pocos minutos que habían compartido frente a frente, cuando habían subido con clientes —exceptuando a Bruna, que la miró con cara de «lo sabía, mira que eres tonta, niña».

Tampoco pudieron entablar ningún tipo de conversación, puesto que la *madame*, en vista de la sospecha de Emil de que había hablado más de lo permitido con Marcela, había vuelto a ser su sombra durante todo el fin de semana. Para su sorpresa, el sábado, la mujer del proxeneta se fue a dormir y dejó a Kassandra las llaves del chalé para que lo cerrara por fuera.

Marcela apareció por la entrada del pasillo, junto a Maisha, quince minutos después de que el bar cerrara. Kassandra estaba recogiendo sus cosas en silencio. La mujer se le acercó y reposó los antebrazos sobre el mostrador.

—Hola, mi niña, ¿cómo estás? —sonrió.

—He estado mejor —bromeó.

—Ya te veo. Te pegaron, ¿verdad?

Kassandra asintió. Se tocó el cardenal violáceo de la ojera.

—Menuda paliza le han dado —dijo Marcela mirando a Maisha, que a su vez miraba a Kassandra fijamente desde la puerta del sótano—. ¿Te quieres venir abajo? Voy a ayudar a la africana a limpiar el bar.

—Está Polina arriba.

—Da igual. Una vez la mami se duerme no hay quien la despierte. Ven, vamos a tomar una copa —le susurró traviesa.

Bajaron al club. Las luces todavía estaban encendidas y había dos mesas sin recoger. La *madame* las había dejado para que las recogiera Maisha. Marcela avanzó y se metió dentro de la barra.

—¿Bebes?

—Cerveza. Las copas no me hacen mucha gracia.

—Mejor, más flojico —Marcela era de esas personas que le veían el lado positivo a absolutamente todo.

—¿No se darán cuenta de que has cogido una cerveza? —preguntó Kassandra temerosa. Si descubrían que hacían aquello, la paliza ejemplarizante sería descomunal.

—No te preocupes, hay muchas copas —contestó Marcela—. Y además esto no solemos hacerlo nunca. Es una ocasión especial —le guiñó un ojo.

Le sirvió una cerveza en vaso en la barra y salió de allí. El olor a canela del ambiente la retrotraía a su infancia. Su madre prendía incienso de la misma esencia cuando limpiaba la casa de campo los domingos.

—Ven, siéntate conmigo.

Kassandra estaba allí de pie entre la barra y la mesa más cercana. Marcela cogió un taburete y colocó las dos copas una al lado de la otra en la barra, indicándole que se sentara en el taburete de al lado. Ella se acercó despacio y se sentó en él. Dio un pequeño sorbo a la cerveza fría y bebieron en silencio unos minutos mientras Maisha recogía las mesas.

—¿Qué te dijo Kráneo cuando te pegó? —quiso saber Marcela.

Kassandra se rascó el brazo nerviosa. No quería que aquellas chicas desconfiaran de ella. Si llegaban a hacerlo podía armarse una buena. Podían contarle al jefe que hablaba con ellas y que les preguntaba cosas. Podían hacerle la vida allí imposible. Siempre podía armarse una buena si no iba con la cautela necesaria. Había visto a Bruna, la estúpida, pelearse con Katia con la excusa de que «le robaba los hombres». Las dos tenían mucho carácter. Marcela y Aleksandra tuvieron que separarlas.

La relación entre las mujeres allí no era tan idílica. Al fin y al cabo, no estaban ahí por gusto, sino para pagar cuanto antes y volver a su hogar. Eran compañeras obligadas en una misión que nada tenía que ver con la colectividad. Cada una a lo suyo, como decía la *madame.* Menos palabras y más hacer.

—Quiero saber por qué estás aquí —soltó Marcela de repente, con esa sonrisa dulce que la caracterizaba y que suavizaba cualquier frase suya.

Kassandra no contestó. Miró las botellas de la barra. Marcela puso entonces su mano justo encima de la suya.

—¿Por qué estás aquí? Tú no estás trabajando aquí porque quieres. Eres española. Tienes diecinueve años.

Kassandra continuó absorta y concentrada en mirar los nombres de las botellas. Contestó cuando vio que no tenía escapatoria a lo que la mujer le inquiría.

—Mi padre se murió —dijo al fin.

Marcela comprobó entonces lo que ya sospechaba. La niña no estaba ahí por voluntad propia ni por amistad con nadie. La niña era ella. Ella misma cuando llegó a España hacía unos años. Se vio en su mirada esquiva y en su valentía latente. Se vio en sus manos temblorosas y en sus ojos fijos en la pared. En sus esfuerzos por forjarse fuerte y no romperse. En su afán infantil por resistir.

—Tu papá murió y dejó a deber dinero a esta gente, ¿verdad?

Asintió, sin decir nada. Seguía mirando al frente, aguantando la garganta. Si hablaba iba a pasar lo que no quería que pasara.

—Y te has quedado sola con tu mamá, ¿verdad? —insistió Marcela.

Kassandra miró hacia el suelo, a la izquierda. Se le encharcaron los ojos. Tragó, intentando parar el sollozo, pero ya era tarde. Las lágrimas empezaron a salir. Volvió a mirar a la pared de las botellas, como intentando recobrar la compostura. Permaneció quieta. Muy seria. El paladar apretado a la lengua y los ojos parpadeando, como negándose el llanto. La mano de la mujer seguía encima de la suya.

Marcela suspiró al verla comenzar a llorar tímidamente y se levantó, dejándola sola en la barra. Apartó un poco las mesas. Se acercó al ordenador y puso una canción.

—¿Habéis escuchado a Vicentico? —les preguntó cambiando de tema. Pero ninguna contestó.

La canción comenzó a sonar, ni muy alta ni muy baja. Era música latina. El ritmo constante inundó el club y Marcela volvió a acercarse a Kassandra. Tocó su pierna y la invitó a levantarse del taburete y bailar con ella. Esta se limpió las lágrimas y negó digna con la cabeza.

—Venga, que es una lenta. La de *Los caminos de la vida.* Baila conmigo —abrió los brazos llamándola desde la pequeña pista de baile improvisada.

Se levantó sin ningunas ganas y se acercó a ella. Comenzaron a bailar lento. Agarradas. Movían los pies de derecha a izquierda, dando vueltas lentas mientras la canción sonaba. Marcela colocó poco a poco la cabeza de Kassandra en su pecho.

—Me dijiste que te encantaba escribir, ¿verdad? —dijo Marcela mientras se movía.

Kassandra movió la cabeza de arriba abajo.

—Yo también escribía cuando tenía tu edad —prosiguió.

Maisha seguía limpiando mientras las observaba de soslayo de cuando en cuando. Curiosa por la escena.

—Yo tengo una hija, allá en mi país, pequeñica. Con los ojos veeeerdes verdes como tú. Y un día, cuando yo salga de aquí, voy a hacer buena memoria y lo voy a contar todo. Mejor dicho, lo voy a escribir. Y tú vas a salir también —Kassandra sintió el espasmo de la risa suave de Marcela en su mejilla—. Voy a escribir mis memorias. Ya te digo yo que si lo hago…

Sonaba el estribillo de la canción:

Los caminos de la vida
no son lo que yo esperaba,
no son lo que yo creía,
no son los que imaginaba.

Los caminos de la vida
son muy difícil de andarlos,
difícil de caminarlos,
y no encuentro la salida…

—Si es que me quiero acordar de algo —acabó diciendo, como para adentro.

Kassandra rompió a llorar en el pecho de Marcela como una niña. Lloró hasta quedarse sin aire. Silenciosa. Intentando que no se escuchara su llanto. Se ahogaba y recobraba la respiración a bocanadas y suspiros ahogados. Como si la pena le saliera de dentro a borbotones. La música siguió sonando. Se dejó llevar, por una vez, por el baile y por sus emociones. Lloró, lloró y lloró. Abrazada a aquella mujer, que la acogía maternal y apretaba los labios a su pelo, y a la que hacía unos meses ni siquiera conocía y con la que ahora compartía tantas cosas. Lloró por su madre, por ella y por las que estaban allí. Lloró por todas las mujeres que había conocido. Por las que aún no conocía. Por las que nunca conocería. Lloró por ser mujer y por el infierno en el que habían convertido el hecho de serlo.

Eran las diez de la noche. Su turno del viernes había terminado y estaba deseando irse a casa. El dolor aquella semana había sido insoportable, y no precisamente por su estado físico, sino por lo surrealista de su situación. Se estaba volviendo más loca de lo que ya estaba. Ella no lloraba. Se lo tenía terminantemente prohibido, y se tomó lo sucedido el día anterior como una muestra de vulnerabilidad que tampoco debía permitirse bajo ningún concepto.

Antes de irse, había visto cómo la *madame* tiraba del pelo a Maisha por dejarse una de las papeleras de las habitaciones sin cambiar. La tiró al suelo y le pateó el hombro. La respuesta de la mujer a la mirada de Kassandra fue: qué miras, niñata, vete ya.

No soportaba a esa mujer. No soportaba a esa gente. No podía soportar más estar en aquel lugar y ver cómo trataban a las mujeres que tan bien se habían portado con ella y que, a pesar del recelo inicial, habían terminado por acogerla como una más. Eran como sus hermanas mayores. Incluso Bruna, aunque ella la detestara, lo era. Lo que les hacían a ellas —ahora lo sentía más que nunca— le dolía como si lo estuviera sintiendo en su propia carne. Todo aquello que les hacían se lo hacían por el simple hecho de ser mujeres. No importaban los nombres, las procedencias, los atributos o las etnias. Ser mujer era un grave problema en un mundo en el que Kassandra odiaba vivir cada vez más. Se sentía amenazada, despreciada, violada, vilipendiada y maltratada. Se sentía secuestrada, explotada. Se sentía obligada. Se sentía sucia y enfadada y dolorida.

Fue hacia el ropero y se colocó la chaqueta. Salió del club sin despedirse. Bajó por las escaleras de la entrada, abrió la puerta del jardín delantero y se paró en seco. Un pensamiento terrible se apoderó de su mente y una imagen atroz le nubló la vista. Aquellos hombres la tenían entre sus dientes como una presa. Se sentía como si estuviera dentro de sus puños y pudieran aplastarla en cualquier momento. Si contaba algo de lo que allí sucedía, no dudarían en hacerle daño. Ahora lo tenía más claro que nunca.

Tendría que olvidarse de su vida, de su casa, de sus estudios, de sus amigos, de su tranquilidad. Tendría que huir e, incluso huyendo, irían a por sus seres queridos o a por sus conocidos, los obligarían a hablar o algo mucho peor.

Entonces la encontrarían. Eran capaces de encontrar un diamante en un desierto de mil dunas. Y a ella la encontrarían y la matarían, y eso no sería lo peor: acabarían con ella. Sería como si nunca hubiera existido, como si todo lo que había sufrido, como si todo lo que había luchado, como si todo lo que había llorado en silencio, ahogada, noche tras noche, instándose a sí misma a ser valiente y resistir a la vida que le había tocado, todo lo que había hecho por su madre, no hubiera servido para nada, porque si la encontraban, entonces, nada de ello, nunca, habría sucedido.

La borrarían del mapa y de la línea del tiempo como hacían con cualquiera que no les interesaba o que ya no les convenía. Sin problemática posterior y sabiendo que quedarían impunes, la encontrarían, la torturarían regodeándose en su superioridad, la levantarían del suelo, la llevarían a algún lugar y se desharían de ella como si nada, como si nadie. Una sin nombre. Una mujer más fuera de su vista, una de tantas cuya historia se borraría simple y rápidamente, un soplo de muerte, una montaña de arena que el viento cambia de sentido y esparce hasta la invisibilidad, borrando su situación y su forma, terminando con lo que había sido. Haciéndola morir.

Anduvo unos pasos y tragó saliva. Ese calor que se iniciaba desde hacía un tiempo en su estómago en algunas ocasiones se expandía hasta su garganta y corría como lava hacia su cabeza, hacia sus manos. Como un soplete instalado en sus entrañas, en su zona pélvica, que insuflaba una llamarada intensa y ardiente hacia arriba. Le quemaban las entrañas. Cogió su pañuelo negro y se ató el pelo con él. Digna. No iba a llorar. No ahora. No iba a permitirse llorar.

Continuó andando calle abajo hasta que, de forma paulatina, mecánica, aceleró las zancadas hasta comenzar a correr. De menos a más, a la par que su rabia. Corrió y corrió. Zancada. Zancada. Zancada.

Esquivaba a las personas que transitaban en sentido contrario, sus bolsas de la compra, los carritos de bebé, sus caras de sobresalto. Corrió calle abajo, hacia la avenida central de la ciudad, y la cruzó casi sin mirar, retomando el ritmo en cuanto pisó la acera de en frente. La gente la miraba con expresión pasmosa al ver las magulladuras azules y amarillas en plena fase de curación. Su cara llena de cardenales, petequias y moretones parecía un cuadro derretido de Monet.

Aceleraba cada vez más, como la gacela que escapa de las fauces de un león sabiendo que, a pesar de ser más ágil, el león, por depredador, no se sabe aún por qué ni cómo, puede atraparla. Las piernas le enviaban calambres justo en su zona inguinal. Le dolían las ingles. Cada nueva zancada constituía un arduo esfuerzo para la parte inferior del tronco, porque justo cuando el pie tocaba el suelo, el calambre a ambos lados de su pelvis subía y se esparcía hasta la cadera. Zancada nerviosa tras zancada nerviosa, calambre tras calambre, agónicos su cuerpo y ella, corría rápido y sin control. Se le acumulaba la saliva dentro de su boca, espesa y pesada. La única vez que tragó en el trayecto, sintió que tragaba plomo.

Dobló una de las últimas calles que la llevaría hasta el mar.

Podía oler la sal marina, podía sentir las partículas de calina que la playa transpiraba, de manera más y más intensa. Había algo en su interior que no lograba explicar, pero que la quemaba por dentro.

Zancada, zancada, zancada.

Las sienes le latían, la cabeza le botaba con cada impacto. No sabía ya si respiraba por la boca o si, literalmente, había dejado de hacerlo y la mantenía en pie únicamente su propio instinto de supervivencia, pero en cualquier momento caería al suelo y entonces no podría levantarse.

Pese a su movimiento, se sentía quieta. Atrapada. Atada de pies y manos y con una venda en la boca que le presionaba y desgarraba las comisuras de los labios.

Le flaquearon las piernas una sola vez haciéndola vacilar. Cruzó las dos últimas vías y entonces lo vislumbró a su derecha. Tal y como se representaba en aquel cuadro. El puerto, iluminado por las luces nocturnas, esperando silencioso a los pescadores, que ya estarían preparando las provisiones para pasar la madrugada allí.

No paró. Consciente de que, si lo hacía, si se daba un leve respiro, ya no podría continuar. Su cuerpo no respondería y su mente tendría un instante para pensar. Siguió corriendo mientras las agudas punzadas de los músculos la advertían de que agotaban sus reservas y comenzaban a acumular ácido láctico. La saliva se le había espesado hasta formar un tapón en su garganta y se ahogaba.

Zancada, zancada, zancada.

Más cerca.

Zancada, zancada.

Un poco más, un minuto más. La quemazón en su interior seguía avanzando. El calor de su estómago le atenazaba el vientre.

Sintió cómo cambiaba la consistencia del suelo bajo sus pies. Cómo las baldosas de la acera daban paso a la rugosidad de la piedra del espigón y llegaba al final de su carrera.

La garganta le dio un espasmo y se le encogió el estómago. Tiró el teléfono al suelo. Con la garganta contraída hasta el extremo y las lágrimas pugnando por brotar en cascada de sus ojos, con la valentía sin frenos de aquel al que no le queda otra cosa que le impela a seguir que su propia rabia, alzó por última vez su pierna izquierda y se impulsó a duras penas, ayudada por el último rescoldo de fuerza que podía extraer de su interior. Llegó a la punta y no se detuvo.

Quieren verte llorar, pensó. Quieren doblegarte.

No vas a llorar. No llores ahora.

Quiso gritar hasta desgañitarse. Quiso gritar hasta que alguien la oyera. Quiso importar a alguien por una vez. Por una vez quiso no estar sola.

El salto duró casi dos segundos, y sintió que duraba casi dos vidas, la suya y la que nunca tendría.

Cerró los ojos y pausó la respiración. Rompió el agua y se sumergió en ella.

El chapoteo de sus zapatillas mojadas se escuchaba en un perímetro de diez metros. Chop-chop. Chop-chop. A cada paso que daba, el pie le hacía ventosa con la suela. No podía subir al autobús porque estaba calada hasta los huesos, así que recorrió andando los casi cuarenta minutos de camino a casa a paso rápido, empapada y en manga corta. Se había quitado la chaqueta. Estaba tan mojada que parecía pesar kilos. Había intentado escurrirla al salir del agua, en el paseo, y lo único que había conseguido era arrugarla, como si fuera el envoltorio de un bombón abierto con prisas. El pantalón vaquero —tan ajustado como todos sus pantalones vaqueros— se le había pegado tanto a las piernas que pensó que tendría que secarlo con secador para poder quitárselo sin arrancárselas de cuajo. La gente la miraba con cara de «pobrecita, está en las drogas seguro». Y era lo lógico: la cara amoratada, los párpados todavía hinchados, el pelo enredado por la sal y húmedo, con el consiguiente encrespamiento que le aportaba a su silueta un precioso aspecto a erizo marino. Se aseguró de que aún estaba en su cuello. El calor se había disipado en sus entrañas, aunque temía que no lo haría por mucho tiempo. Cada vez estaba más convencida de que aquellos fogonazos internos no constituían una patología física. Había algo detrás de esa sensación que aún no lograba comprender. Le quedaban todavía unos veinte minutos de camino a pie cuando, de repente, como si de una epifanía se tratara, lo vio.

Era un vado, con una puerta de garaje cerrada —no serían menos de las once y media de la noche—. La hoja metálica de la entrada estaba grafiteada. Sobre ella se leía un cartel con fondo negro y letras rojas de estilo oriental.

GIMNASIO RAM MUAY,
ARTES MARCIALES Y KRAV MAGÁ
APRENDE A DEFENDERTE

GOLPEA, GOLPEA, GOLPEA

Imi Lichtenfeld fue un chico judío.

Imi Lichtenfeld fue un chico judío en Bratislava.

Imi Lichtenfeld fue un chico judío en Bratislava durante los años 30 que no tuvo más opción que luchar con lo aprendido en la calle contra los grupos antisemitas que comenzaban a pugnar en las ciudades.

Imi Lichtenfeld fue un chico judío en Bratislava durante los años 30 que no tuvo más opción que luchar con lo aprendido en la calle contra los grupos antisemitas que comenzaban a pugnar en las ciudades porque alguien se atrevió a decir que por ser judío era un ser inferior. E Imi Lichtenfeld dijo: Y una mierda.

Por aquel entonces, cuando Imi daba puñetazos y se entrenaba de forma autodidacta, la sombra del fascismo se cernía —roja, negra y alada— sobre el mundo. Reunió grupos que reaccionaron con lucha callejera a aquel fascismo insurgente. Más tarde supo que luchaba oficialmente contra lo que se llamó «el nazismo». Fue obligado a emigrar de su tierra de origen rumbo a Israel en 1940, y fue allí cuando su creación, el krav magá, se convirtió oficialmente en un deporte de contacto basado en técnicas de defensa personal.

Se dedicó durante años a formar a los luchadores israelíes ya como jefe instructor de Preparación Física y Krav Magá. Mucho tiempo después, gracias a la demostrada efectividad de su técnica como sistema de defensa en combate real, comenzó a adaptar sus ejercicios de contacto para posibilitar su uso por parte de la población civil. Para entonces, el krav magá ya había sido o estaba siendo incorporado a las Fuerzas de Defensa Israelí, el FBI, los SWAT, el GIGN francés y una larga lista de organizaciones militares y paramilitares a nivel global. Las técnicas —agarres, inmovilizaciones, luchas en suelo, defensa contra armas y con ellas— estaban confeccionadas para poder aprenderse y adquirirse con destreza en un lapso cortísimo de tiempo, y en su mayoría no incurrían en violencia sangrienta ni agresión directa, sino en contraataque y escape efectivos. «Practicidad y rapidez —decía Imi—. Queremos salvarnos o neutralizar al contrincante y huir, no ganar un título».

Pese a su ánimo primigenio de constituir un deporte de defensa, una simple táctica de asfixia mecánica, podía evitar toda posibilidad de escapatoria y producir una hipoxia cerebral sin importar la fuerza del estrangulado o de su ejecutor. Ahí es donde residía *su maravilla.* Cualquier persona, sin importar en exceso la diferencia de peso con el atacante o su capacidad física, podía desarrollar el krav magá y utilizarlo correctamente. No se trataba de fuerza o de impacto, sino de precisión y rapidez.

En definitiva: una vez se adquiría una destreza media-alta y se perfeccionaba su uso en situaciones reales, el krav magá podía servir para huir satisfactoria e indemnemente de un intento de agresión sexual en un callejón, aunque tu agresor midiera diez centímetros más que tú y sobrepasara tu peso en más de veinte kilos, pero también para matar a alguien en diez segundos.

Se acercó el sábado por la mañana. El gimnasio estaba situado en una de las calles que cruzaban en horizontal un barrio obrero del centro de la ciudad, justo en frente del que era conocido como el núcleo marginal más grande de Alicante, las Mil Viviendas, donde predominaba la etnia gitana de origen no autóctono. El racismo y la marginalidad de la que esta era objeto habían provocado en los años 80 una degradación paulatina y continua de la zona, convirtiendo al barrio Virgen del Carmen en uno de los sectores más deprimidos social y económicamente de la ciudad.

Supuso que no iba a encontrar allí clases de pilates y esterillas impolutas de sistema flexi-gel, pero entró porque lo necesitaba. Y porque los prejuicios solo sirven para vomitarlos.

La persiana de garaje estaba elevada, lo que indicaba que el sitio se encontraba abierto. Giró la manija de la puerta y entró.

En la prolongación vertical del techo, una fotografía enmarcada de gran tamaño con la figura de Imi Lichtenfeld presidía la entrada. Bajó las escaleras blancas hacia lo que parecía ser un entresuelo sótano. Había medallas y carteles de torneos de boxeo y MMA pegados y colgados en las paredes. Olía a una mezcla de goma usada y perfume dulzón de hombre. Uno de los que había estado muy de moda las navidades pasadas, intenso y dulzón.

Se paró justo al final de las escaleras de entrada, desde donde se abría la amplia sala de pesas y cardio. Las miradas de los hombres —solo había hombres— se fijaron en ella en un efecto dominó desde máquinas de bíceps, press de banca y bicicletas estáticas. Entonces lo vio al final y a la derecha.

Tenía los ojos clavados en ella, como si las miradas de los hombres que se interponían entre ambos le hubiesen señalado su presencia. Era un chico que no hacía gimnasia. Estaba sentado a una mesa, un escritorio, aparentemente, dentro de un cubículo transparente que lo separaba de la sala. Moreno. Pelo oscuro y corto, con los lados rebajados y las puntas peinadas meticulosamente con gomina hacia arriba. Tenía cierto aire macarra, como todos los que allí se encontraban, pero su actitud serena y adulta le aportaba una clase distinta. Era de temperamento elegante. Llevaba una camiseta blanca de manga corta que resaltaba lo muy moreno que era de piel. Musculados los hombros y ancho el cuello, parecía, no obstante, delgado de constitución. Los ojos oscuros y rasgados la estaban mirando con una curiosidad inmóvil. Los labios gruesos y claros entreabiertos; interesado, como intentando ver mucho más. Una risa en la mirada casi vacilona se advertía desde la posición de Kassandra. Tenía el rostro anguloso y racial, la nariz grande y ligeramente curvada.

Seguía mirándola. Casi podía jurar que no había pestañeado aún en aquellos veinte o treinta segundos que llevaba ella plantada a la entrada del gimnasio. No tenía cara alguna de extrañeza, simplemente la miraba fijamente. Menudo chulo de barrio, pensó. Me lo voy a tener que merendar o se me va a subir a la chepa.

El chulo de barrio solo apartó la vista cuando ella comenzó a andar en dirección a él a través de la sala y entre los hombres que habían parado de entrenar y se sonreían. Algunos habían ralentizado el levantamiento de las pesas en señal de atención a aquella chica que miraba hacia el cubículo de dirección y que caminaba segura y elegante entre todos ellos con sus pantalones ajustados, su pelo largo y rubio recogido en una coleta con un pañuelo negro, enseñando el ombligo y contoneando exageradamente las caderas al andar, como siempre.

—Es la novia —cotilleó uno de ellos a los otros dos integrantes de uno de los grupos de entreno, a la izquierda.

La observaron pasar.

—Qué novia. Esta es la prima o algo. El míster no entiende de novias —contestó uno de los otros dos.

Hubo risas.

—Pues la amante —soltó a medio chillido otro a la derecha.

Más risas.

—Eso seguro, por cómo se miran parece que se han *tocao* más de una vez.

Uno le silbó, a la derecha, desde otro corrillo. Ella hizo

caso omiso y siguió andando hasta llegar al cubículo. Pudo verlo de cerca entonces, bolígrafo en mano y dándose con él toquecitos en el pulgar, recostado en la silla en pose chulesca. Mirada altiva y esa sonrisa guasona perenne en los ojos. «Te estoy esperando», decía su postura. Y como en cualquier desafío, Kassandra lo aceptó. Entró sin llamar.

Anduvo despacio hasta llegar al escritorio. Apartó la silla y se sentó en frente, la espalda erguida, con esa elegancia soberbia que la caracterizaba. Quedaron los dos frente a frente. Él recostado en la silla moviendo el bolígrafo. Ella arqueó las cejas. Inclinó la cabeza hacia un lado, como examinándolo. Luego, despacio, hacia al otro mientras lo miraba. Desafiar era lo que Kassandra mejor sabía hacer.

El otro se percató de su intento de intimidación y la imitó, en señal de burla. Acercó su mejilla al hombro izquierdo ladeando la cabeza. Y así quedaron, cada uno con la cabeza inclinada hacia un extremo, mirándose con una sonrisa burlona en la cara.

Aquel chico tenía los brazos tostados por el sol, tatuados con motivos étnicos como él. No alcanzaba a saber si era gitano o si simplemente lo parecía. Tenía una pequita muy pequeña debajo de la ceja izquierda. Era guapo a rabiar. De esos que lo saben.

¿Por qué parecía que se conocían de toda la vida?

Kassandra lo escudriñó echando la vista hacia abajo hasta lo que le dejaba ver la mesa. Él hizo lo mismo. Mirada abajo, mirada arriba. No quedó parte de su tronco superior que no se hubieran analizado.

Colocó la cabeza recta y entonces lo miró a la cara y le vio esa media sonrisa que le subía la comisura derecha del labio. Pícaro. Entonces él se encogió de hombros sin decir nada, sonriéndole un poco más. Y ella hizo lo mismo, sonriendo menos, pero siguiendo el juego. Venga, quién empieza, quién se rinde antes.

El gimnasio solo funcionaba porque la música y el extractor de aire continuaban puestos. Si fuera por los doce hombres que hacía unos minutos entrenaban allí a pleno rendimiento, se podrían haber apagado las luces, cerrado las puertas y haber jurado que era domingo y festivo, todo a la vez. Seguían muy quietos mirando la escena boquiabiertos. Toquecito de hombro cómplice y risilla de situación. Mírala. Preciosa. Le está vacilando, la tía.

A él, al míster, que Dios solo le vaciló una vez. El jugador por excelencia. El experto en artes marciales y en el arte de seducir a las mujeres. Acostumbradito como estaba a dejarlas ojipláticas y pidiendo más. Y llega la niña y sin necesidad de hablarle le dice: «No me des, que no te estoy pidiendo, te lo guardas y te callas».

Cuatro minutos llevaba en su gimnasio. Qué cuatro, tres. No la había visto en su vida por allí ni por el barrio. Ni siquiera había abierto la boca todavía, pero qué labios. Gorditos, rosas, arrugados, que se le caían del peso. ¿De dónde había salido aquella mujer? Porque medía uno sesenta, como mucho, pero imponía como un moai inca de ochenta toneladas mientras lo miras desde abajo. Le echaba veinte, como mucho. Y se refería a años. De lo otro ni uno, porque con solo una mirada había entrado en parálisis, como si le hubiera inyectado veneno en la yugular. No era solo lo guapa que era, era su actitud. Que hasta respiraba sexy, la jodida. La jodida madre que la parió. Desprendía seguridad y lo sabía. Pecho arriba, pecho abajo, respiración lenta y tranquila, labios entreabiertos, nariz respingona. Blanca como la nieve y unos ojos verde selvático en los que parecía que te podías perder. Y en los que seguramente acechaban panteras esperando una presa.

Toda ella era una selva. Mirada fija y entrecerrada, como a punto de cazar. Salvaje.

Seguía bien tranquila mirándolo. Ojos arriba, ojos abajo. Le bajaba la mirada hasta el pecho y subía por sus brazos hasta llegar a la cara, como deleitándose visualmente con algo que se iba a comer cuando se decidiera a hincarle el diente. O paraba alguien aquello o a él le iba a dar un infarto en tres sitios distintos.

—Tú qué —habló él.

Ella permaneció en el sitio y sus labios sonrieron más, arqueando las cejas. Como echándole en cara que no había podido aguantar el momento.

—Yo ¿qué de qué? —contestó despacio.

La madre que la parió.

La voz suave y aniñada le iba exactamente con la cara, con la actitud, con el cuerpo y con él. La madre que la parió. Tuvo que moverse y se mordió los labios con los dientes fingiendo mojárselos, y respiró hondo, aliviando un poco la tensión.

—¿Que a qué has venido, que estás ahí sentada?

Le señaló la silla en la que nadie le había dicho que se sentara. Seguían el juego, ajenos a su propio espectáculo.

—Pues a entrenarme —contestó obvia.

—¿Y para qué quieres entrenarte? —inquirió.

—Para la vida.

Kassandra se puso seria y se incorporó en la silla. Se le notó un atisbo de incomodidad que a él no le pasó por alto. Frunció el ceño.

—Entonces lo tuyo es el krav magá. Pero aquí todo son hombres.

Ella tardó un segundo en arquear una ceja ante su comentario. Lo hizo muy lentamente, mostrando la perplejidad que le causaba su comentario.

—¿Tenéis reservado el derecho de admisión? —bajó la ceja.

—En realidad, sí. Hay un cartel justo en la entrada.

—¿Y qué pone? ¿«No mujeres»?

«No eres una mujer, eres un espectáculo», habría dicho él en cualquier otra ocasión. Y la habría puesto colorada de la frente a la clavícula. Pero ni le dijo nada ni ella se ruborizó. Seguía nívea, con esa blancura pura. Quizá tenía algún tipo de ascendencia nórdica. Le encantaría saberlo. Quería saber más. Le gustaban las mujeres tanto como le costaba profundizar con ellas. Se limitaba a tener sexo sin ningún tipo de compromiso. La única vez que había tenido una relación seria, había acabado haciendo daño. Prefería siempre ser sincero e ir con la verdad por delante, dejar claro que no buscaba relaciones de pareja. Se prohibía las relaciones románticas. Prefería mil veces doler por sincero y por pasota que doler por querer mal o por no querer y fingir que sí. Así que solo tenía amantes.

—No pone eso, pero si lo pusiera lo habrías mandado a la mierda entrando sin llamar. Así que supón que está en la basura —contestó a la chica.

—Como casi todos los derechos —dijo ella.

Él no pudo evitar reír un poco ante la contestación sarcástica y acertada de ella. A ver si no volvía más. Le iba a suponer un problema. No le gustaba no poseer el control completo de las situaciones. Y con ella iba a tener que disputarlo duramente.

Por favor, dile que no caben más socios, algo medianamente creíble y que se pire, pensó. Pero, en vez de hacer exactamente eso, se oyó a él mismo hablar, otra vez, como si no fuera él y su curiosidad se hubiera apoderado de su boca.

—¿Cómo te llamas?

Ella sonrió.

—Me llamo K.

—«K» de qué.

—«K» de «kilo» —sonrió otra vez, con esa cara aniñada que le restaba seriedad a todo lo que decía por unos segundos, pero, por alguna razón, le añadía un tono imperativo y desafiante a su mensaje justo después.

—Me refiero a si es el diminutivo de algún nombre o un apodo.

Kassandra se pensó mucho esa contestación.

—Obviamente. Es la primera letra de mi nombre.

Y la cagó con esa contestación.

—¿Y cuál es?

Ella se acercó. Puso el codo izquierdo sobre la mesa y apoyó el mentón en su mano.

—¿Te hace falta saber mi nombre para enseñarme a partir bocas?

—Si quiero hacerte una ficha de socio, tendré que saber tu nombre y apellidos.

—Socia —espetó seria.

—Socia —repitió él corrigiéndose. Sonrió otra vez.

—Está bien… —vaciló un momento mirando al techo, fingiendo estar pensando—, puedes poner K. No me importa.

Estaba jugando con él. Y le estaba gustando que lo hiciera.

—Vale, K —cogió el archivador de plástico blanco del mueble de su izquierda y lo abrió, extrayendo un cartón del tamaño de medio folio. Apuntó en la casilla del nombre la inicial mientras la miraba por encima de sus pestañas. «Esto que me estás obligando a hacer es ridículo»—. Necesito un número. De teléfono. No me vayas a dar ahora tu número favorito del uno al diez —se burló.

—En realidad no necesitas ningún número de teléfono —contestó ella.

—Si no quieres dármelo es porque no lo necesito para nada, desde luego —decidió seguirle el juego. Levantó las cejas mientras miraba la ficha y se saltaba esa casilla—. ¿Fecha de nacimiento?

—3 de diciembre —él la miró inquisitivo— de 1996.

—¿Tienes diecinueve años?

—Casi veinte —le corrigió.

Aquello le sorprendió. Aparentaba algo más pese a su aspecto aniñado. Quizá era la actitud. Daba la impresión de saberse experimentada y se preocupaba por que los demás lo supieran. Ignoraba si esa experiencia se debía a los hombres, pero desde luego se desenvolvía a la perfección en situaciones incómodas con ellos. Era muy segura o, al menos, era buena actriz. Sabía lo que decir y cómo decirlo. Sabía cuándo pausar la respuesta para dejar a su interlocutor con ganas de conocer más y captar su atención. Tenía un puto don. En solo diez minutos con ella, ya se había percatado de lo bien que se manejaba en la situación. De hecho, ella era quien estaba manejando la situación. Algo a lo que él no estaba acostumbrado.

Al contrario de lo que solía pensarse comúnmente, las personas excesivamente nerviosas no solían ser buenas en un deporte como el krav magá. Este se basaba más en la estrategia y la rapidez que en la agresividad. Era la gente con mayor autocontrol la que resultaba mejor. Saber anticiparse y estudiar las posiciones y acciones futuras del contrincante era igual o más importante que asestar muchos o un buen golpe. Probablemente fuera a ser buena en los entrenamientos.

—¿Y qué días te vendría bien venir a clase? El gimnasio está abierto de lunes a sábado. Por las mañanas entrena mi primo Toni, por las tardes entreno yo. El sábado solo abrimos la sala de máquinas de diez a dos por la mañana.

—Los viernes y los sábados no puedo venir aquí, tengo cosas que hacer —dijo más seria que de costumbre.

A ella aquello le hizo recordar muchas cosas. Entre ellas, las cosas que debía hacer, que eran a su vez la respuesta al por qué estaba allí. Él se percató del cambio de actitud, pero no le dio mayor importancia.

—Podrías venir lunes y miércoles, si te viene bien. Dependiendo de a qué hora puedas venir te entrenará mi primo o te entrenaré yo —dijo él.

—Por las mañanas voy a la universidad, así que tendría que ser por las tardes. A partir de las seis —contestó ella.

—Es a las seis y media. Yo te daré las clases —sonrió.

A ella se le escapó un mechón de la coleta a la cara y se lo retiró colocándoselo detrás de la oreja. Miró a través del cristal y vio a los veintitantos hombres de la sala de máquinas mirando la escena divertidos. La mayoría eran jóvenes. De su edad, poco más. Giró la cara y volvió a mirarle a él, que no le quitaba los ojos de encima.

—Espero que no te sientas incómoda. Ya te he dicho que somos todos hombres. A algunos se les abre un poco la boca cuando ven a una mujer. Y sueltan cosas. Ya sabes.

Kassandra se cruzó de piernas y le quitó la ficha de las manos. Leyó las casillas: nombre, apellidos, número de teléfono, dirección, cuota. Solo había una letra y un precio.

—No creo que me sienta más incómoda que en la calle. Estas situaciones no solo se dan en los gimnasios.

—Estarás acostumbrada a las babas masculinas, imagino —hizo un movimiento de arriba abajo con el dedo señalando el físico de ella—, solo tienes que añadirle sudor. Un gimnasio de hombres para ti solita.

—Acostumbrarse a las babas masculinas es hacer lo que las babas masculinas quieren —contestó ella, dejándole la ficha otra vez en su parte de la mesa—, y no voy a daros ese placer. Ni sudando ni sin sudar.

—Yo no he babeado —contestó él.

—Yo no he dicho que hayas babeado conmigo, he dicho que babeas como todos.

Madre de Dios bendito y omnipotente, qué carácter, pensó él. Cambió de tema.

—¿Vives aquí, K? —pronunció el nombre lento, como con burla.

Ella vaciló un poco antes de contestar. No quería darle demasiada información.

Cabía la probabilidad de que alguno de aquellos hombres tratara con los Hombres de Hielo; o de que incluso hubieran conocido a su padre; o de que fueran clientes con los que se encontraría alguna vez en el club. Los clientes de los pisos francos y prostíbulos eran consumidores en su gran mayoría —sobre todo de cocaína—, y los clubes solían ser buenos pagadores. Muchas mujeres víctimas de trata sexual también acababan abocadas al consumo por su ritmo de vida. De cinco de la tarde a cinco de la mañana. De lunes a domingo. Sin descanso más que en los días de menstruación y con malas caras. El consumo era también una excusa para socializar con los clientes. Noches enteras sin dormir. Turnos inacabables. Clientes. Muchos clientes. Muchísimos hombres puteros insaciables en sus ansias de poder y sometimiento. Sin descanso.

El efecto depresor del alcohol que consumían para desinhibirse y pensar menos en su situación, las invitaciones de los clientes —a los que no podían decir que no—, era sustituido a las pocas horas por un efecto soporífero y de letargo etílico. Era sabido que, si no podías irte a dormir, ese problema se solucionaba con cocaína. El círculo se retroalimentaba solo y entonces aparecía el síndrome de abstinencia. Y la adicción. Maliciosa y sedienta de vida. Mortífera. Una rueda que no cesa. Algunas eran directamente obligadas a consumir para rendir más y atraparlas. Más clientes, más rápido, más ganancias. La maldad tampoco se sacia nunca.

Miró al chico, hacía la ficha. Sus manos grandes y morenas. Sus dedos cuadrados y largos. Subió la mirada.

—Ahora sí vivo aquí —contestó.

Él se levantó y se dirigió hacia la salida, abriendo la puerta del cubículo. Era alto. Casi un metro ochenta. Llevaba una camiseta de manga corta y unas bermudas grises de algodón. Una pulsera deportiva en la mano izquierda. Le asomaba por el cuello y desde la espalda un tatuaje oscuro que parecía grande. Medía dos cabezas más que ella. Me lo como igual, pensó. Si algo se le daba mal era subestimarse como contrincante. Recogió su mochila del suelo y le siguió. Él la esperaba entre el despacho y la sala sujetando la puerta abierta.

—Al final no me has dicho cómo te llamas tú —dijo ella parándose justo en frente.

Él la miró y esbozó una amplia sonrisa.

—Puedes llamarme entrenador —dijo triunfante.

Maldito, me la has devuelto.

Le indicó con la mano izquierda que saliera delante de él y se quedó apoyado en el marco de aluminio de la puerta del cubículo mientras ella atravesaba el gimnasio hasta la salida. Los hombres le hicieron un pasillo, que recorrió con altivez. Los bufidos y resoplidos se sucedieron de forma continua. Kassandra ignoró el acoso. Desde la puerta del despacho él los llamaba con gestos al silencio. No había «piropeado» de esa forma a una mujer en su vida. Quizá porque estaba, precisamente, muy seguro de sí mismo. No le hacía falta demostrarle a nadie que las mujeres le gustaban, menos de esa manera.

Había algo en aquella chica que le hacía formularse muchas preguntas, que, por educación y falta de confianza, no le había formulado a ella misma. No la conocía en absoluto, pero era inevitable cuestionarse las marcas de debajo de sus ojos. Los arañazos del cuello. El moratón amarillento cerca de la oreja.

Casi ponía el pie en el primer escalón para salir de allí cuando escuchó una pregunta que provenía de uno de los chicos de la sala de máquinas.

—¿Nos vas a decir quién es esta preciosidad, míster? —se sucedieron las risas guturales por todo el gimnasio.

—¡Compadre, no lo digas que la busco en Facebook y te la quito! —dijo otro. Volvieron las risas.

Kassandra continuó subiendo por las escaleras. El último de los alaridos neandertales y machistas que profirieron le hizo —curiosamente— sonreír.

—Venga no me jodas, Ram, dinos el nombre de la muñequita, que ya nos hemos *enterao* de que no es tu novia.

Ella sonrió.

Kassandra 1, Ram 0.

—No mires —le dijo Marcela.

Kassandra desvió la mirada hacia arriba, lo cual no impidió que se mareara y empezara a ver cohetes rosas por los bordes de la imagen de su campo de visión. Se iba a desmayar en cualquier momento. Marcela intentaba taponar la herida con gasas, apretando fuerte en ella con ambas manos.

Sintió cómo la luz del techo comenzaba a emborronarse e intentó recuperar la calma respirando hondo, pero no funcionó. El corte en la pierna seguía chorreando sangre a borbotones y no soportaba pensar que esta estuviera goteando en el suelo. Odiaba la sensación de perder sangre. No le importaba que le inyectaran sustancias, que le cosieran una herida, romperse una pierna, pero sí se mareaba muchísimo —hasta el punto de desmayarse— cuando le extraían sangre para cualquier análisis rutinario. Solo el hecho de pensar que perdía sangre le revolvía el estómago hasta casi vomitar, y esta vez estaba perdiendo mucha.

El sábado por la tarde, Kráneo había intentado pegar a Marcela por querer hacer una llamada a su país sin su previa autorización. Las chicas podían llamar a su familia y hablar con ella. De hecho, que hablasen con sus familiares una vez al mes propiciaba que trabajaran más, porque así mantenían la esperanza de pagar la deuda y poder volver a verlos. Pero no era oro todo lo que relucía. Allí todo se controlaba. Desde los dispositivos hasta la duración de la conversación y su contenido. Era una verdadera cárcel por no haber cometido ningún delito.

Kassandra, que estaba allí cuando ocurrió, se había puesto delante y había recibido por las dos, por Marcela —que chillaba desesperada que la dejara mientras Kráneo zarandeaba a Kassandra de un lado a otro— y por su supuesta propia arrogancia, que no era más que valentía. Una valentía que no se les podía permitir a las mujeres en aquella situación.

En uno de los zarandeos, ella se había apoyado en el banco de mármol de la cocina y había tirado una jarra de agua, que se había hecho añicos. Al caer después al suelo, se había cortado en el exterior del muslo derecho con uno de los cristales y empezado a sangrar en cascada.

Por supuesto, esto no importó a Kráneo. Se limitó a mirar la escena y a observar cómo cada vez brotaba más sangre de la herida, mientras permanecía impasible apoyado en el mismo mármol. Cuando la herida adquirió pinta de gravedad suficiente, se fue, dejando a Marcela a solas con ella y diciéndole que le taponara y cosiera la herida —no por compasión, sino para que no tuviera que ir al médico—. De hecho, esta vez se había limitado a tirarle del pelo y arrastrarla por el suelo. Las únicas marcas que tenía en la cara provenían de tortazos, pero no de puñetazos. Había hecho caso al jefe.

Marcela se dio toda la prisa que pudo en coger lo necesario. Contaban con material médico que iba desde desinfectante hasta agujas para sutura quirúrgica o píldoras abortivas. Las chicas no iban al médico —a no ser que fuera algo grave, entonces llamaban a uno privado «de confianza»— porque por las lesiones se podían abrir partes de investigación. Las palizas ejemplarizantes estaban bien medidas: el daño justo para marcar conducta y no producir heridas que requirieran intervención médica urgente. Siempre cabía la posibilidad de que a alguno de los cómplices externos se le ablandara el corazón. Aunque era bastante difícil. Los proxenetas contaban con abogados, testaferros, profesionales de la medicina e incluso policías. Gente desalmada cuyo corazón seco solo lubrica el dinero.

Además, en España había unas 45.000 mujeres víctimas de la trata sexual, la mayoría de origen nigeriano, rumano o búlgaro. Eso eran muchas mujeres. Muchísimas mujeres. Todo el mundo sabía de su existencia y su calvario y a nadie le importaba. Así que, si la cosa se ponía excesivamente seria, tampoco importaba mucho enterrar a una de tantas.

Marcela ya casi había cosido el corte cuando Kassandra la interpeló.

—Marcela —dijo con voz débil, a punto de desmayarse.

—Dime, mi niña —le contestó ella desde abajo. Interrumpió la sutura, le sujetó la pierna y levantó la vista para mirarla. Se fijó en que tenía la cara blanca como una pared recién pintada y una expresión facial horrible. Habían pasado ya muchos minutos y era probable que el dolor estuviera empezando a aumentar y que la herida la quemara como si la estuvieran abrasando con un soplete. Kassandra tragó cansada.

—¿Me voy a morir?

Marcela se quedó seria un momento y luego rompió a reír. Bajito para que no la escucharan. Divertida por el comentario. Eso reconfortó a Kassandra y quitó hierro a la situación, aunque ella seguía mareada, como si la hubieran operado de tres órganos a la vez. No era una sensación muy agradable. Luego Marcela la miró entre nerviosa y con cara de preocupación. Ella le devolvió una mirada de incertidumbre.

—No, mi niña, no te me vas a morir —le contestó con dulzura y le acarició la pierna—. Al menos hoy no. Y me temo que, con lo mala hierba que has salido, a ti no hay quien te mate —sonrió.

Kassandra suspiró todo lo aliviada que la situación le dejó, cantando una victoria silenciosa. Había dudado de verdad.

La llamada a Emil Batzlaba

Descolgó el teléfono, cogió su vaso de whisky y se alzó del sofá del salón de su apartamento. Fue hacia la pared translúcida de cristal que daba por entero al mar. La voz, eludiendo el saludo, se remitió a dar las directrices en búlgaro.

—No más palizas.

Emil Batzlaba guardó silencio unos segundos. Miró hacia el oleaje que rompía en la piedra de la cala desierta más abajo. Contestó con lo poco que había podido descubrir sobre la chica.

—Es dura —dijo—. Más de lo que parece.

«Lo veo en sus ojos», pensó. Pero no dijo nada.

—No más palizas —volvió a decir la voz.

Bebió un trago largo del vaso de whisky. Tenía que intentarlo una vez más. No se fiaba de ella. Su futuro como lugarteniente en la Costa Blanca estaba en juego.

—Si no la marcamos unas cuantas veces más, puede traernos problemas. Hay que dejarle claro quién manda aquí.

La persona al otro lado del aparato chasqueó la lengua en señal de negativa.

—No más palizas —repitió el emisor—. Hace vida normal. Va a la universidad. Al médico. Está en la calle. Alguien puede darse cuenta.

En eso llevaba razón. Asintió de muy mala gana, aceptándolo.

—Y que cierre el club —prosiguió el interlocutor—. Se le debe dar margen.

Aquello lo cambió todo. Uno de sus ataques de furia repentinos le oscureció el semblante. Se le hinchó la vena que cruzaba vertical su cuello blanco. Tragó whisky y odio. Aquella niñata no podía cerrar uno de sus clubs. Esa orden constituía una clara ofensa hacia su persona. No podía dejar que cerrara su club una niña de diecinueve años.

Desde el primer día lo miraba con esos ojos de cría de leona, provocándole. Bastante tenía con aguantar las ganas que le sobrevenían de follársela como para tener que aguantar ahora las de darle un puñetazo si no hacía las cosas bien. Y ahora se le añadía semejante estupidez caprichosa.

Apretó el vaso con fuerza y repitió todo lo calmado que pudo sus observaciones, intentando que sonaran como un aviso. Quería deshacerse de ella. Quería romperla por dentro en ese mismo instante. Partirle el cuello luego. Escucharla llorar. Regocijarse con las súplicas de esa voz suave. Arrancarle esa lengua.

—Es más dura de lo que parece —apretó la mandíbula. Le rechinaron los dientes.

—Son órdenes de arriba —dijo la voz antes de colgar.

Aquel día no pudo trabajar. Ello propició que Polina llamara a Emil y que este, a su vez, mandara el mensaje de que no le pegaran más. Si no, no va a trabajar y está aquí para eso, le dijo a Polina. Y esta se lo trasladó a los otros dos proxenetas.

A Kráneo no le hizo nada de gracia la decisión del jefe porque odiaba a Kassandra. Odiaba a todas las mujeres, pero a ella en especial. La odiaba porque le desafiaba, porque él cada vez la controlaba menos y porque le suponía un problema su actitud. Era el «efecto contagio» del que se hablaba en las mafias de prostitución. Las víctimas eran como almendras en una bolsa: cuando una te salía «mala», amarga, podía amargarte el sabor de todas las demás. Para aquellos monstruos, lo peligroso no era tanto la policía o la ley, sino la rebelión de las mujeres. Que una de las máquinas decidiera apagarse. Que se disparara la alarma. Eso eran para aquellos hombres, pura manufactura. Objetos a los que recurrir para obtener el beneficio.

A veces, alguna de ellas intentaba escapar y denunciaba. A veces, salía rebelde y no trabajaba, y tenía que irse, o algo peor. Pero siempre eran casos aislados. Nunca se trataba de un acto de rebelión consensuado y colectivo. Siempre era individual. Las estrategias de minimización, acallamiento y amedrentamiento para evitar el «efecto contagio» eran infalibles. Kráneo odiaba a Kassandra porque con ella no le estaba resultando tan fácil. Odiaba a las mujeres peleonas. Hasta tatuado en la piel lo llevaba: «Urăsc femeile perverse».

—Cúrate y a trabajar. Niña estúpida —le dijo Polina antes de cerrar la puerta de la habitación de las mujeres—. A ver si empiezas a ahorrarte las gilipolleces cuando veas cómo te dejan la cara.

Kassandra había subido cojeando. Marcela le había atado una venda al muslo y ello le imposibilitaba andar con la pierna totalmente recta. Durmió en su cama y pudo observar más detenidamente la habitación en la que dormían.

Casi no había espacio para moverse. Cuatro literas y una cama-colchón que se extraía de debajo de una de ellas. Las escaleras de cada una de las literas se encontraban en la parte exterior, y en el caso de las de la izquierda, pegadas, a ras de pared, con un tocador con espejo y cajonera baja donde se maquillaban. Así, si alguien quería bajar de la litera superior, tenía que retirar la silla del tocador para pisar el suelo. Y si alguien se encontraba en el tocador, tenía que levantarse y retirarse para que la otra pudiera bajar. El maquillaje estaba esparcido por todas partes. Había muchos perfumes, una cantidad increíble de perfumes. Era algo que a Kassandra le había llamado la atención desde el primer momento: aquellas mujeres usaban mucho perfume y cambiaban de fragancia continuamente. Aleksandra le había contado que cambiaban tanto de perfume porque el olor les recordaba a ciertos clientes y a ciertas situaciones. Siempre llevaban mucho perfume porque era otra forma de maquillar la situación. Allí, en aquellos lugares, no solo se maquillaban las mujeres. Se maquillaban las situaciones, se maquillaba la vida y se maquillaba la violencia. Todo eran sonrisas, mujeres embellecidas, caricias, jolgorio, amor y cariño. Todo era la explotación mejor maquillada del mundo. Cuando, después de una mala noche o de una horrible experiencia, una se volvía a poner el mismo perfume, no podía evitar asociarlo. Había perfumes que a ella directamente la hacían vomitar. No era el olor, era el recuerdo.

A Kassandra aquella habitación llena de productos que maquillaban realidades le recordaba a esas habitaciones sencillas y desordenadas de los campamentos de verano, aunque allí no se hicieran excursiones más que al mismísimo infierno en la tierra.

A las once de la noche, Emil la volvió a llevar a casa en coche, visiblemente enfadado por la situación y con aquella expresión suya que surgía, sobre todo, cuando iba bebido y que daba miedo. Si en situaciones normales siempre estaba de un serio sobrecogedor, cuando se enfadaba o bebía era la viva imagen de un psicópata explosivo.

—No puedes hacer estas cosas —le dijo con su acento marcado mientras miraba a la carretera, manos al volante.

Kassandra miraba por la ventanilla del copiloto a la calle, con la pierna derecha, la del corte, apoyada en la izquierda y en posición horizontal. No había variado la postura desde que se había subido. Tampoco podía. El proxeneta, al ver que no contestaba, continuó la reprimenda.

—Por menos acaba una muy mal. Y no te pienses que he dicho que no vuelvan a darte así porque no te lo merezcas. —Levantó el dedo en señal de apunte. Estaba alzando la voz cada vez más—. Si no tuviera orden de no tocarte por hacer tonterías, ya te habrías enterado.

El «por hacer tonterías», supuso Kassandra, se refería a cosas como ponerse delante para recibir ella la hostia. Si se le ocurría ir a la policía, obviamente, estaba más que muerta.

Un momento.

Kassandra abrió sus ojos de par en par y dejó de respirar unos segundos.

¿Había dicho que tenía orden de no pegarle?

El jefe de zona acababa de decir que tenía órdenes de no tocarla por ciertas cosas. ¿Orden de quién? Se quedó sin habla unos instantes, pero supo que era su oportunidad si quería averiguar algo respecto a lo que acababa de decir. Carraspeó antes de hablar.

—¿Y a qué se debe esa orden? —preguntó sin retirar la vista de la ventanilla.

El proxeneta puso cara de incordio. Sabía perfectamente que ella se mostraría interesada en saber más y que él le había dado demasiada información al respecto.

—No tengo orden de explicar nada. Ahora la orden es no tocarte por tus tonterías de niña estúpida. Esa es la orden —sentenció.

Alguien había ordenado a aquel hombre que no volvieran a pegarle. Y eso significaba muchas cosas. Significaba en concreto tres cosas muy importantes.

La primera era que los de arriba sabían de su existencia, aunque de eso ya era consciente, pero no hasta ese extremo. Eso le dejaba un margen de unos cinco o seis estratos hasta llegar al Rey —lo que realmente la inquietaba era pensar que él había dado esa orden—. La segunda era que se estaba informando de todo lo que ella hacía. Estaban vigilando su comportamiento y tenían interés en él. Y ello le llevaba, inevitablemente, a la tercera cuestión. La más importante de todas: había un porqué.

Su móvil sonó justo antes de que se disparara la alarma que había fijado a las seis de la tarde. Kassandra abrió los ojos y se desperezó lentamente en el sofá, giró la cara hacia el respaldo y volvió a cerrarlos.

El teléfono volvió a sonar dos veces más. Bip-bip. Bip-bip. Quién coño es ahora, pensó.

Se frotó los ojos y se echó la trenza despeluchada hacia delante. Cogió el móvil y leyó la pantalla.

Eran tres mensajes de WhatsApp de un número que no tenía apuntado.

> Kassandra.
> Soy Pablo De Lamo.

Ahí la cosa ya empezó mal.

> Ayer no te vi en MOMA y le pedí tu número a Gabriel.
> Espero que no te moleste.

Gabriel era un chico de clase con el que a veces había hecho algunos trabajos. Ahora que le había dado su número de teléfono a Pablo De Lamo sin su permiso, no le pareció tan simpático.

K:
Hola Pablo. No te preocupes,
no pasa nada.

De Lamo comenzó a escribir inmediatamente. Estaba dentro de la conversación, esperando a que ella entrara y contestara.

P:
Hola preciosa. Ayer estuve hablando con Bilma sobre ti. La verdad es que iba un poco ciego. Ella también.

Pobre Bilma, pensó Kassandra.

P:
Le dije que te dijera hoy que estás invitada a venir al apartamento de mis padres esta semana. Voy a irme allí a estudiar tranquilo yo solo.

Kassandra no contestó y esperó a que acabara su proposición.

P:
Yo sé que no quieres tener ninguna relación seria, me lo dijo ayer ella, pero solo quiero conocerte un poco más..., en clase es imposible.

Parecía que el chico todavía no se había dado cuenta —en dos años— de que era imposible porque ella lo hacía imposible. O eso, o no quería darse cuenta. Su fijación por ella era obsesiva. Para él, Kassandra era un reto; un trofeo que conseguir; una carrera de obstáculos que sortear y ganar para luego regodearse en su triunfo y en su capacidad de llegar a la meta.

P:
Y si quieres podemos vernos sin ningún compromiso. Vente a mi apartamento un día. Te invito a comer y vamos a la playa o nos quedamos en la piscina o en el jacuzzi.

K:
Mmm... Si te soy sincera, Bilma lleva razón. Ahora mismo no me apetece conocer a nadie.

Salió de la conversación para que no se confirmara la lectura y lo leyó desde la pantalla bloqueada.

P:
Ya... Eso me dijo. Pero me gustas mucho. Sé que no te vas a arrepentir.

P:
Dime algo. Si no quieres que se entere nadie de que nos estamos viendo no se enterará nadie.

Kassandra dejó el móvil en la mesa de al lado del sofá y se levantó apoyándose con las manos en el asiento. Anduvo hasta la mesa del comedor y cogió el paquete de tabaco de su madre. Kassandra había vuelto a fumar desde que murió su padre. No mucho, pero sí algunas noches, cuando el dolor se le metía en el respirar y tenía que infligirse otro tipo de daño que no fuera el del alma.

Leyó la advertencia en negro bajo un recuadro en blanco de la cajetilla mientras chupaba la boquilla y aspiraba.

«Fumar mata».

El teléfono sonó otra vez más. Y otra. Y otra. Se acercó a la mesilla del sofá y leyó dos mensajes en la pantalla.

P:
¿No tendrás novio verdad?
¿Es por eso por lo que no me contestas?

P:
Aunque si tienes novio me da igual.

P:
Kassandra, tengo una obsesión contigo y no se me va a ir tan fácilmente. Estoy jodido.

P:
Sé que eres una mujer difícil, pero no voy a parar hasta conquistarte. Ya sabes que se me dan bien los retos. Creo que se me nota, lo que me gustas y lo bien que se me dan.

—Que está jodido, dice —dijo en voz alta—. La que está jodida soy yo —se sentó en el sofá cigarro en la mano, dejando que se consumiera—. A ver si me aplico lo que siempre digo y empiezo a joder yo también. —Dio una calada larga y apretó la mandíbula.

La clase de defensa personal era colectiva y ella era la única mujer. Apareció en el gimnasio hecha un cristo. Al principio la paliza parecía no haber dejado marcas muy evidentes, pero luego surgieron unos cardenales rojos bajo el ojo derecho que reproducían exactamente la forma de cuatro dedos. No había duda. Era la huella de un tortazo descomunal. Así se lo hicieron saber las personas con las que se cruzaba por la calle. Se sucedían las miradas de expectación e intriga, y algún niño la había señalado descaradamente al bajar del autobús, con el consecuente y rápido tirón de brazo del padre.

En el gimnasio no fue diferente. Absolutamente todos —alumnos y profesor— se giraron cuando apareció cinco minutos tarde en la sala de clase colectiva con tres manos: una en el extremo de cada brazo y otra impresa en el lado derecho de su cara.

El profesor tuvo la oportunidad de darse a sí mismo la razón respecto a dos cosas: la primera era que a esa chica le sucedía algo. Lo supo desde el instante en que le vio algunas marcas en el cuello que le resultaron demasiado familiares. También desde que abrió la boca, con esa actitud tan preparada para el golpe. La segunda —cuando al colocarse con ella como pareja observó su rapidez para incorporar postura y realizar y depurar las técnicas básicas— era que cabía la posibilidad de que pudiera defenderse muy bien de lo que fuera que le estaba ocurriendo.

Era bajita y delgada, pero para el krav magá no era necesario un físico rudo o musculado, sino ser rápido y directo en los movimientos, saber evaluar las posibles salidas de la situación pese al gran estrés que provoca un peligro real y reaccionar a dicha realidad estresante de forma rápida, correcta y no paralizante. Capacidad alta de centrar la atención, rapidez mental y disposición del manejo del estrés eran la clave. Ella tenía la clave. Cuando uno vale, vale. Y cuando uno es un buen entrenador, sabe en seguida si el alumnado es bueno, normal o mediocre, y quién es directamente un diamante en bruto. Aquella chica lo era. Un diamante aún salvaje, sin tallar. Si continuaba entrenando, sería sin duda una de las mejores aprendices que habían pasado por allí.

En otro orden de cosas, no entendía por qué lo ponía tan nervioso. No incómodo, nervioso. Ponte conmigo, le había dicho, y no habían mediado palabra alguna hasta el final de la clase, cuarenta y cinco minutos después. Solo contacto físico. Y mientras explicaba en voz alta las técnicas con ella de modelo, ejemplificándolas, se había encontrado varias veces con sus ojos, y había tenido que concentrarse para no quedársela mirando al fondo, más allá de la retina, donde solo se mira cuando se necesita hacerlo, cuando ya es hipnótico. Qué verde más… intenso. Y qué extraña forma en ese ojo. Y qué actitud; y qué porte; y qué mirada feroz. Todo en ella era feroz. Había algo indescriptible, algo inusitado que te hacía comprender que no sabías nada y que te abocaba a querer saber algo a partes iguales.

La clase terminó y ella se acercó a él, como si acabara de llegar.

—Hola, Ramsés —le dijo en tono burlesco arrastrando su nombre—. Es Ramsés, ¿verdad?

—Hola, chica con nombre de cereal. Encantado.

—Con nombre de cereal... ¿Lo dices por lo de especial? «Especial K» —contraatacó ella.

—Por lo de K. De lo de especial no tengo ni idea y no creo que lo sepa nunca. Si ya te cuesta descubrir tu nombre, no quiero ni imaginarme otras cosas.

—Soy una mujer muy hermética. Hay que guardar los cereales cerrados en un lugar fresco y seco —chisteó.

La muy pícara tenía respuesta para todo, pensó él.

—Cierto —dijo—. Cuando sacas los cereales de ese lugar, se humedecen, dejan de ser duros y se reblandecen. —El problema era que él también tenía respuesta para todo. La media sonrisa en su cara le hizo comprender a Kassandra que no estaba hablando de cereales—. Las clases son los lunes y los miércoles, por cierto.

—¿Y qué? —levantó la ceja Kassandra.

—Que hoy es miércoles. El lunes faltaste.

—¿Eres mi entrenador o mi padre? —levantó todavía más la ceja.

—Soy tu profesor de krav magá y me interesa que aprendas, y más después de lo que he visto hoy. —La miró recorriendo las facciones de su cara despacio—. Pero, con tu permiso, voy a hacer un poco de padre —dijo—. ¿Qué te ha pasado en la cara?

Mierda.

¿Se le había corrido el maquillaje? Se había maquillado a propósito para taparse las marcas del pómulo. Disimula, Kassandra. Se te da bien.

—¿Qué tengo en la cara? —Se encogió de hombros y pestañeó con fingida expresión de duda.

Disimular se le daba, efectivamente, muy bien.

—¿De verdad no te has dado cuenta? Porque tienes un guantazo a mano abierta justo en el lado derecho.

Pero a él también se le daba bien ser directo.

—Igual me has dado tú entrenando y no me he percatado, o igual me he caído con la bici por un barranco haciendo una ruta. A mí lo de sentir el dolor a veces se me olvida —contestó Kassandra, y se cruzó de brazos.

Ram sonrió triunfante. Ahí tenía exactamente la respuesta: no quería responderle. Esa era la respuesta más clara que podía darle. Pero tampoco quería incomodarla y que no volviera a aparecer por su gimnasio, así que decidió cambiar de tema y darle motivos que la animaran a seguir. Además, lo que iba a comentarle era absolutamente cierto.

—No empieces a fallar porque no cogerás técnica. Si no te viene bien mi horario, puedes hacerlo con mi compañero. Podemos darte una clase individual los lunes una hora antes de la colectiva.

—Sabes que me viene bien tu horario, ya te lo dije —contestó Kassandra—, pero ha quedado muy poco acosador. Tal y como querías.

—Eso está bien. Siempre está bien no ser un acosador —se rio él guiñándole un ojo.

—Déjalo ya. No quiero que me caigas bien —bromeó ella.

—Se te nota. —Volvió a guiñarle un ojo y se cruzó de brazos—. Bueno. Piénsatelo.

Kassandra reflexionó un instante y se preguntó a sí misma cuál era el motivo por el que había acabado yendo a aquel gimnasio. Ella, que se sentía débil, sumisa y maltrechamente obediente desde que se vio obligada a trabajar para aquella gente, no iba a permitirse dejar de creer en quién era.

—Vendré los lunes a entrenar contigo a solas antes. Practicar bien con un hombre, dadas las circunstancias, es lo más propicio. Ya sabes: sois los sujetos de los que las mujeres generalmente nos solemos defender. Pura estadística —dijo encogiéndose de brazos.

—¿Te han dicho alguna vez que eres una sabelotodo? —le preguntó Ram.

—Dime algo que no sepa —contestó ella de vuelta.

—¿Estás segura de que quieres que te diga algo que no sepas? —insistió él divertidamente inquisitivo.

—Sí. Adelante. Sorpréndeme. —Kassandra abrió los brazos como un mago que está a punto de comenzar su función de magia.

—Cuando te has mordido el labio mientras te atabas las zapatillas, la temperatura de la sala ha subido diez grados. Los vuelves a todos locos —contestó Ram.

—He dicho algo que no sepa. Que tus alumnos son unos cerdos ya lo sé —dijo ella.

—Hija de puta —dijo él con media sonrisa, y se mordió el labio.

—De puta no. De la mierda. Soy una hija de la mierda. Y una sabelotodo.

—Y preciosa —dijo Ram.

—Y preciosa —repitió ella.

Ram soltó una carcajada ante el alarde de autoestima de Kassandra. Ella respondió riendo, por primera vez y de verdad desde que se conocían.

—Te has reído, eso me apunta un tanto —dijo él, que la señaló con el dedo y subiendo las cejas.

—Una mierda, guapo, me he reído de mi ocurrencia, no de la tuya.

Ram volvió a reírse otra vez, incrédulo ante la descarnada desfachatez de aquella chica. Jamás había conocido a una mujer tan sumamente descarada. Un verdadero espectáculo.

—Está bien, dime tú algo que no sepa, sabelotodo —inclinó la cabeza hacia la izquierda curioso.

—Mmm… —Kassandra pensó un momento y colocó su dedo índice en los labios mientras miraba hacia la esquina del techo de la sala. Ella no lo supo, pero Ram (que la observaba atento en frente y mordiéndose el labio otra vez, inevitablemente) quiso casarse con su boca arrugada en ese mismo instante—. Con-siderar significa estar con las estrellas. Des-astre, ir en su contra. Seguro que eso no lo sabías.

Ram negó despacio con la cabeza.

—No tenía ni idea. Y tú eres más de des-astre, ¿me equivoco?

—Yo soy más de hacer lo que me da la gana —respondió ella.

—Seguro que detrás de esa fachada de tía dura hay en realidad una chica dulce y romántica —dijo él haciendo aspavientos con la mano.

—Detrás de cada mujer hay una mujer. Espero que llegue pronto el día en el que dejéis de necesitar que la mujer de delante y la de detrás sean como vosotros queréis y decís —contestó.

Él la miró fijamente unos segundos en silencio, analizando lo que acababa de decirle.

—¿Por qué eres tan cortante conmigo?

Kassandra calló unos segundos.

—Lo que te molesta no es que sea cortante —enarcó una ceja—, sino que diga la verdad, ¿me equivoco? —dijo burlona, repitiendo la pregunta que él le había hecho unos segundos atrás.

Se miraron. Ella volvió a subir las cejas ante la falta de respuesta. Él apretó los labios y respiró hondo. Fue hacia la pared para recoger su botella de agua y sus guantes.

—Lo de dulce es algo que se le ve a la chica de delante, aunque no conozca a la de detrás —añadió él—. No puedes negarlo.

Su entrenador llevaba razón. Su voz y sus gestos la descubrían así. Al fin y al cabo —se corrigió a sí misma—, ser dulce no es ser débil, solo se trata de una asociación. Es algo tremendamente común: la gente te encasilla internamente en uno u otro lado según lo que ve. Si te muestras borde, eres fría; si te muestras tímida, eres manejable; si te muestras dulce, eres débil.

Alguien dijo una vez que las personas no vemos las cosas tal y como son, sino tal y como somos.

—Nada me hará lo suficientemente dulce como para que me acaben comiendo —dijo Kassandra.

—Permíteme dudarlo —contestó él con media sonrisa.

—Tú puedes dudar lo que quieras, mientras no lo dude yo...

—Acabo de decir que te acabaré comiendo y no me has echado la bronca, qué agradable.

—No has dicho exactamente eso. Me has pedido que te permita dudarlo.

Ram la miró fijamente.

—¿Y me lo permites? —le preguntó.

Kassandra recogió sus cosas del suelo y se dirigió hacia la salida.

—Ya lo haces cada vez que me miras —dijo—, así que supongo que sí. Puedes pensar en ello.

Ser, o no ser, esa es la cuestión.
¿Qué es más noble para el alma, sufrir los tiros penetrantes de la fortuna injusta, o tomar las armas contra este torrente de calamidades, y darles fin con atrevida resistencia?

Hamlet. Escena IV

Junio

Había colocado tubos rojos de neón rodeando el cabecero de la cama y en el escritorio. Había decorado las ventanas con pequeñas bombillas doradas que iluminaban la estancia por las noches con una fuerza lumínica digna del centro de Tokio. También había comprado dos lámparas de lava rojas. Exactamente el mismo color que el club.

Cuando llegaba a casa, cansada de la universidad y del club de los cojones, se lo quitaba todo —todo lo que podía, que solo era la ropa, porque lo de dentro permanecía en ella jodiéndole la vida— hasta quedarse en bragas. Después cogía un libro, encendía las luces, se acostaba en la cama y se liaba un porro. Leía, leía y leía. Los libros siempre ayudaban a crear nuevos mundos y a evadirse del presente, e imaginar una realidad distinta a veces ayuda a soportar la que a uno le toca. De vez en cuando también escribía en su diario.

Fumaba hasta que los ojos se le cerraban solos y solo tenía que acurrucarse en posición fetal y mirar la lava roja subir y bajar, hipnótica. Quién le hubiera dicho hacía apenas un año que dormir sería un reto y que su habitación parecería un club de alterne.

Esa noche, mientras se fumaba el porro de antes de dormir, le sobrevino una rara inquietud, una sensación que no era la primera vez que sentía, pero que siempre había rechazado. La sensación de que el destino le tenía algo preparado. Esa sensación pesada y aérea en el estómago que nos dice que estamos destinados a algo, aunque no sepamos a qué. La había sentido varias veces a lo largo de su vida y, desde la muerte de su padre, la sensación se había intensificado, como ahora, tumbada en la cama y fumando para buscar el sueño que no llegaba. ¿Por qué rechazarla? ¿Por qué fingir no haberla sentido?

¿Qué ocurriría si le diera verdadera rienda suelta en lugar de hacer ver que no estaba ahí?, pensó. ¿Qué ocurriría si decidiera de una vez? ¿Qué ocurriría si se moviera de una vez? El futuro nunca tarda. Quienes tardamos somos nosotros.

Se quedó dormida por efecto del polen marroquí. Unos minutos, no más, pero lo suficiente para tener un breve sueño en el que la niña apareció nítida y real en su escenario habitual, con su falda de uniforme a cuadros y sus zapatos de charol, saltando de casilla en casilla en aquel tablero de ajedrez. Ajena a que ella la miraba, la vio acercarse a algo blanco que no acababa de discernir por la luz que la propia escena irradiaba. Fijó la vista: parecía una de las piezas. Se acercó despacio y su mirada alcanzó a ver ahora con nitidez un gran caballo de madera blanca. La niña lo empujaba con determinación y fuerza. Un segundo, dos, cinco, diez, sin cejar en su empeño. La figura comenzó a moverse en línea recta hacia delante y luego hacia el lado derecho, trazando una ele perfecta. Entonces la niña dejó de empujar y bajó los brazos, secándose las pequeñas manos en su falda. Kassandra despertó en el preciso instante en que la niña se giraba y dirigía su cara hacia ella para encontrarse con sus ojos.

Se frotó los párpados y miró el reloj. Habían pasado quince minutos. El cuaderno seguía a su lado en la cama, y había algo dibujado en él. Antes de que se hubiera quedado dormida, la página estaba en blanco.

Unos nervios repentinos la poseyeron. Echó un vistazo rápido a un lado y vio el bolígrafo tirado en la cama. No podía ser. Imposible.

Cogió el cuaderno con ambas manos, lo giró y, recostándose, estiró los brazos hacia el techo para observar lo que había dibujado. Se frotó los ojos una última vez, asegurándose de que no seguía soñando. Se trataba de un tablero de ajedrez garabateado con desgana, con las casillas y las piezas mal dibujadas. Una de las piezas estaba en un lugar que no correspondía a su sitio inicial.

En un descuido, el cuaderno se le escapó de las manos y fue a caer sobre su rostro, dándole un buen golpe en toda la cara, aplastándosela.

«Despierta. Muévete. El tablero va a caerte encima».

En aquel instante casi pudo jurar que había escuchado el relinchar del caballo.

La jefa se acercó a ella como quien se acerca a un estercolero sin botas ni mascarilla. La miró con cara de repugnancia y le espetó un escueto: «Baja». Después se colocó en el mostrador para relevarla, sin decir nada más.

Ahí estaba ella. Plantada en medio del zaguán, entre la puerta del sótano y el recibidor. Se puso algo nerviosa. Nunca había bajado allí en plena hora punta —era la una y media de la mañana de un viernes—, pero tampoco tenía otra opción. Miró una vez más a la *madame* por si hubiera alguna explicación que faltara. La *madame* no dijo nada, como siempre. Kassandra bajó lentamente por las escaleras, se apretó la coleta antes de entrar y abrió la puerta.

La música le dio en la cara. Las luces rojas le dieron en la cara. La realidad, también.

La primera en verla fue Marcela. Estaba apoyada con el codo en la barra tomando una copa con un señor de unos cincuenta años —bien vestido, tipo dandy—, al que Kassandra ya había visto en varias ocasiones. Los ojos de la mujer casi se le salieron de las órbitas, y su cara de fingida diversión se metamorfoseó a madre preocupada en milisegundos. Katia estaba sentada con Aleksandra en una de las mesas, las acompañaban dos chicos jóvenes a los que ella misma había abierto la puerta hacía veinte minutos. Maisha en la barra, Bruna arriba. Emil, Bogdán y Kráneo en otra mesa. Más hombres en la barra. Tres chicos mas jugando al póker y bebiendo en otra mesa. Había muchos hombres. Muchos. No había reparado en ello anteriormente al recibirlos «en goteo», de uno en uno, de dos en dos o de tres en tres, nunca todos juntos como los veía ahora, en aquel bar de luces neón y olor a canela. Era como una muestra poblacional por estratos: hombres de riñonera y pitillo con aspecto de macarra traficante junto a hombres de camisas algodonadas de blancos impolutos y cuello bien planchado. Chicos de diecinueve e incluso menos años, algunos acompañados por sus propios familiares, junto a septuagenarios fumadores de puros. Era una muestra verdaderamente extrapolable al mundo de allá fuera, donde la vida continuaba, también lumínica y efervescente, con esos mismos hombres cenando con sus mujeres, tomando una copa con sus compañeros de trabajo, paseando con sus familias, tecleando en sus oficinas, dando sus clases, pasando sus consultas, llevando a sus hijas al colegio. Aquello era una muestra —como las que le daban a su padre de la mercancía a trasladar para apalabrar la compra con los camellos a su llegada— «de la mejor mierda que has visto», se dijo Kassandra parafraseando a los narcos al hablar con su padre. De la mejor mierda que has visto en tu vida, amiga. No hay una mierda como esta.

Emil hizo un gesto con la mano, sin mirarla, para indicarle que se acercara, atento a una Tablet que había apoyada en la mesa y que Kráneo también miraba absorto. Kassandra se acercó a ellos y retiró una de las sillas, echando un último vistazo a Marcela, que la observó con evidentes nervios. Estaba vigilando la situación para entender qué ocurría.

—¿Quieres una copa? —le preguntó Emil.

—No..., gracias —contestó. Su mirada se cruzó con los ojos fijos y asesinos de Kráneo, que, como siempre, se sorbió la nariz, como en un tic, y volvió a concentrarse en la pantalla del dispositivo.

—Estoy preparando un viaje a Marruecos. Vamos a Marrakech en septiembre, deberías venir con nosotros —le dijo Emil con aquel acento marcado suyo.

—¿Yo? —preguntó sorprendida—. No sé si tendré clase en septiembre…, la universidad este año empieza muy pronto.

Como si a aquella gente le importara que ella perdiera clases. A ellos no les importaba otra cosa que no fuera ganar dinero y tener el control de absolutamente todo.

—Bueno, te puedes saltar las clases, eres una chica muy lista —dijo Emil—. ¿No quieres venirte de viaje conmigo?

Entonces posó la mano sobre la pierna de Kassandra. La gruesa y pesada pulsera de eslabones de oro le enfrió la pierna en el lugar donde hizo contacto con su piel. Pero pese a que el frío debería haber sido lo que más impresión le causara, lo que la paralizó fue el calor de aquella mano. Ella tenía las piernas cruzadas, y Emil mantuvo la mano sobre su pantorrilla mientras se estiraba para coger la copa de la mesa. Habló algo en otro idioma con Kráneo. Kassandra pudo dilucidar el acento desde su posición, aunque no escuchara bien por la música. Entonces se echó hacia atrás, hasta que sus omoplatos tocaron el respaldo de terciopelo rojo de la silla, y se acomodó, estirando el cuerpo y fingiendo tranquilidad ante la situación. Era lo que tenía que fingir continuamente: normalidad, que no pasaba nada, que todo aquello era algo normal.

El proxeneta bebió un trago largo, volvió a depositar el vaso en la mesa y apoyó también la espalda contra el respaldo de su silla. Su mano bajó un poco por la pierna de ella y luego volvió a subir, reacomodándose más arriba. Casi en su entrepierna.

Kassandra supo lo que significaba aquello. Dar el visto bueno, aceptar esa mano, no era un consentimiento, porque no tenía otra opción. El consentimiento de las mujeres en aquel mundo —y no solo en aquel— no valía absolutamente nada. Él la estaba proclamando como suya. Una mujer suya. Protegida o no, solo era una más. Se sintió como todas ellas, más que nunca. Sin poder decir que no. Ninguna de ellas podía decir que no, y el hecho de que Kassandra no hubiera sufrido el mismo destino no implicaba que fuera mejor, sino que no le había tocado esa forma de no poder decir que no, como en un sorteo. Simplemente.

Esa mano seguía allí, agarrada a su pierna, demostrando poder; «puedo hacer contigo lo que quiera», «eres mía». Pero ella no era de nadie. Ninguna de esas mujeres, ninguna mujer, era de nadie. No sabía cómo, pero lo demostraría tarde o temprano. Ella era una superviviente. Si hay algo que define a los supervivientes es que se aferran a cualquier posibilidad de sobrevivir, aunque sea ínfima, aunque sea mínima, aunque sea casi imposible. No dudan en agarrarse a un árbol que está casi a punto de caer en pleno tsunami. No desfallecen, aunque todo parezca en contra. Simplemente se agarran. Y entonces, la posibilidad de que el árbol no caiga y de que ellos salven la vida se vuelve real porque han decidido agarrarse al árbol. Si no te agarras al árbol no tienes nada que hacer. Si te agarras, quizá lo tengas. Resistir y luchar son cosas que valen la pena. Siempre.

Así es como piensa un superviviente.

Kassandra era joven, pero había vivido muchas cosas que muchos jóvenes —e incluso adultos— no vivirían jamás. Había visto cosas que muchos ojos siquiera imaginarían ver. Y eso la había convertido en una chica lista, tal y como había dicho el proxeneta segundos antes. Además, la obsesión con su particular venganza contra la vida había hecho mella en su personalidad hasta enraizarse y multiplicarse como un tumor. Había crecido llena de odio y de rabia. Un odio y una rabia que seguían ahí, sin canalizarse hacia ningún objetivo, porque ella misma los inhibía.

Ya era hora de dejar de hacerlo.

No podía evitar que aquel hombre se viera con derecho a acercarse a ella. Pero sí podía utilizarlo, de alguna manera, para destrozar las cosas de la forma en la que más dañan y más desperfectos causan: desde dentro. Conociendo cómo funcionaba aquella gente, cómo se organizaba. Ver, oír, preguntar lo necesario y actuar. Tejer la red. Verlos como moscas, no como las arañas.

Apretó su collar con los dedos unos instantes, sintiendo el frío tacto del bate en sus yemas. Giró su cara hacia Emil y el proxeneta la miró, sin expresión ninguna en su rostro. Kassandra mantuvo la mirada unos segundos y él, por fin, con su mano aún apoyada sobre el muslo de ella, sonrió y se giró para observar la barra, donde el bullicio de los hombres y el alcohol.

Recordó la frase de Marcela: «Ten cuidado, cariño, le gustas al jefe. Eso puede ser muy bueno o puede ser muy malo».

Entonces ella se acercó a su oído, disimulada y fingidamente desinteresada, y le formuló una pregunta:

—¿Y para qué voy yo a Marruecos?

Él volvió a girarse hacia ella.

—Si vienes, te lo digo —le contestó muy cerca de la cara.

—Si me lo dices, voy —jugó ella.

—Quieren verte —contestó Emil, que le palmeó el muslo y luego apretó su carne como el carnicero que prueba la res—. Mañana te voy a llevar a un sitio que te va a gustar.

«Quieren verte».

Mierda.

Marcela seguía observándola de reojo desde la barra, a través de los cristales estratégicos situados donde las botellas. Espejos que servían para que los clientes, copa en mano, pudieran examinar la mercancía sin girarse y establecer contacto con las mujeres. Ahora una mujer miraba a otra desde allí, más preocupada que nunca, observando lo que estaba ocurriendo. Intercalando la conversación con el cliente con miradas furtivas a aquella mano ejecutora y asesina en la pierna de su niña por debajo de la mesa. Estaba preocupada porque era madre. Y cada vez que miraba a Kassandra, a sus ojos verde selva, y observaba su pelo color sol cayendo por su espalda como una cascada, y tocaba aquella piel tono arena blanquecina, Marcela se acordaba de su hija Esperanza. Y la sentía. Y sentía vida.

Veía en ella una isla virgen. Una isla donde la mano del hombre todavía no había podido llegar; que todavía no había sido destrozada. Genuina en su esencia. Tan serena y tan potente a la vez, tan brava en su aparente calma. Soportando las tormentas e inclemencias y bella como solo lo que se conserva indómito puede serlo. Kassandra estaba muy viva y esperando a vivir por completo. Y veía en ella a su hija, a la que no veía. Y la veía a ella, pero no como ella quería verla y conocerla. Y la mano del hombre estaba ahí, en la pierna, autoritaria. Y no se movía por más que ella apretara las mandíbulas y tensionara su cuerpo con rabia e indignación a unos metros de distancia desde su taburete. Seguía allí tocándola. Descubriéndola.

No quería que a Kassandra le mataran la vida como hicieron con ella a su edad. Lo único que quería aquella chica era vivir, como quiso ella una vez cuando todavía era aquella isla, tal y como su propio nombre —Marcela— indicaba: «entre el mar y el cielo». Una isla entre el mar y el cielo. Cuando todavía nadie la había adulterado. Cuando todavía existía libre y primitiva. Cuando todavía permanecía incivilizada como adulta y como mujer.

Cuando todavía era una salvaje.

Tumbao era una de esas discotecas que los chicos y las chicas «de bien» no se atrevían a pisar, y cuya música nunca entraba dentro de las listas de grandes éxitos internacionales. Aquel local con paredes de terciopelo rojo sangre, columnas jónicas doradas y aspecto chabacano-rococó tenía como única política de admisión a gente apuntada en las listas de no admisión de los demás locales de los alrededores.

Ram bebía acodado en la barra mientras se reía con cuatro amigos. Uno de ellos, rubio y más bajo que los demás, pero de actitud muy estirada, narraba una de sus batallitas con uno de los múltiples coches que había comprado y que le duraría dos días antes de volver a cambiarlo por otro nuevo. El chaval gesticulaba como si fuera un orador profesional y los otros tres se carcajeaban hasta aplaudir mientras echaban tragos a las copas de balón con *gin-tonic* que la camarera, una chica de treinta y tantos conocida por todos y cuyo novio era también muy conocido en el barrio, les había servido. Allí casi todos se conocían. Los pseudodelincuentes, los amigos no delincuentes de los pseudodelincuentes, los narcos júniores, las nuevas novias de los narcos júniores —a las que algunos exhibían como si fueran trofeos ganados en una carrera ilegal—, los camareros, el dueño, los turistas que se metían allí por mala suerte y que duraban veintisiete segundos, los latinos que entraban atraídos por la música y los narcos papás y los mafiosos que llegaban a cerrar tratos con clientes y a captar a predelincuentes para usarlos como chivatos, lanzaderas o machacas.

Ram nunca podría haber definido la extraña y repentina sensación que le invadió el cuerpo cuando se giró hacia la puerta negra de hierro del local y la vio entrar.

A ella. Con cuatro gorilas blancos y tan macizos como las esclavas de oro que les asomaban por el cuello y las muñecas. La chica sin nombre del gimnasio. Sola, con un grupo de hombres que, por las pintas que traían, debían manejar, mínimo, paquetes de a cien o kilos, como que él se llamaba Ramsés que lo sabía. Iba toda de negro. Con una falda muy corta con abertura en uno de los muslos, unos zapatos de plataforma y tacón ancho, elegantes. Un top escotado sin mangas. Aros dorados pequeños y cola de caballo muy repeinada hacia atrás, como en el gimnasio. Intentó fijar más la mirada para asegurarse al cien por cien de que era ella, porque quería que no lo fuera, pero por más que concentró la vista no pudo. «Vámonos *pa* la izquierda», le dijo a uno de sus amigos. El otro pensó que le había gustado una de las chicas que había al lado, un poco más allá de los mafiosos, e hizo un gesto a los otros, que, entre sonrisas, recogieron las copas y lo siguieron hasta situarse casi frente a frente con los tipos grandes.

Los gorilas se habían colocado en la esquina de la barra de en frente, algo apartados, justo al otro lado de los altavoces. Llamaron a la camarera y pidieron copas para todos, indicando también que se atendiera a la chica. Ella dijo algo e inmediatamente la camarera le sirvió una bebida energética. Entonces Ram pudo verla bien y observar su distintivo: entre sus clavículas brillaba el pequeño bate de béisbol prendido al cuello en su cadenita de plata. Definitivamente era ella. Y no lo había visto a él.

Uno de los hombres llamó a la camarera y le dijo algo. Ella contestó con un gesto de negativa. Siguieron hablando. El hombre sacó algo de su bandolera y puso un billete amarillo de doscientos euros sobre la barra. La trabajadora lo miró estupefacta e indicó que esperara un momento. Se retiró por detrás de una puerta y volvió con un taburete. Salió de la barra y lo colocó donde el hombre le dijo.

La chica del gimnasio se sentó en él y apoyó la cabeza sobre sus brazos, cruzados encima de la barra de mármol jaspeado. Parecía intentar descansar, pero no lo conseguía. Entonces extrajo el móvil y se puso a trastear con él mientras sus acompañantes seguían tomando la copa. Ram la observó. Sus labios, gruesos y rosados, abiertos como una rosa. La expresión cansada. Los ojos verdes como una esmeralda que casi podía ver brillar desde allí. Así permanecieron casi una hora, ella sin despegar la mirada de la pantalla, él mirándolos de reojo una y otra vez, curioseando a los hombres y a ella, preguntándose qué cojones pasaba y qué era lo que escondía aquel panorama tan surrealista, hasta que el más bajo de los cuatro la despertó de su ensimismamiento con un toque seco en el hombro, ella bajó del taburete y se fueron todos hacia la salida.

—¡Esa es la rubia del gimnasio! —exclamó su amigo José dándole un golpecito en el brazo.

—Sí. Es la del gimnasio —asintió él concentrado en la imagen de en frente, con mirada inquisitiva, sin prestarle mucha atención.

—Qué guapa es —comentó el otro fijándose también en ella.

Ella caminaba hacia la puerta con sus andares tan característicos, el más bajo de los hombres delante, a sus talones los otros tres.

—Sensual es la palabra, hermano —respondió Ram.

—¿Cómo se llamaba?

Ram escrutó a aquella gente durante unos últimos instantes hasta que desaparecieron de Tumbao. Eran las dos y media de la mañana. Y ella parecía no haber dormido en días.

—No tengo ni idea —contestó—, solo sé que su nombre empieza por «K».

Apareció en el tatami y fue a coger sus guantes. La vio desde la puerta, en una esquina, con su coleta alta y la cadena de plata con el colgante en forma de bate de béisbol. Llevaba los guantes blancos que él le había recomendado comprar. Lo esperaba preparada, dando saltitos pequeños y calentando el cuerpo con una medio sonrisa en los labios, concentrada en sus pensamientos. Él había pasado dos días dándole vueltas a lo que había presenciado en la discoteca, pero no tenía ni idea de cómo abordar el asunto con ella, porque las formas directas de ambos no eran las más adecuadas para tratar un tema como aquel.

—Hola, chica con nombre de cereal —dijo en voz alta mientras recogía unas cuerdas, dándole la espalda.

—Hola, profe —sonrió ella.

Se acercó a ella hasta quedar frente a frente y chocaron los guantes. Sin perder más tiempo, él levantó las manos y le indicó que marcara los golpes al ritmo. Golpea, golpea, golpea. Uno, dos, tres. Uno, dos. Uno, dos, tres.

—¿Has vuelto a caerte con la bicicleta? —miró las casi imperceptibles marcas que lucía debajo de los ojos y en la barbilla.

Uno, dos, tres.

—Soy muy patosa para según qué cosas.

Golpea. Golpea. Golpea.

—Has venido una vez con la cara destrozada y dos con moratones exactamente en los mismos sitios, deberías cambiar de barranco —le guiñó un ojo.

Ella se lo quedó mirando fijamente y paró de golpear un segundo. Volvió a golpear otra vez, más fuerte, haciéndole retroceder e ignorando sus palabras.

—¿Qué barranco te dejó a ti así de imbécil? Lo digo para no elegir ese la próxima vez que vaya a caerme —contestó Kassandra.

Ram rio y aprovechó un descuido para marcarle un golpe en el estómago. Ella —que era muy rápida de reflejos— contestó propinándole un rodillazo en la parte de atrás del muslo derecho que dolió mucho más de lo que pareció.

—No fue un barranco, fue mi hermana con una piedra cuando teníamos seis años. Quería matarme y no sabía cómo —se tocó justo en la zona occipital.

—¿Tienes una hermana?

—Sí. Tiene tu edad. Va a la universidad. A la de aquí.

—Vaya..., a la gente le cuesta mucho aceptar que una mujer gitana también pueda estudiar en la universidad. Dile que se pille un chubasquero. Por si explotan cabezas a su paso.

Ram estalló en una carcajada y se puso la mano en la frente.

—Estás más loca que un cencerro —siguió riéndose.

—¿Qué pasa, no es verdad? —sonrió ella poniéndose otra vez en guardia.

—Claro que sí. Aunque mi padre no era gitano —le aclaró él.

—Seguro que tu hermana es preciosa.

El otro asintió.

—Vaya que si lo es —le dijo, y sin más preámbulo le soltó—: El otro día te vi.

—Pues yo no —contestó ella despreocupada.

Uno, dos. Uno, dos, tres. Golpea, golpea, golpea.

—Claro que no, estabas mirando el móvil y no despegaste la cara de la pantalla.

Golpea. Golpea. Golpea.

Pese a no tener claro hacia dónde derivaba la conversación, a Kassandra algo le decía que se precipitaba hacia un barranco, esta vez real. La luz de alerta comenzó a parpadear en su interior y sonaron todas las sirenas de emergencia.

—¿Vienes a mi casa por las noches y trepas por la pared hasta abrir la ventana de mi habitación? —disimuló con sarcasmo.

Golpeó. Cambió de posición rotando hacia la derecha.

—No. Me voy de fiesta a Tumbao —contestó él.

Golpeó. Paró en seco sin querer hacerlo, instintivamente. Miró su guante derecho, como si le sucediera algo a la piel sintética del recubrimiento, pensando en alguna forma de salir de aquel atolladero como fuera. No la encontró y contestó demasiado torpemente.

—La verdad es que le pega a esa chulería innata que tienes lo de ir de fiesta a Tumbao a ligar —intentó disimular como pudo.

Volvió a golpear. Él le paró el golpe con la mano. Kassandra sintió cómo la mano de él le apretaba los dedos por debajo del material. Cómo cedía la espuma de relleno de su guante. Intentó zafarse sin conseguirlo. Le había enganchado la punta de la mano por completo.

—A ti también te pega ir a Tumbao, no te creas —le dijo él—; solo que no con esa gente —dijo, por fin, soltándole el guante.

Kassandra se encogió de hombros y golpeó otra vez con su mano derecha la izquierda de él. No contestó, dando la conversación por terminada. Él le volvió a agarrar la mano, inmovilizándosela en alto, y la miró.

—¿Por qué? —preguntó.

—¿Por qué qué? —contestó ella, en su línea, exagerando las cús y vacilando.

—Por qué esa gente. Y por qué has venido aquí. Y por qué siempre vienes marcada —la miró a la cara.

Ella intentó zafarse otra vez, pero él la tenía bien agarrada de la mano derecha.

—¿Me sueltas la mano? —le conminó ella arqueando las cejas, esperando.

—Si me dices por qué —insistió él con una mueca de medio lado.

Kassandra agarró la mano izquierda de él exactamente del mismo modo que él había agarrado su derecha y apretó. Él sonrió. Ella se fijó en sus dientes. Perfectos y tan blancos en contraste con su tez morena. Los labios retirados y gruesos alrededor de su boca. La saliva transparente que los mojaba. No dejaba de ser un macarra, pero tenía esa elegancia innata que caracteriza a ciertas personas magnéticas. Gente muy atractiva que sabe que lo es y que lo sabe utilizar, como ella misma hacía.

Volvió a arquear las cejas y él le soltó el guante.

—«Esa gente» son amigos de mi padre —repitió la mentira que su madre le decía de pequeña mientras se quitaba los guantes—. Y mi intención es algo así como firmar la paz.

—¿La paz se consigue dando puñetazos y con llaves de krav magá? —Ram también se quitaba los guantes y, de vez en cuando, masticaba el chicle que tenía en la boca. Kassandra volvió a traicionarse a sí misma y a fijarse en él. Era realmente atractivo. Tiró los guantes al suelo.

—*Si vis pacem, para bellum* —citó de regreso a la escena mientras se volvía a recoger el pelo despeinado en la coleta.

—¿Y eso significa...? —mintió él. Sabía perfectamente lo que significaba.

—Es una consigna bélica de Vegecio, aunque se le atribuye erróneamente al idiota de Julio César. —Ram sonrió ante el repentino ataque de odio histórico de ella—. Significa: si quieres la paz, prepara la guerra.

—Ya..., ¿como en las pistolas, las Parabellum? ¿Tiene algo que ver?

—¿Te interesan las armas? No tienes en absoluto pinta —ironizó ella—. Imagino que sí. Todo tiene que ver.

—Todo tiene que ver, sí —dijo él. Se quitó el guante y alzó la mano. Le tocó la barbilla girándole la cara y mirando las marcas antiguas que la mano de Kráneo había dejado en su pómulo.

Kassandra recordó los momentos en los que Pablo De Lamo le hacía exactamente lo mismo, levantándole la barbilla como si fuera un maniquí expuesto en un escaparate. Le asestó una torta a traición y a mano abierta en la mejilla, que el otro no pudo esquivar.

Encajó el golpe y entrecerró los ojos, pasándose el dorso de la mano derecha por la cara, masajeándosela. Muy rápidamente, cogió el brazo derecho de Kassandra y lo retorció hacia atrás, haciéndola girar sobre sí misma y doblar las rodillas hasta caer al suelo boca abajo. La volteó y se colocó con una rodilla a cada lado de su cuerpo, apretando las piernas de ella con las suyas. Ella intentó levantar el tronco, pero no pudo y solo alcanzó a incorporarse un poco antes de dejarse caer de nuevo sobre el suelo, con gesto de esfuerzo hecho en vano. Ram puso su mano derecha en medio de las clavículas de ella, sujetándola. Mirándola con una sonrisa burlona.

—¿Y ahora qué? —preguntó él desde arriba—. Hay que saber siempre lo que vas a hacer después con tu contrincante. Anticipación. Si no, acabas así.

—¿Y ahora qué de qué? —le contestó ella. Se le escapó una sonrisa sutil que le movió las mejillas.

Ram suspiró y le echó el aire en la cara a propósito, haciendo una «o» con los labios, como si echara el humo de un cigarro. Kassandra entrecerró un poco los párpados, pero no apartó la cara. Sintió su aliento en la nariz y los labios. Olía a chicle de menta.

—¿Por qué? —insistió él una vez más, consciente de que ella no había contestado a lo que quería saber—. ¿Por qué, si quieres la paz, tienes que prepararte para la guerra y eso es lo único que se puede hacer? —preguntó mirándola fijamente a los ojos—. ¿Por qué mi alumna se cae siempre con la bici por el mismo barranco?

Kassandra aprovechó el embelesamiento de él y le golpeó varias veces el exterior del muslo con el puño. Él pasó a inmovilizarle las manos contra el suelo, levantándole los brazos y flexionándolos hacia atrás, dejando que sus troncos superiores se acercaran.

—Lo dice el propio deporte que tú mismo enseñas. Para zafarte del agresor y salir ileso tienes que atacar, aunque sea unos segundos —contestó ella—, «si quieres la paz, prepara la guerra».

—No sé si estoy de acuerdo —le dijo él frente a frente.

—No te escucho bien, estás muy lejos —le contestó ella serena.

No se achanta, la hija de puta, pensó él. Por qué sabía, con una maestría brutal, cómo dejarle claro que no la intimidaba era otra buena pregunta, pero esa, obviamente, no se la iba a formular. Porque si había alguien capaz de ser más chula que él era ella.

Alguien tocó a la puerta del tatami. Probablemente ya era la hora y la clase colectiva empezaría en unos minutos. Ram hizo caso omiso.

Le entrelazó despacio los dedos en las manos. Ella le respondió con los suyos. Se acercaron más.

—No puedes no estar de acuerdo —volvió a hablar ella. Había bajado el tono de voz, que sonó ahora más endulzada que de costumbre, si es que cabía más suavidad en su tono.

—¿Por qué no puedo no estar de acuerdo contigo nunca? —él acercó un poco más su cara a la de ella y se puso serio.

Estaban a unos veinte centímetros de distancia. Ella sonrió y después apretó los labios y arqueó las cejas desafiante. Tenía un lunar justo encima del labio y una boca preciosa. El pelo largo y rubio le caía a los lados, derramándose desde el lazo de la coleta como los pétalos de un girasol. Toda ella era una obra de arte. Le gustaban su actitud burlesca y atrevida y su voz suave. Le gustaban su pelo y su ombligo siempre al aire. Y su culo y su contoneo, y la punta redonda de su nariz. Le gustó en ese instante, cuando se puso seria. No seria como él, bromeando, sino seria como nunca la había visto hasta aquel momento. Seria hacia adentro, observando el pasado o el presente o el futuro. Viendo cosas que él intuía que no eran agradables. Ella lo miró fijamente a los ojos, tan cerca, tan cerca, y él creyó que si no abría alguien pronto la boca para hablar se iba a abrir la suya para dejar de hacerlo.

—La paz se lucha, Ramsés —contestó ella arrastrando las palabras en susurros.

Él pudo oler su voz. Se quedó muy quieto unos segundos. Muy quieto. En silencio. Con la mirada perdida en su boca, observando y recorriendo las arrugas que se intercalaban entre la carne de su labio inferior. Mirando su boca. Su cara. Ella le dejó hacer, observando cómo la miraba.

La puerta del tatami se abrió y entraron dos chicos. Kassandra y Ram se separaron e incorporaron rápidamente.

Ahora que la había visto entrenarse, Ram llegó a la conclusión de que, efectivamente, la chica era buena. Una fuera de serie. Era casi lo único que sabía a ciencia cierta sobre ella.

Había muchas cosas sobre ella que desconocía y que, probablemente, nunca llegaría a conocer. Pero si algo le quedaba claro era precisamente lo que más le atraía de ella. Daba igual lo fuerte que fuera: era espectacularmente valiente.

Aquel día —el de la conversación en horizontal sobre el tatami— llovió a cántaros. Kassandra se empapó entera de nuevo mientras caminaba de regreso a casa, aunque esta vez no fuera por tirarse al mar desde un conglomerado de piedra. La lluvia cayó como un torrente plomizo y pesado hasta calarle por completo la ropa, el pelo y las zapatillas, pero ella continuó andando decidida, haciendo caso omiso a aquella fijación que parecía tener el mundo en ahogarla. Al llegar a su casa se desnudó y se puso ropa seca. Se dio cuenta de que sus braguitas también estaban húmedas, aunque no por la lluvia. En realidad, el culpable era otro. Y ella sabía perfectamente de quién se trataba. Aquello también había sido una interesante catarata bajando en cascada hasta empapar toda la tela de algodón. Cada vez que me caliento por dentro me acabo mojando, concluyó, pensando en la lluvia y en el mar días atrás.

Fue la primera vez que, al masturbarse, se le apareció su entrenador. Estaba plantado junto al borde inferior de la cama, mirándola, serio e inmóvil, justo en frente de sus piernas abiertas, los ojos fijos en la cara de ella para, de vez en cuando, descender por su vientre e ir a posarse más abajo, allí donde su mano derecha se movía hábil. Sintió el colchón resentirse justo en el instante en que el orgasmo recorrió su cuerpo, como si las manos de él se hubieran posado al lado de cada una de sus piernas; como si su presencia allí hubiese sido real y hubiera decidido en aquel instante subir a su cama. Cuando su respiración agitada se controló y ella abrió los ojos, no había nadie.

Volvió a verlo, real y tangible, con música de fondo. Esta vez en MOMA con *Olha a explosão* sonando a todo trapo, las chicas meneando el culo al ritmo de la canción como diosas galácticas y las luces tintineando en las lámparas cilíndricas colgantes del techo blanco.

Ahí estaba él. Sábado noche, copa de balón en mano, apoyado en la barra color blanco perlado con todos los demás. No conocía a ninguno. Había dos muy rubios. Otros dos más morenos. Él parecía ser el único de etnia gitana.

Podrían haber sido una réplica exacta de los proxenetas. Cinco chicos jóvenes, relojes de oro, coches de alta gama aparcados en la puerta. Ropa de marca, cabeza altiva. Trato preferente y mujeres bonitas y alocadas a su alrededor. Tráfico de drogas, estaba segura, mínimo a media escala —al menos los dos de los relojes dorados refulgentes y la sonrisa bobalicona constante—. Y allí estaba él, con su camisa color crudo a medio desabrochar y su pantalón vaquero, guapo a rabiar, hablando con una chica que también era muy guapa, y que de vez en cuando se agarraba a su cuello y le plantaba un beso en él.

Los vio en cuanto entró. Reparó en todos ellos como un todo y los recorrió uno a uno hasta verlo a él, alto y moreno. Bilma también reparó en uno de ellos, pero, al pasar delante de él, las miró como si fueran un modelo nuevo de moto de

1.500 cc y el enamoramiento momentáneo de Bilma fue reemplazado, al instante, por un sentimiento de asco y repulsión que le duró mucho más que el flechazo.

Sus ojos se encontraron en cuanto el amigo de él lo avisó a codazos de la presencia de las dos mujeres nuevas en la discoteca, excitado al ver que ambas habían mirado hacia donde estaban ellos. Él la miró y ella le devolvió la mirada. Seguía hablando con la chica morena. Ram le dedicó a Kassandra una sonrisa de medio lado, ella arqueó las cejas y giró la cara antes de sonreír y agarrar su vodka con naranja, desviando su mirada hacia el expositor de botellas de la barra. Ram volvió a la conversación con aquella chica hasta que esta se fue hacia el centro del local con un grupo de mujeres. Entonces él se dirigió al aseo y, de camino, fue hacia Kassandra. Le aguantó la mirada mientras se acercaba. Le dio dos besos.

—He venido porque igual tú ni me saludas. Qué rara estás sin tu chándal de pitillo —le dijo.

—¿No estoy guapa? —le preguntó ella.

—Si ya sabes que sí, pero como no te gusta que te lo diga...

Se la quedó mirando sin decir nada unos segundos. Entonces dirigió los ojos hacia donde se encontraba la chica con la que había estado hablando pocos minutos antes. Ella los estaba observando.

Sin decir nada, sonrió a Kassandra y se fue hacia el aseo. Ella miró a Bilma, que había entablado conversación con una chica en la barra de en frente. Pasados unos segundos, sintió que una mano tocaba su cintura y le acariciaba la piel desnuda entre el top y la falda negra de cuero.

—Hola, preciosa —Pablo De Lamo le plantó rápidamente dos besos, demasiado cerca de los labios y sin que a ella apenas le diera tiempo a pestañear. Iba muy borracho, como cada fin de semana—. Te he visto desde el reservado. Estamos ahí Jesús y yo —Jesús era un chico de clase que se llevaba muy bien con Pablo y muy mal con ella— y mis amigos, ¿queréis subir?

Kassandra estaba bastante harta de todo en general aquella noche y de aquel tocapelotas en concreto desde hacía mucho. El día en el club no había ido bien. Kráneo había vuelto a aparecer y había pegado a Aleksandra delante de ella y de Polina. Emil cada vez se tomaba más confianzas con ella y la trataba como si fuera su futura mujer. No una mujer como pareja, sino como algo que tienes porque lo has comprado. Aquello era peligroso.

—Ven al reservado —le susurró Pablo al oído.

Los labios de él pasaron a propósito por todo su pómulo y su mejilla, arrastrándose hasta que ella se apartó. Miró más allá, detrás de Pablo, y vio que Ram había vuelto del baño y miraba la escena desde el extremo de la misma barra.

—Estoy bien donde estoy —le contestó ella molesta.

Pablo se acercó más y le pasó la mano por la cintura, tirando de ella hacia él para hablarle otra vez al oído.

—Ven, que quiero hablar contigo.

Olía a whisky que echaba para atrás. Kassandra intentó zafarse y el otro la agarró más fuerte de la cintura, tirando de su cuerpo hacia él más aún. La miró con deseo a la boca y se acercó otra vez, bajando su mano hacia las nalgas.

—Qué labios más bonitos tienes —le dijo.

Ella le apartó la mano con brusquedad, visiblemente enfadada.

—Quita —le dijo—. Quítate.

Bilma, que volvía de la barra, se percató de la situación y se interpuso, apartando como pudo a De Lamo para fingir que tenía que decirle algo a su amiga. Ram continuaba observando la escena desde el otro lado mientras sus amigos seguían hablando y tomando copas. «Haciendo el viso», como decían ellos. Fichando a las nuevas. Se percató de la incomodidad del momento y del intento de Bilma por meterse en medio y siguió el desarrollo de la situación copa en mano, hasta que Pablo empujó a Bilma de mala gana por interponerse, intentando volver a colocarse en frente de Kassandra.

Kassandra se le encaró y lo empujó.

—¡Qué haces empujando a mi amiga! —le espetó, y el otro fue rápido hacia ella y le gritó algo muy cerca de la cara.

Ram dejó la copa y se dirigió rápido hacia allí. Bilma estaba intentando separarlos y Pablo seguía empujándola de mala gana. Ram se acercó por detrás y lo apartó de Kassandra, preguntándole qué pasaba.

Arriba, en el reservado, los amigos de De Lamo se habían levantado y bajaban ahora uno a uno las escaleras hacia la barra, después de ver a Ram acercarse a su amigo y levantarle un dedo indicándole respeto. Era algo más alto que Pablo y este último se alzó encarándosele, frente con frente.

—No quiero problemas, pero déjalas porque las estás agobiando —acertó a oír K de boca de Ram.

—Tú no pintas aquí ni media —le contestó el otro—. ¿De qué la conoces tú? —Pablo hablaba en singular, refiriéndose a Kassandra.

—De nada —mintió Ram—, pero veo lo que veo.

Pablo sabía que mentía. Había visto a Ram saludar a Kassandra. Aquello lo había enfurecido. Porque se habían mirado íntimamente, porque lo que ella opinara o quisiera no importaba, pero el hecho de que otro hombre se atreviera a tocar algo que iba a ser suyo —porque estaba seguro de que iba a ser suya— sí lo hacía. Las mujeres eran un objeto del que disponer, fuera en un club clandestino o fuera en una discoteca.

Por detrás se había creado un corrillo en forma de elipse que rodeaba la escena. A un lado, los amigos de Ram —a los que se habían unido dos chicos gitanos que no estaban anteriormente con ellos—, y a otro, los amigos de De Lamo. Kassandra y Bilma se encontraban justo en medio. Bilma se había hecho daño al intentar apartar a su amiga de su compañero de clase, y Kassandra le preguntaba si se encontraba bien.

—Putos gitanos de mierda. Os pensáis que podéis quitarle las mujeres a todo el mundo —escupió Pablo De Lamo.

—Como si las mujeres fuéramos de alguien, gilipollas —gritó Kassandra, que se abalanzó sobre él, presa de la rabia, para pegarle un puñetazo.

Los manotazos y puños se sucedieron entre ambos. Bilma y Ram la cogieron de la cintura y las piernas simultáneamente, haciendo de ella una especie de helicóptero humano con plataformas y mucho pelo. Los amigos de Ram se lanzaron hacia Pablo De Lamo en tropel. Los amigos de De Lamo hicieron lo mismo con los otros. En diez segundos aquello era una batalla campal a mano no armada, peor que la de Waterloo, en la que se intercalaban insultos racistas, clasistas, patadas al aire y muchos cristales rotos. La gente huía despavorida de los alrededores y Kassandra y Bilma aprovecharon la riña tumultuaria para salir de allí, al ver a los porteros abrirse paso a codazos entre la gente para intervenir.

—¿Quién era ese chico que se ha metido? —le preguntó Bilma mientras salían atropelladamente por la puerta de la discoteca.

—Es mi entrenador de krav magá —le dijo Kassandra mientras se hacía una coleta en el pelo y miraba hacia atrás por si venía alguno de los porteros a reprenderlas.

—¿Kraqué? —Bilma puso esa cara de extrañeza y asco a partes iguales que tan graciosa quedaba en ella.

Mientras caminaban escucharon una voz proveniente de la salida de MOMA. Era Ram. Se acercaba a ellas despacio, con ese porte elegante. Guapo a rabiar. Aquel día, con el pelo engominado y una camisa que contrastaba con el tostado de su piel, parecía un adonis griego. Ni siquiera las saludó. Se plantó frente a ellas y se limitó a preguntar, tan directo como siempre.

—¿Es tu novio? ¿Es ese el que te pega? —le inquirió a Kassandra tranquilo, como si no acabara de suceder nada.

—No, Ram. No me pega. No es mi pareja ni he tenido nada con él. Es un compañero de clase que está obsesionado conmigo desde que comencé la carrera.

—Y siempre está agobiándonos. Da puto asco —la interrumpió Bilma acercándose—. Voy a comprar una botella de agua en el 24 horas, vengo ya. Si salen los porteros yo no he sido. —Se alejó cruzando la calle en dirección a la tienda nocturna.

—¿Entonces son esos los que te pegan? ¿Los de la Tumbao? —siguió investigando Ram.

Kassandra se quedó sin habla. ¿Esos? ¿Quiénes? ¿Cómo podía ya imaginar que eran aquellos hombres si solo la había visto con ellos una vez y le había dicho que eran amigos de su padre? ¿Qué sabía él sobre esos hombres?

—No te metas donde no te llaman —le contestó imperativa.

Ram no dijo nada. Se limitó a mirar a Bilma hablando con el chico de la tienda, que se reía estruendosamente desde el mostrador abierto a la calle y al que parecía estar contándole lo de la batalla campal con una gracia y un desparpajo muy suyos. Kassandra se volvía a hacer la coleta, intentando repeinarse mejor todo el pelo suelto.

—Es que algo en ti me está llamando. Solo que tú no lo escuchas, solo lo escucho yo —dijo Ram.

Ni siquiera él sabía lo que quería decir aquello. No sabía si tenía algo que ver con la curiosidad, con los secretos que guardaba o con ella. Sus ojos se encontraron un instante y se miraron. Un segundo. Dos. Él la miró con mucha fijeza y ella desvió la mirada con mucha rapidez, dirigiéndola hacia la entrada de la discoteca.

—Ve a ver cómo van tus amigos, que a alguno se lo llevan hoy al calabozo y pasáis la noche estupendamente —dijo sin mirarle.

—Estoy *acostumbrao* —contestó él.

—Pues no deberías andar tan *acostumbrao*, amigo —contestó ella.

—Ya puedo acostumbrarme a los calabozos, siendo gitano te meten ahí hasta por vender chicles.

Ella asintió dándole la razón, y resopló bajándose la falda de cuero y desenredándose el pelo largo con los dedos. Bilma volvió de la tienda.

—Vámonos a casa, que aún nos pillan y nos dan un rapapolvo —dijo.

Kassandra se giró para continuar caminando calle abajo, sin decirle adiós a nadie.

—Pero dale las gracias o algo, que casi nos liamos a hostias y si no ha pasado ha sido por él, mamona —le susurró su amiga disimuladamente.

—Bueno, Ram, gracias por separarnos —dijo a voces mientras andaba—. Pero no necesito que me defiendas, necesito que me enseñes a defenderme yo solita, que es tu puto trabajo.

—Eres gilipollas —le gritó él con media risa.

—Y preciosa —le contestó ella ya desde lejos.

Bilma soltó una estruendosa risa con palmas incluidas. Ram negó incrédulo y divertido con la cabeza y ambas desaparecieron al cruzar la esquina.

Ram se frotó el brazo derecho, que le dolía de uno de los golpes que se había dado contra la barra. Se giró y se dispuso a entrar a la discoteca.

—¿Qué ha *pasao*? Han *sacao* a tu primo para fuera. Se ha *dao* bien con los pijos de la Volvo —le dijo uno de los dos porteros, que salía en aquel momento.

—Que me han *jodío* la noche, como siempre, compadre, eso ha *pasao* —contestó él.

—¿Las chavalas? —le preguntó el segundo mientras le daba una palmada en el hombro.

—No. Uno de los de la Volvo. Las chavalas no tienen culpa —contestó.

—Bueno…, algo habrán hecho ellas —dijo el mismo portero, que le abrió la puerta de vuelta al local.

La rebelión consiste en mirar una rosa
hasta pulverizarse los ojos.

Alejandra Pizarnik

EL FUEGO

—A ver..., sabes perfectamente que no voy a decirte lo que tienes que hacer, pero es que, Kassandra, ¡tenían unas pintas!... El que conoces tú, no, pero el otro sé quién es... Y a dos de los otros tres también los conozco. Bueno, más o menos. Yo, personalmente, no he hablado nunca con ellos..., ya sabes —dijo Bilma.

Iba hablando cautelosa e intentando que Kassandra no la malinterpretara. Estaban tomando una caña en la cafetería después de cuatro horas de insufrible clase de Derecho Penal.

A Bilma no le había gustado en exceso la apariencia de los chicos que habían «defendido» a su amiga en MOMA durante la pelea con Pablo De Lamo. Así que había esperado a estar a solas con ella para comentárselo. Solo para ponerla en preaviso, por si acaso.

Los conocía. No personalmente, pero tenían fama en la ciudad —y no precisamente por buenas hazañas—. Kassandra estaba esperando a que terminara los preliminares y fuera al grano, pero al final dilucidó que no lo iba a hacer.

—Bil, sospecho que me estás queriendo decir algo y no sabes cómo.

Bilma sonrió agradecida por las facilidades que la sinceridad mordaz de su amiga siempre le ofrecía. Esta es la mía, pensó.

—Pues que dos de ellos venden droga —sonrió falsamente, quitándose el peso de encima.

—Qué novedad en mi vida. Guau —dijo Kassandra sarcástica, sin entusiasmo alguno.

Bilma cayó en la cuenta de que su amiga nunca había usado la expresión «guau» tan cotidianamente. Ahora la repetía todo el rato y a todas horas. Su forma de hablar había variado, adoptando algunas expresiones que antes no usaba. Como cuando entras a formar parte de un grupo nuevo de amigos o comienzas a hacer migas con tus compañeros de trabajo. Le ocurría desde hacía ya unas semanas. Lo que desconocía era que la culpa la tenían dos mujeres llamadas Katia y Aleksandra.

—No me refiero a tu entrenador, de verdad. Y no tiene nada que ver con que él sea gitano, son los otros quienes sé que lo hacen, y no lo son. No es que tenga prejuicios, es que...

Kassandra la miró, ceja arriba, inquisitiva.

—Bueno, vale. Ha sonado como que sí. Pero no es la procedencia, de verdad, no tiene nada que ver con eso, sino con «el trabajo». No me siento cómoda con esa gent...

—¿Gentuza? —remató Kassandra—. No te culpo. Se la pasan jodiendo a los demás y lucrándose con ello —contestó—, pero detrás de cada persona hay una historia, lo sabemos ambas.

—Sí, bueno, está claro que hay un análisis detrás.

Bilma sabía que había abierto la caja de Pandora y que estaba a punto de asistir a una clase de Sociología de la Desviación condensada en un minuto y medio.

—¿Sabes con qué no me siento cómoda yo, Bil? Con el sistema —Kassandra dio un sorbo a su cerveza—. El sistema es el error. El sistema y sus hijos pródigos. —Bilma asintió, arrepintiéndose a medias de haber abierto la caja. Kassandra prosiguió—: A los jóvenes sin futuro cuya única falsa luz a sus oscuridades y problemas es consumir droga para olvidar que los tienen; a los chicos de esos barrios, cuya única salida para poder llegar a lo que se supone, y nos meten en la cabeza, que es la cúspide (tener dinero y ostentar poder) es la venta de droga, que les impele a la criminalidad a baja escala, ¿a esos quién los salva? Nadie. No los salva nadie porque no interesa. El sistema necesita de ellos. Esto es como un juego de ajedrez. Los peones, sean camellos de poca monta o sean adictos, se matan entre ellos —ya sea consumiendo o pugnando por el poder—, y los verdaderos reyes del tablero siguen protegidos y disfrutando. Unos, víctimas y mantenedores del sistema. Otros, productores y jefes de él. Todos los hijos de un sistema que es el verdadero criminal.

—Hijos de la mierda —sentenció Bilma parafraseando la frase estrella de su amiga.

—Sí. Los hijos de la mierda. Pero no te equivoques..., los hijos de la mierda son los de arriba, no los de abajo. La gentuza está arriba, no abajo, ¿me explico?

—Te explicas.

Tras un breve silencio, Bilma volvió a hablar y lanzó la pregunta.

—¿Te gusta?

—¿Quién? ¿El sistema? —preguntó Kassandra.

—El chico —especificó Bilma, evidentemente cansada de las largas de su amiga—, que si te gusta el entrenador.

—Es guapo, no te lo voy a negar —contestó Kassandra, dejando la cerveza en la mesa tras darle un trago.

—No, si lo de que está buenísimo yo tampoco lo niego..., pero me refiero a sentimientos. Hablo de sentimientos, no solo de si te atrae físicamente. ¿Nunca has sentido mariposas en el estómago? Ya sabes...

Kassandra reflexionó unos instantes sobre aquella expresión. Hasta que casi pudo sentir el revoloteo en sus tripas.

—Bil, creo que ahora las mariposas de mi estómago son mujeres gritando.

—¿Mujeres gritando? —se extrañó Bilma.

—Algo así.

—Devorarte tres libros a la semana te está volviendo más loca de lo que ya estabas antes —se apartó Bilma fingiendo temor.

—Dicen que las mejores personas lo están —dijo Kassandra.

—Me encanta esa frase, pero no desvíes el tema, sombrera —dijo Bilma, que requería una respuesta por parte de Kassandra mientras apelaba al personaje autor de la cita.

Era muy difícil que Kassandra hablara de sentimientos. Siempre decía que no había conocido el amor porque él no había querido presentársele, pero en realidad era ella la que huía pavorosamente de él. Y eso lo sabía hasta ella, aunque su estúpido orgullo le impidiera admitirlo.

—Mmm… —pensó unos segundos—. Para nada. Hemos estado cinco o seis veces juntos y siempre en el gimnasio, menos el sábado.

—No hace falta conocer mucho a alguien para saber que te gusta para algo más, o eso creo yo —dijo Bilma. Sabía que esa conversación con K no iba hacia ninguna parte, así que decidió dejarla para otra ocasión. Se armó de valor y le dijo lo que en realidad quería decirle—. Lo que me da miedo es que acabes con un hombre así.

Había encendido la mecha de la bomba. Ahora a esperar. Respiró aliviada. Bilma era una chica de formas suaves y asertivas, a la que ser directa durante una conversación le parecía casi un insulto a su receptor. Al contrario que su amiga, ella a veces resultaba alguien que no atacaba las cuestiones centrales. Le costaba ir al grano si el tema le resultaba algo complicado de abordar. Aquello la convertía en alguien muy agradable, pero la hacía adolecer de falta de atrevimiento en ciertos momentos.

Kassandra vaciló pensativa otro momento, haciendo repiquetear los dedos contra el botellín de cerveza.

—¿Como mi padre? —adivinó.

Bilma reflexionó buscando una respuesta.

—Sí. Lo vi mirarte. Le gustas mucho. No parece mal tío. Pero al fin y al cabo es un narco.

—Ni creo que sea un narco, porque ser un chico de barrio no te hace narco, ni creo que le guste tanto —dijo, y dio otro trago mientras la miraba—. Y no voy a acabar con un hombre como mi padre, amiga —negó con la cabeza—. Voy a intentar acabar con todos los hombres como mi padre.

Bilma sonrió. Se dio por satisfecha con aquel último apunte y chocaron los botellines.

Bebieron una cerveza más y decidieron parar justo en el momento exacto en el que iban a comenzar a pulular por su mente las ideas peligrosas.

—He estado pensando en lo de antes. Y he llegado a la conclusión de que lo que tienes que ser es bisexual.

Kassandra la miró y negó con la cabeza.

—No puedo ser bisexual si no soy bisexual —contestó.

—Pero que no puedas serlo no significa que no debieras serlo —insistió Bilma, señalándola con el dedo.

A Kassandra se le ocurrió un fantástico plan pedagógico a tenor de la conversación de los narcos júniores para darle a entender que su conducta anterior estaba manchada de convencionalismos estúpidos. Sabía que Bilma odiaba que la gente la avasallara una y otra vez con ese tipo de preguntas respecto a su orientación sexual. Iba a pagarle con la misma moneda.

—Oye…, Bil... —dijo con una sonrisa pícara que vaticinaba diversión—. ¿Las mujeres bisexuales os enamoráis de vuestras amigas?

—No, por Dios, no empieces —se llevó los dedos a los oídos.

—¿Y si me desnudo delante de ti te enamoras de mí? —continuó esta vez gritando.

—Para. —Bilma se levantó de la silla, con los ojos en blanco y cara de fastidio.

Fueron directas hacia la salida. Bilma caminaba todo lo rápido que podía, con Kassandra detrás siguiéndole el paso y agobiándola.

—¿Y si te enamoras de una mujer y nunca más vuelves a enamorarte de un hombre? ¿Eso es que eres lesbiana o bisexual? ¡Seguro que es una etapa, se te pasará! ¿No te sientes confundida, tía? Igual es que eres muy joven para aceptar que eres normal, o sea, heterosexual.

Bilma no aguantó más fingir la cara de fastidio y comenzó a reír, tratando de dar a su amiga manotazos en la espalda. Esta la intentaba esquivar mientras seguía nombrando uno por uno los clichés y tópicos que perseguían la bisexualidad. La cabrona infame sabía cómo ponerla de los nervios.

Salieron de la cafetería por la puerta de las mesas exteriores. Hacía calor. El tiempo estival se acercaba. Los mismos chicos de siempre estaban diciendo las mismas guarradas de siempre a una chica que pasaba abrazando unos libros. Se la veía evidentemente nerviosa ante la situación.

—Mira que dan asco —susurró Bilma mientras pasaban de largo.

—¿Por qué no te callas ya un ratico? —se escuchó. La voz femenina. La cú y las ces muy pronunciadas. Era Kassandra reprendiendo en voz alta al chico que estaba acosando a la joven desconocida.

El chaval se giró hacia donde se escuchó la reprimenda. Vio a Kassandra y puso cara de evidente diversión. Sus piropos no eran un intento de hacer sentir bien a las mujeres, sino estrategias conscientes de amedrentamiento y de demostración de poder. Un acoso normalizado hasta tal punto que podía chillarse por la misma calle sin que absolutamente nadie hiciera ni dijera nada.

—¿Por qué no te subes la falda que llevas y nos alegras un ratico? Ya que con esa cara hoy no nos puedes alegrar —le contestó burlón, imitando su forma de hablar y refiriéndose a los moratones aún visibles de su rostro. No se había maquillado para ir a la universidad y los colores amarronados y amarillentos de los golpes a medio curar se discernían perfectamente entre la blancura de su cara. Los otros chicos le rieron la gracia al unísono.

Kassandra se dirigió hacia ellos con Bilma detrás, que intentaba cogerla del brazo e impedir la confrontación inminente. Bilma sabía que su amiga tendría la última palabra. Era explosiva, y cuando la explosión comienza no puede detenerse hasta que termina.

—Venga, K, vámonos. No vale la pena —le dijo tirando de ella hacia la derecha, donde comenzaba el camino de vuelta al aulario.

Kassandra miró encendida a la mesa de los chicos, mientras estos se reían, con esa expresión de caza que se le imprimía en el rostro cuando se enfadaba. La chica a la que habían increpado se había marchado deprisa y nerviosa al percatarse de la situación, y ella sentía ese calor sube y baja en su garganta que la impelía a lanzarse contra ellos.

—Mira que es difícil que estés más guapa, pero te voy a tener que enfadar más veces —le dijo el mismo chico. Era sin duda el más descarado de los cinco.

—Respeta a las mujeres —escupió antes de ser arrastrada definitiva y activamente por Bilma hacia el camino de vuelta al aulario. El otro se echó a reír—. Respétame o acabarás temiéndome —dijo Kassandra.

—¿Y a esta qué le pasa? Cada vez está más buena de físico y más mala de carácter —apuntó otro de los chicos intercalando una risa nerviosa—, aunque a mí me gustan así…

—Manejable no es. Ya lo has visto —dijo otro de ellos con expresión lasciva—, normal que te guste, tiene que ser una fiera en la cama. Literalmente.

Todos estallaron en una carcajada sonora casi al unísono. La gente de alrededor siguió a sus cosas, tranquilamente, como si nada hubiera sucedido o como si aquello hubiera sido un episodio vacuo sin importancia, salvo por la breve llamada de atención de unos chillidos.

Nadie dijo nada, como siempre.

Sus ganas continuas de salir corriendo se habían adaptado a sus posibilidades, transformándose en la rutina de salir a correr todos los martes y jueves a las seis de la mañana, antes de ir a la universidad. Así fue como conoció a Love. La mayoría de las mujeres que ejercían la prostitución en la avenida por la que salía a correr, paralela al puerto, eran mujeres trans. Love era más mayor, de unos cuarenta y tantos. Hacía la calle en el segundo callejón de la avenida de Elche, tercera esquina, cada madrugada.

Un día la llamó al pasar por su lado.

—Pst... Pst. Oye, guapa, ven.

Kassandra paró de correr y se acercó a ella caminando. No le extrañó en absoluto que la llamara. Aquella desconocida le había sonreído cada vez que había pasado por su lado, todas las mañanas que se habían encontrado por allí.

La mujer iba muy maquillada. Sombras de color amarillo y verde, pestañas postizas. Un pendiente de aro dorado incrustado en la nariz aguileña. A pesar de ser alta, portaba tacones de aguja rojo intenso. Era esbelta y parecía bronceada artificialmente. Tenía los pechos operados. Cara alargada y chupada, con unos labios en forma de corazón que dibujaban una sonrisa bobalicona. Exagerada en los gestos. De maneras valentonas.

—¿A ti es qué no te da miedo pasar por aquí a estas horas o qué, chiquilla? ¡A ver si te va a pasar algo una noche, que nosotras no estamos aquí todos los días! —señaló a las otras cinco, cada una ocupando una esquina de los edificios que separaban los callejones laterales que conducían a los descampados de atrás. Una de ellas las escuchaba conversar y les sonrió. A Kassandra le gustó el toque de preocupación real de su tono. Aquella mujer era una de esas personas que te caen bien hasta sin abrir la boca.

—No. Estoy acostumbrada. Vivo cerca —le contestó con la respiración aún entrecortada. El top deportivo estaba totalmente encharcado en la zona del escote y tenía el pelo empapado en sudor. Se limpió la frente con un pañuelo.

—¿Cómo te llamas? —le preguntó la mujer.

—Kassandra.

—Yo me llamo Love —se acercó rápida y le dio dos besos—; encantada, cariño. No todos los días se ve a una mujer correr por aquí a estas horas. Aquí todas estamos para que se corran otros —hizo ademán de contarle un secreto y se acercó más a ella—. Ya sabes…

Kassandra no pudo evitar reírse ante la gracia innata de aquella mujer. Volvió a echar la vista al resto de la avenida. Las otras prostitutas curioseaban su atuendo y a ella, divertidas. Le sonrieron algunas más.

—Ay, hija, te voy a decir la verdad porque yo es que no puedo callarme. Mira, es que te veo mala cara, la verdad. Llevas ya dos semanas que vienes y te veo pasar y pareces un muerto. Yo digo, voy a decirle algo a la chiquilla, pobrecilla. Es que soy muy preocupona y muy cotilla.

Kassandra le dedicó una mirada atenta. Luego un suspiro. La otra suspiró imitándola, como corroborando que pasaba algo. Le cogió la mano cariñosamente.

—¿Qué pasa? ¡Se te nota tanto! Con lo blanquita que eres, un disgusto más, de esos que te paran la sangre, y desapareces como un fantasma. ¡Cambia esa cara, niña!

—Es que me duele el estómago —no mintió. Corría porque el ardor de su vientre cada vez era más constante y fuerte, y aquello en ocasiones le impedía permanecer en la cama por las mañanas. Sentía un terrible impulso de moverse y «calmarlo» de alguna forma, ya fuera entrenando o corriendo.

—¿El estómago…? —Levantó la ceja—. No sé yo... —puso cara de reprimenda por la mentirijilla.

—No es un dolor normal. Creo que es algún tipo de ansiedad. Como un fogonazo en las tripas —acertó a decir—; por eso salgo a correr. Para calmarlo.

—Conozco esa sensación —le dijo Love—. O al menos una parecida. Y eso es que algo va mal.

Kassandra enmudeció. Desvió la mirada. Se acabó la conversación, Love. Lo siento. Me has caído genial, se dijo para sí, pero ya no puedo decirte nada más. La mujer se percató de su silencio e intentó suavizar la charla.

—Tú lo que tienes que hacer es ir a tomarte unos tequilitas sola, eso sí que quema al estómago —dijo dándole unos golpecitos en el brazo. Kassandra volvió a sonreír—. Te digo yo que es lo mejor que puedes hacer. Tú hazme caso, que tengo ya unos años —le guiñó un ojo.

—Vale..., ¿te vienes conmigo? —le sugirió Kassandra. Aquella mujer le había caído realmente bien.

—No, no, no. De eso nada —la advirtió con el dedo—, te he dicho sola. Necesitas estar contigo misma. Escucharte a ti y a lo que tienes que decirte —abrió mucho los ojos, enfatizando lo último que había dicho—. Ahora que, si quieres venir a verme, yo a estas horas tengo poca clientela, y aquí estoy. Día sí, día no. Rutina laboral, vamos —subió las cejas y chasqueó la lengua.

—Pues no lo dudes —le dijo Kassandra—, vendré a hacerte compañía.

—No lo dudo —contestó Love—. Y bueno, te dejo que sigas tu sesión de *running*.

Se sucedieron las sonrisas de despedida. Kassandra volvió a zanquear por la avenida, subiendo el ritmo paulatinamente.

—¡Y hazme caso, niña…! ¡Tequila! ¡Ese ardor solo se cura ardiendo! —le gritó la mujer a lo lejos.

El repugnante Kráneo le daba cada vez más asco. Despreciaba totalmente a las mujeres. Sorbía por la nariz unas cinco veces por minuto, en espasmos nerviosos. Sus conversaciones siempre parecían discusiones, dado el tono gutural de su voz. Kassandra se acostumbró a su mirada altiva y a su risa grave y estruendosa cuando hablaba con Emil o Bogdán —con los demás se mostraba serio y distante—. Ellos —cuando se movían dentro de sus círculos— gritaban mucho y se daban palmadas agresivas en el hombro, y chocaban las copas y escupían saliva al emborracharse, y discutían cuando jugaban al póker puestos de cocaína y alcoholizados, pero con los demás eran herméticos como un cubo de cemento. Se acostumbró al final a todos aquellos hombres altos, fuertes y violentos que chillaban y discutían, acalorados y enrojecidos, en un idioma que no entendía. También a los invitados, que, supuso, se dedicaban a vigilar polígonos o a administrar otras casas como aquella. Eran la viva imagen de la brutalidad. Por su carácter, parecía que iban a pegarle a alguien en cualquier momento. Y no era una impresión que solo tuviera ella.

Emil había comenzado a llevársela con ellos cuando salían a comer y a tomar copas. Iban a restaurantes caros y elegían mesas a puerta cerrada. Tomaban copas de botellas de cientos de euros en los reservados de las discotecas más conocidas y los *chill out* más elegantes. Entraban a los reservados sin rechistar aunque no hubieran reservado absolutamente nada. Los dueños de los locales de moda casi les hacían reverencia al pasar. Los camareros, los clientes, todo el mundo se mostraba cauto con ellos. La gente miraba de soslayo a aquellos hombres casi calvos y de cuellos grandes, tatuados, de venas marcadas y piel blanca y roja por el sol y el alcohol, y se preguntaba qué pintaba con ellos una chica tan joven, con esa cara aniñada y aspecto de no haber roto un plato en su vida, pero mirada de haber visto rota en el suelo la vajilla entera. Algunos la observaban con condescendencia, otros con cautela y miedo.

Logró acostumbrarse a muchas cosas. Ella, que no se acostumbraba a nada, que era de esas personas que moldeaban el mundo y no dejaban que el mundo las moldease a ellas, se adaptó a muchísimas circunstancias. Pero no pudo acostumbrarse a la violencia de Kráneo.

Bogdán era uno de esos hombres puteros e insaciables. Le encantaban las mujeres. Cuando iban a las discotecas, las buscaba y las invitaba a copas continuamente. Además, hablaba bastante bien el castellano y aquello propiciaba el ligoteo. Solía desaparecer con alguna chica casi todos los fines de semana que salían y prácticamente cada semana sacaba a una de las jóvenes del chalé antes de cerrar para «llevársela arriba». Consumía mujeres como si fueran pañuelos de usar y tirar, pero Kráneo era mucho peor. Era el peor de los peores. Un sádico que disfruta haciendo daño a las mujeres. Un misógino de manual. Aquella chica a la que le tocaba servir de pañuelo al proxeneta lo llevaba muy claro. En realidad, toda mujer a la que el proxeneta tocaba, aunque no fuera para violarla, lo llevaba muy claro. Kassandra lo odiaba con todas sus fuerzas, y él también la odiaba a ella. Ambos acabaron de materializar su odio mutuo el día que Maisha tuvo un desencuentro con un cliente y Kráneo fue a dejarle claro que nada de hablar ni evitar, ni nada que no fuera mantenerse quieta y hacer lo que tenía que hacer. La cogió delante de todas en la cocina. Le tiró del pelo y la sentó en la silla. Maisha tenía la cara mirando hacia la izquierda y hacia abajo, y esperaba el golpe.

—Habla, puta —le gritó.

Las manos de ella, nerviosas, se cerraron en un puño, y sus dedos comenzaron a moverse nerviosos rascando la palma. Kassandra, aquel día, observaba la escena desde la silla.

Maisha negó con la cabeza muy seria, tragándose las lágrimas. No iba a pronunciar palabra.

Kráneo la golpeó con la palma abierta de su mano en el oído, marcando el bofetón. Sonó un topetazo seco que le hizo girar la cara. Volvió a colocarle la cabeza recta para escupirle a los ojos. Lo hizo. El escupitajo se depositó en el rostro y una sonrisa macabra se dibujó en la de él. Kassandra comprendió que lo peor iba a continuación. Fue entonces, mientras el proxeneta comenzaba a desabrocharse el pantalón, cuando ocurrió.

Kassandra se levantó y corrió hacia ellos desde la puerta de la galería mientras el proxeneta agarraba del brazo a Maisha. Apartó una de las sillas y alcanzó la escena, separando a Maisha de las fauces de aquel demonio y poniéndose en frente. Lo miró desafiándolo. Él le devolvió la mirada tosco. Se miraron a los ojos en silencio, fijamente, durante unos segundos que parecieron años. Para todos los que estaban allí parecieron años. La cara de ella, tan pequeña de estatura, mirando hacia arriba, la de él hacia abajo. Muy quietos. Hasta que ella se movió. Se puso de puntillas, frente a frente con el rostro del proxeneta y acercándose hasta casi rozar la nariz con la suya. Sabía perfectamente que no podía pegarle. Tenía orden de no «marcarla» más. Y decidió desafiarlo delante de todas y cada una de las mujeres, algo que no había sucedido hasta entonces. Un acontecimiento inusitado que acabó de materializarse en tres palabras, que estallaron en mitad de un temeroso silencio. Kassandra Fernández se atrevió a abrir la boca y a hablar muy cerca de la cara de un monstruo, como si una niña hubiese decidido mirar debajo de la cama tras los ruidos y hacer callar a la criatura gigante de debajo. Lo hizo lentamente, procurando que se entendiera cada una de las sílabas.

—Márcame si puedes.

Solo pronunció aquello. Solo esa breve frase que, si bien fue escueta, expresó muchas cosas.

El proxeneta le agarró despacio la cara sin dejar de mirarla, apretándosela hasta unirle los labios en un beso al aire. Le estrujó cada vez más las mejillas con la mano, el pulgar en la izquierda, los otros dedos en la derecha, haciéndole daño. No podía pegarle. Lo tenía prohibido.

Pudo oír el pantalón caer por las piernas de él y notar cómo se lo bajaba con ayuda de la otra mano. El dolor de los dedos apretando sus encías era ya casi insoportable. Cerró los ojos fuerte, muy fuerte. La mano del proxeneta se colocó en su coronilla y apretó hacia abajo con fuerza, obligándola a ponerse de rodillas.

Unos segundos después notó cómo la orina caliente comenzaba a caer encima de su cabeza y a mojar su pelo. La sintió después en las sienes y en la frente. El olor avinagrado e intenso le llegó hasta la nariz mientras apretaba los labios y la garganta comenzaba a temblarle de rabia. Después el riego le empapó la cara por completo.

Aquello no dejaba marcas físicas, pero sí otras que cumplían muchísimo mejor su función. Escuchó cómo se subía la ropa de nuevo. El rechinar de las suelas de goma de sus botas militares en el suelo al andar, y la puerta al cerrarse. Ella continuó en la misma postura.

Alguien se acercó y le tiró un paño de cocina al suelo. Abrió los ojos, que le escocieron cuando algo de orina acumulada entre las pestañas se le metió dentro. Pudo distinguir la manicura perfecta y las uñas largas de Bruna, y reconoció en aquel gesto un claro intento por hacerle ver que sabía que le sucedería aquello. Mira que eres imbécil, para qué te metes, tradujo ella misma para sus adentros lo que acababa de decirle Bruna al lanzarle el paño.

Apretó los puños, allí, de rodillas, clavándose los dedos en la palma de la mano. Respiró hondo. Lo que la invadió fue una rabia serena, no esa ira incontenible que uno siente cuando no puede más, sino esa determinación furiosa del que se sabe humillado y se repite para sus adentros que las cosas no van a quedar así. Kassandra supo que, pese a que aquellas gotas de líquido amarillento que caían al suelo y a su pantalón pretendían significar algo, lo que ella había pronunciado significaba mucho más.

Al día siguiente nadie dijo nada. Kassandra ayudó a Maisha a limpiar. Las chicas subieron a la planta de arriba para descansar.

La cocina estaba relativamente limpia y tardaron bastante poco en acabar la tarea. Solo la mesa, con unos cuantos ceniceros con colillas y las copas de los proxenetas, que habían estado jugando al póker después de cenar —solían cenar fuera, pero aquel día tenían cosas de las que preferían no hablar en un restaurante—, estaba sucia y llena de vasos que lavar.

Kassandra apartó la litrona de cerveza alemana Pilsen de importación de Kráneo y la colocó momentáneamente sobre una silla para poder recoger el desorden. Siempre había un litro de ese tipo de cerveza esperando al proxeneta en el club —cuando no la había traído él, había mandado a Polina o a ella misma a comprarla a la única tienda donde la podías encontrar en la ciudad—. Le andaba dando tragos cada diez o quince minutos cuando pululaba por la casa. Su cerveza de importación no se tocaba nunca. Como mucho para volverla a dejar en la nevera porque se había quedado fuera. Incluso si estaba vacía, no se tiraba a la basura hasta que él diera el mandato de tirarla. Aquel día estaba allí, pétrea e inflexible como su dueño. Ya caliente y casi llena.

Maisha la miró un instante, con una expresión entre tranquila y apenada, cuando ella se acercó al fregadero para dejarle los vasos.

—De nada. No te guiño el ojo porque todavía me duele

—le dijo Kassandra, haciendo un chiste sobre la inflamación residual de su ojo derecho por uno de los puñetazos que Pablo De Lamo le había propinado en MOMA.

Maisha no hizo nada, ni sonrió ni habló ni pestañeó. No hizo nada. Lavó los vasos uno a uno mientras Kassandra —que ya había acabado de recoger— se miraba las manos, apoyada en el mármol de la cocina. Permanecieron en silencio hasta que Maisha terminó y se dispusieron a salir. Entonces Kassandra reparó en la cerveza del proxeneta, que seguía en la silla donde ella la había dejado. Se le había olvidado recogerla.

Se acercó, mientras Maisha la seguía con la mirada desde la puerta, cogió la botella y, alzándola, la miró al trasluz. Contempló el cristal, miró más allá, hacia atrás, donde estaba Maisha, y volvió a concentrarse en el recipiente.

Maisha se acercó y le cogió la botella para meterla en la nevera, pero Kassandra no la soltó y forcejearon un breve segundo. La otra la soltó asustada, por si la botella acababa rompiéndose debido a la reticencia inesperada de Kassandra, toda una premonición de lo que iba a suceder. Un breve preludio del estallido.

La botella cayó al suelo y se rompió con un estruendo sin igual. El líquido se esparció, espumoso, por el suelo de la cocina, dejando un charco gigante que aumentaba a cada segundo, pues estaba casi llena.

Kassandra, tras el susto inicial, se apresuró a recoger la base de la litrona y llevarla hasta la basura para evitar que se esparciera todavía más su contenido. Volvió corriendo para recoger los otros trozos de cristal amarronado y poder fregar el estropicio.

Maisha no se movió. De sus ojos brotaron varias lágrimas que rodaron por sus mejillas mientras seguía de pie apoyada en la mesa. Kassandra levantó la vista del suelo al recoger los últimos trozos y la vio llorando.

Nadie sabía la edad de Maisha, pero no era mucha, estaba

segura. La piel de su cara, mojada en aquel momento por sus lágrimas saladas, mostraba una jugosidad juvenil.

A quién se le ocurre, pensó para sí. Se retiró el pelo suelto de la coleta y se lo colocó detrás de la oreja, nerviosa. Colocó papeles y los retiró cuando absorbieron el sobrante de cerveza. Estaba dolida por lo que acababa de hacer. Maisha ya tenía suficiente como para que ahora llegara ella a ponerla en una situación totalmente innecesaria. Por más que dijera que había sido su culpa, la que limpiaba era Maisha. Y quien se la cargaría sería ella. Más aún después de que Kassandra le hubiese plantado cara a Kráneo. Acabó de fregar el suelo y se dispuso a salir de allí a paso rápido.

Escuchó un golpe seco al llegar a la puerta. Se giró y allí estaba Maisha, en la misma posición, con la mano en la mesa, mirándola seria y fijamente. Se había limpiado las lágrimas, pero parecía que iba a volver a llorar. Se acercó a la nevera y cogió la otra botella —que todavía no estaba abierta— para abrirla y sustituir a la rota.

—Lo siento, se me ha caído sin querer —se disculpó Kassandra apesadumbrada por lo que acababa de hacer—. Si lo nota diré que he sido yo, te lo juro. No va a pasar nada.

Volvió a girarse para irse de una vez, pero otro golpe más fuerte que el anterior la detuvo. Había sido claramente un golpe con el puño sobre la mesa.

Está enfadada, pensó. Sabe que si Kráneo se entera se la va a cargar. La has cagado, amiga. Pero la has cagado a base de bien, se dijo. Al voltearse, vio a Maisha desenroscando el tapón y llevándose la litrona lentamente a la boca. Dio tres grandes tragos que vaciaron la botella lo suficiente como para igualar la cantidad de la anterior. Después la agitó, haciendo espuma. Kassandra pensó un momento en aquella cerveza y en lo mucho que su color se asimilaba al meado del proxeneta. Le sobrevino una leve arcada que disimuló como pudo.

Ambas se miraron un instante. Se hizo un silencio que pasó por la escena pesado e inaguantable, hasta que la acción rompió el estatismo del momento. Maisha volvió a pegar los labios a la boca de la botella y un escupitajo glorioso y sonoro cayó, transparente y espeso, al líquido oscuro.

Sin despegar los labios, volvió a escupir otra vez, esgarrando desde dentro y extrayendo toda la flema que pudo de su garganta. Y después otra vez. Muy concentrada en su tarea. Tres espectaculares escupitajos en la cerveza Pilsen de importación.

Cogió el tapón y lo enroscó impávida y sin inmutarse. Después, se dirigió a la nevera con el automatismo de un soldado en guardia. Colocó la cerveza en la reja donde la guardaba siempre, tal y como el proxeneta mandaba, y pasó justo al lado de Kassandra al salir de la cocina.

Quieren verte. Quieren. Verte. El Rey quiere verte. Ven a Marruecos.

Esas fueron exactamente las palabras de Emil. Las soltó como quien contesta a alguien que le pregunta la hora, tranquilo y sereno, sin atisbo ninguno de cualquier expresión que no fuera la del mandato, como siempre.

Lo imaginó sentado en su sillón tapizado en terciopelo rojo. Hierático y brutal, tal y como lo recordaba. El cartel luminoso que rezaba LOVE en rosa neón a su espalda, presidiendo la sala barroca. El cetro en su mano izquierda, largo y cilíndrico, apoyado en el suelo, revestido de oro, con la figura de una mujer esposada de rodillas en el extremo superior, como en el tatuaje del que seguramente fuera uno de sus sicarios más eficientes. Desprendiendo violencia por cada poro de su fría, blanca y enrojecida piel. Altísimo hasta sentado, delgado y alargado. Como la sombra negra de un demonio picudo en la pared en una película de terror. Con los ojos color azul glaciar. Congelando de una sola mirada a cualquiera que se atreviera a dejar que surgiera una leve chispa a su alrededor.

Hola, Kassandra, soy el hombre que te obligó a ensuciarte las manos por primera vez. A ensuciártelas de verdad. Las niñas no se ensucian las manos de barro, de pintura, de comida. Las niñas se las ensucian cuando empiezan a querer lavárselas. Las mujeres son bautizadas en suciedad-sociedad en el primer instante en que se consigue que se sientan así: sucias.

Hola, Kassandra. Soy el hombre que se rozaba con tu espalda en la cama de la casa de campo de tus padres cuando solo eras una niña. Ya eres toda una mujer, como esas a las que exploto en los polígonos, en los pisos clandestinos, en los chalés, y vendo a los clubs de los proxenetas españoles. Qué honor reconocerte en la mujer en la que te has convertido, Kassandra, quería verte otra vez. ¿Qué tal va la deuda, Kassandra? No te irás hasta que la pagues. Te mataré si no lo haces. Encantado de volver a ver esos ojos. Nos tenemos frente a frente, como en tus sueños. Ven, habla conmigo. Interactuemos. Como si no fuera el responsable de que las cinco chicas a las que has conocido, y gracias a las cuales las ganas que tienes de morirte no se han materializado todavía, lleven años siendo violadas por los hombres con los que tienes que interactuar también todos los días. Como si no hubiera destrozado la vida de miles de niñas que ahora son mujeres sin nombre. Como si no fuera el responsable de vuestra asfixia. Hola, Kassandra, encantado de verte otra vez.

De eso nada. La posibilidad de que Polina estuviera al tanto de la relación que mantenía con las chicas estaba ahí, acechante y probable. Aquella posibilidad podía matarla. No estaba dispuesta a morir. No esperaba, en su vida, tener que llegar a ciertos pensamientos, pero eran más verdaderos y reales que nunca. Él no podía volver a España. Ella no iba a ir a Marruecos. Ya había matado a su padre. Ahora estaba segura de que a quien quería matar, por alguna razón que aún desconocía, era a ella.

—Voy a hacerme un tatuaje.

Todas estaban en el bar ayudando a Maisha y a Kassandra a limpiar. Habían puesto música a muy bajo volumen para animar el ambiente. Desde que Kassandra se encargaba de cerrar el sótano, poner música y hablar, al menos durante la hora que duraba la rutina de limpieza, se había convertido casi en una costumbre. Al principio solo bajaban las tres —Maisha, Marcela y ella—, pero más tarde se habían apuntado Katia y Aleksandra, y luego se animó Bruna, cuando vio que podía fumar tranquilamente y sin cohibirse —Polina la reñía porque decía que daba mala imagen a los clientes—. La limpieza cada vez duró menos, puesto que cada una comenzó a colaborar, pero las noches cada vez fueron más largas. Aquellas reuniones clandestinas propiciaron la creación de un lazo de amistad entre todas ellas. Incluso Bruna soportó estar al lado de Kassandra más de una hora, lo cual fue un gran logro, aunque siguiera despreciándola abiertamente. Todas miraron a Kassandra con cara de intriga ante su noticia.

—Quiero tatuarme una «K» en la parte interior del dedo corazón.

—Guau. ¿Es por mí? —dijo Katia divertida.

—No, señorita. Aquí hay otras cuyo nombre también empieza por esa letra —dijo Kassandra poniendo cara de burla. Katia le contestó con otra cara burlona.

—No me gusta —se escuchó desde la esquina derecha. Era Bruna.

—Pues a mí sí —dijo Katia—. Es que a ti no te gusta nada de lo que haga K.

Bruna enarcó la ceja maquillada y continuó fumando sentada en la barra.

—La letra «K» en el dedo corazón parece el apodo del que manda a estos —dijo Bruna antes de expulsar el humo del cigarro.

—No tiene la culpa de llamarse Kassandra —se metió otra vez Katia.

—Y el otro tiene la culpa de todo —replicó Bruna.

—Pero ella no —insistió Katia.

—Ella también está aquí cobrando —continuó atacándola Bruna.

—Pagando una deuda —espetó Kassandra—, estoy aquí

pagando una deuda, como vosotras. Una deuda que no es mía. Es una deuda de mi padre.

Sintió un desahogo tremendo después de sincerarse respecto a su situación. Hacía ya tiempo que no le importaba lo que opinara Bruna de ella. Estaba claro que iba a odiarla hiciera lo que hiciera o dijera lo que dijera, pero contar su situación la liberó de alguna forma. Solo la sabían Maisha y Marcela.

Katia y Aleksandra se miraron boquiabiertas.

—Yo lo sabía —susurró Katia acercándose al oído de la otra.

Todas lo imaginaban. Hasta Bruna, que la miró fijamente y se calló por unos segundos, dando tregua.

—Al menos a ti no te abren las piernas. Aunque te faltará poco —dijo rompiendo la tregua de la peor manera.

—La vida es cruel, Bruna —dijo Kassandra.

—No hace falta que me lo digas tú. Ya lo sé yo —le contestó.

Bruna dejó el cenicero en el friegaplatos de dentro de la barra. Después salió del sótano y subió las escaleras sin despedirse.

—Yo no sé por qué te odia tanto —dijo Aleksandra.

—Creo que piensa que yo contribuyo de alguna manera a lo que le pasa. Ya sabes.

—¿A lo que le pasa? ¿Qué le pasa? Tú no eres la culpable de que ella viniera aquí a trabajar.

—Y ella tampoco es la culpable de que la obligaran a estar aquí. Alguien tiene que ser el culpable. Si echamos la culpa a quienes verdaderamente la tienen, nos morimos de pena porque no podemos hacer nada. A mí me tienen aquí amenazada. O pago o pago. Imagino que a vosotras os sucedió algo parecido… —Kassandra tragó saliva, incómoda, para continuar hablando—. ¿Quién tiene la culpa? Yo creo que para saber quién tiene la culpa tenemos que preguntarnos quién manda aquí.

Marcela miraba a Kassandra embelesada, con una leve sonrisa en los labios, como una madre orgullosa que observa a su hija hablando en público en una función del colegio por primera vez.

—Tenemos claro quién manda aquí —dijo Aleksandra—. Igual Bruna no lo tiene claro. O como tú dices, necesita echar la culpa a otras personas con las que poder desahogarse porque con ellos no puede.

—Esos hijos de la mierda se creen Dios. Creen que todo es suyo, incluidas las mujeres. Cobran por todo. Si me cobran a mí por la ropa de mierda que me ponen y por comer aquí, no quiero ni imaginarme lo que tenéis que aumentar vuestra deuda viviendo aquí. Es solo una burda excusa para mantenernos trabajando y esclavas, mientras ellos ganan dinero y se aprovechan y nos manejan como si fuéramos ganado —escupía Kassandra—. No lo sé… —pensó unos instantes—, quizá Bruna me odia y ya está. Tendemos a buscarles demasiadas explicaciones a los sentimientos de los demás. Pero me niego a aceptar el hecho de que nos odiemos entre nosotras porque sí. Me obligo a ser radical, a ir a la raíz del asunto, y creo que esa es la raíz —Kassandra asintió a sus propias palabras—. Creo que Bruna me odia para no morirse de pena.

—Pues yo no pienso morirme de pena —habló Katia desde el fregadero—, que se mueran ellos.

—Yo tampoco —añadió Marcela.

Kassandra sonrió en señal de camaradería. Se levantó para recoger sus cosas e irse a casa. Eran ya casi las seis y media de la mañana y no podían tardar tanto porque Polina seguía arriba y, aunque tuviera un sueño muy profundo, podía despertarse en cualquier momento y descubrirlas a todas allí. No podía dejar el club listo más tarde de esa hora. Los proxenetas se dirigían a otros pisos franco a las cinco —la hora de cierre— y luego se turnaban para vigilarlos. Dejaban a Kassandra con Maisha cuando se cerraba porque no podían comunicarse entre ellas. Que las mujeres se comunicaran entre ellas era algo muy peligroso. Aquella gente lo sabía. Y aquello era, precisamente, lo que estaba sucediendo.

Subieron todas juntas las escaleras del sótano y fueron hasta la planta de arriba. Se despidieron con un beso en la mejilla, haciendo el menor ruido posible. Kassandra cerró la puerta de la habitación de las chicas con llave. Avisó a Bogdán con un mensaje de texto desde el teléfono de recepción para que acudiera a vigilar y salió del chalé.

Al abrir la puerta de la entrada rayaba el día. El sol amarillento de junio, que ya comenzaba a invadir la ancha calle residencial, le dio en la cara, doliente y caliente, amarilleando también sus ojos verdes entornados. El olor a sal y pólvora viajó por el aire hasta llegar a sus fosas nasales. Aquella noche, el fuego había tomado la ciudad en honor a sus fiestas. Las falleras habían llorado desde sus balcones, en cada barrio, al ver quemarse las hogueras durante la madrugada.

Un día antes, en San Juan, las playas se tornaban una constelación rojiza y se llenaban de turistas dispuestos a encender sus propias hogueras en la arena, saltarlas y pedir sus deseos en la noche en que agua y fuego, magia y realidad, se unían.

«¿Ni siquiera en fiestas de hogueras?», se habían quejado sus amigas cuando les dijo que no iría con ellas a saltarlas como todos los años. «Ni siquiera en hogueras —les había dicho ella—. Además, en fiestas hay muchísimos turistas y el hotel está completo», mintió.

Permaneció quieta en el escalón superior de la escalera de entrada a la casa, sola en la calle, el jardín artificial mirándola desde abajo, escuchándose el silencio atronador del amanecer. Cerró las manos e inspiró el aroma a lumbre y ceniza. Miró hacia arriba desde lo alto y la luz la obligó a cerrar los ojos. Echó el rostro hacia atrás. El sol viajó hasta su pecho y le ardió en la piel, como si una llama de fuego se fusionara con ella.

Aquel domingo tuvo que trabajar de una de la tarde a cinco de la mañana porque Polina se puso muy enferma —si hubiera estado solo enferma, habría trabajado igualmente—.

Bogdán se presentó para darle las directrices precisas para que cerrara el chalé, a pesar de que ella ya lo había hecho varias veces. La única diferencia era que Polina no estaría durmiendo arriba y que tenía que esperar hasta que llegara él a las siete de la mañana. Que una mujer trabajara dieciocho horas seguidas era algo normal en aquel mundillo. Ni se le ocurrió quejarse. De hecho, supuso que el proxeneta había ido, más que a darle instrucciones, a hacerle saber que o hacía las cosas bien y la casa quedaba correctamente cerrada con las chicas dentro, u otra paliza se avecinaba.

En torno a las dos de la mañana, en plena hora punta, escuchó unos ruidos que provenían de las escaleras del sótano. Esperó en el mostrador, aguzando el oído, hasta que la puerta se abrió.

Apareció Katia, que sujetaba la puerta mientras un hombre de unos sesenta años se balanceaba intentando subir los últimos escalones, borracho como una cuba. Katia sostenía la puerta con una mano mientras con la otra intentaba guiarle, con cara de resignación. El tipo iba borrachísimo. Ella observó la escena desde su puesto hasta que el hombre llegó al mostrador.

—*Quuriego ppagar toogda ga nocsssshe* —dijo. Y cogió fuerte a Katia del bíceps, apretándole y acercándosela con violencia.

El hombre apoyó el antebrazo con fuerza, dando un golpe en el mostrador. Kassandra dio un respingo y tragó saliva. Iba muy borracho y se comportaba de una forma extremadamente bruta. Miró a Katia. Ella no la miraba. Dirigía sus ojos hacia el suelo. En su cara, el asco y la tristeza se entremezclaban formando una mueca extraña. Sentía vergüenza de que la viera así. A merced de ese cerdo etílico.

El hombre agarró el culo de Katia y lo apretó, subiéndole la falda hasta el principio de la nalga. Katia se cogió de la falda para que no se subiera más y se la bajó incómoda. El hombre insistió en tocarla y fue hacia sus pechos.

—No puede estar aquí —dijo impertérrita Kassandra mirando al hombre directamente.

Katia la miró. Ese día, Bogdán no estaba en la entrada, de portero, como siempre, sentado en su taburete y fumando. No lo hagas. Ni se te ocurra, le dijeron sus ojos. El borracho se acercó a la cara de Kassandra, poniendo el pecho encima de la mesa.

—Cgomo que nno quiénn me lo pggrohíbe.

—No puede estar aquí en este estado —continuó mirándolo seria y sin inmutarse.

El putero la miró desafiante, con la saliva pugnando por salírsele de la boca y los ojos entornados. Rojo de rabia. Su estado no le permitía encontrar las palabras para contestarle.

—Fuera —dijo Kassandra levantando el dedo índice y señalando la puerta.

El hombre arqueó las cejas de mala gana en señal de ofensa. Comenzó a cabrearse más y se movió para dar la vuelta y pasar dentro del mostrador, hacia Kassandra. Katia fue hacia él y lo cogió del brazo sin saber muy bien cómo reaccionar. No estaba acostumbrada a decir que no. Eso era algo que habían borrado de sus propias posibilidades. Había olvidado hacía ya tiempo lo que era tomar decisiones propias en ese aspecto. En realidad, lo había olvidado en todos los aspectos. Aunque cada vez tenía más claro que no iba a permitir que aquello durara toda la vida. La Katia real hacía un tiempo que pugnaba por aparecer en escena.

Kassandra salió del mostrador y dio un fuerte empujón al hombre. Mientras, este balbuceaba en su propio y etílico idioma. Ambas lo movieron pesadamente hasta la puerta de la casa mientras él oponía la poca resistencia que le quedaba en su estado.

—Hijja de perrra no voy a volver aquí másss.

—Pues no vuelvas, borracho de mierda —dijo Kassandra.

Lo empujó de nuevo y con más fuerza, consciente de su estado, sacándolo de la casa a empellones mientras el otro seguía profiriéndoles improperios e insultos a las dos.

—*Me ccago en tus muerttooss.*

—Y yo en los tuyos, violador.

Kassandra le dio una patada en el culo y esperó en la puerta mientras el hombre salía del chalé y zigzagueaba por la acera hasta desaparecer. Katia se llevó la mano a la boca ante la situación.

Cuando Kassandra cerró la puerta y se giró, la vio en la entrada del sótano. Vacilaba si bajar o no. Su cara reflejaba preocupación.

—Mañana nos van a pegar, K —dijo.

—Si no se enteran, no —le dijo ella limpiándose las manos en la falda de cuero y volviendo a meterse detrás del mostrador.

—Si se enteran, sí —comenzó a angustiársele la voz a Katia.

Kassandra la miró y suspiró, mordiéndose el nudillo de la mano, nerviosa.

—Venga, baja ya porque si no sí que nos van a pillar.

—Nos van a dar un palizón —dijo Katia a la vez que cogía el pomo de la puerta.

—Más duele tatuarse, seguro —contestó Kassandra.

A Katia le entró la risa ante la sugerencia de su amiga. La miró por encima de las pestañas. Kassandra le guiñó un ojo. La otra negó con la cabeza, sonriente. Se agarró el cuello en señal de despedida y bajó hacia el club.

Hacía ya un tiempo que ambas habían decidido saludarse y despedirse así, agarrándose del cuello, como asfixiándose. El saludo había surgido un sábado cuando Kassandra, al cerrar las puertas y apagar las luces, le enseñó a Katia la canción *Catalina* de Paloma Pradal y Taiwan MC, en honor a su nombre. La canción decía algo así como: «Ponme la mano aquí, Catalina, si no yo me voy a morir, prima mía». Katia, en vez de colocarse la mano en el pecho, se colocó la mano en el cuello, y aquello derivó en una conversación profunda sobre la situación de las mujeres. Llegaron a la conclusión de que el sistema funcionaba porque las asfixiaba. A las mujeres nos dejan sin aire hasta que solo podemos luchar por respirar. Entonces dejamos de luchar por nosotras mismas y pasamos de vivir a sobrevivir, había dicho Katia.

La primera vez que Kráneo dio una paliza a Kassandra, hizo exactamente aquello: la asfixió. También lo había hecho con las demás chicas. No había ni una sola mujer allí a la que los proxenetas no hubieran asfixiado, y no había ni una sola mujer en el mundo que no se hubiera sentido asfixiada alguna vez. La asfixia, en todas sus vertientes —mecánica; psicológica; económica y social—, era la forma más efectiva de callar a una mujer que molestaba; de someterla; de ejercer el poder del brazo ejecutor; de matarla. Ellas habían decidido apropiarse de su propia asfixia, utilizándola para darse fuerza y para desafiar silenciosamente a un sistema que las quería dejar sin ella. Que las necesitaba débiles, sumisas y al borde del desmayo crónico. Mucho más manejables y, por tanto, más útiles.

No lo sabían, pero aquello no era nuevo. Aquellas conversaciones privadas entre las dos, sentadas en la barra del club, coincidiendo en posiciones. Descubriéndose. Aquel saludo pactado, imaginado en una de esas reuniones secretas, era algo que había sucedido mucho tiempo atrás y en muchas otras ocasiones a lo largo de la Historia. Ignoraban la verdadera razón de todo ello, pero ignorarlo también era lo lógico: la paz no se espera, la paz se lucha. Aunque todavía no entiendas que la guerra también es tuya. Y que el destino va a colocarte justo en el frente.

Kassandra se agarró el cuello exactamente igual que Katia y volvieron a lo suyo. Ambas fingieron que nada había sucedido, como cuando Maisha dejó atónita a Kassandra en la cocina unas semanas atrás.

Toda rebelión comienza siempre con dos rebeldes reconociéndose.

Alicante, año 1992

El niño permanecía escondido bajo la mesa, las rodillas clavadas al suelo y las manos en las orejas, tapándoselas para no escuchar los gritos. Cerró los ojos muy fuerte durante unos segundos, antes de que todo volviera a ser silencio. Uno, dos, tres. Silencio otra vez. Tras los gritos desgañitados iniciales y los golpes, todo había vuelto a la normalidad, o eso parecía. Su respiración se calmó lentamente y su latido comenzó a regularse poco a poco allí abajo, en el suelo frío, mientras él se presionaba el pecho y tragaba saliva. Estaba ansioso. Esperó unos minutos más hasta poder salir de allí en cuclillas, pero la puerta de la pequeña salita se abrió antes y vio y escuchó sus zapatos acercarse. Zap, zap, zap. Parón. Y después la mano agarrándolo del brazo y extrayéndolo de su escondite. Le clavó los dedos en el pequeño y delgado brazo y lo llevó agarrado hasta afuera. El niño apretó el cuchillo que llevaba en las manos y lo escondió como pudo en el bolsillo de su pantalón de chándal. Vete a tu habitación, le dijo muy tranquilamente. Solo por el tono de su voz supo que iba borracho como una cuba. Había salido de allí un día antes y acababa de regresar hacía unas horas, cuando volvió a suceder lo de siempre, otra vez.

Lo arrastró hasta su dormitorio y lo dejó allí solo. Volvía a estar nervioso y la ansiedad se apoderaba de su pequeño cuerpo, inevitable y veloz. Sacó el cuchillo de su bolsillo, retiró las mantas de la cama y lo escondió debajo de su almohada rápidamente antes de salir de allí.

Abrió la puerta. Él estaba todavía en frente, recogiendo algo del armario empotrado de la entrada. Giró la cara para buscarla en el pasillo, al lado contrario de la salida de la casa, y la vio al final de este, encogida en el fondo del salón, con las manos en los bíceps, autocalmándose, y la cara hinchada por los tortazos y el llanto. Corrió hacia allí rápidamente, esquivando a su padre, enganchándose a las piernas de ella y trepando por su cuerpo hasta subir al sofá y abrazarse a su pecho.

Ella lo apretó muy fuerte, acariciándole el pelo y la espalda, y él pudo oler sus clavículas y sentir la piel suave de su cuello mojado en sus mejillas. Todavía olía a aquel perfume tan intenso y tan caro que su tía le regaló por navidades un año atrás y que tanto le gustaba. Aquello duró seis segundos. Los suficientes para que él volviera a acercarse y lo separara de ella, mientras su madre chillaba otra vez, lo cual la hizo ganarse otro estirón fuerte en el pelo que la obligó a soltarle durante unos segundos. Déjalo, déjala, no le pegues. No le pegues, decían ambos. Ella por él y él por ella. Madre e hijo, los dos suplicando a un mismo monstruo ebrio, el mismo que de sopetón soltó el brazo del niño y salió del salón pegando un portazo y musitando improperios.

—Ram, cariño, estoy bien —volvió a abrazarlo su madre.

HUNDE ESE CUCHILLO

Había mejorado muchísimo en el entrenamiento, y ya era buena cuando empezó. La mejora se había dado en todas las facetas: rapidez, reflejos, memoria visual técnica e incluso fuerza. En algunos pases incluso podía con él, que se consideraba un gran experto en ese tipo de lucha. Los chicos de la sala de máquinas solían agolparse en el cristal de al lado de la puerta de entrada al tatami para verla pelear mientras intercambiaba miradas indefinibles con su entrenador. Era un espectáculo. Ambos juntos lo eran.

—Anoche soñé contigo —le dijo Ram mientras marcaban un movimiento de codo en costilla.

—¿Sí? —dijo ella fingiendo sorpresa—. ¿Y qué pasaba?

—Te escuchaba decirme algo bonito.

—¿Yo a ti? —Kassandra arqueó la ceja izquierda—. Estás flipando. —Él se rio—. ¿Y qué te decía?

Una sonrisa pícara apareció en la cara de Ram. No contestó, pero se preocupó por hacerle saber que la había oído perfectamente.

—¿Y? —insistió ella.

Le pegó con el guante y el otro le puso la zancadilla rápidamente, haciéndola caer al suelo. Ella le agarró del brazo y lo empujó hacia abajo. Lo atrapó con ambas piernas y logró ponérsele encima a horcajadas. Se miraron unos segundos y ella apoyó sus manos en su vientre.

—Ahora —dijo él muy sereno. Colocó sus dos manos en

los muslos de ella y se recostó del todo en el suelo de espuma. Ella permaneció subida en sus caderas.

—¿Ahora qué?

Kassandra sentía el bulto de Ram entre sus piernas. Se movió por inercia y lo sintió todavía más, apretado entre sus nalgas. Él notó su movimiento y la miró. Ella volvió a moverse, esta vez a propósito. Qué mala eres, le dijo él con la mirada.

—Que me digas ahora lo de ayer en el sueño. Estabas exactamente en esta posición.

—Gilipollas.

—Eso no era —se rio.

Kassandra subió su culo apoyándose con las manos en el pecho de él y lo colocó más hacia sus piernas, apartándose de su miembro.

—Perdona, ¿te ha sentado mal?

El acento de Ram la volvía loca. Le encantaba que le hablara. Su forma chulesca de expresarse. Su tono de voz. Su elegancia natural en los gestos. Podría escucharlo horas y horas sin cansarse.

—No, qué va —miró hacia abajo y volvió otra vez a colocar el bulto en el hueco entre sus dos piernas—. Me he sentado muy bien. ¿No me ves?

Se acomodó de nuevo en su entrepierna. Apoyó ambas manos a los lados de la cabeza de él. Agachó la cara y lo miró.

—¿Sabes algo de montar a caballo? —preguntó Ram con segundas.

—Nunca he montado a caballo —le contestó ella muy cerca de su cara—, pero soy más de cabalgarle que de dejar que me dé un paseo, eso seguro.

Se alzó. Le había marcado otro tanto. Se levantó y fue a ponerse los guantes que dejaba siempre en la esquina, al lado del espejo de pared.

Se escucharon unos aplausos desde fuera. Había tres chicos asomados al cristal siguiendo la escena divertidos. Kassandra los aspaventó con la mano. *Pesaos*, vocalizó. Y negó con la cabeza.

—Por cierto, el jueves voy a hacerme un tatuaje, así que igual no puedo hacer alguna de las posiciones. Te aviso con lo que me diga la tatuadora.

—¿Un tatuaje? ¿Y voy a poder verlo o no me vas a dejar? —sonrió él insinuante.

—Me lo voy a hacer en el dedo. Una «K», en el dedo corazón. El jueves te lo saco y así lo ves —le sacó el dedo y subió la ceja, irónica.

—¿«K» de qué, de Kabrona? —dijo él.

—No —puso los ojos en blanco y negó con la cabeza.

—¿No me lo vas a decir nunca?

—Ram..., los caballos no preguntan tanto —bromeó.

—En este momento me apetecía mucho serlo. Pero a veces lo soy y a veces no. A veces soy el jinete y el caballo es la vida. Ya me entiendes.

—Hola, blanquita —la saludó Toni, el primo y socio de Ram, que apareció por el tatami—. ¿Siempre vas con ese lacito en el pelo? —le preguntó—. Tengo curiosidad por ver cómo de largo lo tienes. Parece kilométrico.

—Si es por ti, me lo suelto —flirteó Kassandra. Se tiró del lazo y se soltó la coleta. Su pelo cayó suelto y ondeante hasta debajo de la cintura.

Ram la miró y luego cruzó miradas con el otro, y ambos volvieron a mirarla.

—Se te ha quedado la cara como si acabaras de comerte un erizo —le dijo ella a Toni. Toni se acercó rápido, la cogió por la cintura volteándola, y echó a andar por el tatami con ella boca abajo, apoyada en sus hombros. A Kassandra se le subió la camiseta por la gravedad. Ram se reía desde su posición.

—Os juro que cuando me dejéis en el suelo os va a faltar suelo a vosotros para correr.

—No lo dudamos. Por eso te estoy dando vueltas, para que te marees y no puedas moverte —dijo el otro partiéndose de risa.

Aquello que Ram le había dicho sobre la vida la había hecho pensar. Eso era lo más bonito de él: que la hacía pensar. Continuamente. Y en aquellos momentos —en los que Kassandra evitaba pensar porque dolía más que curaba—, que alguien llegara y te hiciera reflexionar sobre ti misma y el lugar que ocupabas en tu propia historia, era algo que agradecía.

Tenía razón. La vida era un caballo. Salvaje. Un caballo en el que te suben sin ninguna otra opción y por el que muchísimas veces tienes ganas de volver al suelo. Siempre querrá llevarte a donde quiere y a veces parecerá que le pesas demasiado. Tienes dos opciones, se dijo a ella misma: vivir el trayecto angustiada y agarrándote como puedas, cerrar los ojos y rezar para que pare lo antes posible, o coger las riendas. Hacerlo con fuerza, con decisión, con coraje.

Deja de intentar frenarlo. Ponte en peligro. Atrévete. Levántate al caer. Inténtalo de nuevo, aunque ya sea tarde. Camina por los fracasos con los pies descalzos para que así te dejen huella. Respira la felicidad y disfrútala de verdad, y no pensando en que puede acabarse. Deja que las personas y las vivencias te maten un poco y también que te llenen de vida y te emocionen.

Ilusiónate. Decepciónate. Traiciona al miedo y sigue a tus instintos. Llora cuando te hagan daño y permítete, alguna vez, hacerte daño a ti misma. Perdona —también a ti misma.

Ahógate y respira en el momento en que menos lo quieras hacer, pero más lo necesites. Sé fuerte y sé débil. Lucha. Sueña. Sangra. Cumple. Destroza. Arregla. Besa. Odia. Ama. Vive.

No tengas miedo.

Deja de ocultarlo. Lo que has venido a hacer está ahí, dentro de ti. Y seguirá ahí, aunque tú intentes negarlo. Aunque pretendas ser quien no eres. Tu vida es tu viaje y tu viaje es tu mensaje.

Cárgatelo todo, Kassandra. Sé valiente. Porque un día,

aunque no lo esperes ahora y aunque no sepas cuándo sucederá, sin avisos previos y sin relojes que marquen el instante, la vida parará en seco y estarás muerta.

Asegúrate de haber cabalgado lo suficiente.

El profesor daba la palabra desde la mesa situada en frente de la gigantesca pizarra, que presidía la clase en hemiciclo, a las pocas manos que se mantenían levantadas. Cuestionaba los comentarios escuetos o exentos de una justificación lo suficientemente motivada, animando al debate. En un principio, se hablaba sobre la legalización y regulación de la prostitución, pero este tema había transmutado en la trata de mujeres con fines de explotación sexual. Un debate de fin de curso improvisado para ocupar el tiempo de clase tras los exámenes, que acabó convirtiéndose en una acalorada controversia entre abolicionistas, regulacionistas, machistas y, en definitiva, cualquiera que quisiera opinar al respecto.

—Las sanciones al cliente solo son un parche que oculta el verdadero problema e infecta la herida. Esto no es una cuestión de multas administrativas, es una cuestión de falta de respeto. De creer que puedes poseer el cuerpo de una mujer de la que ni siquiera te interesa saber si se sabe capaz y concienciada, si desea ofrecer un servicio o si se ve obligada por sus circunstancias —apuntaba Kassandra, que discutía con una compañera que sostenía que multar al cliente era una solución eficaz—. En España, uno de cada cinco hombres ha pagado por prostitución, incluida la trata. Esos hombres son nuestros hermanos, nuestras parejas, nuestros jefes, nuestros profesores —el profesor la miró con cara de sorpresa y de «yo no he sido» a partes iguales—. Están ahí, violando a mujeres cuando tienen el suficiente dinero en la cartera para permitírselo.

—Está claro que no solo hay que sancionar al cliente, sino acabar con las mafias que se dedican a la trata, estamos de acuerdo —contestó la compañera.

—Pero tampoco exageremos. Existen muchas mujeres que ejercen la prostitución porque quieren y nadie las obliga. La mayoría de las putas lo son porque les gusta —dijo una voz. Era Pablo De Lamo desde la penúltima fila del hemiciclo de asientos.

¿Por qué tenía que hablar justo cuando ella lo había hecho? A Kassandra le sobrevinieron unas ganas terribles de levantarse, subir las escaleras que separaban las dos partes de la sala y partirle la puta cara. En cambio, se giró y se dirigió a él para contestarle todo lo serena que pudo. Ambos se miraron y él le arqueó las cejas en señal de desafío.

—Hay de cuatro a cinco millones de mujeres y niñas víctimas de explotación sexual —comenzó a contestar ella—. Estamos hablando de trata de personas, de violaciones sistemáticas y permitidas, a plena luz del día y en todo el mundo, en nuestras calles. Esto no consiste en opinar sobre una realidad, sino en cambiarla. No es un debate que poner sobre la mesa, es una guerra que ganar. Esas mujeres que vemos en los polígonos, que están en los clubs, en los pisos y chalés clandestinos, son esclavas. Las captan en sus países de origen de múltiples formas y vienen aquí con promesas de ejercer como profesoras, camareras, dependientas. Vienen engañadas y son estafadas, controladas y violadas. Y esto ocurre día tras día, hora tras hora, repito. Ocurre porque hombres que son nuestros padres, nuestros abuelos, nuestros amigos, parejas, jefes, profesores, tíos, compañeros, lo consumen. —Se escuchó un bufido, discordante con la generalización, por parte de uno de los chicos de la fila final izquierda, amigo de De Lamo, pero Kassandra continuó—. Es esclavitud. Son esclavas y lo permitimos. Estamos permitiendo que mujeres ahí fuera sean violadas por los hombres de este país. La alegalidad sostiene la trata, el silencio la mantiene.

Pablo De Lamo volvió a arquear las cejas. La miraba fijamente. Demasiado fijamente, casi con rabia. Contestó muy autoritario.

—¿Y las mujeres que son putas porque quieren, qué?

Esta vez fue ella la que arqueó las cejas. Estaba bastante cansada de tener que repetir siempre lo mismo ante las mismas justificaciones. Él lo sabía.

—Estamos hablando de trata de mujeres para fines de explotación sexual —Kassandra se giró dando por finalizado el coloquio. Pero lo que escuchó a continuación la puso en alerta.

—Conozco a más de una niña de papá que se ha acostado con alguien para conseguir bolsos de marca —soltó De Lamo burlón.

Se escucharon unas risas al fondo. Eran sus amigos de clase. Sabían perfectamente que se refería a algunas de las chicas con las que él se había acostado. Kassandra se enervó. Comenzó a calentársele la base del estómago y las mejillas le ardieron. Supo que explotaría de un momento a otro.

—Estamos hablando, en concreto y ahora mismo, de prostitución forzada —repitió y aclaró sin girarse.

—Que sí, que sí, que las chavalas de hoy en día estáis más preocupadas por que os dejen subir fotos en tetas en las redes y quejaros por todo que por otras cosas.

Eso ya no era una opinión ni una justificación. Eso era un claro ataque. Estaba lleno de resentimiento. Era la rabia del no, del sentirse rechazado por algo que él consideraba digno de poseer. Se consideraba digno de tenerla. No lo había conseguido y ahora la machacaba. Intentaba deslegitimar su discurso. Se creía valiente, pensó ella, pero en realidad es débil. Lo único que dicen sus palabras es: soy débil. No soy capaz de aceptar que no te gusto. La debilidad de la masculinidad era aberrante. Era casi más insoportable que la impuesta feminidad.

A Kassandra le enfadó su propio análisis. Le enfadó que un hombre pudiera creer que tenía el derecho de hacerla sufrir solo por no poder acceder a ella. Le enfadó su actitud, y el enfado y su propio carácter hicieron de las suyas. Tuvo muchas ganas de golpear con el puño en la mesa, pero metió su puño en la palabra y lo lanzó al aire.

—Una lástima que no pueda decir lo mismo, Pablo. Los machistas de hoy en día sois exactamente igual que los de antes.

Los cuchicheos revolotearon por la clase en ecos inaudibles. El profesor se levantó de su silla y se acercó a Kassandra para llamarla a la calma.

—Sí, como los gitanos y camellos con los que te juntas tú —disparó él.

Se refería claramente a Ram. Se escuchó un revuelo de susurros mucho más fuerte. Incluso algunas bocas se abrieron y profirieron exclamaciones de interés en la pelea verbal que acababan de comenzar.

—De Lamo, silencio. No voy a tolerar faltas de respeto en mi clase —espetó el profesor en voz alta.

Kassandra sintió cómo la temperatura de su cabeza subía por momentos y cómo su impulsividad se acrecentaba hasta hacerla errar. No quería hacerlo. Pero aprovechó su situación. Y lo hizo. El profesor subía las escaleras para hablar con Pablo cuando ella se levantó, se giró y lo soltó.

—Y como tu padre, que es un putero —contestó imperativa.

Más susurros. Más fuertes.

—¿Qué dices? —contestó él a gritos.

El profesor intentaba poner silencio entre ambos, de pie, en mitad de las escaleras, sin conseguirlo.

—Digo que tengo constancia de que tu padre consume prostitución forzada —contestó ella impasible.

Ya era presa de su propia soberbia. Esa que la hacía dañina como una víbora y que no podía ocultar una vez que aparecía en escena. Sonrió ganadora, hacia delante, en primera fila, mientras Pablo De Lamo la miraba impávido y cabreado.

—Sabes que lo que estás diciendo es mentira —dijo descontrolado.

No era ninguna pregunta. La estaba amenazando. Pero llegaba tarde, porque ella, a esas alturas, ya no atendía a amenazas, solo a guerras. Y si quería una, estaba dispuesta a brindársela, y era una enemiga muy difícil de batir.

Se giró despacio en su eje y miró otra vez hacia donde él estaba. Tranquila y segura. Apuntándole con esa belleza cándida que él odiaba, con sus ojos verdes entrecerrados y con la verdad.

—¿Qué necesitas para saber que es verdad? —preguntó vacilona—. ¿Quieres fotos?

—Kassandra, fuera de la clase —dijo el profesor.

—Cállate, zorra —gritó De Lamo. Tenía la cara desencajada e intentaba salir de la fila de sillas mientras sus amigos se levantaban rápidamente para cerrarle el paso. Estaban a unos treinta metros, lejos, pero la tensión era plastilina.

El revuelo aumentó. Imparable. El profesor bajó rápido por las escaleras, acercándose visiblemente enfadado hacia la primera fila. De Lamo gritaba como un energúmeno y se levantaba de su silla.

—¡Pablo y Kassandra! ¡Fuera! —gritó el profesor en el centro. Les indicó con las manos la puerta de la derecha a uno y la puerta de la izquierda a otro.

—No se preocupe, la que se quiere ir soy yo —le contestó ella al profesor mientras salía de su fila.

Toda la clase seguía hablando en voz alta. El profesor llamaba a la calma y al orden. La situación se había descontrolado.

Kassandra salió de la clase y se dirigió a uno de los bancos del aulario. Se sentó en él. Inmediatamente, vio a Bilma salir de la clase y cerrar la puerta. Esta la buscó con los ojos hasta que la vio en el banco.

—¡¿Pero a ti qué te pasa?! —le susurró exaltada y haciendo aspavientos con las manos, con cara de preocupación.

Ella no contestó. Seguía mirando a su zapatilla, envuelta en su hermetismo. El cabreo le rezumaba por los poros, pero no necesitaba calmarse. Ya no.

—K, te pasa algo. Marta y yo lo sabemos. Lo intuimos desde hace ya unos meses.

—No me pasa nada —contestó sin mirarla.

—Sí te pasa.

Kassandra siguió ignorándola, concentrada en su zapatilla blanca.

—Sí te pasa, y tiene que ver con ese trabajo. Estoy empezando a dudar sobre muchas cosas.

Lo sabía.

Mierda.

No sabía cómo reaccionar a aquello. No esperaba que su análisis hubiera llegado hasta ahí. La miró con cara de circunstancia inevitable.

De pronto se escuchó un silbido cercano y vieron a Ana, la chica con la que Bilma llevaba viéndose unas semanas. Las saludó desde el otro lado del pasillo y puso una cara extraña al observar la situación.

—Nenas, ¿qué pasa? —gritó mientras se secaba las manos, que se había lavado en el aseo, en los vaqueros. Comenzó a acercarse hacia ellas.

—Ahora no, por Dios... —dijo Kassandra resoplando.

—Ana, mejor vete y luego hablamos —le dijo Bilma voz en alto antes de que llegara al banco.

Ana frenó y miró a Bilma con cara de interrogación. Bilma le devolvió un gesto que indicaba que pasaba algo y que se fuera hacia cualquier otro sitio menos hacia donde iba. Ana exageró el gesto de circunstancia, gesticuló un «perdón».

—K, no seas gilipollas, sea lo que sea no merece la pena —le gritó mientras se iba para la puerta de salida del aulario.

Kassandra levantó la vista y le guiñó un ojo, con la cara descompuesta. Creo que sí merece la pena, pensó. Ana le devolvió el guiño. Sí que la merece, Ana, pensó. Qué más me gustaría a mí que no la mereciera, o que no hubiera pena que merecer. El problema es que sí que la hay y sí que la merece.

—Os veo luego —se despidió Ana a lo lejos.

Kassandra volvió a suspirar, esta vez más fuerte.

—Cuéntamelo. Yo sí que no soy gilipollas —subió las cejas Bilma, reprendiéndola en tono bajo. Kassandra se volteó y la miró fijamente.

—No puedo —dijo.

—Tiene algo que ver con tu padre —aventuró Bilma.

—No puedo contarte nada.

Bilma supuso que eso era un sí. Se llevó la palma de la mano a la frente y se mordió el labio.

—Dios, K. ¿Es algo ilegal?

Kassandra negó con la cabeza, pero no en señal de respuesta, sino en señal de negación. No iba a contárselo porque no podía hacerlo. Era un error. Y hablar más de la cuenta supondría añadir un peligro innecesario.

—Dios mío, es algo ilegal —Bilma se llevó la mano a la boca y abrió asustada los ojos—. Está bien… —acabó cediendo—, con que sepas que estamos aquí si necesitas algo me conformo.

El alivio llegó a la mente de Kassandra en forma de un bonito eslogan, «Esto tenía que ocurrir y ya ha ocurrido».

—Por ahora —acabó Bilma la frase—, no le diré nada a Marta ni a ninguna, pero si necesitas cualquier cosa, dímelo.

Kassandra volvió a mirar al frente y asintió con desgana.

—Dímelo o te mato, te lo juro. Te estrangulo y te asfixio.

Se rio nerviosa ante la amenaza de su amiga. Solo ella entendió el porqué de su risa.

—Que sí —contestó Kassandra.

Se apretó las cejas y las sienes con los dedos, masajeándose la cabeza. Cansada. Bilma se levantó apoyándose en su muslo. Miró un momento a su amiga antes de volver a clase. Si fuera otra persona, quizá no pensaría así, pero era ella. Ya venía de un mundo donde lo normal era siempre relativo.

Está metida en algo muy chungo, pensó. Muy muy chungo, y sé cómo es. No va a parar hasta deshacer lo que sea que esté hecho.

—Joder… —susurró Bilma. Y cruzó el pasillo otra vez en dirección a la puerta.

Que Kassandra tuviera el privilegio —si es que lo era— de cerrar el club y la confianza del jefe en ese sentido, que Polina se viera obligada de mala gana a confiar en su segunda de diecinueve años y dejarle las llaves para cerrar los pocos viernes que no dormía allí —Bogdán era el encargado de recogérselas a las siete de la mañana una esquina más abajo— fue quizá lo único que Bruna no le recriminó. Aquello, aparte de fumar, le posibilitó hacer tranquilamente algo que echaba mucho de menos: bailar.

Solían elegir canciones que normalmente tenían algo que ver con el país de origen de alguna de ellas, su cultura o su vida mucho antes de aquella pútrida existencia de segunda, y narraban su historia y lo que aquella música les recordaba mientras limpiaban, y charlaban y bebían y fumaban.

La música es capaz de llevarnos hasta lugares en los que jamás estaremos. Capaz de hacer magia cuando ya no creemos en ella, cuando pensamos que se han gastado todos los trucos. La música tiene la capacidad de sacar todo aquello que permanece encerrado. El sufrimiento, la felicidad, la creatividad, el espíritu de lucha. Cosas que a veces nos cuesta mostrar y que ella extrae, como si fuera la lava de un volcán que acaba de erupcionar después de mucho tiempo inactivo.

—Me encanta esta canción. —Kassandra revisaba el WhatsApp de su móvil, que estaba enchufado al altavoz. No podía utilizar su teléfono mientras trabajaba y pasaba así casi once horas cada día que estaba en aquel lugar, así que cuando volvía a encender su teléfono tenía mil mensajes por contestar.

—¿Qué canción es esta? —preguntó Aleksandra—. ¿Cantan en francés?

—Sí, es francés. Es *Rumbatón* de Yaniss Odua y Racko.

—¿Sabes francés? Me parece una lengua muy sensual —dijo Marcela.

—Es un idioma que me encanta. Lo hablo desde muy pequeña —dijo Kassandra—. Igual Maisha también sabe hablarlo un poco, no lo sé —miró hacia donde estaba Maisha—. Oye, deja de limpiar tanto y baila conmigo —le dijo abriendo los brazos.

La otra la miró desde el taburete que estaba limpiando y puso cara de «ni de coña».

—Que vengas —le dijo Kassandra—, ven o voy yo —la amenazó—. No me seas así —le puso morritos suplicantes.

Maisha puso cara de falso fastidio y se acercó. Kassandra le indicó a Katia que subiera la música y esta la puso a tope de volumen.

—Baja la música, niña —le dijo Marcela haciendo aspavientos con las manos.

Katia llamó aguafiestas a Marcela, negó con el índice y se dirigió hacia ella para bailar.

Kassandra comenzó a dar vueltas a Maisha y a pegarse a ella. Al final la otra no tuvo otra opción que hacer lo mismo, primero tímidamente, más tarde mucho mejor. Muchísimo mejor.

Mientras, Bruna y Aleksandra observaban la escena divertidas desde una de las mesas, cigarro en mano, y comentaban lo tremendamente bien que bailaban una canción que ellas no habían escuchado en su vida.

—Maisha tiene más ganas de bailar que de hablar —dijo Aleksandra.

—Creo que hoy es mi cumpleaños —le dijo Katia a Marcela.

—¡¿De verdad?! ¿Cuántos cumples?

—Veintitrés —le dijo sonriente.

—Bueno, pues celebremos —dijo la otra—. Pero como en mi país —le guiñó un ojo.

Marcela fue hacia dentro de la barra y buscó una botella de tequila. Sacó cinco vasos de chupito y comenzó a llenarlos.

—¡Hoy es el cumpleaños de Katia! —exclamó, botella en mano, por encima de la música.

Los «felicidades» se sucedieron también a gritos. Hubo abrazos. Hubo sonrisas. Hubo brindis y caras de amargura y quemazón por el tequila a los que siguieron risas flojas.

Allí, durante los amaneceres cerrados de aquel club clandestino, se entendieron muchas cosas. Se entendió que las mujeres solo tienen que saber que lo que les ocurre no les ocurre solo a ellas para saber que no están solas; que todas son una.

Se entendió que el baile de la vida no tiene coreografías, que constituye una lucha a muerte por la libertad. El baile de la vida conlleva plantarse en medio de la pista con los ojos cerrados y los futuros bien abiertos, reivindicándose libre. Libre de movimiento, de corazón y de camino. Es bailar aleatoria y peligrosamente, mirando a los ojos a quien quería que bailaras obligada solo para su disfrute.

El baile de la vida no tiene pasos, pero sí acompañantes. Acompañantes que se suben contigo al escenario, haciendo lo que sienten y no lo que deben. Y te miran y te sonríen valientes. Y te hacen celebrar la felicidad. Incluso en medio de la tristeza.

Hacía un calor de final de junio con complejo de finales de julio que se le hacía insoportable, y había una chica llorando en la puerta del gimnasio. Era morena de piel, algo más alta que ella y tenía el pelo negro, largo y brillante, y unos ojos muy grandes y almendrados. Vestía vaqueros oscuros y un top pegado, sin mangas, de escote barco y de color azul suave, a juego con las zapatillas, que contrastaba con el moreno de su piel. Muy atractiva. Al acercarse, supo que era la chica que estaba hablando con Ram en la discoteca la noche de la pelea. Se la quedó mirando, reconociéndose ambas en un instante. La otra se secó las mejillas y se fue de allí, dedicándole una mirada de asco que a Kassandra no le pasó desapercibida. Kassandra entró al gimnasio y fue directa a los vestuarios a dejar sus cosas. Caminó por el pasillo y saludó a algunos de los chicos de las máquinas, a los que ya conocía. La Blanquita, la llamaban. Pequeñita pero matona. La habían apodado así a la semana de estar allí por su color de piel y el del pelo tan claro. «La Blanquita parece tonta, con esa vocecita de pedir perdón, pero intenta meterle y verás la que te mete ella», decía uno de los más mayores a sus acompañantes, sonriéndole mientras la miraba. «Hay que tener mucho coño *pa* meterse aquí y que no se te mueva un pelo». Y ella le contestaba: «Hay que tener mucha tontería *pa* pensar que a una mujer se le tiene que mover un pelo al acercarse a ti, ni que fueras Dios y desprendieras energía». El otro abría la boca, sorprendido ante el cachondeo, y se reía. «Ven aquí que te voy a arreglar yo». Y ella contestaba: «Si la forma de arreglarme es la tuya, déjalo. No quiero que me pinches esteroides en el culo». Y se iba contoneándose hasta el tatami con los «mírala, qué digna ella» sonando de fondo.

Comenzó a calentar sola con el *punching ball* anclado al suelo. Aquel día tenía entrenamiento a solas. Toque, toque, toque, toque, toque. Respira. Toque, toque, toque, toque, toque. Respira. Ram apareció detrás del *punching*. «Hola, Blanquita. Vamos a entrenar ya», dijo. Se dirigieron al tatami y le explicó las técnicas del día: defensa contra armas y utilización de estas. Quitar pistola con técnica de brazo y apuntar. Giro de muñeca y apertura instintiva de puño para hacer soltar el cuchillo al agresor. El krav magá de Ram no consistía solo en defensa, sino en técnicas poco éticas de ataque —en realidad consistía, precisamente, en el sistema real no adaptado—. Su mentor había sido militar en el ejército israelí y era bastante conocido en el sector. La única foto que ella había encontrado en internet era la de un tipo de casi dos metros y una espalda descomunal, muy moreno y calvo, con un AK-47 tras una pared que hacía esquina y ropa táctica. Le había sobrado para saber que, cuando decía que podía matar con una sola mano, no mentía. El krav magá se adaptó a la sociedad civil como táctica defensiva, pero en realidad también consistía en técnicas de ataque muy rápidas, depuradas y efectivas. Algo tan simple como la asfixia mecánica del mataleón —su propio nombre la presentaba como efectiva hasta con un depredador felino como aquel— podía inmovilizar a una persona mucho más grande que uno mismo en cuestión de segundos, e incluso taponar la aorta hasta matarla en un solo minuto. Solo se necesitaba el instante correcto y una buena y rápida técnica, eso era todo. Ni peso ni altura ni fuerza. Técnica, decisión y rapidez. Ram aprendió inmovilizaciones y defensas al igual que también aprendió «la otra parte». Aprendió que, después de quitar el cuchillo, se podía clavar en el bajo vientre manteniendo al otro estático o que, tras tirar al otro al suelo e inmovilizarlo con las piernas, se le podía asfixiar hasta la muerte. Lo aprendió todo porque se lo enseñaron, pero no lo transmitió, por simple ética. Hasta que llegó ella. Y, con ella, la necesidad —inconsciente o no— de enseñarle todo lo poco ético que sabía y que tenía por norma no enseñar a nadie. El lema de su gimnasio era «aprende a defenderte», y eso era lo que se aprendía: lo básico y necesario. Pero cuando llegó Kassandra con todas esas marcas —y algunas otras que, intuía, eran incurables—, defenderse, supuso, era ya cuestión de vida o muerte. Así que así se lo enseñó y así lo aprendió ella. Nada de defenderse y correr. Le enseñó esa «otra parte»: matar o morir.

—He visto fuera a la chica que estaba contigo y tus amigos en MOMA, ¿sabes quién es? La morena tan guapa, la que llevaba los pendientes grandes dorados —le dijo.

—Sí, ha venido aquí antes —Ram no dijo nada más. Siguió explicándole los movimientos y marcándoselos.

—Estaba llorando —dijo ella mientras le retorcía el brazo—. ¿Sabes por qué lloraba?

Ram le tocó el hombro con una de las manos en señal de que le soltara. Así se avisaban ambos cuando se hacían demasiado daño o no podían aguantar la postura en torsión más tiempo.

—Porque le he hecho daño —contestó, y se quedó ausente, como pensando unos instantes, estirándose el brazo—, le he dicho que no quiero nada serio con ella y no se lo ha tomado bien.

—Vaya… —Kassandra torció el labio—, ¿estabais juntos?

—No. Nos veíamos de vez en cuando, pero dejamos claro desde el principio que no era nada serio. Ha sido ahora cuando no hemos pensado lo mismo. A mí no me gusta el compromiso, por eso siempre dejo claras antes las cosas, pero ella se ha enganchado.

—Y tú no —indicó ella.

—¿Podemos hablar de otra cosa? —le cortó él—. Es una mujer preciosa, a la vista está. Simplemente no quiero comprometerme, así lo hablamos, y no voy a darle esperanzas de algo que no va a suceder. Más que me duele a mí verla así no le duele a nadie, conozco a Lola desde que éramos pequeños. No voy a alargar más esto.

—No te estoy echando la bronca, te la echaría si la hubieras engañado dándole falsas esperanzas.

—No la he engañado. —Kassandra fue a hablar, pero la siguiente respuesta la dejó ojiplática—. Pero ella piensa que sí: contigo.

Abrió mucho los ojos y paró el movimiento en seco. Lo miró por encima de las pestañas muy seria, con los labios entreabiertos.

—¿Conmigo? —enarcó la ceja.

—Sí, contigo. Resulta que yo ya había hablado con ella. Aquella noche se me acercó para volver a hablar y me vio mirarte y sonreír. Me preguntó quién eras y le dije que eras una alumna. Después me preguntó tu nombre y le dije la verdad —se encogió de brazos y puso cara de circunstancia—, que no tengo ni puta idea de cómo te llamas. Aquello le sonó a excusa y, cuando entré a decirle al payo que os dejara en paz, acabó de confirmarse ella sola que tenía algo contigo. Luego me la lio por WhatsApp llamándome mentiroso, diciendo que estaba con las dos. Yo le dije que no tenía nada contigo, pero que, de todas formas, ya habíamos hablado de que podíamos estar con otras personas, pero nada. Hoy ha venido otra vez y parece que la cosa está mejor.

—Pues por eso me ha mirado así.

—¿Así cómo? —Estaba frente a ella. Sus ojos rasgados fijaron la mirada en la suya y por un momento se desconcentró.

—Nada, déjalo. La entiendo a ella y te entiendo a ti, a mí también me pasa con los hombres.

—¿Te gustan los hombres? Habría jurado que lo que te dan es asco.

—¿Qué asco, mamón? Yo no odio a los hombres. Solo quiero que la sociedad deje de odiar a las mujeres. Si parece que rechazo a los hombres es por problemas de un tiempo atrás que no he solucionado —lo soltó de golpe. Aquello la hizo pausar la respiración un momento. Recordaba muchas veces lo que sucedió con el Rey de Corazones, infinitas veces. Soñando y despierta. Cuando estaba triste y cuando estaba alegre, en medio de una película en el cine o en MOMA o en clase o fuera, pero no hablaba de ello. Nunca hablaba de ello, ni lo había contado jamás.

Ram la miró fijamente. Se dio cuenta de que ya no estaban entrenando y permanecían uno frente al otro en el tatami, muy juntos.

—¿Muy atrás? —preguntó él.

—Demasiado atrás como para hablar ahora de ello —dijo ella quitándole hierro al asunto.

En realidad, ahora sucedían otras cosas. Y, por delante, otras cosas esperaban a suceder, y todavía no sabía cuáles serían, pero no se vaticinaban alegres. Así era la existencia: una concatenación de batallas donde, de vez en cuando, se sonreía. Una persona, un instante, una canción, un guiño del destino, un pequeño paso adelante. Algo te hacía sonreír y entonces entendías que valía la pena. Batallar valía la pena. Aunque te encontraras solo en plena trinchera, mirando al frente y esperando la explosión.

—Me da miedo —dijo Kassandra mirando ausente a la pared. Aquello sorprendió a Ram, que se giró desde la estantería para observarla.

—¿El qué?

Se acercó más a ella. Frunció el ceño, interesándose por lo que acababa de decir. Ella se mordió la parte interna del labio.

—No lo sé. Todo y nada —dijo sin mirarlo.

Él se acercó más. Le levantó la barbilla. Sus ojos se encontraron.

—Yo también tengo miedo —dijo él.

La conversación adquirió un tono más bajo.

—No creo que sea a lo mismo.

Ella volvió a morderse la carne del labio. Se hizo un silencio que duró unos segundos.

—Tengo miedo de que un día no aparezcas más por aquí —dijo Ram.

—No me caes tan mal como para hacer eso —bromeó ella.

—No me refiero a eso —dijo serio con la mano todavía en su barbilla—, me refiero a lo mismo que tú.

Kassandra bajó la vista y mordió una tercera vez su labio inferior. La carne se le enrojeció justo donde los dientes hacían presión en la mordida. Ram pasó su otra mano por su cintura y recorrió la línea de la mandíbula de ella con el dedo pulgar, agarrándole la cara con la mano. Quedaron muy cerca el uno del otro. La besó dulcemente en la mejilla. Deteniéndose en la piel que cubría sus pómulos. La besó muy lentamente.

Sonó la puerta del tatami —toc-toc—, que volvió a abrirse. Entraron otros alumnos.

Sonó también el latido del corazón de Kassandra. Toc-toc. Toc-toc. Muy intensamente y muy hondo. Como si algo también llamara a su puerta.

La clase de técnica con armas prosiguió, esta vez con diez chicos más. Combate de contacto estratégico para liberar de posibilidad al agresor. Giros de muñecas y retorcedura de brazos hasta tirarlo al suelo. Desbloqueo de manos. Técnica con cuchillo. Obviamente, sin violencia. Solo para neutralizar al atacante y huir. No se le ocurriría enseñar a todos esos chicos lo demás.

En uno de los movimientos de marcaje del profesor, Ram cogió por detrás a Kassandra haciéndole un ataque para tirarla al suelo. El atacante —él— portaba el arma —una navaja táctica de plástico enfundada—. Ella debía quitársela y zafarse de él.

Aprovechando un instante en que él bajó la fuerza y su mano quedó libre, lo agarró del brazo izquierdo, le abrió la palma girando su muñeca y lo neutralizó mientras sujetaba el arma con su otra mano.

Estaba a unos centímetros de él, hombro con hombro. Su boca se encontraba muy cerca de su oreja, y viceversa. Ram se acercó un poco más, ejerciendo una leve presión con el cuerpo. Fingiendo un forcejeo.

—Ahora, hunde ese cuchillo —escuchó Kassandra en un murmullo muy cercano a su oído, solo audible para ella. Sintió el calor húmedo de su voz dentro de su oreja y cómo permanecía muy quieto esperándola.

Se quedó paralizada una milésima de segundo. Entonces, él repitió sus palabras, esta vez más cerca de su oído, tocándola con los labios.

—Hunde ese cuchillo si es necesario. Ni siquiera lo pienses —le susurró.

Tras unos segundos, por fin su mano se movió e hincó con firmeza unos centímetros el cuchillo enfundado en la zona del apéndice de él. Instintivamente se separó un poco tras el contacto, con la respiración entrecortada pero no agitada; se miraron un segundo, reincorporándose.

—Y esto es todo por hoy —dijo Ram en voz alta para los demás—. No hagáis lo que acaba de hacer la Blanquita en casa ni de fiesta.

Se escucharon risas y los chicos comenzaron a recoger para ir a los vestuarios. Ella siguió mirándolo impertérrita a la cara.

—Hazlo —le dijo mirándola, como si estuviera pidiéndoselo por favor más que dándole un consejo táctico.

—Ram, ¡una de las bicis se ha roto, tío, suena como un muelle! —se escuchó un grito desde fuera del tatami proveniente de la sala de máquinas.

Él pasó rápido por el lado izquierdo de ella, muy serio todavía y sin mediar palabra, dándole un pequeño golpe sin querer en el hombro y haciéndola bascular hacia un lado.

Se quedó sola en la sala, apretando el cuchillo en la mano derecha, los ojos muy abiertos y mirando hacia la nada.

El entrenamiento había acabado. Su entrenador intuía o sabía mucho más —o al menos mucho más de lo que ella pensaba que sabía hasta hacía poco— sobre lo que estaba ocurriendo.

¿Cuánto duelen once patadas en el estómago? ¿Cuánto oprimen veinte segundos de asfixia? No lo suficiente. Nunca lo suficiente. Lo único que duele y oprime lo suficiente como para dejar de resistir es saberte vencido. Y ellos lo sabían. Todo se encontraba perfectamente medido para que las mujeres se supieran perdedoras, no solo las que recibían la paliza, sino todas las que la observaban. Hacían de la empatía una trampa perfecta y no había semana que no pegaran a alguna de las chicas para dejar claro quién mandaba allí.

A Kassandra le gustaban las flores. Había descubierto las prímulas —o «primaveras», como las llamaban comúnmente por ser las primeras en florecer— cuando una tía de su madre le recomendó su aceite en cápsulas para esos «ardores» que sufría en el estómago y la garganta. No funcionó, pero se acercó al mercadillo de los sábados para comprar varias macetas de prímulas color rojo sangre, que colocó en la ventana de su habitación y en la cocina del chalé. A Polina no le gustó excesivamente la idea y las sacó al tendedero, pero ella siguió cuidándolas. Aquello le recordaba a algo que le decía su tía Gladis de pequeña. A ella le había sucedido cuando tuvo a sus mellizas, justo un mes después del fallecimiento de su marido. «Cuando alguien tiene algo que cuidar, también se cuida a sí mismo —le decía—. Si alguna vez dejas de cuidarte, oblígate a cuidar algo y volverás a hacerlo contigo. Tener algo por lo que luchar te hace fuerte. Te revive. Porque una puede estar viva, pero no viviendo», le repetía.

A veces, durante su descanso para comer, permanecía largo tiempo mirando aquellas prímulas hasta que solo veía el color rojo. Las miraba y las miraba, reposada encima de sus brazos en la repisa de la ventana, ajena a todo lo demás. Katia, muchas veces, se acercaba sigilosa por detrás, con una risilla curiosa asomándole en los labios por el ensimismamiento profundo de su amiga. Entonces, se abrazaba a ella y las miraban largo rato juntas. También solía sumarse Aleksandra al verlas a ambas, y quedaban las tres en silencio. Un silencio que atronaba dentro de sus miradas rígidas. Cada vez que pensaba que lo que ella vivía allí sucedía todos los días en miles de lugares del mundo, le ardía tanto la boca del estómago que tenía que recostarse en algún sitio unos segundos hasta poder volver a andar. Dejar de pensar mientras fijaba la mirada en un punto la calmaba, pero estaba comenzando a odiar aquella sensación que no podía controlar y aumentaba su intensidad por días.

Bogdán estaba apretando tanto el cuello de Bruna que todas pensaban que después de aquello nunca se levantaría del suelo. Kráneo, atento a la escena, repiqueteaba con el fajo de cartas de póker en la mesa del salón, las piernas abiertas y postura de desgana en la silla acolchada. Parecía que le fastidiara el hecho de que su socio tuviera que darle una paliza a una mujer por haber rechazado a un cliente que la trataba mal, pero no por la cantidad de patadas que hubiera recibido la chica, sino porque había tenido que suspender la partida.

De vez en cuando, cada vez que el otro soltaba algún improperio o daba un puntapié en el estómago de ella, sonreía maquiavélicamente, aprobándolo, y seguía a sus cosas.

Bruna se encontraba casi al límite, en posición fetal, deseando y rezando por que acabara aquel calvario. Las lágrimas le llegaban al suelo y se tapaba la cara con las manos y la barriga con las rodillas. Era el momento. La ocasión en la que dejas de resistir para evitarle al sufrimiento más inquina.

—Como si se la tienes que chupar haciendo el pino —le escupió Bogdán muy cerca del oído, regocijándose en su dominio.

Los diez ojos espectadores, todos femeninos, parpadeaban temerosos y miraban hacia los lados, esperando a que se terminara aquel silencio insufrible y, con él, la situación. Se escuchó un susurro desde la pared en la que Aleksandra, Katia y Marcela permanecían en fila, obligadas a presenciar la escena que tantas veces habían vivido en sus propias carnes ya.

—Levántate.

Corto. Escueto y directo.

Siguió el silencio. Siguió también ella en el suelo acurrucada, pero no pasó desapercibida aquella palabra para Bogdán, que se giró y miró hacia la pared donde estaban las chicas. Katia no le devolvió la mirada. Continuaba mirando al suelo, donde estaba Bruna. Aquello despertó a Kassandra de su estrategia psicológica de evasión. Volvió a la escena presente y dudó si lo que acababa de suceder era verdad o una de sus alucinaciones.

—Levántate.

El susurro se repitió con otra voz de mujer. Más silencio. Nadie dijo nada. Kassandra corroboró que aquello que sucedía era real y contuvo la respiración, tragando saliva y observando cauta la escena que tenía ante sus ojos.

—Levántate.

Otra voz. Desde el mismo lugar. Distinta.

En el suelo, Bruna se estiró despacio y se quedó mirando a un punto fijo entre la pared, el polvo y el pie del proxeneta. El rostro desencajado y la ropa estirajada por los zarandeos. Todos la miraron. Y ella siguió moviéndose. Una mano. Otra. Una rodilla. Otra. Hasta que se incorporó a medias, apoyando el antebrazo en la silla.

Bogdán alzó el puño tatuado, expectante, y la miró con fijeza desde arriba. Un golpe seco con los nudillos en su coronilla la hizo soltar un quejido intenso y agarrarse más al mueble. Se la escuchó respirar, doliente. Kassandra comenzó a sentir aquella sensación horrible en su estómago y se encogió apenas un poco para intentar calmarla. Se agarró el collar del bate como buscando equilibrio. Espiró lentamente por la boca.

—Levántate.

Katia había hablado de nuevo, esta vez más sonora y más decidida en su imperativo.

Kassandra la miró y volvió a desviar sus ojos al lugar donde estaba Bruna, entre el suelo y la silla, agazapada como una gacela herida. Volvió a tocarse el collar con la mano, como si aquello le hiciera centrar su atención en otra cosa y no darse cuenta de que estaba volviendo a suceder.

Bruna comenzó a recomponerse otra vez y, poco a poco, apoyando la mano derecha en la silla para impulsarse, levantó sus rodillas del suelo y se incorporó hasta quedar de pie. De pie a la altura del proxeneta. Se balanceaba un poco a causa del mareo que le había causado el golpe anterior, pero ahí estaba. Brava y potente. Mirando a la batalla de pie y a la cara.

Ambos se miraron frente a frente. Y, entonces, zassss. El último golpe sonó seco y mecánico en su sien derecha y hacia la izquierda. Zas. Kassandra soltó el collar y cerró ambos puños. Que no le haya roto el tímpano, pensó. Que no le haya roto el tímpano. Que no le haya roto el tímpano.

Bruna cayó otra vez al suelo de gres, tras sujetarse mal a una de las patas de madera. En aquel salón solo se escuchaba a duras penas su respiración dificultosa y dolorida, oculta por su nuevo encogimiento. Todas permanecieron calladas y mirando la escena.

Bogdán se dirigió hacia la salida sin decir nada. Abrió del todo la puerta entreabierta, con un puntapié de su bota militar, dando con el pomo en la pared. En la cara, ningún gesto del hombre al que maltratar y matar le parecía tan natural como comer. Tampoco en la de Kráneo, que se levantó de su silla, tirando las cartas a la mesa. Algunas cayeron al suelo y las apartó con la suela de la zapatilla dorada, lanzándolas hacia los lados de forma brusca.

Kassandra miró fijamente al suelo. A una de las cartas de póker que habían quedado boca arriba.

Kráneo se dispuso a irse, ignorando lo que realmente había sucedido, pasando por delante de las chicas agolpadas en la pared de al lado y por el perfil derecho de Maisha, que no lo miró.

Maisha no se movió lo más mínimo, no le brindó más espacio. No se dio ese movimiento de amago inconsciente que se produce cuando uno teme o respeta a alguien y no puede evitar apartarse a su paso. Ni siquiera se inmutó. Permaneció quieta al lado del marco de la puerta, mirando al frente, a Kassandra, con la que se encontró visualmente durante unos segundos. La cara muy alta y encima de los hombros. Altiva.

¿Cuánto duele un puñetazo en la cabeza? ¿Cuánto duele un tortazo en el oído? No lo suficiente. Nunca lo suficiente para alguien que sabe que nunca ha sido vencido porque nunca se ha sabido jugador del juego. Nunca lo suficiente como para amedrentar a quien ya se sabe jugador. A quien se reconoce como pieza clave en el tablero. Como figura en la baraja. A quien entiende de una vez quién es su contrincante.

Ambas siguieron observándose atentas y muy serias. Los labios de Kassandra entreabiertos y pasmados, como si viera un fantasma; los de la otra tiesos al igual que su cuerpo, hierático y oscuro, eternamente esperando al movimiento como una figura de ajedrez. Los cuatro ojos fijos casi se fusionaron en una sola mirada.

Desde la esquina derecha, al fondo, se pronunciaron tres palabras inusitadas, muy lenta y metódicamente, como si se dictara una sentencia.

—Volverá a levantarse —se escuchó firme la voz de Kassandra antes de que el proxeneta diera el portazo.

Arrastraba el carro por el pasillo de la sección de panadería indecisa, oteando desde la esquina las cajas del supermercado para ver si había mucha gente. Odiaba que la *madame* la mandara a hacer compra para el club, pero, sobre todo, odiaba el momento de pagar la compra del club. Y ya había pasado por ello tres veces, cuatro con esta.

El supermercado estaba a unas cuantas calles del chalé. Unos diez minutos caminando a paso ligero, cerca del gimnasio. Era grande y Kassandra pasaba desapercibida entre la gente.

Podría parecer una gilipollez, una manía personal o algo sin más importancia que la que ella misma le daba. Pero cuando en el carro de la compra llevas pan, agua, huevos, leche, galletas, comidas precocinadas varias para calentar al microondas, tres botes de lubricante y diez cajas de preservativos, lo entiendes y lo sufres. Evidentemente, los preservativos y el lubricante se compraban al por mayor y llegaban puntualmente al club en un reparto mensual, pero, a veces, como había vuelto a ocurrir ahora, los cálculos fallaban y había que comprar con urgencia algunas cajas para subvenir a las necesidades del fin de semana. Normalmente la encargada de las compras de última hora era Polina, pero de vez en cuando le tocaba relevarla y eso le fastidiaba el día.

Se decidió en la esquina última que daba a las cajas registradoras. Respiró hondo una sola vez y anduvo rápido hasta la más cercana sin mirar a nadie, con la cabeza gacha y la mirada al suelo. Venga, que no pasa *ná*, se dijo a sí misma.

Diez cajas de condones. Diez. Ciento veinte condones en total.

Sí que pasa, pero tú haz como que no, se volvió a decir mientras llegaba a la caja.

Más de cien condones.

Madre mía, pasa mucho, se dijo a sí misma al parar la última en la cola.

Siguió mirando al suelo. Atenta a los sonidos *pib-pib* del pase de productos y a los pasos del de delante, fijándose en el momento en el que sus zapatillas de deporte avanzaban —y rezando para que no se colocara nadie detrás— hasta que se supo la segunda y, por suerte, también la última.

Vale, ya está, casi te toca. Esperó los últimos segundos mirándose los dedos y las uñas disimuladamente.

Las zapatillas de delante se giraron noventa grados y escuchó una voz.

—¿Quieres pasar?

Levantó la cabeza y el corazón se le paró un milisegundo, que fue suficiente para que también se parara el riego sanguíneo, la producción de saliva, el movimiento de los párpados y las cuerdas vocales. Iba vestido con chándal negro y la estaba mirando con una amplia sonrisa en la cara.

Se giró un momento para ver cuántas cosas llevaba la persona de detrás. Solía ser muy educado cuando iba a comprar. Siempre que la persona de detrás llevaba pocas cosas a caja, la dejaba pasar.

Se giró rápido y la vio mirando al suelo. Dibujaba círculos con la punta del pie derecho y apoyaba la mano derecha en el mango del carro. Se miraba las uñas con disimulo, intentando hacer de su empeño por pasar desapercibida una realidad que no conseguía materializar, dadas las circunstancias. Echó una vista relámpago al carro para ver cuántas cosas llevaba.

¿Eso eran condones?

Llevaba ¿cuántas?, ¿diez cajas de preservativos? ¡¿Por qué llevaba diez cajas de preservativos?!

¡¿Por qué también llevaba tantos lubricantes?!

Todo aquello era muy raro. ¿Quién iba a un supermercado a comprar más condones que comida? Nadie compraba diez cajas de condones para sí mismo. Era imposible, a no ser que tuviera que montar una fiesta de globos y hubiera elegido preservativos lubricados para ello. Y aquello tampoco era muy plausible porque valían el triple que una bolsa de globos y estaban lubricados, con la consiguiente dificultad para insuflar aire sin que acabaras con la boca como un bebé de un año comiéndose un tarro de vaselina a escondidas. Pero qué cojones hacía allí con esa compra tan inverosímil. Seguía sin mirarle. Aquello iba a ser muy divertido. Entonces formuló la pregunta.

Alicante tenía más de trescientos mil habitantes. Por las fechas, en pleno julio, las personas con las que podría encontrarse en algún lugar sumaban casi cuatrocientas mil; bien: pues era él.

Supuso que si el gimnasio estaba cerca de las Mil Viviendas y el club estaba a unos veinte minutos andando por la paralela de la alameda, había cierta probabilidad de que fuera a comprar a aquel puto supermercado. Pero no el mismo día. A la misma hora. Pagando en la misma caja en la que ella iba a pagar y justo delante de ella en la cola.

—No hace falta —contestó ella sin sonreír y sin mover ni un solo músculo de la cara más que los necesarios para articular las tres palabras y pestañear una vez y media.

La vida no se estaba riendo de ella, se estaba descojonando. Y Ram en aquel momento por dentro probablemente también.

Él miro el carro. Ella miró el carro. Él la miró. Ella lo miró. Él volvió a mirar el carro. Ella volvió a mirar el carro. Él la miró. Ella lo miró.

—Sí, claro que hace falta. Mira tu carro, si no llevas casi nada. —Él volvió la vista otra vez lentamente hacia su carro.

—De verdad, pasa tú.

—Insisto, pasa tú.

La cajera, una chica de unos treinta y algo, morena y muy delgada, de cara pequeña y nariz grande y aguileña, miraba, bolsa de plástico en mano, la escena con dos ojos saltones muy abiertos, como si no entendiera nada de todo aquello y a la vez entendiera algo que no sabía muy bien qué era. Al final descubrió que la situación le estaba divirtiendo de lo lindo, así que siguió con sus abultados ojos el curso de los acontecimientos expectante.

—De verdad —insistió él, invitándola a pasar con un gesto de la mano—, hoy no tengo naaaada de prisa. Pasa tu compra.

La cajera, que ya había echado un vistazo al carro de Kassandra, se aguantó una risita como pudo, no sin hacer un ruidito incontinente e inevitable. Kassandra la miró. Luego miró a Ram fijamente a los ojos y se puso seria como un teniente militar a punto de echarle el puro a un soldado raso.

—Yo tampoco tengo prisa.

—¿Estás segura? —dijo él—. Seguro que tienes muchas cosas que hacer —ironizó.

Ella suspiró. Sonrió falsa y ampliamente y cogió el carro, dispuesta a pasar delante de él. Él volvió a hacer el pase, como si de un recorte de torero experimentado se tratara.

—Gracias —le dijo ella arrastrando las letras de la palabra muy exageradamente al pasar.

—De nada, preciosa —contestó él esbozando una amplia sonrisa.

Kassandra comenzó a depositar en la cinta la comida en primer lugar. Después siguió con las cajas de preservativos, una a una, marcando el golpe al dejarlas en la cinta transportadora. De vez en cuando echaba un vistazo a la cara de la cajera, que casi no podía respirar y disimulaba fatal las ganas de estallar en una carcajada épica.

—¿Te ayudo? —preguntó Ram.

Miró hacia atrás y sus ojos se encontraron con los de él. Seguía sonriendo. Aquella escena daba la razón a todas sus pesquisas, y ambos lo sabían.

—¿A qué? —espetó ella borde.

—Pues, depende —bromeó él mirando a una caja de preservativos.

La cajera no soportó más la tensión y rompió a reír antes de que la vena frontal le explotara.

—Perdón —se disculpó—. Perdón, de verdad, es que esto no me ha pasado nunca —volvió a explotar escupiendo sin querer—. Lo siento mucho, en serio.

Ram ayudó a Kassandra a dejar los lubricantes en la cinta mientras la cajera llenaba las bolsas. Tan pronto hubo pagado, Kassandra salió de allí todo lo rápido que pudo para no encontrarse con él a la salida, con las bolsas repletas y casi sin respirar.

El lugar era una especie de mazmorra modernista. Había esposas de hierro en la pared. Dos vitrinas gigantes y transparentes sujetaban cada mesa con dos pequeñas pitones dentro. Una iguana en otra, al lado del escaparate donde estaban colgadas con celo fotografías de todos los tatuajes que se habían realizado. La tatuadora estaba dentro, en el estudio. Se escuchaba el sonido de la aguja vibrante al otro lado de la puerta. Kassandra anduvo dando vueltas, mirando patrones, mandalas coloridos, calaveras mexicanas, tribales negros, tintas de colores. Plantillas y dibujos hechos por los clientes que decoraban las paredes de piedra oscura. Había ido allí porque le habían dicho que era especialista en tatuar motivos minimalistas y pequeños. Sutiles.

La puerta se abrió y de ella salió una chica con una gasa pegada a la muñeca. La tatuadora detrás.

—¡Hola, preciosa! ¡Te atiendo en seguida! —dijo con una sonrisa de oreja a oreja que dejó entrever dos brillantitos en los dientes y le subió el septum que llevaba en la nariz.

Terminó de darle pautas de cuidado y curación a la chica a la que estaba atendiendo.

—No te asustes por las serpientes, son de mi novio. Estoy intentando que las quite de ahí ya, en seguida crecerán y pueden comerse a algún cliente —guiñó el ojo—. Dime cosas, bonita.

—Soy la chica que te llamó, la del tatuaje pequeño.

—Ay, sí, el martes. Kassandra, ¿verdad? Era un tatuaje pequeño en el dedo si no recuerdo mal. Pasa conmigo y siéntate en la camilla.

Comenzó a preparar la tinta y la aguja. Kassandra se recostó en la camilla y se retiró la manga del jersey hasta la mitad del brazo.

—Y, dime, ¿qué era lo que querías?

—Una letra «K» en el dedo corazón, en la parte de dentro y muy pequeña, que no se vea mucho.

—¿Para sacárselo a la gente? —se rio. Era simpatiquísima.

—Algo así —se rio también Kassandra.

La tatuadora comenzó por lavarse las manos, luego preparó la tinta y, finalmente, acondicionó la piel de Kassandra, desinfectándola y aplicando la crema anestésica.

—Oye —siguió hablándole mientras extraía la aguja y colocaba los utensilios—, ¿y por qué una «K»? Si se puede saber, claro.

—Por la letra inicial de mi nombre. Me llamo Kassandra, pero todo el mundo me llama K.

—Madre mía, ¡qué tonta! Claro..., pero seguro que tiene algún otro significado —sonrió cotilla—. Uno no viene a tatuarse su inicial así como así. Detrás de un tatuaje siempre hay una historia o un motivo..., aunque entiendo que sea secreto. Incluso hay gente que descubre el verdadero motivo de su tatuaje mucho después de hacérselo, ¿sabías? He tenido clientes que han vuelto después de unos meses y me han dicho: «Gata, resulta que me tatué esto por tal o cual cosa; o que en realidad pensaba tal cosa, pero me lo estaba negando a mí mismo y ahora me he dado cuenta de que sí quería trabajar en ello o conseguir a esta persona y por eso me tatué aquello». El mundo del tatuaje es fascinante.

Kassandra pensó en la cuestión unos segundos y se preguntó a sí misma sobre el porqué de su tatuaje. Se miró las manos. Se miró el dedo corazón por la parte de dentro, justo donde iría la inicial. Llegó a la conclusión y la dijo en voz alta.

—Creo que no quiero olvidarme de quién soy.

—¡Ajá! —la tatuadora señaló divertida a la cara de Kassandra—, lo tenemos. —Kassandra esbozó una media sonrisa—. ¿Y por qué no quieres olvidarte de quién eres? ¿Crees que lo estás olvidando? No me des detalles si no quieres..., es solo que me gusta meterme en el tatuaje, aunque sea una cosa pequeñita, ya sabes, soy como la madre adoptiva de mis *tattoos*, les pongo título y esas cosas —rio.

La verborrea de aquella mujer le resultó graciosa y estimulante. Pensó otra vez. Rebuscó en su mente hasta llegar al lugar y el momento exactos en los que decidió tatuarse. Estaba en su casa, en el baño, y acababa de ducharse. Se escurría el pelo largo con las manos, extrayendo el excedente de agua, y se miró al espejo. Su cuerpo, sus curvas, los pechos redondos, que caían ligeramente, su ombligo y el agua que caía goteante y se colaba en él. Ya no era ninguna niña, aunque todo el mundo parecía tratarla como tal. Ella se estaba dejando llevar por su infantilización, quizá demasiado. Fue entonces cuando lo pensó, otra vez, como aquel día en el que conoció a Emil: ¿dónde está la Kassandra que yo conocía? Parecía haber desaparecido para dar paso a una chica indecisa y que nada tenía que ver con la niña de carácter férreo e independiente que había sido siempre. Se miraba al espejo y se veía allí, tan real..., pero no se reconocía. Solo sus ojos parecían corresponderle. Conservaba, eso sí, la mirada penetrante y predadora de siempre, de un verde intenso, el brillo de la lucha en su iris, pero había perdido algo, como su esencia. Quizá por eso las continuas alucinaciones disociativas y oníricas con Kassandra niña, que la aquejaban desde hacía meses y que comenzaron precisamente cuando todo lo demás también lo hizo. Quería recordarse quién era porque algo le estaba impidiendo ser ella misma. Estaba claro qué era aquello que amedrentaba su carácter y su fuerza. Fue entonces cuando decidió tatuárselo.

—Creo que no me he olvidado de quién soy..., pero tengo circunstancias en mi vida que no funcionarían tan bien si yo no hiciera como que sí —reflexionó—. ¿Has dejado de ser tú alguna vez para protegerte? Como si te mimetizaras con un entorno hostil, ya sabes.

—Uf, ¡muchísimas veces! —dijo la tatuadora—, pero siempre acabo volviendo a reconciliarme conmigo misma —sonrió. Era una chica joven, de unos veintimuchos, muy vivaracha. De esas personas a las que parece que hasta ver un avión pasar cerca les hace ilusión, pero había algo en ella que la hacía filosófica y profunda—. ¿Sabes? —continuó hablando—, yo creo que uno no deja nunca de ser quien es, solo, como tú dices, se adapta al entorno.

—Se civiliza. Vamos perdiendo nuestra esencia —concretó Kassandra.

—Eso es, efectivamente. No dejes que aquello que te esté sucediendo haga que te pierdas a ti misma. Entonces no ganarás tú, sino lo que está sucediendo, ¿me explico? Es algo así como lo que decía Alicia en el País de las Maravillas, creo que era algo así como...: «Sabía quién era esta mañana, pero he cambiado varias veces desde entonces», ¿no? Bueno, pues la cuestión es más o menos esa, no olvidar quién eras por la mañana, porque fue la persona que eras por la mañana quien te hizo embarcarte en la aventura, aunque te hayas caído en un hoyo y en realidad no fuera tu intención —sonrió ampliamente, divertida por su ocurrencia.

—Eso es. Gracias por el consejo —Kassandra le devolvió la sonrisa.

—Bueno, creo que la anestesia ya habrá hecho efecto. Menuda conversación hemos tenido, ¿verdad? Me ha encantado. ¿Y en qué tipografía la querías?

—Pues… —pensó unos segundos, pero no tenía ni idea.

—¿Y si hacemos una «K» en mayúscula como la de las cartas de póker? Puede ser guay.

—¿Te refieres a una «K» como la de la carta del Rey de Corazones? —dijo con estupefacción. Se le transformó la cara. Su rostro reflejó una mueca de circunstancia.

—¡Claro! Además, al hacértelo también en el dedo corazón, pues queda genial. Bueno, en todo caso, sería una versión femenina. La Reina de Corazones. Y encima tiene que ver con lo que hemos hablado. ¡Me encanta! ¿Ves? Lo que te decía, al final los tatuajes siempre siempre tienen su significado oculto. Hasta nos hacen entender cosas que no entendíamos o no sabíamos, ¿no es maravilloso? La Reina, como en el cuento de Alicia —abrió los brazos en señal de solemne presentación—, solo hay que pintar las rosas de rojo —imitó al personaje.

Kassandra no se podía creer lo que estaba diciéndole aquella mujer, pero al final no le quedó otra opción que hacerlo.

—Mira, vale. Pues así lo quiero —estiró más la mano, decidida, y no lo pensó dos veces.

—Perfecto. Pues vamos allá, para que no olvides quién eres… —dijo. Y le guiñó un ojo, cómplice—. ¡Marchando una Reina de Corazones!

Bulgaria, año 1990

El hambre había comenzado hacía relativamente poco, pero nadie era capaz de recordar cuándo. Un gris se había apoderado de las ciudades y de la gente tras la época dorada y roja en la que la abundancia y la prosperidad, al mando de Todor Zhivkov, aliado ruso, colmaban el país de petróleo y abarataban los costes de luz, agua y comida. Pero el debilitamiento del bloque soviético llegó, y con él la crisis precaria. Una inestabilidad que había afectado a la economía del país y propiciado el auge del sentimiento nacionalista. Los turcos y los gitanos fueron los primeros en ser obligados a adoptar nombres búlgaros y en ser relegados al ostracismo civil, cuando no al éxodo hacia Turquía.

De la *musaka* de carne y patatas que se vendía en la plaza cuadrada de Bratya Daskalovi solo recordaba vagamente el olor de una nostalgia de domingos más felices. Lo mismo ocurría con el *baklava*, la *banitsa* y el *kifli*. Se alimentaba de flor de pan seca que le vendía más barata a su madre la dueña de la *klek-shop* más cercana —las unía una amistad de años. Favores de lazo—. Flor de pan, yogur y agua durante días, cuando su padre no ganaba lo suficiente en la metalera de la provincia limítrofe para alimentar a sus dos hermanas, a él y a su madre. El nombre de *klek-shop* proviene del verbo «arrodillarse» en búlgaro. Eran pequeños quioscos a pie de calle

—surgidos tras el advenimiento del nuevo Gobierno y la agudeza desarrollada por los civiles para sobrevivir— en los que se atendía a través de una pequeña ventanilla situada a ras del suelo, por lo que el cliente debía arrodillarse para comprar. Era él quien compraba el pan, porque su madre, inválida de la pierna derecha tras sufrir el atropello de un tractor que le provocó una cojera crónica, no podía arrodillarse.

El niño de diez años jugaba con una pelota de goma en el pasillo cuando escuchó unos ruidos provenientes de la habitación de sus dos hermanas. Se acercó despacio, rascándose el codo por el picor que le provocaban las chinches que colonizaban el colchón de su litera. Entreabrió la puerta y pudo adivinar la escena que se desarrollaba bajo el movimiento leve de las sábanas azul añil: su hermana mayor, Katerina, de catorce años, estaba en la cama junto a un hombre mucho mayor que ella.

De lo que no se habla no se sabe, y de aquello no se hablaba nunca. Sus hermanas guardaban silencio, su madre guardaba silencio y él se limitaba a mirar con un solo ojo a través de la roída puerta de madera desgastada.

La rendija desapareció de un portazo y el niño dio un respingo, chocando contra el cuerpo delgado de su madre, que había cerrado la puerta desde atrás.

—Si la puerta está cerrada no se abre —dijo a un Emil Batzlaba de diez años con un gesto autoritario—, ni molestes a tu padre cuando está ocupado.

En general, creo que debemos leer libros que nos muerdan y nos arañen. Si el libro que estamos leyendo no nos obliga a despertarnos como un mazazo en el cráneo, ¿para qué molestarnos en leerlo? ¿Para que nos haga felices, como dices tú? Cielo santo, ¡seríamos igualmente felices si no tuviéramos ningún libro! [...]
Lo que necesitamos es libros que nos golpeen como una desgracia dolorosa, como la muerte de alguien a quien queríamos más que a nosotros mismos, libros que nos hagan sentirnos desterrados a las junglas más remotas, lejos de toda presencia humana, algo semejante al suicidio. Un libro debe ser el hacha que quiebre el mar helado dentro de nosotros. Eso es lo que creo.

Carta de Franz Kafka a Oskar Pollak en 1904.

¿ESTO ES AMOR?

♖

Había decidido ir y no sabía hacia dónde. Sabía que le faltaba algo por hacer. Que se había encontrado en la situación en la que estaba por alguna razón en concreto y que todavía no había llegado a acertar cuál era. Esa sensación la desconcertaba, pero a estas alturas de la historia, con un hombre llamando a su puerta, con un mafioso perseguido en toda Europa observando sus pasos, no sabía aún por qué, y con aquellas ganas irrefrenables de averiguarlo y de hacerlo todo explotar susurrándole al oído, todo le daba exactamente lo mismo. Su mente parecía un laberinto de mapas mentales del que salir era imposible.

Se peleaba con Kassandra niña todas las noches en el mismo sueño.

Ella aparecía, en ese tablero de ajedrez, con su faldita a cuadros y sus zapatos de charol con calcetines. Entonces, sin abrir la boca y sin pronunciar absolutamente nada, sabía que le decía:

«Haz lo que has venido a hacer». Se lo decía sin voz. Solo con la mirada, desde lejos, advirtiéndola. La Kassandra actual, que no tenía ni puta idea, le preguntaba qué era eso que tenía que hacer. Kassandra niña le contestaba con una risa y un encogimiento de hombros y saltaba las casillas jugando sola, otra vez. Algo —no sabía qué— impedía a la actual acercarse a ella. Volvía a preguntarle: «¿Qué es eso que tengo que hacer?, ¿qué es lo que he venido a hacer?». La niña se esfumaba y acababa el sueño hasta la noche siguiente, cuando volvía a repetirse. Otra vez, incesante.

De vez en cuando la niña movía alguna pieza. Una torre. Un caballo. Un peón. Nada más.

Ella lo comparaba con aquellas películas en las que el espíritu no deja de dar por el culo a la protagonista hasta que descubre su historia y hace lo que debe. Entonces lo libera y el fantasma puede, por fin, descansar. En realidad, sabía que Kassandra niña también estaba un poco muerta. La habían matado de alguna forma hacía mucho tiempo, al igual que a la inocencia de la que hubiera debido disfrutar en su niñez. Se las mataron a las dos: a la inocencia y a su niña interior. Estaba enviándole mensajes a la mujer que ya era hoy. Y Kassandra —al menos eso parecía— comenzaba a entender algo.

Emil no dejaba de insistirle en que fuera a Marrakech con él y los demás. «A los de arriba les gustaría conocerte mejor», le decía. Obviamente se refería al Rey, o eso pensaba ella. Imaginó que él no tenía ni idea de que aquel hombre ya la había conocido demasiado. Con las chicas del club hablaba casi todos los días. Ya no eran compañeras, eran hermanas. Quizá no compartían lazos de sangre ni domingos en el campo con los abuelos, pero compartían algo mucho más importante: una lucha. La lucha por sobrevivir. La lucha por mantener su dignidad a flote en un navío que se hundía.

Cuando las luces se apagaban y la *madame* se iba a dormir, ellas eran las que se encendían. La excusa de la limpieza no era más que una oportunidad para estar juntas.

La fascinación de Aleksandra por la vida había deslumbrado a su vez a Kassandra. Era la persona con más ganas de vivir que había conocido jamás, a pesar de su situación. El humor era su vía de escape. Tenía una capacidad increíble para convertir una mala situación en algo nimio y sin importancia gracias a sus ocurrencias, pero había en ella algo, un destello fulgurante e intenso en su mirada, que Kassandra había reconocido. Algo que brillaba como solo brilla la rabia cuando ya es incontenible.

La primera en verbalizar lo que de verdad ocurría había sido Katia. Era fuerte. Todas eran fuertes, pero ella era fuerte como Kassandra. Agresiva, testaruda, cabezota, subversiva. Características que la hacen a una difícil de pisar. Hay personas a las que escupes a la cara y, en vez de lamentarse, se limpian mirándote a los ojos y alzan todavía más la cabeza —también están las del otro tipo, como Maisha, que te devuelven el escupitajo, y encima te lo hacen tragar—. Desde el primer momento en el que surgió *el tema* —ese tema del que nunca se hablaba, el verdadero motivo por el que estaban allí—, ella lo había dicho, sin vacilar siquiera.

—A mí me engañaron. Yo vine aquí para ser camarera y me engañaron. Yo no quería hacer esto —dijo.

Kassandra supo que Katia tenía el Fuego. Ese ardor que a ella le subía desde su pelvis hasta la base de su cabeza cada vez que sentía que el mundo era injusto. Mucho antes de aquel encuentro con el putero borracho, en el que ambas hicieron fuerza juntas para echarlo de allí, lo había sabido. El fogonazo que precedía a la explosión. Ese que se gestaba en los ojos y hervía en la sangre.

—¿Y qué vas a hacer? —le había dicho Bruna.

—Algún día me iré. Sin pagar nada porque no tengo que hacerlo —le había contestado brava.

—¿Y cómo te vas a ir si saben dónde vive tu familia y no tienes dónde ir? —le insistió Bruna.

A Kassandra le sonó familiar aquello último. Se acordó de aquel día. El primer día en el que tampoco hizo nada y en el que conoció a Polina, que le enseñó toda la casa y le hizo sentir tan mal. Se le puso un nudo en el estómago y bebió de su cerveza.

—Yo no puedo hacer nada. Tienen a mi niña en sus manos —se lamentó Marcela.

—Lo siento mucho, Marce —dijo Kassandra.

Marcela le sonrió y le lanzó una mirada de cariño, y Kassandra pensó en sus ojos hundidos y rasgados, muy oscuros. En su vida. En lo que había sentido cuando se la contó. Su infancia en Bogotá, tan dura pero tan vívida, con esa valentía innata que te aporta la niñez. La pobreza. La felicidad. Kassandra había decidido no morirse sin visitar antes la ciudad natal de Marcela, y eso que ya la conocía casi como si pudiera respirar el atardecer morado, azul y naranja, cayendo líquido e incesante sobre los altos edificios y las luces tintineantes desde el cerro de Monserrate.

—Y esto es lo que hay —dijo Bruna parafraseando a Marcela—. Póngase las pilas y a putear. Estos son casi peor que los narcos de nuestro país. También aquí algunas lo hemos tenido peor que otras. —Estaba claro que se refería a los privilegios de Kassandra.

—Que sea lo que hay no significa que lo que hay sea correcto. Aquí ninguna de nosotras veníamos a que nos maltrataran. Y nos maltratan a todas. Eso es lo que hay para todas —sentenció Katia—. Yo os digo una cosa..., me podrán marcar con el puño y me podrán matar la vida..., pero ¿el espíritu? ¡El espíritu solo se lo marca uno mismo! ¡Y nadie que no sea uno mismo se lo puede matar!

Kassandra se giró y la miró allí, apoyada en una de las mesas. Y ambas se miraron y se encontraron algo más que en la mirada. Y supieron muchas cosas. Lo supieron todo.

Katia tenía aquello que había movido el mundo desde que el ser humano lo fue. El verdadero motor de la historia; lo que cambia las cosas; el eco sibilante en tus sienes que repite: esto no es correcto. August Landmesser en aquella fotografía de 1936 donde todos los trabajadores de Blohm und Voss alzaban su brazo saludando a Adolf Hitler, cruzado de brazos, mirando al frente. Rosa Parks, el 1 de diciembre de 1955, cuando el conductor de aquel autobús le dijo que debía ceder su asiento a un joven blanco, y ella, inmóvil, mirando al frente. Maisha Gueye escupiendo en la cerveza de su proxeneta y volviéndola a dejar justamente en el lugar donde él la obligaba a guardarla, cerrando la nevera impertérrita, mirando al frente. Personas que deciden responderse solas los porqués. Que deciden cruzarse de brazos, no ceder su asiento, escupir, rebelarse. Los que miran al frente. Los que avivan el fuego de la revolución.

Conversación tras conversación, risa tras risa, semana tras semana, golpe de hombro tras golpe de hombro, comenzaban a estar cada vez más seguras de que lo que había que hacer no era achicar el agua del barco que se mantenía a flote gracias a su esclavitud. Era prenderle fuego. Hundirlo. Había que acabar con el barco. El barco no era aquello que impedía que se ahogaran. No era su salvación. No tenían que remar para seguir vivas. De hecho, remar era lo que las hacía seguir muertas.

El barco no era inevitable; no era el transporte a algo mejor. El barco era el problema. Y ellas la única solución.

Salir con los proxenetas se había convertido en algo habitual. A lo largo de aquellos dos meses en los que Emil se había acercado a ella, había visitado tres discotecas y cinco prostíbulos. De los prostíbulos, uno era macro —básicamente funcionaba en una nave industrial completa—, otros tres eran de carretera y el último era una casa muy parecida al chalé en el que ella estaba. Uno en Murcia, llamado Tit'os, al lado de una de las discotecas a la que también la habían llevado. Otros dos en Alicante, uno en Campello y otro en la salida de la autovía cercana a su pueblo natal, al que se accedía mediante un túnel-acuario lleno de peces de colores igual de atrapados entre cristales que las mujeres que estaban allí.

Curiosamente, los proxenetas más brutales, que se dedicaban abierta y mafiosamente a la trata de mujeres, como los

Hombres de Hielo, actuaban con la connivencia y apoyo de los dueños de los locales legales. Legales en apertura, que no justos. La mayor parte de dichos locales tenían a su disposición una amplia carta de mujeres —como si de restaurantes se tratara— a las que probar y que no ejercían la prostitución libremente. Al mundo se la traía enormemente al pairo lo que sucedía allí, y al Estado se la traía más enormemente al pairo si cabía. De vez en cuando, alguna redada propiciada por chivatos de la competencia o para dejar claro que se hacía algo contra la trata cuando la intención era cuando menos no hacer mucho. Allí conoció a otros hombres, incluso a alguna mujer —normalmente mamis y mujeres de los propios proxenetas—, de muchos países. Británicos, italianos, holandeses, rusos, colombianos, mexicanos. Aquello le recordaba a los domingos de «cumpleaños» en la casa de campo de sus padres. Una muestra de cada país. Una muestra de hombres de cada país explotando a una muestra de mujeres de cada país. En una de las ocasiones, un holandés llamado Brenan Bill, que gestionaba y dirigía varios negocios en la Costa del Sol —inmobiliarias, hoteles de lujo y, por supuesto, prostitución—, la invitó a una copa y entabló conversación con ella brevemente. Si era española, si estudiaba, si trabajaba, cuántos años tenía y lo bonita que era, poco más. Después le propuso a Emil su alquiler a cambio de dos mujeres rumanas de sus clubs en Puerto Banús. Ante la negativa de aquel, el holandés le ofreció dinero. Diez mil euros por dejársela una semana «de vacaciones». Emil dijo que no, que no se podía. «¿Es tu puta?», le preguntó el otro. «No es mi puta —le dijo el otro tranquilamente—, pero sí es de alguien».

Fueron a comer con el holandés y dos británicos a un restaurante de la costa, en San Juan. El cierre del trato por el alquiler fructífero de mujeres para la temporada veraniega marbellí se hizo entre paella valenciana y marisco de la bahía de Santa Pola. Las mejores calidades, el mejor vino del interior de la provincia en copas concienzudamente repasadas con vinagre. Desde la terraza se podía ver y oler el mar. El restaurante se encontraba básicamente colgando de un empedrado que daba a una preciosa cala aderezada con arena artificial. La brisa marina que se colaba entre los ventanales entreabiertos agitaba el pelo de Kassandra. Se lo recogió con el pañuelo negro que llevaba atado a la muñeca. No hablaba, pero escuchaba. Eran seis hombres: Emil, Kráneo, Bogdán y los otros tres. Hablaban también sobre la posible transacción de nigerianas. Salían muy baratas y rentaban en el negocio. Con las demás cabía al menos una ínfima posibilidad de que escaparan pese a las amenazas; con el vudú era prácticamente imposible. Ocurre siempre en la vida. Dejar de creer es mucho más difícil que dejar de esperar. A Kassandra aquella conversación le pareció casi una subasta pesquera de lonja como la que seguramente se había efectuado con el marisco de la mesa. Subasta a la holandesa y producto fresco.

Había dos guardias civiles acodados en la barra, justo en frente de las últimas mesas. Uno de ellos, el más mayor —pelo cano, moreno, barriga abultada y piel curtida— levantó la barbilla en señal de saludo hacia los proxenetas. Emil alzó la mano. Un saludo de rutina. El saludo de dos personas que tratan lo justo y necesario como para llevarse bien. Ella había visto al más viejo en el club emborrachándose con whisky y llevándose a Marcela arriba sin pagar ni un solo euro. Aquel trato de favor le provocó unas náuseas horribles y tuvo que tragar con mucha dificultad la saliva acumulada.

—Tu jefe no quiere que te invite a Puerto Banús —soltó el holandés en su acento extranjero marcado.

Kassandra echó un vistazo fugaz a todos los comensales de la mesa para corroborar que la interpelaba a ella. Después se quedó muda. No sabía si en aquel momento tenía que contestar o desaparecer como una paloma en una chistera de mago. Dio un trago a su vaso de agua. Más saliva. Más náuseas. El otro insistió.

—¿No quieres que te enseñe Puerto Banús? —preguntó el traficante.

Emil permanecía callado. Los dos británicos seguían a lo

suyo, comiendo como náufragos recién rescatados, manchándose las camisas de seda y con las barrigas a punto de hacer explotar sus cinturones de piel. Bogdán y Kráneo miraban algo en el móvil del primero mientras reían, de vez en cuando, y volvían a su seriedad perenne otra vez.

—¿No contestas? —insistió el holandés.

—Yo hago lo que veo. Y aquí no habla nadie —contestó ella.

No tragues más saliva. Ni respires, pensó. Si esta gente ve un atisbo de duda también ve una rendija por donde colar sus decisiones. Es capaz de llevarte a Marbella y violarte durante semanas. No cedas.

El holandés hizo un amago de risa subiendo los hombros. Ella miró a su izquierda, hacia la pequeña playa. Las toallas y sombrillas de colores de los primeros turistas del verano, que tomaban el sol enrojecidos por quemaduras incipientes, ondeaban con el viento de levante de aquel día caluroso y soleado. Atisbó en la orilla a una niña que tocaba un castillo de arena arrodillada en el suelo, y le sorprendió verla vestida con una falda de tablillas de uniforme y un polo blanco. Era la niña de sus visiones. Era ella misma cuando tenía seis años. Dio un respingo en su silla y desvió la mirada rápido hacia la mesa. Emil se percató del susto repentino y la observó mientras ella volvía a coger el cuchillo para partir la lubina a la plancha, disimulando.

Kassandra miró de nuevo hacia la playa, cuchillo en mano. Vio a la niña dándoles un puntapié a las torres de la construcción con los zapatos de charol. Con rabia. Después otro. Y otro. No dejaba de darle patadas a la escultura, obcecada en su misión de destrozarla por completo. Después se quedó observando las ruinas un instante y respiró hondo con los puños cerrados. Y la miró. Se giró y la miró. Sus mismos ojos verdes la miraron a ella y ambas se percataron de la presencia de la otra.

La niña dio media vuelta y se acercó a la orilla lentamente, internándose vestida en el mar. El pulso de Kassandra se aceleró con cada paso de la cría. El agua iba cubriéndola, primero las rodillas, la falda, después el pecho hasta el cuello. Luego la cabeza, hasta que no pudo avistarla.

—Te estás ahogando —dijo angustiada en voz alta.

—¿Quién se ahoga? —preguntó Emil frunciendo el ceño.

Se percató de que había pensado en voz alta. Miró al proxeneta, con esa cara de pocos amigos y esa vena hinchada en su cuello rojo por el vino, que intercalaba vistazos a la playa y a ella intermitentemente, sin entender muy bien a qué se refería.

—Un niño —mintió—, parecía que se ahogaba allí en la playa.

—No se ahoga nadie —contestó él, después de mirar, con una expresión en la cara que decía claramente: «Qué tontería estás diciendo».

—Está desviando el tema. Eso es porque no quiere venir conmigo a Marbella —apuntó el holandés divertido a medias, pausando las palabras que se atascaban en su acento—. Es muy lista, aparte de guapa, sí. Déjale el negocio, seguro que se le da bien. —Dio una calada honda a un puro habano que terminaba de encenderse y soltó el humo despacio, inundando el ambiente de un olor intenso a tabaco fermentado. Volvieron las náuseas. La comida estaba a punto de acabar y ella casi no había probado bocado.

—Igual no tiene ni que dejármelo. Igual se lo quito —contestó Kassandra.

Se sorprendió a ella misma por lo que acababa de decir. Sintió como si las palabras que habían salido de su boca no hubieran sido dichas por ella. Aquella contestación provocó un silencio atronador. Los seis hombres la miraron serios. No dijeron nada en casi diez segundos.

—¿Qué has dicho? —dijo el holandés visiblemente curioso. La había escuchado bien, pero le sorprendía el hecho de que la chica, tan silenciosa durante toda la comida, le hubiese hablado de tú a tú por fin. Se remangaba el puño de la camisa concienzudamente, repasándoselo, esperando a la explicación.

Se enervó sola. Se presentaron en su mente escenas que cada vez se repetían más y más. Ella rebanándole la mano a Emil cuando se la colocaba en sus piernas. Ella arrancándosela a Kráneo cada vez que le meaba encima a alguna de las chicas. Estrangulando a Bogdán y disfrutando con ello.

Pensó en clavarle el tenedor en el cuello al holandés allí mismo, delante de los mafiosos, de los camareros, de los comensales millonarios que disfrutaban de la carta con sus hijos o sus socios empresariales, del dueño putero del restaurante, que los invitaría a comer, de los guardias civiles, que hacían la vista gorda y visitarían ese fin de semana el club. Cuatro púas perfectamente incrustadas en su gordo y enrojecido cuello de holandés atiborrado de gambas, ventresca y vino. Sangre. Mucha sangre. Se sintió terriblemente bien imaginando la sangre caliente manchando sus manos.

Masticó la bola de lubina que se le había formado entre el paladar y la lengua seca. Le odiaba. Con todas sus fuerzas. Los odiaba a todos. Volvió a levantar su rostro y ladeó su cara lentamente, dispuesta a hablar.

—He dicho que igual me quedo yo el negocio —escupió mirando a los ojos azules al traficante y sonriendo—, hijo de la mierda.

El holandés hizo amago de beber un trago más de vino mientras la escrutaba de arriba abajo también serio. No llegó a beber. La barrera del idioma hizo lo debido, y no comprendió a qué se refería la española con «hijo de la mierda». Había escuchado «hijo de puta», «cabrón», «tu puta madre». Primeras expresiones hispánicas para un guiri con mucho dinero en mano que se debía esforzar lo mínimo en aprender. Pensó unos instantes en la expresión. No se tomó aquello como un insulto, ni supo si era en tono jocoso o no, ni si debía contestar irónico o no. Dio entonces el trago. Caso omiso. No obstante, se produjo una reacción inusitada en alguien que ella no esperaba.

—Se parece mucho a su padre —dijo Kráneo dirigiéndose al jefe.

Esas fueron casi las únicas palabras que le había dedicado el proxeneta desde que se habían conocido. Ni siquiera se las dijo a ella, pero hablaban sobre ella misma, y hablar de las mujeres como sujetos activos y vivientes era algo que aquel sádico no hacía jamás. Nunca. Para él las mujeres eran máquinas a las que apretar el botón y patear hasta romperlas. Eso era todo. Kráneo, el más violento, fue el único que parecía haber entendido el mensaje, pero no era así.

Emil Batzlaba observaba fijamente a Kassandra desde su sitio en la mesa casi sin pestañear. Muy serio.

Esa cría soberbia, con esa mirada penetrante y fija que siempre llevaba puesta como si fuera una joya de esmeralda, ese verde brillante en los ojos. Altiva. Masticando despacito antes de dirigirse a él y sus socios en plena comida de negocios sin pestañear siquiera. Sentada muy erguida, con esa clase innata que se sacaba de no sabía dónde. Barbilla alta. Cuchillo en mano y tenedor perfectamente trinchado en el pescado.

Pese a su aspecto angelical, parecía que nunca tenía miedo. Era peligrosa. Era tan peligrosa que faltaba bien poco para tener que callarla de una puta vez.

Sus ojos se encontraron. Ella aguantó estoica su mirada azul, sin inmutarse, unos segundos. Emil había entendido el mensaje. Perfectamente. Esa niñata de los cojones acababa de amenazarlos a todos.

Kassandra se estiró el pelo de la cola de caballo y miró hacia un lado. Las olas ondulaban lentas y constantes en el mar azul en calma, a lo lejos. Cerró los ojos un instante, sintiendo la humedad del aire contra la cara. Después giró un poco más los ojos. Miró allá donde había estado la niña hacía unos instantes. Ya no estaba. Ni rastro de ella. Solo el castillo de arena seguía allí, destrozado, en la orilla.

Los mafiosos bebieron hasta tal punto que los dos británicos tuvieron que acompañar al holandés de vuelta a su hotel en un taxi. Emil también se había emborrachado. La cara se le había enrojecido más que de costumbre por el alcohol, y se mostraba más exaltado de lo habitual.

En torno a las cinco de la mañana acabó la fiesta, pero no del todo para el jefe, que quiso continuarla en uno de los múltiples apartamentos vacíos que poseía en la costa de Alicante. Un edificio antiguo, altísimo y estrecho, rectangular, con balcón igualmente estrecho y vistas al mar. La mayoría de los vecinos eran herederos consecutivos de los antiguos propietarios, de los primeros en adquirir un apartamento turístico. Así era como se cobraban las deudas que no iban a pagarse en líquido: inmuebles, lanchas, barcos e incluso negocios —tiendas, restaurantes—. El proxeneta había llegado a un punto en el que se balanceaba y se mantenía de pie a duras penas. Fue Bogdán —que jamás se despegaba de él, como si de una sombra se tratara— quien abrió la puerta ante la incapacidad de Emil para insertar la llave en la cerradura. Se dirigieron al salón. El piso había sido reformado recientemente al estilo de los proxenetas: blanco, negro y plateado, papel con estampado sobrio en las paredes y cheslón y mobiliario a juego en el salón, donde la mesa baja seguía llena de colillas y ceniza de alguna juerga anterior. Una botella de vodka permanecía abierta en la mesa alta, al lado de un vaso apurado.

Estuvieron unos veinte minutos sentados. Emil la obligó a servirle una copa más. Después dijo que se irían todos a dormir, ella incluida.

A Kassandra le temblaron las piernas. Se le puso la expresión de un muerto. Pálida, casi transparente, ajena a todo. Su mente, de alguna forma, sabía lo que estaba ocurriendo. Se disoció, y su cabeza se quedó en la discoteca a la que habían ido tras cenar en otro restaurante, mirando, como había estado todo el tiempo, hacia la pista y a aquellas chicas bailando; a los jóvenes emborrachándose, gritando desde la barra exaltados a los camareros, haciendo aspavientos de llamada con los tiques de consumiciones en la mano. Disfrutando, olvidando, riendo. Siendo todo lo que ella jamás había podido ser incluso haciéndolo exactamente igual. Jamás se había sentido de la misma forma. Siempre sabiendo de más. K, la que sabía de más. La que sería más feliz si no lo supiera y la condenada a saberlo y a joderse. A saber cada vez más y más. Y a joderse más y siempre.

Emil se volvió para decir algo en su idioma a Bogdán, que asintió. Sin más dilaciones, el matón salió del salón hacia el pasillo dejándolos solos. Se escuchó un sonido lejano de apertura de puertas. El jefe se levantó y cogió el bolso de Kassandra. Después su brazo, levantándola del sofá. Después se dirigió con ella hacia donde se situaban las habitaciones que Kráneo acababa de abrir con llave y la metió con él en una de ellas a la fuerza.

El proxeneta entró en el baño. La habitación era muy similar a la suite del chalé. Baño, vestidor, cama ancha, alfombra de pelo sintético en el suelo y colores neutros en crema y blanco roto.

Ella se quedó sentada en la cama, sin saber muy bien qué hacer, hasta que el otro habló desde el otro lado de la puerta cerrada del aseo. «Ponte algo del vestidor», le dijo. Entonces supo lo que en realidad ya sabía desde hacía unos instantes. Días. Incluso semanas. Lo sabía desde el principio. Sabía lo que ocurriría en cuanto Marcela la advirtió, pero ¿qué podía hacer? Nada. No había nada que pudiera hacer más que lo que iba a hacer.

Se dirigió al vestidor y lo abrió. Había prendas varias de rejilla y pantalones ceñidos de estilo levantacola colombianos. Plataformas altas con tacón de aguja, colores flúor. Sujetadores con pedrería y corpiños. Vestimenta que ya había visto en el club. Abrió uno de los pufs acolchados azul marino insertados bajo las perchas y el zapatero y encontró un camisón de seda discreto, con ribetes de encaje en el escote y la falda. Se lo puso con la ropa interior debajo.

Emil ya estaba en la cama de matrimonio, en calzoncillos, mirando el móvil y esperándola. La borrachera le marcaba la expresión del rostro.

La observó avanzar hasta la cama. Pequeña. El pelo liso y largo cayendo por los hombros, maquillada la piel fina de su rostro e inexpresiva. Ella se recostó de lado en la cama mirando hacia la pared. La mano de él le acarició el brazo por detrás y la agarró, tirando hacia él para indicar que se girara.

Se volvió sin decir nada. Miró a su pecho y al tatuaje de las cartas de póker y las esposas a la altura de su esternón. De su boca emanaba un olor a alcohol insoportable. Lo escuchaba respirar agitado. Probablemente acababa de meterse una raya de cocaína para intentar despejarse.

La volvió a girar, situándose casi encima de ella y moviéndola bruscamente. Se pegó a ella por detrás, agarrándola de la cintura con el brazo derecho. Sintió el miembro en sus nalgas. Iba tan borracho que ni siquiera conseguía una erección. Jódete, pensó. Pero, en realidad, la que se jodió fue ella, como en la discoteca y como siempre. La mano del proxeneta rozó sus nalgas y bajó por ellas insertándose entre sus piernas. Le retiró las braguitas a un lado y metió un dedo en su vagina bruscamente. Kassandra cerró los ojos tan fuerte que casi le dolió más aquello que las embestidas de los dedos en su interior. A pesar de que el proxeneta se había dormido tras varios minutos de refregarse sin éxito, con el brazo descansando encima de su cintura, la que se jodió fue ella.

Recordó la misma situación que vivió de pequeña. El inmovilismo, deseando que el momento terminara. Cómo el jefe del que ahora era su jefe hacía lo mismo con la niña que fue. Sintió en la nuca la respiración y el aliento húmedo y denso de aquel hombre, como aquellos días. Se sintió débil, como aquellos días. Violada de recuerdos. Sintiendo cómo la vida le recordaba que no había dejado de ser la misma niña, ni el mundo una guerra silenciosa donde unos violan y matan de muchas formas y otros simplemente callan, mueren y se joden.

Se quitó delicadamente el brazo del proxeneta de encima y se levantó despacio para ir al baño. Entró y cerró la puerta con pestillo. Ni un atisbo de rabia en su cara. Ni siquiera asco o repugnancia, solo una triste indolencia.

Permaneció en la ducha casi media hora intentando no pensar en nada. Se enjabonó el pelo y el cuerpo, se los aclaró y luego se colocó justo debajo de la alcachofa.

Miró al frente, a la pared de azulejos lisos goteantes. Sintiendo el peso del agua que resbalaba rápida por sus piernas, por su rostro y por sus hombros. El agua cayendo de sus ojos y su nariz al suelo donde había más agua. Empapada. El vaho empañando los cristales y reblandeciendo su piel. El olor a limpio. Las burbujas de espuma. La sensación de pureza cristalina. El sonido del agua. Jamás había escuchado con tanto pasmo el sonido del agua, pero cuando a uno lo abruma el ruido y lo abruma el silencio, comienza a escuchar los sonidos. Los de verdad. Los sonidos que vale la pena escuchar. Los que te cuentan cosas sobre tu vida que aún no entiendes.

La voz de una niña de la que ya no reconocía el tono retumbó en sus oídos lenta y torpe, como si estuviera leyendo una frase de un libro destinado a lectores mucho mayores que ella: «Somos... lo que... hacemos... con lo que han... hecho con nosotros». Entonces sí, escuchó a Ana, su madre, por detrás: «¡Bien! ¡Muy bien!». Después silencio. Solo el agua.

No lloró, pues eso era lo que querían aquellos monstruos. Permaneció con la mirada perdida en la pared, como una cascada humana. Como un anfibio muy quieto en ese instante álgido en el que la naturaleza se bautiza mágica, esperando a metamorfosearse en algo que no sabe qué es. Muy quieta. Más sucia que nunca. Más harta que un grito. Más valiente que quien susurra con los puños cerrados un «jamás».

Allí, bajo el agua, Kassandra se sintió Marcela. Se sintió Aleksandra, Katia, Maisha, Bruna. Se sintió su madre y ella misma. Y todas las mujeres del mundo a la vez.

El día siguiente pasó ausente y viscoso. A ella le dejó una sensación áspera en el cuerpo, como una mañana de resaca. A las nueve de la noche bajó a la calle y anduvo sola hasta su casa. Por el camino pasó por un bar de copas de aspecto mejicano. De él salía un sonido que le resultaba familiar; música que ella había escuchado más de una vez en su casa, de niña, cuando los amigos colombianos de su padre —que venían de Galicia, pero provenían del otro lado del Atlántico— llegaban y sacaban el tequila para brindar por lo que su madre siempre llamaba «cumpleaños», que en realidad eran negocios que habían salido bien.

Recordó las palabras de Love: «Tú lo que tienes que hacer es beberte un buen tequilita tú sola, eso sí que quema». Paró en seco y decidió entrar. El lugar era oscuro pero acogedor.

La música y un olor a madera resinosa y ambientador de clavo le dieron en la nariz. Había dos mesas con varios hombres bebiendo unas cervezas, en sus cosas, que hicieron caso omiso a su entrada. En la barra, un camarero delgado y moreno, de aspecto latino, abrillantaba vasos. Se acercó en cuanto la vio. Ella pidió un tequila solo mientras se sentaba en uno de los taburetes de la barra, que crujió al posar sus nalgas.

—¿Cómo le pongo? —preguntó el tipo levantando un vaso de chupito pequeño y otro mediano, casi como para whisky, en cada mano para que eligiera.

—El grande —dijo ella.

—Me da a mí que lo que quiere usted es emborracharse —le dijo el tipo.

Ella ladeó la cabeza.

—Más o menos.

Bebió el tequila a tragos lentos y largos. Escuchando la música del ambiente. Lo apuró, depositó el vaso en la barra y llamó la atención del camarero con la mano, indicándole con un gesto que le sirviera otro. El hombre sacó otra vez el tequila y se acercó.

—Ha venido al sitio correcto, señorita, pero cuando lleve tres o cuatro no me pida más. No quiero sermones de sus padres, que no me pasa usted mucho de la mayoría de edad.

Kassandra rio y levantó el dedo pulgar en señal de «ok».

—Vale. Tres nada más —dijo—, pero bien llenos.

El hombre le sirvió otro chupito. Ella dio un trago y sintió cómo el tequila quemaba su boca y después su garganta, y llegaba a su estómago y se dispersaba caliente como un volcán en inmersión. Con cada trago más ardor. Con cada trago más borracha que con el anterior.

—Oiga —llamó al camarero, que le había caído simpático—, bébase uno conmigo, que pago yo.

El hombre, sonriente, puso una cara de sorpresa que se disipó en pocos segundos. Se sirvió uno con ella.

—Brindamos por usted —dijo Kassandra.

Y pidió otro más. Y el hombre —al que parecía gustarle la juerga que Kassandra iba buscando— volvió a servirse uno.

—¿Por quién brindamos ahora?

—Por la vida —dijo Kassandra.

—Pues dale, por la vida, que nos chinga a todos.

—Vaya que sí que nos chinga, señor —dijo ella entre risas.

No era todo más que eso: hombres y mujeres de todos los lugares del mundo que se encontraban en cualquier punto. Los colombianos y las colombianas; los nigerianos y las nigerianas; los rumanos y las rumanas; los españoles y las españolas. Y siempre la misma historia, fueran de donde fueran ellos y ellas. Como en la vida, que en realidad es una misma historia siempre, pero vivida y sufrida desde diferentes cuerpos y diferentes mentes y en distintos lugares. En la vida —recordó y repitió para sus adentros la reflexión en la ducha de aquel apartamento—, unos mandan, violan y matan. Otros callan, mueren y se joden.

—Este ya el último, no me vaya a pedir más —dijo el camarero poniéndose paternal.

—Le juro que no... —Agarró el vaso mientras caía el alcohol transparente—. Y si se quiere usted tomar también el último, lo brindamos.

—Pues vaya que sí, me lo voy a tomar. Luego a mi hija, que tendrá su edad, no la dejo beber, en teoría, claro, que uno ya se las sabe —le guiñó el ojo—. Los jóvenes luego salen y beben y chingan también, y los padres nos tapamos los ojos, y ya con eso vamos *palante* —rieron ambos.

—Este, si me permite, se lo dedicamos a una amiga mía, ¿okey? —pidió ella.

—Lo que usted diga —sonrió el hombre gratamente—. No problema, señorita, ¿a quién va el trago?

—A Love.

—Qué nombre más bonito, amor se llama su amiga. —Levantó el vaso de chupito, asintiendo varias veces, encandilado con el nombre—. Pues por Love.

—Por Love —chocaron cristales.

Comenzó a sonar una canción de fondo. Siguió el ritmo. La conocía. *Fuego*, de Bomba Estéreo. Bogotá, Colombia. La ciudad de Marcela y de Bruna. La ciudad de las mujeres que conocía y de los hombres que conocía su padre y cuyo recuerdo le había traído hasta esa cantina. Todo está comunicado, al fin y al cabo. Quién sabe cómo funciona el universo. Igual nosotros solo somos las piezas del juego de otros, pensó. Y me han tocado los más cabrones. Se estarán descojonando con lo mío. De nada, hijos de la mierda.

Ya achispada, pidió al hombre que volviera a ponerla de nuevo. Comenzó a cantarla animada. El otro la miró desde la esquina, al otro lado de la caja registradora, enroscándose el bigote y casi sintiéndose culpable por haber emborrachado a una chica tan joven, pero contento por haberlo hecho porque, por algún motivo que no sabía bien, supo que aquel día lo pasaría mejor con unos cuantos tequilas en la sangre. Sonrió y cantó el estribillo mucho más fuerte que ella, haciendo broma. Ella le devolvió la sonrisa. Después comenzaron a cantarla ambos en un guiño cómplice, uno desde dentro de la barra y la otra desde fuera. Haciendo un baile con los brazos y las manos. Señalándose.

Los hombres de las mesas los miraron entre extrañados, borrachos y divertidos. Y la canción sonó y sonó y se repitió tantas veces que se olvidaron de cuántas.

Hubo dos chupitos más. Dos para cada uno. Kassandra y el que supo después que era el propio dueño del bar cantaron cada palabra de aquel estribillo. Una y otra vez. Cada bis. Cada frase. Como un mantra. Como si a los de arriba, a los de la hipótesis en la que ella había pensado unos instantes atrás, los del juego, les hubiera dado por ahí por alguna razón que las piezas aún no entendían.

Mantenlo prendido, ¡fuego!
No lo dejes apagar.
Y grita ¡fuego!
Mantenlo prendido, ¡fuego!
Y no lo dejes apagar.

Aquel día de entreno, Ram había estado con la media sonrisa puesta, como si fuera un tatuaje, después de lo del supermercado. Al principio había entrenado con Toni y con él, por suerte, así que no había habido excesivo tiempo para preguntas. En una de las ocasiones, Toni había hecho hincapié en la pureza de la técnica de Kassandra —intentaba convencerla cada semana de que comenzara a practicar deportes en los que pudiera federarse para competir— y Ram había hablado de su supuesta fuerza, ejemplificándola con el hecho de que la había visto llevar sola siete bolsas de supermercado repletas de cosas. «Por la comida se hace la fuerza que haga falta», bromeó Toni. Lo que no sabía era que su broma había sido dos en una, y el otro estuvo riéndose dos minutos mientras Kassandra arqueaba tanto la ceja izquierda, cruzada de brazos, que pensó que se le iba a quedar en mitad de la frente de forma crónica. Toni no entendió tanta risa, pero les siguió la broma, porque era un chico muy divertido. Extremadamente divertido. Era prácticamente imposible estar triste al lado de Toni.

Acabó de ducharse demasiado tarde. Aquel día había podido ir al gimnasio casi a las nueve de la noche, después de las clases de francés que solía tener a las cuatro y que le había cambiado de hora la profesora por uno de los múltiples constipado-virus gastrointestinal-ataque de piojos asesinos que sus dos hijos alternaban continuamente.

Ram también había llegado tarde. Había ido hasta el cementerio municipal de Nuestra Señora del Remedio, a las afueras, para llevarle flores a su padre. Había muerto de cirrosis, le contó. En sus últimos días lo quiso por primera vez en su vida, porque el resto se la pasó odiándolo por maltratar a su madre. Se lo narró así, como él era, con esa serenidad para las cosas serias que contrastaba con el cachondeo y picaresca constantes que usaba para todo lo demás.

Ella no quiso preguntar demasiado. Quizá porque preguntar demasiado a alguien sobre su vida parecía implicar intrínsecamente que la otra persona preguntara sobre la tuya, pero no pudo evitar interesarse por algo en concreto en cuanto Toni se ausentó unos minutos para realizar las suscripciones de dos nuevos clientes.

—Me llama la atención algo muy concreto de ti —le dijo.

Ram frunció el ceño.

—Los chicos de ahí fuera siempre me dicen que tú no sabes tener pareja, que no me fije en ti, que eres un cabronazo, ya sabes —Kassandra dejó de golpear el *punching*, puso los brazos en jarra y torció el rostro, escrudiñando la respuesta corporal de él. Ram no se movía lo más mínimo. Permanecía muy quieto aguantando el objeto entre las manos, mirándola con los ojos fijos—. Me lo dicen entre risas, pero yo creo que, en cierto modo, y sobre todo en lo primero, llevan razón... ¿La llevan?

Ni un solo movimiento por parte de él, que siguió mirándola muy serio, sin apartar los ojos de los suyos en ningún momento. Ram era una de esas personas que algunas veces llegaba a ser capaz de incomodar. No era fácil mirarlo. La fijeza de sus pupilas inmóviles crispaba los nervios a cualquiera que no estuviera acostumbrado a contemplar largo tiempo unos ojos así. No a Kassandra, que poseía una mirada incluso más rígida. Y muchísimo más inquietante.

—Quizá sí la lleven.

Kassandra esbozó una leve sonrisa de triunfo. El otro no encajó muy bien el hecho de que a su alumna le gustara su respuesta, ya que no vaticinaba nada bueno. Aquello, no supo por qué, lo enfadó.

—No entiendo de qué te ríes —le espetó. Un aire soberbio le invadió la cara y se rascó la barba, retándola a responder.

—Lo he adivinado, profe —dijo Kassandra.

—¿El qué, Blanquita?

—Algo que me despertaba curiosidad... Todos tenemos miedos. Creo que he descubierto uno de los tuyos —volvió a sonreír pícara.

—¿Sí? —sonrió Ram, que se colocó el *punching* entre el brazo izquierdo y la cadera y se acercó a ella hasta quedar frente a frente con su cara—. ¿Y cuál es?

—¿Te da miedo ser como tu padre en las relaciones? —le soltó sin más dilaciones.

Aquello fue absolutamente imprevisto. En el rostro de Ram se evidenció una mueca que navegaba entre lo incómodo y la sorpresa.

—No lo sé —contestó—. Nunca me lo había planteado.

Ella se acercó todavía más a la cara de él, con la media sonrisa puesta en los labios.

—Busca «filofobia» en Google —le dijo.

Él dejó de sujetar el *punching*, que cayó al suelo.

—¿Filo qué? —preguntó.

—«Filofobia» —dijo ella—. Y ahora, vamos a seguir, porque quedan tres minutos para que empiece la clase colectiva, y tengo mucha rabia dentro que tienes que sujetar, por favor —Kassandra se agachó, recogió el *punching* de boxeo y volvió a colocárselo en las manos—. No le tienes miedo al compromiso, profe —comenzó a golpear—, te tienes miedo a ti.

Eran casi las diez y media y ya no había nadie en el gimnasio. Solo ella, Ram, que se había quedado acabando de hacer algunas gestiones tras la clase mientras esperaba a que ella terminara, y Toni, que había ido a casa para recoger sus propias llaves del gimnasio, sin las cuales no podía abrir los cajones de la caseta de dirección. Toni no había vuelto aún. A ella se le había olvidado el secador de pelo y había quedado para cenar con Bilma en la cantina mejicana del centro, Cactus, en media hora. No podía tardar más o no cenarían. La cantina cerraba a las dos en temporada, pero, pese a tener tiempo, prefería ir sin parecer una niña que volvía de clase de natación. Tenía que conseguir un secador y acicalarse en tiempo récord.

Se colocó el tanga, una falda vaquera, se puso una camiseta blanca de algodón y fue descalza en busca de Ram, pero no estaba. Le había dicho que estaría en dirección, pero de eso hacía ya media hora.

Escuchó el sonido de una taquilla cerrarse en los vestuarios. Se quedó parada entre la sala de tatami y la puerta. Volvió a escuchar otro sonido. Pensó un momento y decidió no pensar más.

Abrió la puerta y recorrió el pasillo hasta doblar la esquina donde se abría la sala del vestuario masculino. Allí estaba. Sentado frente a una taquilla abierta, la toalla enrollada a la cintura y el torso desnudo aún mojado por la ducha. Se giró y la miró. En su cara no hubo expresión alguna, pero tampoco hubo tiempo. Ella avanzó hacia él despacio, por el pasillo estrecho que formaba el hueco entre el banco y los armarios taquilleros. Él siguió sentado y mirándola mientras la veía acercarse. Se paró frente a él, quizá más cerca de lo que debería, rodilla con rodilla. Podía sentir el borde de la toalla en el inicio de su muslo. Siguieron mirándose.

—¿Qué quieres? —dijo él.

—El pelo —contestó ella atusándoselo.

Aquella voz aniñada lo volvía loco.

Kassandra tenía las manos en el borde de la falda y tocaba el ribete con los dedos nerviosa, aunque por su rostro parecía tranquila.

—¿Necesitas un secador? —adivinó él.

Ella asintió despacio. Él no hizo nada.

Le encantaban sus labios rosas y arrugados. Entreabiertos.

Dirigió la vista al movimiento de la mano de ella y le paró el tic con su mano derecha, pero no bajó la mano. La dejó entre la de Kassandra y su falda, rozándole los dedos.

—¿Te lo busco? Toni lo habrá dejado por ahí. De todas formas, viene en diez o quince minutos para cerrar él el gimnasio, por si no lo encuentro yo —dijo él.

Ella no contestó a su pregunta. Seguía mirándolo inexpresiva. Él fue a retirar su mano del ribete de la falda y ella reaccionó tocando más su mano y apretándola débilmente contra su muslo encima de la falda.

—¿Qué quieres, K? —volvió a preguntar. En realidad, sabía que ya no estaba preguntando por nada que se pareciera a un secador.

Miró hacia abajo, a las dos manos, la suya y la de él, apretadas contra su pierna. No se movió. Cómo le digo yo lo que quiero, pensó, si ni siquiera yo lo sé. No sabía gestionar ni sus ganas ni sus deseos. No sabía gestionarse a sí misma. ¿Qué es lo que quieres?, se preguntó. ¿Por qué no sabes decir lo que quieres? ¿Por qué te da tanto miedo que el mundo sepa lo que quieres o lo que sientes? La verdad era que sentirse atraída por un hombre era para ella un signo de debilidad. Se había acostumbrado a rechazarlos y a mirarlos de reojo. Había dejado de creer en los hombres muy pronto, cuando todavía no tenía edad siquiera para empezar a creer en ellos. Su actitud con ellos era ruda y seca en contraste con la dulzura natural que emanaban sus formas. Si no miras adentro no te entran ganas de entrar, se había repetido muchas veces. Si no metes el pie en la piscina no te puedes hundir. Así que quédate ahí, en el borde, bien tranquilita y fingiendo que el agua no te interesa más que para darte alguna ducha cuando lo necesitas. El agua ahoga. Los hombres ahogan. Lejos de ellos, se había prometido. Muy lejos de ellos. Pero ahora tenía a uno muy cerca, demasiado cerca. Y el gimnasio cerraba todo agosto y no iba a volver a verlo hasta septiembre. Y cada vez que se acercaba un poco más a ella, chulesco y curioso, más se ablandaba ella y más olvidaba su empecinamiento. Y más ganas tenía de comerle la boca y la cara y a él todo entero.

La mano de Ram comenzó a moverse hacia abajo, como retirándose. Ella volvió a parar su mano y acarició los dedos de él con la suya, y lo miró otra vez a los ojos.

Tenía unas terribles ganas de besarla cada vez que le miraba la boca. Tenía muchas ganas de besarla cada vez que la veía. Cada vez que le sonreía esperando el gancho. Cada vez que la tenía encima o debajo, sudando e intentando zafarse el uno del otro en alguna técnica de suelo. Cada vez que la veía llegar y la veía irse con esa forma de andar tan característica, contoneándose y retorciendo el aire como una serpiente de fuego que absorbe el oxígeno a su paso. Se mordió el labio fuerte. Inevitable. Sereno. Sin hacer nada más y con cara de cansancio, pero de ese cansancio por estarse quieto más que por haberse movido mucho. Ese cansancio de estarse quieto más que de moverse.

—Tengo muchas ganas de besarte. Todo el tiempo —le dijo él—, lo sabes, ¿no?

Ella avanzó dos pasos hasta ponerse más cerca de él. Muy cerca.

Sin vacilar, Ram levantó la otra mano, y acariciando sus piernas subió la falda de ella hasta la cintura, dejándola solo con el tanga, mirando más allá de la tela, a lo que tapaba. Bajó hasta los pies también la ropa interior, sin dejar de mirar. Le desabrochó la falda y se levantó del banco para bajársela, girándose ambos hacia la izquierda y colocándose en frente de ella. Seguía tranquilo, deshaciendo lentamente. Sin decir ni una palabra.

Metió sus manos por debajo de la camiseta de Kassandra y le acarició el torso desde el ombligo, palpando con sus dedos hasta llegar a los pezones. Volvió a mirarla. Ella levantó los brazos para que le quitara la única ropa que seguía tapando su cuerpo hasta quedar desnuda al completo.

Tiró la camiseta al suelo y la recorrió de abajo arriba con la mirada hasta llegar a su cara. Se acercó lentamente a su boca.

—¿Qué quieres? —susurró él rozando su boca con la suya.

Ella agarró su cara con ambas manos y le lamió los labios despacio, de derecha a izquierda y luego de arriba abajo, acabando en la base de su nariz. Metió su lengua en su boca y lo besó. Desenrolló la toalla de su cadera y palpó su miembro con la mano.

—Quiero esto —le susurró. Tenía los labios tan apretados a los de él que el aliento de ella al hablar entró y se mezcló dentro de la boca de él.

Lo obligó a sentarse en el banco, colocándose encima de él y abrazándolo con las piernas por la espalda. Lo sintió durísimo entre sus piernas, rozándole el monte de Venus. Se alzó para insertárselo, pero él, en un movimiento rápido y brusco, la apretó de las nalgas y la levantó, poniéndose de pie con ella agarrada a su cintura y acostándola en el banco.

La agarró de ambas manos, inmovilizándola como en el primer día de entrenamiento, y la besó en la boca bajando con su lengua por el cuello, lamiendo y besando sus pezones. Separó sus manos y continuó el recorrido hacia abajo, llegando a sus ingles, donde se paró a observar el sexo de Kassandra, abierto, rosa, mojado, como una flor naciendo. Lo recorrió con el dedo índice de arriba abajo, recogiendo su humedad. Le entraron unas ganas inmensas de chuparse el dedo. Pasó su nariz por el interior de sus muslos. Ella se estremeció y bajó su mano por su entrepierna, rozando la mejilla de Ram. Él la paró y la miró.

—Vas a tener que esperar, porque yo quiero esto desde que te vi aparecer por la puerta de mi gimnasio.

Agarró sus piernas y las llevó hacia él. El calor húmedo de su aliento y de su lengua impregnó todos los huecos. Ella agarró su pelo y acarició su cabeza mientras él la movía arriba y abajo, continuamente, trazando círculos y zigzagueando con la lengua en su clítoris. Recorriendo sus labios como si fuera un niño al que dejan comerse el primer helado de su infancia. La suave voz de Kassandra dejó de pertenecerle a ella y pasó a pertenecerle a él, que llevó sus gemidos como quiso, hasta donde quiso y más. Mucho más.

Nunca apuntarse un tanto había sonado mejor.

Permanecían en la cocina, con Polina atenta a los tres teléfonos. Marcela se había mordido el labio hasta hacerse sangre. Aleksandra y Bruna movían las piernas sin cesar, desesperadas, y Maisha lloraba mientras recogía la colada porque sabía perfectamente lo que había ocurrido. Ella siempre sabía lo que ocurría. Allí estaban, todas recluidas a la espera de que los proxenetas encontraran a Katia, que había desaparecido.

No sabían nada de ella desde hacía horas cuando Polina se despertó para ir al aseo y, al echar un vistazo, había visto que la puerta de la habitación de las chicas se hallaba abierta y las llaves no estaban. Entonces había llamado a Emil y las había despertado a todas. Bogdán había recogido a Kassandra de su casa y se habían movilizado para encontrarla, dejando a las mujeres a cargo de la *madame* y sospechándose lo peor. Nadie dijo nada hasta que llegó, con la cara sangrando y arrastrada del brazo por Kráneo y con Emil detrás, pero todos supieron lo que había sucedido.

No solo había intentado escapar. Había intentado avisar a la policía. La habían encontrado en una calle cercana. Iba desorientada y preguntando a los primeros viandantes del domingo dónde podía encontrar una comisaría. Los proxenetas llegaron justo cuando estaba hablando con una mujer que había encontrado sentada en la terraza de una cafetería y habían fingido que era su hermana y que no estaba bien mentalmente, hablando en rumano y reprimiéndola. Todas supieron lo que iba a suceder en cuanto la puerta se abrió y Polina salió de la cocina con ellas hacia el salón, por orden de Emil.

Aleksandra —con la que más relación tenía— fue encerrada con llave en la habitación de arriba en cuanto llegaron. Los golpes se escucharon desde abajo durante horas. El ventanal que daba al patio cerrado trasero estaba abierto. Kassandra no pudo contenerse. Corrió hacia Emil y le cogió de la chaqueta tirándose al suelo.

—¡He sido yo, por favor! ¡Yo la he convencido! ¡No es culpa suya! —gritó desesperada mientras estiraba la ropa del jefe y este la apartaba con la mano, inmutable—. ¡Castigadme a mí, yo se lo dije! —insistió Kassandra.

La ansiedad pudo con su equilibrio. Desconsolada e hincada de rodillas en el suelo, siguió suplicándoles que dejaran en paz a Katia. Las demás mujeres permanecían en la entrada del salón en silencio. Comenzaban a llorar, atrapadas entre Polina y Bogdán. Aquella situación no era como las demás. Los proxenetas no hablaban ni pegaban a nadie, solo permanecían ahí, haciéndose notar. El ventanal abierto. Kráneo estaba agarrando a Katia del pescuezo y ella se retorcía en el suelo con cada apretón del matón, llorando, callada y chorreando sangre. ¿Por qué nadie se movía? ¿Por qué nadie decía nada?

—Por favor, ha sido idea mía —se levantó Kassandra poniéndose a la altura de Emil, cara a cara. Juntó las manos en señal de rezo. Como si le pidiera a Dios que acabara. La saliva se le había espesado y su cuerpo ya no le respondía más que al movimiento mecánico de repetir la misma muletilla. Una y otra vez. He sido yo. He sido yo. Respiraba fuerte y rápido, mareada. Entonces otra voz entró en escena.

—No es verdad.

La voz de Katia, atragantada, se elevó desde el suelo hasta los oídos de todos los presentes. Kassandra bajó los ojos y sus miradas se encontraron. No lo hagas, no hagas eso, se dijo por dentro a sí misma. No hagas lo que vas a hacer, suplicó a

Katia con los ojos. Negó con la cabeza y sintió el mismo ardor de siempre apoderarse de ella. Le flaquearon las piernas y se agarró del mueble empotrado a la pared.

—Por favor, Emil, la culpa es mía —le suplicó Kassandra incansable al proxeneta.

El hombre no la miraba. Tenía en su cara una expresión que podía reconocer. La expresión de un psicópata cuando las cosas no salían bien. Cuando algo fallaba o molestaba, perturbando su tranquilidad. Entre serio y rabioso, mirando a la nada, asqueado. Ese silencio e inmovilismo macabros.

—No es verdad —repitió Katia—. He salido a avisar a la policía yo sola. Nadie lo sabía. Todo ha sido cosa mía —dijo cansada—. No es verdad —sentenció.

Emil agarró a Kassandra por la trenza y la empujó hacia el centro del salón.

—Cógela —ordenó a Bogdán.

Kassandra comenzó a chillar como una loca. Había entrado en crisis. No, no, no. Por favor, no. Se tiró al suelo y se agarró a Katia por la cintura abrazándose a ella. Comenzó a llorar. Lloraba tanto que se tragaba sus propias lágrimas al llegar a su boca. Todo era su culpa. Se había arriesgado para sacarlas de allí sin avisar a nadie, animada por las conversaciones que habían mantenido desde hacía meses en el club. No debería haber abierto la boca. Era culpa suya. Culpable. Soy la culpable, chilló desorbitada. La culpa es mía, vociferó. Desde su posición, agarrada a Katia, podía oírla sollozar muy triste. Podía oler la sangre que brotaba de las heridas de su rostro. Podía sentir el miedo de Katia. Sentir sus latidos rápidos y descontrolados. Katia tenía miedo. Mucho miedo. Podía respirar el calor que desprendía su cuerpo tenso, piel con piel. Oler su perfume. Sentir cómo empleaba las últimas fuerzas que le quedaban en apretarse a ella. La notó temblar.

Kassandra recordó a aquella chica rubia asomándose a la puerta y llamándola con la mano aquel día de febrero. Con ella empezó todo. La vio tan joven como era cuando se le paró la vida. Una niña de diecisiete años siendo trasladada a otro país para ser violada. Odió el sistema; quiso morirse en aquel instante, pero no lo hizo y recordó su risa. Sus expresiones cómplices en el mostrador. Su alegría en la desgracia. Sus golpes de codo en la cocina mientras reían cuando Bogdán se emborrachaba y se burlaban de él a escondidas, desafiantes. Sus manos cogiéndola para fingir bailar un vals en el club cuando cerraba. Su risa a carcajadas. Su risa sin sonido. Sus ojos riendo desde la barra. Katia mirándola desde el pasillo. Katia asintiendo al «tenemos que salir de aquí». Katia violada por hombres todos los días desde los diecisiete años. Katia agarrándose el cuello en señal de esclavitud y rebeldía. Creando un guiño entre las dos. Katia abrazándola por detrás antes de subir a dormir y haciéndola sonreír como ningún abrazo por detrás le había hecho sonreír. Katia guiñándole un ojo. Katia diciéndole «eres como yo, eres como yo». Katia aguantando. Katia escapando. Katia siendo August Landmesser cruzándose de brazos, Katia siendo Rosa Parks diciendo no, Katia siendo Maisha Gueye escupiendo en la cerveza de su proxeneta, Nelson Mandela contando días, Nwanyerua quemando Nigeria, Petra Herrera rebelándose contra su marido. Katia siendo Katia. Katia siendo todas. Katia temblando, apoyando la cara en su mejilla. Katia y Kassandra abrazándose, llorando juntas. Siendo valientes.

—Gracias —le susurró en el oído.

—¿Por qué? —dijo Kassandra llena de rabia, preguntando a su amiga algo que no tenía respuesta.

Sabían que los proxenetas tenían orden de no tocar a Kassandra. Ella misma lo había comentado con todas. Aunque eso no fuera «una tontería», quizá al permitir que se apropiase del acto, Katia podría haber acabado mejor. Quizá podía no haber sucedido lo que estaba sucediendo. ¿Por qué había hecho aquello? ¿Por qué se había echado Katia la culpa?

La cogieron del brazo y tiraron de ella hacia atrás para separarlas. Katia murmuró algo muy rápido en su oído.

—Han hablado con otros de ti en mi idioma. Hay algo que no sabes en Marruecos. Averígualo —le cogió la cara y la miró muy cerca. Luego volvió a acercarse a su oído—. Dile a Aleksandra que la quiero —rompió en lágrimas—, os quiero mucho a todas. Acaba con esos hijos de la mierda.

Volvieron a mirarse sabiéndolo todo. Diciéndose todo lo que tenían que decirse sin pronunciar una sola palabra. Kassandra asintió apretando los labios en señal de acatamiento. Bogdán pateó la espalda de Katia, haciendo que su cuerpo se arqueara de dolor, momento que aprovechó para separarlas. Kassandra gritó y comenzó a lanzar patadas al aire, intentando zafarse de él. El proxeneta la agarró por la cintura y se retiró con ella. Cogieron a Katia y la levantaron.

Atrás, entre la puerta y la mesa, las chicas lloraban, y Polina, al frente, miraba la escena ausente, con la cara totalmente inexpresiva como una estatua etrusca. Maisha intentó salir y la *madame* la agarró rápido del pelo tirándola al suelo. Marcela la recogió y la abrazó. Kassandra alcanzó a apretar la mano a Katia antes de que las alejaran y la sacaran fuera. Su amiga la miró con los ojos hinchados y el pelo rubio pegado a la cara. Se parecieron más que nunca en aquel instante en el que se sonrieron tristes, llenas del amor más verdadero del mundo.

—K —la llamó llorando. Kassandra la miró y esperó—. Más duele tatuarse —le dijo con una sonrisa triste antes de ser arrastrada hacia el patio.

—Más duele tatuarse —contestó Kassandra envuelta en lágrimas. Le devolvió la sonrisa a su amiga antes de romperse en mil pedazos.

El golpe que Bogdán dio a Kassandra en el hemisferio derecho de su rostro le provocó un desmayo, producto del fuerte choque y la pérdida de estabilidad. Se la llevaron a la habitación de arriba.

Katia no se fue nunca. Pero jamás volvió. Aquella madrugada los proxenetas enterraron su cuerpo en el jardín.

Un dolor punzante en la coronilla la despertó.

—Levanta —ordenó Polina tirándole del pelo.

Le dolía muchísimo todo el lado derecho del rostro, desde la sien hasta la base del cuello. Le dolía y flaqueaba todo el cuerpo por la tensión acumulada. Las rodillas. Los codos. La garganta de sollozar. Los ojos de llorar. La cabeza de la respiración entrecortada. No tenía ni idea de qué sucedía ahora para que, por primera vez, aquella mujer ejerciera esa violencia rabiosa hacia ella.

La *madame* la arrastró hasta tirarla al suelo de la habitación, entre las cuatro literas. Kassandra se clavó una brocha de maquillaje en la espalda.

—¿Te lo has follado ya?

Kassandra la miró desde el suelo. Polina tenía los ojos inyectados en sangre y la mirada más odiosa que jamás había visto en ella. Estaba fuera de sí. No gritaba, escupía las frases con la voz templada y rancia como de costumbre, pero esta vez la actitud no era, en absoluto, su actitud plana y controlada de siempre.

—Sé que te ha llevado al apartamento. Sé que te lo estás follando. ¿Crees que soy imbécil y que no sé que por eso quiere que vengas a Marruecos? Te quiere llevar de paseo porque eres su nueva perra.

Kassandra no dijo nada. Ni muevas la boca. No hables. Quédate quieta, K, por tu madre, ni te muevas. Esta tía te mata. La mujer esperó cinco segundos y le pateó el estómago. Después los brazos y la cara. No dejó de golpearle por todo el tronco.

—¿Sabes cuántas veces he abortado por las palizas, niñata de mierda? —el acento se le había acrecentado con el enfado. Y su voz sonaba más grave. Parecía mucho más del Este y muchísimo más extranjera que de costumbre. Seguía dándole puntapiés en el estómago, más flojos que los anteriores, con regocijo, como marcando sus palabras.

Kassandra no podía mirarla. Se giró del todo colocándose boca abajo para evitar que le hiciera más daño. Apoyó su mejilla derecha contra el suelo, mirando en dirección opuesta a donde estaba *madame* y cerró fuerte los ojos.

—Dentro de poco te dejará embarazada y serás la siguiente —parecía casi al punto de llorar o de agredirla. No sabía cuál de las dos acciones definía mejor su tono de voz—. Acuérdate de mis palabras.

Polina dejó de patearle el cuerpo. Kassandra escuchó desde el suelo cómo recogía las llaves y el toc-toc de sus tacones, que indicaban que se dirigía hacia la puerta de la habitación.

—Ojalá te mueras antes —le deseó la *madame* a modo de despedida—. Aquí es lo mejor que te puede pasar.

AGOSTO

En la calle acababa de llover. La alameda cercana desprendía un olor a salvia de pino húmeda que le recordaba a los martes de su infancia, cuando, después del colegio, su madre la llevaba al parque y se manchaba el uniforme de tierra y césped.

Había pasado una semana desde lo de Katia. Era el primer día que había vuelto a trabajar después de aquello.

No tenía ganas de irse a casa. Solo de desaparecer. Quería desaparecer y que nadie volviera a saber de ella jamás. Como si nunca hubiera existido. Solo esfumarse. Pero, como sospechaba desde hacía ya un tiempo, eso era imposible. Y el destino tenía preparadas otras cosas para ella.

No supo a ciencia cierta si los gritos desde la acera de en frente la calmaron o no, pero lo cierto es que, aquel día, no le supusieron tampoco un problema. «Eh, amiga», escuchó. Después un bisbiseo y un silbido. No me toquéis los cojones ahora, pensó. Cuando se giró, disgustada y dispuesta a echar un mal de ojo a aquellos llama-gatos, vio una escena que le resultó especial. Ram y un chico a su lado la miraban y sonreían caminando paralelamente a la calle por donde ella había pasado hacía unos instantes.

En aquel momento no pensó en nada más. Se paró y esperó a que se acercaran.

—Compadre, te espero en la rotonda —le dijo su amigo a Ram tras saludar a Kassandra levantando la cabeza.

—¿Qué pasa? —Ram le dio dos besos en la mejilla y se fijó en su cara—. ¿Por qué esa cara?

—Ayer tuve un mal día —suspiró y miró hacia otro lado, más allá de la alameda, muy fijamente, intentando contenerse. Se negaba, como siempre, a que nadie la viera así. Disimuló como pudo lo rota que estaba.

—¿Y te dura hasta hoy? Pues sí que tuvo que ser un mal día, ¿no? —Se la quedó mirando unos instantes—. ¿Te dejo sola?

—Creo que no —le dijo ella.

—Entonces me quedo —contestó él.

Se quedaron mudos, sin saber qué decir ni qué hacer. Mirándose el uno al otro de soslayo y a la calle. Ram se acercó y la abrazó. Ella se dejó abrazar. La cogió de la parte baja de los muslos y se la subió a la cadera. Anduvo hasta el capó del coche aparcado al lado y se apoyó con ella encima.

Sintió las manos grandes de Ram recorrer sus piernas y acomodarla en su cadera. Le dolieron las piernas por las patadas, pero no se quejó. Sintió sus labios gruesos apretados en su sien. Después bajó y la besó dulcemente en la mejilla. Se separó de ella.

—Tienes la oreja roja —se fijó—, vamos a tener que pedir al ayuntamiento que valle ese barranco.

Casi la hizo reír. Él, por el contrario, se puso muy serio.

—Mira, K…, hay cosas que he dejado pasar, porque sé que respetas mucho tu privacidad —le dijo Ram—. No he querido meterme donde no me llaman, ya lo sabes. No soy quién. Ni siquiera te pregunté cuando sucedió lo del supermercado, y, créeme, me costó mucho no hacerlo.

Kassandra miró más allá, hacia la calle. No quería encontrarse con los ojos de él. Pensó que, desviando la mirada, desviaría también el tema, pero él continuó hablando.

—Sé que tienes problemas. Si necesitas ayuda, solo tienes que pedirla —dijo.

—Ram —Kassandra pronunció su nombre. Volvió a mirarlo.

—¿Qué?

—Eres bueno. Aunque a veces seas un poco gilipollas —le dijo—, no dejes de serlo.

—¿Que no deje de ser qué? ¿Gilipollas? —preguntó él—. No puedo.

Kassandra esbozó una sonrisa.

—Me refiero a bueno —aclaró ella.

—Hay mucha gente buena en este mundo —le dedicó una media sonrisa—, no dejes de creer en ella.

La miró durante un rato largo. Demasiado largo. Sin decir nada. Levantó la mano y rozó el labio inferior de ella con su dedo índice. Muy suavemente, mirándole los labios como si fuera una operación matemática que resolver. Agachó la mano. Sus manos resbalaron hasta sus nalgas y la apretó fuerte contra él.

—Lo intentaré —dijo Kassandra.

—Tú inténtalo. Y yo te voy a bajar de aquí —habló por fin—, porque ya sabes que tengo peligro contigo encima...

La bajó al suelo.

—Ven, que te voy a llevar a un sitio que te va a quitar toda la pena —le dijo cogiéndola de la mano.

Kassandra no tenía ni idea de que la había visto, casualidades de la vida, salir del chalé y secarse las lágrimas. No tenía ni idea de que había caminado con su amigo durante más de cinco minutos detrás de ella, pensando en si llamarla o no llamarla, en si decirle algo. No tenía ni idea de que su entrenador sabía ya perfectamente lo que ocurría en aquel chalé y de que estaba dispuesto a averiguar en qué andaba metida, fuera como fuera.

Caminaron entre calles hasta el barrio de María del Carmen, paseando, casi sin hablar, dedicándose miradas entre incómodas y hábiles en las que no hacía falta verbalizar una sola palabra.

—A veces pienso que te has escapado de un libro —le dijo él.

—¿Y qué hago? ¿Me cargo a gente? —preguntó ella enarcando una ceja.

Él rio.

—Sí. Pero también la salvas —contestó.

—Eso sí que no me lo esperaba —dijo ella irónica.

Desde la esquina de la avenida principal ya se escuchaban los ritmos de la juerga nocturna, los cantes y los compases. Se había organizado una fiesta, por algún motivo o sin él, simplemente celebrando la vida. Sus amigos lo estaban esperando en la esquina, donde el quiosco del barrio.

Había un corrillo alrededor de una fogata. Sentados todos en sillas de plástico, en un círculo improvisado.

Olía a arte. A sangre. A romero y a tomillo. Al suelo húmedo del que nacen todas las cosas. Se sentaron. Una mujer anciana le ofreció un vaso de licor de caramelo que bebió sorbo a sorbo.

Se sintió allí, entre los edificios destartalados y los balcones llenos de ropa tendida, posada en aquella silla, grande e inmensa. Se sintió crecer y expandirse amplia y gigantesca, escuchando los cantes de un pueblo perseguido y exterminado al que todavía hoy se condenaba al ostracismo civil y humano, pero que nunca jamás dejó de entonar sus raíces. Un pueblo resistente que había bailado la melodía de todos los lugares del mundo.

Kassandra miró las llamas de la hoguera crepitar. Subían, bajaban, se movían con el mismo viento que despeinaba su pelo rubio. Calentaban e iluminaban su cara en la penumbra de la mal iluminada calle, haciéndola entrecerrar los párpados y ensimismarse en su movimiento.

Su pena no se fue. No pudo salir de ella, porque esta ya se encontraba muy enquistada en su corazón, pero sucedió otra cosa.

Algo entró.

El despertar del Fuego que tanto tiempo llevaba intentando prenderse dentro de ella se materializó. Sucedió, por fin, después de tanto, aquello que el destino le repitió y repitió tantas veces que sucedería. Y el principio de la rebelión amaneció, por fin, rojo y ardiente en sus ojos.

ALICIA HA CAÍDO

♜

Fue Virgilio quien escribió que el amor lo puede todo. Ahí continúa el dicho, latente desde hace siglos en cualquier supuesto de relación romántica. Tan latente está que, muchas veces, deja de ser un dicho para convertirse en una realidad. Desde muy pequeños, las películas, la literatura, la educación, la religión y nuestros círculos más cercanos nos bombardean con él y nos lo repiten y refuerzan como un mantra hasta que acabamos creyéndolo. Es genial que el amor nos ayude a superar adversidades junto a quienes queremos. Lo que no lo es tanto es esa parte oculta que se acaba materializándose, pero que nadie parece querer ver: aquella que nos enraíza en la cotidianeidad y no nos cuentan.

La verdad es que, desde que Virgilio escribió aquello, se convirtió en algo casi lógico y común el hecho de que cuando uno está enamorado soporte cualquier cosa por amor; que lo dañen, que no le den lo que realmente merece, que lo traten como a un objeto o que lo menosprecien. ¿Es eso amor? ¿Era eso el verdadero amor?

Kassandra no sabía si había estado enamorada de alguien alguna vez. Lo que sí tenía cada vez más claro era que su entrenador le gustaba. Cuando le hablaba de esa forma suya, tan cerca pero tan lejos a la vez. Cuando sus manos la agarraban en los entrenamientos. Cuando su boca aquel día, en los vestuarios, resbaló por su vientre y por sus piernas y su lengua entró en contacto con su piel. Ese porte suyo tan intimidantemente atrayente. Su chulería innata y sus momentos inesperados de dulzura.

No le gustaba poner nombre a las cosas. Siempre pensó que ponerles nombre a las cosas las enclaustraba; que las ataba a un poste —como si fueran un poni de feria, continuamente esperando y recorriendo el mismo camino— y no las dejaba ser libres. Las cosas debían suceder libres. Debían acabar libres. Debían ser, simplemente, sin ataduras y sin nombres. La existencia no tenía en realidad nominativos.

La noche en la que estuvieron sentados alrededor de la hoguera de aquel callejón, su entrenador quiso acompañarla a casa. Eran las cuatro de la mañana y ella no quería dormir. Dormir implicaba silencio. Implicaba pensar. Buscarles una explicación a las cosas; una explicación que no doliera, y eso era imposible. Desde que Katia se había ido, solo veía culpables por todos los lados. Culpables ellos, culpable ella misma por no hacer nada, culpable el mundo por callar, culpables todos. La culpabilidad te mata poco a poco. Está ahí, oculta, jugando al escondite, y el tiempo se cuenta solo: uno, dos, tres, cuatro…, hasta que sales a buscarla otra vez. El sentimiento de culpa. La maldita culpabilidad. Lo único que palia la culpa es no tener un solo momento para pensar en ella. Y eso es difícil. Muy difícil.

—Por qué no me acompañas hasta tu casa y bebemos, si es que alguien tan deportista como tú tiene bebida en su casa —le sugirió.

Él la miró un instante, negó su burla con la cabeza y se levantó, despidiéndose de la gente que todavía seguía la juerga improvisada entre fandangos, bulerías y compases.

Llegaron a su casa; un piso situado bastante cerca del de ella. Lo había comprado —le dijo— en 2015 con los primeros ahorros del gimnasio y la herencia de su padre. Vivía solo. Tenía el mismo gusto al decorar que al vestir: minimalista pero no simplista, elegante. El mobiliario en madera rebajada blanca y negra, las paredes en blanco roto y gris claro. Parqué marrón claro y sofás cómodos y oscuros. Cocina diáfana de diseño junto al salón. Poca decoración. Lo que más le llamó la atención fueron algunos cuadros colgados en las paredes que acababan de confirmar un claro gusto por lo artístico. Réplicas de cuadros de Joan Miró bien enmarcadas y apreciadas, nombradas a pie de marco. Libros de técnicas de combate y de pintores y escultores conocidos. También bastantes novelas negras y sobre narcotráfico latinoamericano. Aquella casa dejaba entrever la personalidad de alguien hermético, como ella, que solo dejaba a la vista una fachada y guardaba bajo mil llaves internas, que no prestaba a nadie, todo lo demás. Se quitaron los zapatos antes de entrar. Le indicó que se sentara en el sofá y apareció con una botella de tequila.

—Es lo que bebes, ¿no? —le preguntó retórico mientras le servía un vaso.

—Me alegro de que te hayas fijado cuando lo pido en la barra —Kassandra miró la botella. Era un Don Julio 1942 blanco, Premium—. Tienes buen gusto para la decoración y para esto. —Dio el primer trago y sacó un paquete de tabaco del bolso.

—Tengo buen gusto para todo —dijo él. Se sentó con ella en el sofá. Muslo con muslo. Le ofreció algo de polen de calidad que sacó del cajón de la mesilla de al lado.

—Huele bien —le dijo ella apretándolo entre los dedos y acercando la nariz.

—Lo que huele bien normalmente sabe mejor —por su tono supo que hablaba sobre ella.

Arqueó las cejas.

—Pruébalo si quieres —le dijo él—. Yo no suelo fumar, así que no sé liarlo.

Se hizo el silencio. Kassandra partió el cigarro y comenzó a quemar el polen con el mechero en el hueco de la mano.

Siguieron bebiendo. Él le habló de su infancia. De su padre —maltratador y alcohólico— y de su madre, que ahora vivía con sus abuelos en su antigua casa en las Mil Viviendas, donde él se había criado. También le habló de amores. Tuvo una pareja oficial —mestiza, como él— con la que se escapó a los dieciséis años, pero no salió bien.

—No estaba enamorado, solo quería estarlo —le explicó sereno—. No quería enclaustrarme en una relación tan formal siendo tan joven. Y después de aquello ya no he vuelto a tener nada serio con ninguna mujer. Solo relaciones esporádicas.

—Como con la chica del gimnasio —completó ella.

—Por ejemplo. Alguna noche, después de salir, venía aquí conmigo —dirigió la vista hacia el pasillo, y hacia el dormitorio, supuso Kassandra—. Lo pasábamos bien y se iba.

Ram cogió el mando a distancia y enchufó la televisión. Comenzó a cambiar canales mientras se repasaba el labio con la yema del dedo corazón, evidenciando las ganas de no hablar más del tema.

—¿Y tú? —le preguntó él arqueando la ceja.

Ella calló. Acabó de liar el porro y chupó el papel despacio. Se lo pasó a él para que lo prendiera.

—Sigues muda y me voy a quedar con las ganas —adivinó ante su silencio—. Cuéntame al menos de dónde eres. Sé que tienes unos cuantos años menos que yo y mal carácter. —Ella hizo una mueca que evidenció aún más lo del mal carácter—. Y que estudias en la universidad..., y que te caes mucho. Poco más.

—Una cosa es estar muda y otra ser precavida —le aclaró ella tranquila, y luego le quitó el porro de la mano. Lo prendió, se levantó y dio unos pasos hacia la izquierda.

—Igual escribes más que hablas, ¿no? Te gustaba escribir.

—Escribo y hablo, pero me cura más escribir.

—Tienes pinta de musa —la miró desde el centro del salón y sonrió.

—No soy la musa de nadie —dijo ella—. Soy la que se escribe a sí misma.

Ram sonrió. Volvió la cabeza hacia la televisión pensativo. Ella fumó callada, mirando hacia fuera, a la ciudad prendida de luces en plena temporada veraniega, a través de la ventana corredera del salón. Entreabrió el cristal y el viento húmedo de levante le acarició el rostro. Los coches, el vocerío proveniente de las terrazas todavía repletas de gente a las cuatro y media de la mañana. Alicante era la ciudad del insomnio estival por excelencia. Despertaba en mayo y no dormía hasta octubre. Aquella ciudad sí era una musa. No humana, pero de una humanidad arrolladora. Inspiradora sin quererlo, autónoma. Las mujeres no. Las musas mujeres eran simples herramientas. A las musas humanas no se las admiraba y respetaba. Se las invocaba antes de que los hombres escribieran para encontrar la inspiración. Se las disfrutaba y vivía para luego narrarlo desde el prisma y la experiencia masculina. Hasta en el arte de la escritura, la mujer había sido representada en mayor medida como inspiración antes que como autora. Usada para el fin personal del hombre, como un objeto del que hablar o al que ensalzar, pero siempre con el fin último de ensalzarse a uno mismo y a su obra. Un bodegón que disponer a gusto para retratarlo después. Siempre etéreas e intangibles, tan poco merecedoras del mundo práctico y el escenario donde discurría lo real. En el plano de lo onírico. Siempre detrás de la mano de los hombres.

Jamás se hablaba de la mano de la mujer. Las mujeres se merecían ser también obradoras; podían serlo. Lo eran, en efecto. En el Mundo Antiguo, se decía que un hombre dejaba de ser artista cuando las musas lo abandonaban. En la actualidad, se comenzaba a entender que una mujer dejaba de ser musa cuando comenzaba a escribirse, por fin, a sí misma.

—Y de qué te cuidas tanto que has dejado de hablar otra vez —preguntó él desde el sofá con la mirada en la televisión.

—No me cuido mucho, en realidad.

—Soy tu entrenador —sonrió sin mirarla—, no estoy de acuerdo. Te sale muy bien lo de cuidarte, además.

Le rellenó su vaso de tequila, apurando la botella. Kassandra expulsaba el humo fuera de la casa. Se apoyó en la pared con las piernas cruzadas y el porro en la mano levantada.

—No queda tequila —le dijo Ram, que dejó la botella vacía en la mesa y se acercó para fumar. Ella le puso la boquilla en los labios—. Igual en la cocina tengo más —añadió expulsando el humo hacia un lado.

—Voy yo —dijo ella.

Se dirigió a la cocina y buscó en los armarios. Solo encontró vodka. Hizo una mueca desagradable arrugando los labios. El porro le quemaba en los dedos. Abrió el grifo del fregadero y lo sumergió en el agua. La mano morena de Ram cerró el grifo desde detrás. Se lo encontró de frente al girarse. Alto, mirándola atentamente.

—Te bebes el tequila y te vas, ¿verdad? El vodka no te gusta.

No estaba siendo inquisitivo. Ambos sabían que no le estaba preguntando nada. Bastó una mirada silenciosa de cinco segundos.

Kassandra se sentó en la encimera de mármol de la cocina y abrió las piernas. La falda ajustada se le arrugó en las pantorrillas.

—No quiero beber más tequila —le dijo. En realidad, todo lo que no fueran él y ella en aquel momento, el tequila, el vodka, el programa nocturno de música jazz que sonaba en el canal, eran excusas. No quería beber más alcohol. Quería bebérselo a él.

A Ram el instante de quietud no le duró mucho. Se quitó la camiseta, dejándole ver bien los tatuajes del pecho y los brazos. Ella se fijó en el dibujo de una geisha llamando al silencio con el dedo. Tenía la cara serena y los ojos muy verdes. Selváticos, como los suyos. La figura la miraba hierática desde el hombro de su entrenador. No hables de más, pensó. Siempre en su mente el silencio. Siempre puesta la coraza.

Ram se acercó a ella hasta quedar en frente, entonces la cogió despacio de la cintura y la aproximó más a él. Se acercaron más y más. Y más. Y ahora qué, le dijeron aquellos dos ojos marrones. Y ella seguía ahí. La mirada puesta en la cara de en frente. Coraza infranqueable. ¿No te la vas a quitar? Le preguntaron los ojos. Sin respuesta. No hubo respuesta alguna por su parte. Solo un leve gesto. Kassandra no pudo evitar morderse el borde derecho del labio inferior, enrojeciéndolo.

Ram decidió romper la pared gruesa e invisible que se empeñaba en separarlos. No hizo falta ningún ariete para echarla abajo. Ningún golpe. Solo algo muy preciso y leve. Se acercó lentamente a su boca y la besó.

Kassandra sintió los labios gruesos de Ram sobre los suyos. La besó suavemente. Muy dulce. Quitándose poco a poco las ganas. Los recorrieron despacio, como si quisieran aprenderse todos los resquicios de memoria. Ella se quitó el top lentamente hasta quedar desnuda de cadera para arriba. Comenzó a desabrocharle el pantalón y acabó de dejarlo completamente desnudo. Él seguía callado, mirándola entre serio y no. Dejándola hacer.

Kassandra volvió a mirarlo y no pudo evitar abrazarse a su cuello. Hundió la boca en él y comenzó a besarlo despacio bajo el oído. Subió más su falda y bajó su tanga hasta el suelo. Su sexo se vio frente a frente con la dureza del miembro de Ram, que ella comenzó a masturbar con su mano.

—Me gustas mucho —le dijo él.

Se acercó calmado y la volvió a besar. Sintió la carne suave de la lengua húmeda de él abrirse paso por su boca y su miembro apretarse contra su clítoris. Lo cogió de la cara con ambas manos y lo besó con fuerza, dejando que, allí abajo, el contacto entre ambos dejara un reguero de humedad que resbalaba hasta el mármol de la encimera. Le sobrevinieron unas ganas terribles de sentirlo tan dentro como sentía su lengua en su boca en ese momento. Ram se apartó tras el beso y le acarició las piernas. Y ahora qué.

Pasó la mano entre su pelo rubio y lo apretó. Observó

bien los extraños y penetrantes ojos de Kassandra. Intentando adivinar algo más dentro de ellos. La miró como la miraba desde el primer día. Con esa curiosidad innata mezclada con la atracción inevitable. Como se observa aquello que no entiendes, pero que te atrapa y te acerca como un imán; como un agujero negro interestelar al que sabes que vas a caer si te atreves a acercarte más de la cuenta. Sin saber dónde te llevará o qué habrá detrás. O si morirás en el intento o volverás a nacer, o el tiempo se parará eternamente allí, donde la materia se inhibe a sí misma.

Algunas personas son exactamente eso. Agujeros negros. A los que te tiras de cabeza.

—Me vuelves loco —le dijo—, y cada vez me cuesta más no decírtelo.

Su voz pausada le tembló en los labios. La confesión le hizo temblar las piernas y la respiración.

Claro que lo intuía. Sabía que lo atraía como podía atraer a otros hombres. Pero no de esa forma. Tenía algo casi mágico. Algo que la hacía sentirse inevitablemente cómoda con él, a pesar de esa actitud chulesca que solía odiar en otras personas. Y ahora qué.

—¿No me vas a decir nada? —resopló él—. Dime algo. Aunque sea un tú a mí no.

Ella sonrió pícara.

—Llevas mucho tiempo haciéndome caso en los entrenamientos —dijo él—. Ya es hora de que te haga yo caso a ti. Dime algo. ¿Es que soy muy mayor? —dijo casi en serio. Se llevaban cerca de seis años.

Kassandra soltó una risa. Negó con la cabeza. Enredó sus piernas por su cintura. Lo cogió por los bíceps y se acercó despacio a su oído.

—Me quiero quedar aquí —le susurró.

—Y eso qué ordena —le contestó él en su oído.

—Que me lleves a esa mesa —señaló la mesa blanca y baja del desayuno del fondo—. Y luego nos sentamos en la silla.

Y luego nos acostamos en el suelo. Me quiero quedar aquí. Contigo.

En cuanto escuchó esas palabras, algo en él se abrió y algo de él salió, como si hubiera estado esperando todo el tiempo con las llaves en la mano en frente de la puerta. La agarró fuerte de las nalgas, la levantó y la subió a horcajadas en su cintura. La llevó hasta la mesa y la tumbó en ella. Ella se acomodó y respiró hondo. Él se agachó, colocando las palmas de sus manos a ambos lados de su cabeza. Le besó la cara. La besó en los labios. Le besó las clavículas. Le besó los pezones. Recorrió con su lengua su abdomen. Despacio. Disfrutándola. Y ahora qué.

Se incorporó y sus caderas quedaron frente a frente. Cogió las piernas de ella y las colocó encima de sus hombros.

—Tranquila, Blanquita —desde arriba, recorrió con la mirada el cuerpo de Kassandra, tomándose su tiempo—, no vamos a salir de la cocina.

El azar había querido que cuando Ramsés entrara al club fuera Polina la que le diera la bienvenida. Kassandra había ido al baño de arriba. Fue el azar también el que propició que ella lo viera entrar desde el marco de la puerta del salón, al regresar del baño. O quizá no fue el azar.

Kassandra se escondió rápidamente detrás de la puerta y miró por la rendija de la bisagra. No daba crédito. Ram iba riéndose con otros dos chicos —a los que ella ya había visto al menos una vez—. No podía ser. Era imposible.

En su incredulidad inevitable, unos minutos después bajó cautelosa hasta el sótano y abrió la puerta unos centímetros para volver a verlo entre las luces rojas de neón. Entonces lo observó más de cerca. Flirteaba con Bruna, invitándola a una copa en la barra.

Tú no. Por favor. Tú no.

Sus ojos no pudieron creer lo que habían visto. Fingió tener unas náuseas fortísimas, avisó a Polina con un mensaje de texto para que la relevara en la recepción y esperó en el aseo de arriba un buen rato.

Allí sentada, con la sorpresa dueña de su cuerpo, se acordó del primer día. El día que ella se presentó en el gimnasio. Su forma de mirarla. La aparente sinceridad de lo falso. Cuánto nos autoengañamos cuando queremos creer a toda costa. Cuánto daño somos capaces de hacernos a nosotros mismos por intentar creer en algo que nos hemos inventado. Tardaron casi dos horas en salir por la puerta del chalé. Aquella falsa indigestión le costó una buena bronca de la *madame*.

Más tarde buscó a Bruna e intentó sacarle información sobre la visita de Ram. «¿Conoces al chico moreno que hablaba contigo en el club?», le preguntó directa. Al principio, la respuesta de Bruna fue interrogativa: no sabía a quién se refería. Pasaban muchos hombres por allí. Después, la actitud de Kassandra y su descripción la hicieron caer en la cuenta. Era el chico atractivo y moreno. El simpático. Ahora lo entendía: probablemente se conocían.

Bruna creyó en sus adentros que el chico era algún familiar, y le pareció una idea fantástica hacerle creer a Kassandra que aquello no era un juego, que los hombres que acudían allí eran también sus hombres. Sus amigos, sus primos, sus hermanos.

«Claro. Es cliente. Mío sobre todo. Lo conocí en otro club hace un año. No lo había vuelto a ver hasta hoy».

Esas fueron sus palabras. Esa fue la mentira que esgrimió, apoyada en la profunda tirria que sentía hacia Kassandra. Ni una frase más. No hizo falta.

Kassandra enmudeció. Dejó de hablar en aquel instante y cesaron de funcionarle muchas otras cosas. ¿De verdad funciona así?, se preguntó para sus adentros. ¿Tal mierda es todo?

El recuerdo de las palabras que le dijo en el capó de aquel coche, muy cerca de allí, le asaltó la mente: ella agarrada con sus piernas a su cintura, tumbada sobre el coche. Él mirándola a los ojos, inclinado, las manos sobre el capó apoyadas a cada lado de sus hombros. Sus ojos rasgados y oscuros internándose en los suyos. Su boca moviéndose. Sus labios claros abriendo paso a su voz calmada y grave. No dejes de creer en las buenas personas.

Luego le recordó sentado en la silla de su cocina mientras la miraba a ella —sentada encima y de frente— fijamente a los ojos. Desnudos ambos totalmente, no solo de ropa. Dentro de ella. Mirando muy dentro de ella. Viendo muy dentro de ella. «K —le dijo justo antes de salir ella por la puerta aquella noche—, puedes volver cuando quieras, por si se te olvida. Y puedes quedarte más tiempo».

Corrió hasta el aseo y vomitó de verdad. Se reincorporó y se miró al espejo del lavabo. Las greñas de pelo claro sueltas y los ojos vidriosos por las arcadas y la decepción. Se limpió la cara, los ojos y la boca.

No dejó de creer en las buenas personas, todo lo contrario. Creyó más fuerte que nunca en el deber de que las buenas personas se alzaran y actuaran. Creyó mucho en aquello en esa ocasión. Muchísimo. Aquello le hizo dejar de culparse y pasó a autodenominarse buena persona. Juró que nunca dejaría de creer en ella misma porque cuando dejas de creer en todo —aunque en ese mismo instante lo ignores— es el momento perfecto para empezar a creer de una vez por todas en ti.

Dejó de creer en él, pero no en ella. Juró que jamás volvería a mirarlo a la cara; que no volverían a verse nunca más; que jamás sacrificaría lo insacrificable por un idealismo asesino, impostado e insaciable; que aquello que se suponía que era amor en absoluto lo era; que de ningún modo esa pantomima podría con ella.

Y, por último, también dejó de creer para siempre en aquel dicho de mierda.

Una mujer de trata directa —aquella cuyos captores en su país de origen pertenecían a la misma organización que sus explotadores en el de llegada— podía costar en torno a los dos mil euros, todo incluido (pasaporte, gastos de desplazamiento, comida, traslado y tretas internacionales varias). Tras apropiarse de ella y explotarla unos tres o cuatro años hasta que generara pingues beneficios, se podía vender a burdeles de menos nivel, a otros proxenetas o sacarla a la calle. También se podía alquilar directamente a otros explotadores por un porcentaje diario de sus pases. Básicamente, cualquier trato era fructífero y la explotación sexual de mujeres es uno de los negocios más lucrativos del mundo. La misma mujer que costó dos mil euros trasladar o comprar, podía multiplicar por diez el beneficio en solo unos meses. Hasta trescientos mil euros por una chica atractiva muy usada.

Los Hombres de Hielo poseían captadores en Bulgaria y Rumanía que les proporcionaban esclavas directas, pero también compraban a otros proxenetas mujeres colombianas, brasileñas, paraguayas, hondureñas y, en menor medida, africanas. Como en toda venta de productos, el cliente manda. En cuestión de esclavas se buscaba la variedad, porque cada consumidor —como con el vino— tenía predilección por una denominación de origen.

El alquiler era una técnica que no frecuentaban. Nadie en su sano juicio quería alquilar sus mujeres, las mujeres de esa gente, precisamente por sus formas brutales y por el carácter de aquellos hombres, mucho más violento que el de otros proxenetas. Los españoles y latinos se las medían con ellos; trato mínimo y estricto. Con el Rey de Corazones y sus operadores, no pagar el alquiler o retrasarse en el pago no constituía un problema de deudas o un futuro soplo chivato y vengativo a la policía, sino un problema resuelto: la muerte. El Rey no se andaba con rodeos ni tenía ningún tipo de escrúpulo. Ellos eran demonios sedientos de poder, dinero y sangre. Para conseguir lo que querían, usaban a las mujeres. Sin importar cuánto sufrían con sus raptos, maltratos y violaciones. Sin importar si había que matarlas o si, directamente, se morían ellas solas.

Era muy poco frecuente que una chica no bajara a la hora exacta al bar. No respetar los horarios conllevaba multas, que aumentaban la deuda, e incluso palizas si sucedía demasiadas veces o si coincidía con la visita de alguno de los jefes. Polina se percató de la ausencia de Aleksandra en cuanto bajaron todas en torno a las cinco de la tarde y subió a exigir a Kassandra que la buscara y la hiciera bajar inmediatamente. La ayudó Maisha, a la que dejó su juego de llaves para que fuera abriendo las habitaciones.

La buscó en el salón. La buscó en el baño. Subió para recoger las llaves de Maisha, que negó con la cabeza. No está. ¿Dónde estás, Aleksandra? ¿Dónde estás?

Miró en las habitaciones, por si se había olvidado y se encontraba con algún hombre —era ella misma la que se acercaba a los cubículos para abrirlos cuando el cliente pagaba—. Sabía perfectamente que todavía no había subido ninguno, pero ya no le quedaba prácticamente ningún sitio donde buscarla.

Maisha volvió a repasarlo todo: galería, cocina, habitaciones. Incluso abrieron el ventanal del jardín. Ni rastro. ¿Qué estás haciendo, Aleksandra? Las posibilidades comenzaron a revolotear en su cabeza y miró en las duchas, debajo de las camas, en los armarios, en el guardarropa. ¿Qué estás haciendo?

Subieron, ambas ya nerviosas. No podían decirle a Polina que no la encontraban porque era imposible. Todas las llaves estaban en su sitio y nadie había salido del chalé. Las ventanas estaban enrejadas. Al jardín se accedía con llave. La llave estaba en el llavero.

Después de lo de Katia se había reforzado la seguridad. Ya no se quedaban solas en ningún momento, excepto en la habitación instantes antes de abrir el bar, y a ella ya no le dejaban cerrar la casa. Ahora se pasaban por allí a vigilar más hombres pertenecientes a la organización cuando los grandes estaban fuera reuniéndose y cerrando tratos. Hombres más jóvenes, pero con esa mirada gélida igual de violenta.

¿Dónde estás? ¿Dónde te has metido?

Subió de un salto el último escalón de la escalera del piso de arriba y recorrió el pasillo con los ojos hasta el fondo. El fondo. Palpó el llavero otra vez. Cayó en la cuenta de que no todas las puertas estaban cerradas con llave porque no estaban todas las llaves. Faltaba la de la suite, cuya puerta estaba entornada. Alguien la había sacado del llavero.

Las posibilidades se hicieron materiales.

—¡Aleksandra! —gritó.

Las posibilidades recorriendo su mente como un veloz carrete fotográfico. Casi palpables.

Corrieron hacia la habitación.

—Aleksandra, ¿dónde estás? —gritó. La voz se le quebró un poco—. Ale, sal. Polina dice que bajes.

Al entrar detrás de Maisha escuchó el sonido del agua correr. La puerta del baño estaba abierta de par en par. Maisha se tapó la boca. Aleksandra, a la que habían traído con dieciocho años a España prometiéndole estudiar y trabajar como camarera; a la que obligaron a hacer cosas que jamás había hecho anteriormente con ningún hombre; a la que ni siquiera le gustaban los hombres; a la que trataron como basura; como a una rata; no había aguantado más la desesperanza. La muerte de su amiga la había dejado sin posibilidad alguna de salir del infierno, en el que llevaba sumida casi cinco años, y sin ganas ningunas de vivir. Katia no volvería jamás. No saldría de allí. No saldría de allí nunca, ni siquiera escapando. Existen lugares y experiencias de las que nunca podrás irte ni huyendo. La desilusión había podido con ella. La posibilidad se hizo real en cuanto Kassandra descubrió el charco de sangre esparciéndose lentamente en el suelo.

Llamaron rápidamente a uno de los médicos privados que atendía a las chicas, pero no dio el visto bueno. Aleksandra fue trasladada al hospital privado donde el médico trabajaba, donde la hicieron pasar por una paciente más a cambio de un módico precio. Nadie habló de un intento de suicidio. Dos de los proxenetas jóvenes se quedaron con ella en la habitación del hospital.

Polina mandó a Kassandra a recoger sus cosas a la habitación. Había muchas probabilidades de que no volviera allí nunca más. Ni allí ni a su país ni a su casa.

No tenía muchas cosas y todas estaban debajo de la cama. Dos bolsos con algo de maquillaje muy preciado para ella, del que no dejaba en el tocador destartalado de la habitación, y una maleta llena de ropa de calle poco usada y en la que encontró una cajita de madera con flores de papel pegadas artesanalmente.

Kassandra se sentó en la litera de al lado y abrió el pequeño cierre de la caja. Dentro había algunas fotografías. Sus padres, ella con una chica más pequeña en bañador. Ella sonriendo en una función del colegio, vestida con un traje regional. Un verano lejano en un país lejano en el que era feliz. Aleksandra había sido una niña como ella. Una niña pequeña y feliz. Ahora era una chica joven encerrada y obligada a ser solo un cuerpo continuamente. Una muerta en vida que guardaba las fotos de aquellos a quienes nunca volvería a ver en una cajita artesanal de madera.

Miró a la mesita de noche. Ahí estaban otras fotos bien colocadas en pequeños marquitos plateados cuadrados o con formas de corazón: la hija de Marcela recién nacida, la abuela y la madre de Bruna, más familiares, más niños. La foto de la madre de Katia todavía seguía plantada allí, casi como un homenaje. Ninguna de ellas se había atrevido a quitarla aún.

Aquellas personas la miraron a los ojos desde los marcos. Inmóviles. Reveladas en papeles de fotografía que la trasladaban a otro lugar. Esas fotografías eran pedacitos de historias que se habían parado y de vidas que se habían arrancado. Motivos por los que mantenerse. Motivos por los que someterse. Motivos por los que luchar. Maisha ni siquiera tenía fotos. Aleksandra no había querido colocar las suyas a la vista. Se limitó a guardarlas como tesoros no disfrutados lo suficiente y a mirarlas por la noche, muy de cerca y muy triste, llorando entre las sábanas. En aquella mesita se reflejaba la forma de sufrir de cada una de aquellas chicas, su humanidad, su resistencia y su tristeza.

Kassandra se echó a llorar. Lloró muchísimo. Sola y sin consuelo. ¿Por qué?, se preguntó.

Los pies colgando de Kassandra niña aparecieron en la litera de en frente. Subió la mirada encharcada. «Quiero volver», le dijo.

Miró al reloj analógico colgado en la pared. El tic-tac de sus manillas la envolvía en una locura irrefrenable. No podía soportarlo.

—Quiero darle la vuelta al reloj —le pidió a la niña—. ¡Para el puto reloj! ¡Quiero que desaparezcas! —le gritó enfurecida—. ¡Desaparece! ¡No quiero que esto siga sucediendo!

Kassandra dio un puñetazo en la pared. La niña dio un respingo asustada. El reloj de pared se descolgó y cayó al suelo. Un crujido de impacto dio paso a la ruptura del cristal de la esfera en mil pedazos.

Volvió a sentarse en la litera y volvió a llorar con la cara entre las manos. La aguja del minutero del dial troceado del reloj seguía funcionando en el suelo. Tic-tac. Sintió la pequeña mano de la cría posarse en su hombro, cómo el colchón se hundía un poco al sentarse a su lado. Lo siento, K, interpretó ella. La vida trata a las mujeres así. Tienes que aceptarlo de la mejor manera que puedas. Eso es lo único que puedes hacer.

«Elige la forma de aceptarlo», habló la niña antes de desaparecer.

Tic-tac.

«Elige la forma de aceptarlo».

Guardó la caja de Aleksandra en su bolsa, se levantó, se limpió las lágrimas y salió de la habitación. Marcela se percató desde uno de los baños de su rapidez y la llamó extrañada.

—K, cariño, ¿dónde vas? —le preguntó asomándose desde el marco de la puerta.

Tic-tac.

Tenía clarísimo donde iba. Bajó rápida las escaleras y anduvo a zancadas por el pasillo. Abrió la puerta de la cocina, donde sabía que estaba Maisha. El agua del grifo caía mojando sus manos en el fregadero. Kassandra se acercó a su oído.

—Me voy a Marrakech. Tres días. En una semana.

Maisha se quedó muy quieta mirando hacia el bote del lavavajillas. Sabía lo que aquello significaba. Actuó veloz. La cogió de los hombros y la sentó en una de las sillas. Cerró la puerta de la cocina y se colocó con otra silla en frente, creando un ambiente de intimidad. Se acercaron, formando un corrillo teatral de a dos, susurrantes, como dos nómadas saharauis a punto de contar historias en medio del desierto.

—Voy a averiguar qué es lo que ocurre en Marruecos —murmuró Kassandra. La otra la miraba fijamente, ratificando algo que ya había sabido que ocurriría más tarde o más temprano—. Emil deja aquí a dos chicos más jóvenes, pero igual de hijos de la mierda. Y yo voy a traerte un móvil que vas a esconder para hablar con alguien. Lo demás es cosa tuya.

Se miraron. Muy agachadas. Maisha cogió las manos de ella y las apretó entre las suyas. Una media sonrisa se dibujó en su cara. Sus ojos marrones se iluminaron mientras la observaba, sin decir nada, rozando su pulgar con los dedos de Kassandra. Después miró a sus manos otra vez. Se mordió el labio y suspiró entre pensativa y nerviosa. Las lágrimas llegaron a su boca y se las limpió con el dorso de la mano. Poco más había que decir. Todo se había dicho sin palabras ya. Todo llevaba diciéndose mucho tiempo. Demasiado tiempo,

Aquello les pesaba como un edificio de cien pisos encima de la espalda. La muerte de Katia. La depresión de Aleksandra. Lo siento, Katia. Lo siento, Aleksandra. Lo sentimos. La esperanza, a veces, se convierte en la mayor trampa de uno mismo. Sentimos darnos cuenta tan tarde.

La esperanza no puede confundirse con la cobardía, porque entonces dejas de convertirte en alguien que espera para convertirte en alguien que se marchita, como una flor esperando a que alguien la riegue. Lo sentimos mucho. Debemos llegar a aquello que anhelamos, tomar perspectiva y correr hacia ello. El movimiento es necesario. La esperanza debe ser acción.

«Elige la forma de aceptarlo».

Tic-tac.

Maisha se puso en pie. Kassandra hizo lo mismo. Ambas se fundieron en un abrazo.

—No voy a volver de allí, Maisha. Lo sé —sintió el pelo rizado de la africana acariciar su mejilla y se acomodó en él, rompiendo a llorar en su cuello.

Maisha también rompió a llorar, pero más silenciosa y con los labios apretados, soportando el chaparrón que ahora las calaba a ambas y probablemente las ahogaría dentro de poco. Se mantuvieron así unos segundos, descargándose por fin de la tensión acumulada mientras se armaban de valentía.

Entonces, Kassandra escuchó dentro de su oído una voz cálida y tierna, muy parecida a la suya. La voz de una chica que tendría, por su tono, no más de veinte años, y que le pareció que había escuchado hacía muchísimo tiempo y durante toda su vida. Una de esas voces que uno sabe que le marcarán para siempre.

—No me callarán más.

Aquellas cuatro palabras le parecieron el sonido más vibrante del mundo. Aquella frase le pareció lo único que necesitaba escuchar en aquel instante. Rompió a llorar todavía más, como una cría que por niñez no acepta que la vida a veces es cruel y macabra, y te ofrece la mejor oportunidad justo cuando todo va a terminar.

Maisha nunca había sido muda. Sabía hablar. Perfectamente. Maisha Gueye tenía voz. Siempre había tenido voz, pero todo el mundo había hablado continuamente por ella.

—Adiós, K. Haz lo que debes —le dijo.

Adiós para siempre. Y la apretó como si se la fueran a arrancar muy pronto de las manos.

Se fue de allí en torno a las ocho de la tarde, con la cara seca de Polina despidiéndola de mala gana desde lo alto de las escaleras. «Que se vaya, así no puede trabajar —había dicho Emil—. No nos sirve».

Cerró la verja del prostíbulo y comenzó a correr incesante hacia el centro de la ciudad. No paró ni un solo segundo. Pasó veloz por una tienda de juguetes cercana al paseo marítimo. Se miró al enorme espejo solo unos instantes. No era ella la que corría, sino la niña de uniforme. Pudo ver su pelo rubio enmarañado y sus pequeños puños apretados al lado de cada cadera. Siguió. Un, dos, tres. Corrió sin cesar. Respirando a golpetazos. Rodeó el tiovivo dorado de la tarima del Casino y se dirigió hacia el paseo colgante al lado del mirador.

Mientras corría, pensó en todas las veces en las que había estado tan cerca de esos monstruos. En las veces que les había sonreído o que había interactuado con ellos en cualquiera de sus salidas. Fue allí, durante aquellas reuniones, donde acabó de corroborar lo que le habían indicado anteriormente las chicas. El chalé donde había empezado a trabajar llevaba abierto muy poco antes de que ella llegara. También se enteró de que Polina había ejercido de recepcionista poco tiempo y había sido explotada anteriormente en más de veinte burdeles, antes de que Emil la sacara para hacerla su mujer; supo que hacían rotar a las mujeres, impidiendo así que las ubicaran en un sitio concreto de forma perenne.

Durante aquellas salidas, se enteró de que la trata para fines de explotación era un entramado enraizado también en lo legal, con múltiples empresas que lavaban el dinero y abogados expertos que defendían a proxenetas maltratadores capaces de matar por dinero e incluso placer. Se enteró de que nueve meses era mucho tiempo en un mismo sitio, de que normalmente las mujeres solían pertenecer a una misma nacionalidad o a varios orígenes, pero no a tantos. La mezcla y el lugar parecían estratégicamente conformados y atendían a un fin que todavía ella no entendía.

Averiguó también que en el negocio se conocían prácticamente todos: rumanos, búlgaros, colombianos, británicos, holandeses, proxenetas, traficantes, dueños de locales legales que alquilaban o compraban a las chicas y luego las revendían, traficantes de mujeres en los países de origen, grandes capos como el Rey de Corazones que casi nunca se manchaban las manos...

Que había una razón por la que a ella se la llevaban a sus reuniones, a las discotecas, a los restaurantes, por la que querían que conociera al jefe de una de las organizaciones criminales más vastas del mundo. Y que, en septiembre, tras el viaje a Marrakech, cada una de sus ya amigas partiría a un lugar distinto de España. Y no las volvería a ver jamás.

Siguió corriendo a lo largo de la ancha calle. Sorteando los bancos y las papeleras hasta llegar al espigón y subirse a él de un salto. Esta vez, al llegar a la punta de la estructura, se detuvo en seco. Algo había cambiado, sin duda. Algo en ella ya no era como antes. Ya no le molestaba el ardor de su vientre, sino que ahora confluía con él, adaptando su calor a sí misma y utilizándolo en pro de su fuerza. Incluso había aprendido a alimentarlo. Ahora avivaba su propio fuego.

Existen unas islas, las volcánicas, que nacen de la sucesiva repetición de erupciones en el fondo marino. Suelen surgir en lugares donde convergen bordes de placas tectónicas. Allí, el fuego se yergue de adentro afuera, como un Dios imparable y titánico, sin que nadie pueda frenarlo, engendrando territorios vírgenes y salvajes en mitad de la nada más absoluta.

Quedó quieta, los pies juntos en el límite del empedrado. El viento vespertino alborotaba su pelo rubio.

—No vas a ahogarte, ni queriendo —se dijo—. Vas a matarlos a todos.

Unos metros al oeste, en la playa, una niña de pelo negro que jugaba de rodillas en la arena quedó paralizada. Boquiabierta, dejó de construir su castillo de arena y lanzó la pala, que destrozó la torre al caerle encima. Echó a correr rápidamente por la orilla con zancadas cortas y torpes. «Mamá, mira esa chica». Miró hacia el final del paseo, a la chica de pelo largo y rubio oscilante por el viento. Sus pies basculaban en la punta del espigón, casi al aire. Agudizó la vista de sus pequeños ojos marrones y entrecerró la mirada. La imagen la impresionó. Pese a estar casi a punto de caer, permanecía muy erguida, como la estatua decorativa de la proa de un navío, mirando inmóvil al horizonte. De pie, entre el mar y el cielo.

Unos días antes de la visita de Ramsés al club

El gimnasio estaba de vacaciones durante todo agosto. No había podido contactar con ella. No tenía ni su número ni sus redes sociales. Ni siquiera su nombre. Decidió irse a casa solo aquella noche. Únicamente le quedaba una terrible curiosidad —entremezclada con una preocupación bastante seria— respecto a todo lo que la envolvía. Sabía que era un prostíbulo. Lo tenía claro, porque amigos suyos habían ido a la casa de aquellos hombres con los que él la había visto y le habían dicho que eran los encargados de «llevarla» —no solo esa casa, sino muchos otros pisos e incluso a las mujeres del polígono de Monteras, entre otros—. Gente grande, desde luego, y no solo corporalmente hablando. Ya era 26 de agosto y no tenía ni una noticia de ella. Solo su primo Ezequiel la había vuelto a ver en Tumbao, una vez más, hacía ya casi tres semanas y con más hombres, e igualmente sola. Después nada, ni rastro. Sabía que quizá no estaba bien o que quizá se equivocaba, pero era cuestión de vida o muerte —y lo peor es que quizá lo fuera de verdad— averiguar qué pasaba —su actitud hermética no ayudaba en nada— y saber si podía ayudarla en algo. Saber, al menos, si estaba bien. Si seguía viviendo allí o si seguía viva. Recordó sus palabras el primer día: «Ahora vivo aquí», le había dicho. Luego, después de los acontecimientos, transmutaron su mensaje: Ahora estoy viva y aquí, quería decir en realidad. Quién sabe más tarde.

Subió las escaleras de piedra envejecida del edificio hasta llegar al segundo piso. Olía a humedad, a casa vieja, aunque no cerrada, sino desgastada y mal cuidada. No había lámparas. La escalera comunitaria se iluminaba con bombillas sueltas y torcidas, sujetas por cables al techo. Las paredes de gotelé, que una vez, supuso, fueron blancas, estaban manchadas y amarilleadas. Tocó a la puerta y esperó.

El chico joven abrió el piso franco. Era el machaca de Juan Fernández, el hijo de uno de los mayores camellos de la ciudad. Un olor a orín de perro horrible le golpeó el olfato. Se le abalanzaron dos bulterriers con cadenas de oro a modo de collar, que el chico espantó a patadas.

Recorrió el pasillo con el chico delante. Una luz de foco intensa se escapaba por la rendija inferior de la puerta de una de las habitaciones, convertida en un invernadero improvisado de marihuana.

Juan estaba sentado en un sofá de cuero negro. Tenía una partida de videoconsola en pausa y pesaba cocaína en una báscula eléctrica con ayuda de una cuchara de gramo para medir el té japonés.

—Dime, hermano, ¿qué te trae por la casa? Hacía mucho tiempo que no te veía —lo saludó sin mirarlo, muy concentrado en su tarea de gramear la cocaína y meterla en bolsitas de autoconsumo. El otro lo ayudaba, haciendo cadena, cerrando las bolsas con alambre.

—Vengo a preguntarte una cosilla —le dijo. Prefirió no andarse con rodeos.

—Dispara, hermano.

—Quería saber si tú le vendes a los de los pisos de putas. Los del Este.

Juan paró de gramear, se rascó la nariz y dio un trago al bote de bebida energética de marca blanca que tenía en la mesa.

—Las palabras mayores las llevan los mayores, hermano. Mi padre sí que ha hecho trato con ellos alguna vez. Los grandes con los grandes.

Esperaba una contestación como aquella. Esa gente no escatimaba. Prefería pagar más y asegurarse un negocio más serio. Los jóvenes tenían menos experiencia y eran más impulsivos. Solían cagarla y cantar con más rapidez. La experiencia contaba muchísimo en el mundo ilegal.

—¿Vas mucho por allí? Tienen un chalé por Ciudad Jardín.

—Pues claro, hermano, casi todas las semanas. En ese he estado también. Me tomo una copa allí y hablamos los de aquí. Las putas están muy bien. Ya sabes lo que me gustan las colombianas —se rio.

—Sí, lo sé. —Cogió una de las sillas de la mesa camilla del fondo y la colocó al lado de ellos. Tomó asiento y alcanzó un cigarro de un paquete que había en la mesa—. Es que tengo una amiga que creo que está trabajando allí, pero no estoy seguro. ¿No le podrías decir a tu padre que echara un vistazo cuando vaya? A ver si me hace el favor, que tú me debes unos cuantos, mamonazo —le dio un toque en el hombro en señal de riña. El otro volvió a reírse.

—No me digas que te has *colao* de una puta. —Los dos chicos se echaron a reír divertidos. Juan dio dos golpes fuertes en la mesita negra del grameo. El otro le siguió, haciendo lo mismo, y unas micras de cocaína cayeron de la bolsa transparente al suelo—. Nene, estás lelo o qué te pasa —le dio una colleja al machaca por haber hecho lo mismo que él segundos antes.

—No me he *colao* de nadie. Tengo a sus padres preocupados por ella.

—No sé, hermano —se dirigió a Ram—. Yo creo que ni pidiéndolo se lo pregunta. Esos dan mucho dinero. Y muchos tiros. Mejor no meterse en lo que es solo de ellos, tú me entiendes —se refería a las mujeres. Le encendió el cigarro a Ram y cogió un porro a medio fumar del cenicero. El machaca tomó también un cigarro del paquete y se lo encendió con su propio mechero—. De todas formas, hermano, el viernes te vienes conmigo y lo ves con tus propios ojos —echó el humo hacia arriba, modo experto—. Así pruebas a las colombianas.

Bilma tenía la cara escondida entre las manos. Habían tenido que trasladarse a una de las mesas del final para que nadie la viera llorar.

Kassandra se lo había contado absolutamente todo. Desde el principio hasta lo del viaje a Marrakech. Lo peor vino, sin duda, cuando le contó que había sacado un billete de vuelta a escondidas, un día antes, por si todo salía bien. Entonces Bilma comprendió que había muchas más posibilidades de que todo saliera mal. Y se echó a llorar. Desconsoladamente.

—No quiero que me metan en la cárcel, mi madre se moriría de pena —le dijo Kassandra—. Mi madre ha luchado toda su vida para apartarme de estos mundos. Bastante tiene con que ya me hayan metido en ellos sin ninguna otra opción. Que participe es una deshonra, ¿me entiendes? No quiero que mi madre haga un calendario para meterme dinero y contar días hasta el tercer grado.

Su madre no sabía nada. Días antes, Kassandra se había llevado a su casa un telescopio plegable de hierro que descansaba en la vivienda de su abuela desde hacía años, cuando habían llevado algunas cajas con trastos viejos. Después se había acercado a ella. «Mamá, ¿puedes coserme esta cinta de nailon en tu máquina de aparado?», le había preguntado. Le acercó una cinta de un metro de nailon gris resistente e impermeable. Su madre la examinó a distancia y se levantó de la silla, cogiendo sus gafas y levantando el extremo final. «¿Cómo quieres que lo cosa?», le dijo. «Quiero que me hagas dos soportes para las manos. Uno en cada extremo». «¿Para las manos?». «Sí, para las manos. Cóseme los dos extremos en un círculo, donde me quepan bien las manos. La idea es poder meter los cuatro dedos excepto el pulgar y que lo pueda apretar bien», le explicó. Entonces vino la extrañeza. «¿Y para qué es, si se puede saber?», le preguntó Ana. «Para enrollarlo y atármelo en el muslo», le dijo. «Bueno, vale. Es fácil. Te daré dos pespuntes. Déjamelo en la mesa». De pronto, su madre cayó en la cuenta y abrió los ojos exageradamente. «Por Dios, Kassandra —había exclamado dando un respingo—, ¿es que en ese gimnasio te están enseñando a estrangular?».

—Te entiendo, pero no tienes obligación de ir..., podemos hacerlo juntas desde aquí —Bilma insistía en la necesidad de que no viajara hasta allí—. No importa lo que ese malnacido quiera de ti. Meteremos a todos estos en la puta cárcel. Iremos juntas a comisaría…

—Las cosas no funcionan así, Bil —la interrumpió Kassandra—. Esta gente no funciona con denuncias. Tienen abogados. Tienen apoyo. Tengo que demostrarles quién manda aquí, y eso no tiene nada que ver con denunciar. Tengo que ir hasta los de arriba y dejar claras las cosas. Si denuncio, tal vez no maten a mi madre, pero encontrarán la forma de destrozarme la vida, a mí o a cualquiera de ellas. Tienen gente en sus países de origen que se encarga de ello. Operadores. Matones. Sicarios. Son una mafia organizada.

—Lo entiendo... —dijo Bilma—. Pero no comprendo cómo van a hacerte caso a ti si ni se inmutan con la policía.

—No van a hacerme caso. No voy a explicarles nada. —Respiró y pausó un instante la conversación, pensando bien lo que iba a decir—. Voy a dejarles claras las cosas. Por eso me voy a Marruecos —dijo. Y continuó—: La cárcel, para esos monstruos, solo es tiempo. Solo es tiempo. Simplemente.

Bilma puso cara de no entender, como de que se le escapaba algo y no sabía el qué y tampoco sabía si preguntar. Kassandra siempre escondía algo. Ella lo sabía y en cierto modo se había acostumbrado a sus silencios y a sus cambios de tema repentinos. Pero aquello era demasiado y, por una vez, Bilma casi estaba segura de no querer saberlo todo. Casi.

Kassandra vaciló. Se pasó la lengua por las encías y chasqueó con la boca, nerviosa. Jodida, como siempre. Por tener que confesarle a su amiga lo que iba a confesarle. Ya está todo dicho, mamona, es lo que hay, pensó para sí. Ahora solo acción. Díselo.

Su amiga seguía mirándola muy quieta. Atenta a lo que tenía que decirle. Atenta a todo. A la trenza color rubio platino que le caía de lado tapándole las clavículas. A su collar del bate de béisbol. A los ojos grandes y verdes. Era ella, como siempre. Ni el más mínimo cambio físico. Después de todo lo que había ocurrido, no podía observar ni el más mínimo cambio físico. Pero era cierto que algo por dentro había cambiado. Era más..., daba más miedo. Era más...

—No vas a explicarles nada —habló en voz alta evitando decir nada más.

Kassandra la miró por encima de las pestañas. Inspiró hondo. Colocó sus antebrazos en la mesa, cruzando los brazos y levantando la cabeza. Altiva.

—Solo hay una forma de dejar claras las cosas para esa gente —dijo Kassandra, a sabiendas de lo que venía después. Bilma contuvo la respiración instantes antes de que la voz de Kassandra volviera a escucharse, de aceptar que lo que había cambiado en su amiga era mucho más que la forma de pensar—. No puedo matarlos en España.

El cuerpo de Bilma dio un respingo y algo en ella se activó, mecánico. Todo se volvió del revés y todo empezó. Comenzó la cuenta atrás. Como cuando empieza un final. Como si lo que hubiera dado un vuelco, en vez de su corazón, fuera un reloj de arena.

—Prométeme que vas a llamar a la policía si no vuelvo —le dijo Kassandra.

Bilma estaba pálida. Descompuesta. Los ojos hinchados y rojos y los labios secos y agrietados. De vez en cuando se llevaba la mano a la boca, sollozaba otro poco y la volvía a bajar.

—Prométeme que no vas a esperar a que vuelva —le repetía Kassandra—. Llama a la policía, aquí tienes la dirección. Los nombres. Todo. He dejado el teléfono del que te he dado el número en el club. Lo tiene una de ellas. Llama el primer día. Ella sabrá qué hacer. Mi madre no sabe nada. Quiero que se lo cuentes y te la lleves a un hotel hasta que contacten con vosotras.

Bilma rompió a llorar otra vez.

—Sé que me quieres. Y tu hermana. Y Marta. Todas. Sé que nada os haría más felices que verme bien —siguió hablando—. Y sabéis que no estoy bien.

Bilma negó con la cabeza dándole la razón a su amiga y a lo que ella misma llevaba sospechando tanto tiempo. Tenía un sentimiento agridulce. Por un lado, se encontraba descansada al fin. Por otro, la tensión se apoderaba de ella hasta hacerla temblar. Algo así como el descanso previo a la batalla. Como cuando uno no deja de sufrir, pero toma la determinación de hacer algo, por fin, con su sufrimiento. Era una extraña sensación aérea entre la pelvis y la garganta. Un fogonazo de acción que corría veloz y disperso por dentro de su cuerpo. No lo había sentido nunca antes. Ahora despertaba dentro de ella.

—Ven, dame un abrazo. —Kassandra acercó su silla para agacharse—. Venga, para una vez que quiero un abrazo no me seas niñata.

Bilma se abrazó a ella. Un grupo de chicos pasó por el lado izquierdo de la mesa. La escena dramática atrajo las miradas hasta que terminaron de pasar.

—Ya sabes lo que va a ocurrir aquí —le dijo Kassandra al oído—. Llama a este número.

—Te quiero —dijo Bilma, que había comenzado a llorar otra vez.

—Yo también te quiero —le contestó Kassandra—. Diles a Marta y a tu hermana que también las quiero. Díselo a mi madre.

Podía ser la última vez que se vieran. De hecho, era muy probable que lo fuera. Y luego, si su amiga no volvía de Marruecos, tendría que acabarlo. Sola.

Y lo haría. Lo tenía claro. Porque desde hacía ya mucho —confesión tras confesión, secreto tras secreto— sabía lo que Kassandra merecía. Se lo dijo en muchas ocasiones, cuando ella hablaba de su soledad. De lo sola que se había sentido siempre: «En cierto modo, es cierto que estás sola. Tu vida solo puede comprenderla del todo alguien que viva lo mismo que tú. Estás sola en muchas cosas —le era sincera—, pero yo siempre estaré al otro lado esperando a que vuelvas y, si quieres, me lo cuentes o no. Estaré siempre al otro lado, porque soy tu amiga».

Lo haría. Claro que lo haría. Si algo se merecía Kassandra era acabar con todo. De una vez por todas.

—Tenemos que hacerlo, llevas razón —le dijo Bilma, la voz entrecortada, apoyada con los codos en la mesa. Se agarró la cabeza con ambas manos. Lo aceptó. Respiró hondo, recobrando algo de compostura para hablar—. Tenemos que hacerlo —repitió para acabar de convencerse a sí misma. El reloj de arena siguió su curso, incesante—. Por ellas… —dijo. Kassandra permanecía en silencio, como una estatua, en frente.

Bilma se sintió mareada. Se sintió caer. Un recuerdo casi onírico cruzó su mente. El inicio de aquel libro que tanto le gustaba de pequeña. Alicia persiguiendo al Conejo Blanco, reloj en mano. Señalándolo sin cesar. «Llego tarde. Llego tarde a una cita muy importante. No hay tiempo para decir hola o adiós. Llego tarde». Alicia cayendo por el agujero del jardín, rumbo al País de las Maravillas. Mareada y cayendo, sin parar de dar vueltas sobre sí misma, sin la menor idea de hacia dónde iba, como ella en aquel momento. Su reloj interno no hacía tic-tac. Era silencioso. La arena fina, marrón y desértica, caía en picado, como ella. Hacia un mundo que no conocía o no había querido conocer nunca, que se había esforzado en ignorar. «¿Dónde habré caído? —se preguntó Alicia—. Tal vez al otro lado del mundo, donde la gente camina de cabeza».

—Por ellas… —repitió Bilma.

«Alicia se levantó y limpió sus rodillas de raíces y tierra húmeda. Echó un vistazo. Esto no es una madriguera, pensó. Y comenzó a andar».

—Por nosotras... —dijo Bilma— y por todas las mujeres.

Bilma se quedó atrás hablando con una exnovia suya. Kassandra salió de la cafetería por la puerta de delante, dispuesta a irse a casa. Los chicos de siempre permanecían en las mesas de fuera, retomando costumbres universitarias. Fumaban tabaco de liar con las cartas puestas boca abajo.

—Le ha sentado bien el verano a la rubia —vociferó uno de ellos como para el grupo—. A ver cuándo se me sienta encima a mí. ¿No te apetece, rubia? Llevo esperándote mucho tiempo.

Todo el mundo lo escuchó, tal y como él buscaba. Todas las personas sentadas en las mesas de fuera se giraron para mirarla a ella. El chico sonrió.

Ella se giró. Era el de siempre. El pijo moreno, bien repeinado y bien vestido que se paseaba todos los días en los descansos por el patio de la facultad de Derecho como si fuera un desfile masculino. La expresión de la cara de Kassandra cambió por completo. Se descompusieron sus facciones. Bilma la buscó de soslayo y se encontró con la escena en plena ebullición. Espera, le indicó a su exnovia con la palma de la mano, y miró bien a K a través del cristal. Iba caminando hacia los chicos de las timbas de póker. Con una actitud más agresiva que de costumbre. De no haber estado con ella hacía solo unos segundos, frente a frente, habría jurado que no era su amiga.

Kassandra se acercó al que había chillado y, en un segundo, se colocó en frente y sin mediar palabra alguna le dio un puñetazo en la cara. El chico cayó al suelo junto a su silla tras intentar agarrarse a la mesa, que se balanceó haciendo caer las cartas de póker al suelo.

Automáticamente los otros tres se levantaron de sus asientos. Dos de ellos se apartaron y uno se dirigió hacia ella para pararla. Kassandra le propinó un cabezazo que sonó seco —clap— y que le hizo recular hacia atrás. Ella aprovechó el vaivén y le pateó la entrepierna con la punta del pie con rabia. También este cayó al suelo. Kassandra se arrodilló y comenzó a propinarle puñetazos. Sin parar, de derecha a izquierda y de izquierda a derecha. Zap, zap, zap. Dos chicas conocidas se acercaron y la cogieron por los hombros con intención de calmarla. La apartaron de él y la alzaron, interponiéndose entre ella y los chicos.

La defensa de los piropeadores fue mínima, los había cogido tranquilos y sin guardia ninguna mientras jugaban su partida. Algunas personas se levantaron de las sillas instintivamente y otras se agolparon alrededor de la pelea. Bilma se había quedado paralizada de pie, con la mano en el respaldo de una silla. Cuando consiguió reaccionar, abrió a toda prisa la puerta de la cafetería y salió corriendo hacia allí.

Kassandra se había alejado en dirección a la parada de autobuses, empujada amablemente por una de las chicas que los había separado.

El segundo de los chicos todavía estaba tirado en el suelo y sangraba abundantemente por la nariz. La gente le socorría con pañuelos, intentando cortar la hemorragia mientras llegaban los de enfermería. El primero también sangraba sentado en una silla y parecía respirar con dificultad, agarrándose el pecho, más por los nervios del momento que por el golpe que le había asestado su amiga.

Intentó divisarla entre las cuadrículas de césped y bancos de afuera, pero no lo consiguió.

Corrió hasta la parada. Muy rápido. Muy rápido. ¡K, espera, no te vayas! No te vayas sin despedirte. Llegó a duras penas y asfixiada a la acera y alcanzó a ver como el autobús 67, al que siempre subía su amiga, doblaba la esquina en dirección a Alicante.

«No es momento de decir hola o adiós —dijo el Conejo Blanco—. Llego tarde a una cita muy importante».

Marrakech Menara, Marruecos

Apenas se escuchaba el bullicio proveniente de las callejuelas laterales. Solo el rumor del viejo aparato de aire acondicionado instalado en la pared y algún que otro grito de los comerciantes callejeros llamando la atención de la clientela turista, que sobresalía acústicamente rompiendo la calma de la habitación. La estancia había sido reformada a gusto del jefe. Suelo de piedra de mármol negro y blanco y paredes rebajadas en rojo oscuro. Los dueños del *riad* lo habían alquilado solo para su estancia en 2016, cuando huyó de Francia perseguido por la Europol, momento a partir del cual toda la familia había quedado a su servicio. Ellas a la limpieza y las compras; ellos a conseguir contactos y a hacer de chófer y de guía a los invitados y socios extranjeros. Al final del intrincado callejón oscuro, dos hombres albanokosovares custodiaban la gran puerta de madera envejecida, con una pistola HK *usp compact* en la cintura y un fusil de asalto Kalashnikov a la espalda, resguardado bajo la chaqueta táctica negra.

El Rey de Corazones —así lo había apodado la prensa española en 2012, cuando se descubrió que poseía el monopolio de la prostitución forzada en Europa con más de sesenta mil mujeres esclavas solo en España, Francia, Italia, Alemania e Inglaterra— lideraba una de las organizaciones criminales más grandes del continente, la cual destacaba por sus formas violentas, su vasta estructura y por estar conformada por sanguinarios sin escrúpulos. El gran capo se había convertido en uno de los hombres más buscados del mundo después de que consiguiera fugarse de una prisión andaluza en 2013. Antes de aquello, ya había establecido en España su centro de blanqueo de capitales —procedentes de la extorsión, la prostitución y el tráfico de drogas—, que lavaba a través de testaferros jurídicos y negocios legales. Lo hacía, sobre todo, mediante la compra de mansiones de lujo y clubs de alterne en regla, principalmente en la Costa Blanca y la Costa del Sol, hasta que la Operación Póker, dirigida por la Brigada Central de Crimen Organizado de la Policía Nacional, había acabado con una veintena de detenidos, entre ellos —aquello fue un triunfo sin igual de las Fuerzas y Cuerpos de Seguridad del Estado español— el Rey de Corazones, al que detuvieron en su mansión de Campello, justo al lado de los Baños de la Reina, mientras veraneaba una semana allí en completo secreto. No se pudo probar ninguno de los cientos de asesinatos, secuestros y torturas orquestados y ejercidos en su nombre, aunque sí otros delitos, por los que fue condenado a nueve años de cárcel por la Audiencia Nacional. Solo un año después de su ingreso en prisión, se fugó con ayuda de varios grupos de exmilitares yugoslavos que trabajaban bajo sus órdenes y un pequeño helicóptero utilitario, sin hacer el menor ruido. Desde entonces se encontraba en busca y captura por las autoridades de más de seis países.

Sus operadores y socios reían a carcajada limpia y sonora, obedientes, sin dejar entrever el aura de incomodidad que provocaba aquel hombre a su alrededor. Su personalidad lo hacía impredecible al trato. Uno nunca sabía si lo que iba a decirle le gustaría o le enfadaría, porque no dependía del mensaje, sino de lo que a él y su agresividad innata le parecieran en aquel momento, de cómo se hubiera levantado aquel día o de si la coyuntura del negocio en ese momento afectaba positiva o negativamente a la noticia o comentario en cuestión.

No tenía gente de confianza, solo gente de obligación. Él pagaba, él compraba y él vendía. Y si existía alguien que se negaba a ello o del que sospechara mínimamente recelo o traición, este simplemente quedaba fuera. Y quedar fuera en el mundo de la delincuencia organizada no era despedirse un día y no volver a saber nada del lugar y la posición que uno había ocupado, volviendo a casa y cambiando su futuro, quedar fuera significaba desaparecer. Un balazo en la sien, un «accidente» marítimo o de conducción, o peor aún: días de tortura en un garaje soltando información por la que otros grupos también te matarían, deseando al final que lo hicieran de una vez. No respetar al Rey era no respetar tu propia existencia.

Pese a la cooperación transnacional, había sido imposible dar con su paradero. Pocos eran los que sabían que, al fondo de uno de los callejones de las radiales que se extendían desde la plaza Yamaa el Fna, el centro neurálgico de la medina de Marrakech, el monstruo de hielo presidía la gran mesa ovalada de madera de su despacho mientras esperaba una visita.

La puerta sonó dos veces. Lento. Toc-toc. Nadie contestó. Pasaron al menos treinta segundos antes de que se volvieran a escuchar los dos golpes en calidad de pregunta. Toc-toc.

—*Da* —se escuchó desde dentro la afirmación seca.

El hombre abrió la puerta despacio y entró en el despacho cerrando la puerta detrás.

Se encontraba sentado, con un Ipad en una mano y un cigarro largo, de importación, en otra. Se escuchaban disparos por el altavoz del dispositivo. Pausó el vídeo que se reproducía y miró al hombre por encima de las pestañas. Dejó el Ipad en la mesa y echó la ceniza en el cenicero, sin mediar ni una sola palabra.

—Están aquí —dijo el informador. Seguía parado en la puerta. Sin acercarse a la mesa y en posición militar, separados los pies a la altura de la cadera. El físico hacía pensar en un portero de discoteca. Espalda ancha y brazos voluptuosos, tatuados. Calvo. Rasgos árabes.

—Cómo es —preguntó el jefe sin tono interrogatorio.

El informador colocó sus manos al frente, agarradas. Un movimiento instintivo que reflejó sus nervios.

—Viene con ellos. La han mandado al sur, a Merzouga. La mujer de Baztlaba va con ella.

—Te he hecho una pregunta, ¿por qué no me la contestas?

—Perdón. —El hombre separó las manos. El nerviosismo se apoderó de él y su mirada recorrió la habitación en busca de tranquilidad. Respondió midiendo las palabras como jamás las había medido. Debía ser más comedido que nunca, pues sabía perfectamente de quién se disponía a opinar. Se limpió el sudor de sus gruesas manos en el vaquero oscuro. Miró a su jefe y aguantó unos segundos el contacto visual con aquellos ojos azul metálico, intentando que aquella mirada tétrica no interfiriera en la interpretación de su fingido papel de calma.

—Es... joven... —titubeó.

El jefe bajó la mirada, desviándola hacia el pasado. Sonrió maquiavélico, como si estuviera en un recuerdo divertido y macabro.

—Y qué más —inquirió a su segundo.

Le estaba pidiendo más información. Tenía que medir sus palabras.

—Muy guapa... —carraspeó ante su atrevimiento, observando cómo reaccionaba el capo. Se aseguró y continuó—: Sigue siendo rubia.

Decidió añadir algo más. Algo que el jefe ya sabía, pero que a él le había impresionado lo suficiente y que quizá podía agradarle saber.

—Tiene una mirada que paraliza... co... como la suya —tartamudeó. Debía callarse ya, antes de excederse y cometer una estupidez que le costara la vida—. Y unos ojos muy verdes.

Empieza por el principio y sigue hasta llegar al final. Allí te paras.

Alicia en el País de las Maravillas.

EL LABERINTO

Bajo la luz cetrina de la bombilla colgante que iluminaba la habitación del *riad* Detous, situado al norte de la medina de Marrakech, Kassandra observaba por la ventana la gran terraza separada en compartimentos, cada uno de ellos con sus propios sofás y mesas de recreo decoradas con motivos árabes. Allí, uno podía sentarse a disfrutar de dulces marroquíes y té de menta mientras observaba el atardecer en la medina. A lo largo se extendía toda la parte antigua de la ciudad, y un lejano aroma a especias secas y algo más —clavo, canela, flor de azahar, pan de trigo recién hecho y cuero—, proveniente de los comerciantes del zoco, impregnaba el aire que entraba y salía despacio por su nariz. No estaba calmada, pero al menos lo intentaba. Habían llegado hacía ya unas horas, de buena mañana, y les habían concedido —a Polina y a ella, que dormían en la misma habitación— un tiempo para desayunar en el patio cerrado de abajo e instalarse. Habían engullido el pan con mermelada y mantequilla que las mujeres de los dueños les habían ofrecido sin mirarse siquiera, concentradas en su hambre acumulada y en la cantidad de vasijas coloridas y figuras étnicas que se agolpaban en cada resquicio de las paredes de la casa. Ni se miraban. Cada una a lo suyo.

Kassandra portaba una pequeña maleta y una bolsa de mano donde guardaba la documentación, el maquillaje que podía usar y la cartera. El billete alternativo —impreso en papel con el localizador del vuelo por si le confiscaban el móvil— lo había guardado en un bolsillo cosido debajo de una camiseta ancha. Kráneo le había requisado el pasaporte, el dinero y el móvil en cuanto habían bajado del avión, sin excesiva prudencia, simplemente con un escueto «dame», alardeando del hecho rutinario de privar a una mujer de la posibilidad de volver o de huir.

Huir no sabía aún de qué, pero estaba segura que de algo. Que le arrebataran toda posibilidad de desplazamiento —económica y burocrática— no era cuestión de azar, sino una precaución.

Había estado observándolos mucho tiempo, meses. Cómo se organizaban, cuál era el papel de cada uno, cómo funcionaba el entramado. Tenía capacidad de análisis y era de esas personas que, por suerte o por desgracia, solía encontrarse en situaciones clave. Aquello le había servido de mucho en la vida, aunque otras veces —como en el caso de Ram— también se la hubiera jodido bien. Cuando uno analiza demasiado las cosas, corre el riesgo de encontrar todos los fallos, pero también de entender todos los motivos. Kassandra sabía que la causa de que hubieran dejado el trabajo en manos de otros operadores menos hábiles en España y hubieran viajado todos hasta allí —únicamente ellos; concretamente ellos, sin otros operadores de Alicante— significaba algo grande. Su padre siempre decía que algo grande en el negocio del tráfico ilegal, sea lo que sea con lo que se trafique, solo puede significar una cosa: mucho dinero o muchas muertes.

Por lo que sabía, los sujetos para recibir y convencer eran

italianos de la 'Ndrangheta. Gente de honor y —como ellos mismos llamaban al silencio, que consideraban su característica más leal y exitosa— *omertá*. La Ley del silencio. Cuanto más silencio, más respeto. El hombre de honor italiano debía ser el mejor portador de la *omertá*. Proteger el honor de su familia y los secretos de la organización más que su propia vida. La mafia calabresa, más violenta incluso que la siciliana. Los había visto hablar con su padre alguna vez. Indiscutiblemente latinos, pero con ese aire agrio y prepotente de dominancia y clase, interpuesta entre lo que consideraban los demás y ellos. Gente de fiar siempre que uno se ajustara a sus códigos. Para los italianos, la criminalidad era una cuestión de familia y casta, y se tomaba con seriedad. Los negocios bien atados eran el motivo que los honraba a ellos y a su estirpe. Esos eran los puntos que los unían a las mafias del Este. La seriedad y el silencio. Eran gente de pocas palabras y acciones medidas. No sucedía lo mismo con los colombianos, mexicanos o marroquíes, más impulsivos y bocazas. Los terceros, en este caso, iban a actuar como intermediarios, aunque todavía no había podido averiguar para qué. Las hipótesis superpuestas la llevaban a creer que los italianos buscaban mujeres africanas para sus negocios de prostitución y no querían intermediar directamente con los marroquíes por considerarlos inferiores en las prácticas. Las africanas pasaban directamente por Marruecos hacia España. Ahí era donde entraba en juego la organización del Rey de Corazones. La estructura era similar en su forma piramidal: capo, *conseglieri*, *soldato*, jefe, directores, operadores. Todo un entramado que por bien pensado era también muy lucrativo.

Un buen contacto había posibilitado la reunión en Marruecos, su base de operaciones, y los italianos no dudaron en trasladarse hasta allí para tener una charla sobre los negocios, que no buscaban establecer en Italia, sino en las costas españolas. Era necesario firmar un respeto previo creando lazos económicos entre ellos y regulando la competencia.

No había visto al Rey, pero podía sentirlo. Podía sentir esa humedad que emana el monstruo que vive debajo de tu cama y que traspasa tus sábanas por la noche. Ese frío. Allí fuera hacía calor. Olía a azafrán y a menta, a cúrcuma y semilla de anís. Dentro de sí misma hacía un frío horrible, como si todo estuviera congelado, y olía a pólvora esparcida por el suelo.

Continuó mirando por la ventana, observando el precioso espectáculo del cielo marroquí —un trasiego de colores ambarinos que se degradaban en un azul amarillento— y escuchando la música del desierto. Los tambores de la plaza de Yamaa el Fna reverberaban en las paredes, lejanos, pero no mucho. Un ritmo de percusión constante, que parecía que siempre precedía a algo más grande, a algo que iba a estallar en cualquier momento.

Seguía respirando. Casi había logrado calmarse. En una mano sujetaba un cigarro que se consumía. De vez en cuando daba una calada. Bien podrían haberle pintado un cuadro en aquel mismo instante que se titulara «La espera». Una espera que indicaba el final de esta, porque Kassandra había armado un plan exquisito. Tan exquisito como su inteligencia. Tan exquisito que había posibilidades de que saliera bien.

Primero iría a por Bogdán —se había perdido en muchas de las salidas nocturnas con alguna mujer, y eso le daría una excusa perfecta para justificar su desaparición—. Lo haría aquella misma noche, en la discoteca a la que iban a ir a celebrar un asunto con los italianos. Solo había tenido que averiguar el nombre del local para estudiar —gracias a Google— dónde se situaban aseos, barra, patio, salidas, entradas. Lo atraería a uno de los aseos privados del VIP, al cual sabía perfectamente que la acompañaría y en el que le tendría preparada una sorpresa. Después iría a por Polina —a la que estrangularía con el nailon mientras dormía en aquella misma habitación—. Cogería el telescopio escondido en el doble fondo de su equipaje de mano y bajaría a por Emil, que ocupaba una habitación del piso de abajo. Los marroquíes e italianos estaban en el tercer piso y, con suerte, no se enterarían de nada. Saldría de allí por la recepción —un pequeño cubículo con un televisor, una neverita y un ordenador, donde los marroquíes se turnaban por el día—. Aquello debería estar acabado para las seis de la madrugada, hora marroquí, cuando ellos se despertaban para comprar el pan e ir a por los desayunos. Saldría de allí sin llamar la atención y mataría a Kráneo, que se encontraba alojado en otro *riad*, tres calles más arriba y hacia el oeste. Después esperaría. Esperaría sola y en silencio a que el Rey la buscara. No sería difícil, pues era lo que había hecho toda su vida. Esperar quieta, como cazadora y presa a la vez. Y la encontraría. Porque era lo que aquel monstruo había hecho durante toda su vida: encontrarla. Se encontrarían frente a frente.

—Quítate ese vestido y ponte otra cosa. Nos vamos.

Polina le miró despectivamente el escote y comenzó a sacar agua y comida de una bolsa. Aquello le extrañó. Se sentó en el borde de su cama. La *madame* le daba la espalda y la ignoraba mientras seguía metiendo las cosas de la bolsa en una mochila.

—¿Dónde vamos? —preguntó.

—A una aldea al sur. Vamos a recoger a alguien y vienes conmigo.

—¿No me puedo quedar aquí? —insistió ella.

La mujer se giró, visiblemente molesta por la insistencia y las preguntas. Dejando claro el asco que le daba.

—Créeme, una niñata sería la última cosa con la que me pasearía —dijo—. Pero hablas francés. Son órdenes —se giró para continuar su tarea—. Vienes conmigo.

El marrón es una constante en Marruecos. Está en la tierra. Está en el aire en suspensión, formando una calima desértica que arde en las fosas nasales cuando el calor aprieta. Está en los caminos, en los arcenes de las carreteras, en el pelaje de los camellos, en los colores de la lejanía. Está en las suaves dunas, en la arcilla de los cuencos, en los ojos profundos de sus gentes y en su piel morena curtida por el sol. Marruecos es marrón y arena, todo él. Uno puede encontrar allí tonalidades que jamás encontraría en su país. Arena roja, amarillenta al amanecer, anaranjada al atardecer, oscura, clara, ocre. Cientos de tonos de marrón que son un deleite cromático para unos ojos fríos, al igual que sus aromas, también marrones —la flor de azahar, el azafrán, la canela, el comino, la cúrcuma, el clavo—. Hasta la propia ropa adquiere un tono marrón al contacto con la tierra marroquí. El 4x4 que los italianos les habían proporcionado para viajar hacia una pequeña aldea situada en Merzouga, cerca del desierto de Zagora, levantaba el polvo en remolino a su paso, dejando también una bruma cálida como estela. Habían salido de la ciudad de Marrakech por la mañana pronto, atravesando las montañas del Atlas por serpenteantes carreteras, notando la altitud en la presión de sus oídos y sintiendo las pronunciadas curvas de los acantilados poner nervioso a su vértigo. Casi cinco horas de viaje hasta llegar a una de las pequeñas aldeas bereberes donde —según le habían indicado a la *madame*— dos familias conocidas de los dueños del *riad* guardaban la mercancía que debían llevarse.

Al llegar, Kassandra bajó del todoterreno de alquiler y los treinta y ocho grados de calor seco le abofetearon la cara. La tierra se incrustó en sus zapatillas blancas nuevas hasta envejecerlas por arte de magia. Polina se adelantó y caminó hacia la aldea, saludando de lejos con gestos a dos hombres que esperaban en una de las casas de adobe de barro y paja.

—Espera aquí —le indicó sin más antes de pasar al interior con los autóctonos y desaparecer. Kassandra se quedó sola, en medio del poblado de arena y paja, sin saber muy bien qué hacer.

Varias personas ataviadas con chilabas con capucha típicas la observaron con curiosidad al pasar. A pesar de sentirse novedad, no se sintió incómoda. Algunas mujeres le sonreían desde lejos y todo parecía ser de un hospitalario natural.

Echó un vistazo a los alrededores. Los niños pequeños jugando en la tierra, los hombres conversando tranquilamente en las esquinas. Se dio cuenta de que allí no importaba demasiado no saber qué hacer. Simplemente se vivía. Libre de ajetreos; de prisas y de comidas rápidas entre un quehacer y otro; de imposiciones a largo plazo.

Adoró esa sensación. Adoró aquel lugar. El olor a mundo que emanaba. Y su capacidad —dada la idiosincrasia nómada del pueblo bereber— de llenar de espíritu libre a cualquiera que lo mirara a los ojos.

Una niña castaña tiró de su falda a su izquierda. Tenía unos ojos gigantes color miel. Se sucedieron las sonrisas.

—*Salam aleikum* —le dijo.

La niña le ofreció un objeto pequeño. Se lo acercó a la mano. Era un tarrito de arcilla con forma de cuenco. Algo parecido al recipiente donde se comía el tajín —un plato típico marroquí que aunaba carne o pescado junto a verduras o frutas como las ciruelas, y que habían degustado en una de las paradas en bares de carretera—, pero en miniatura. Se agachó para ponerse a su altura, y la niña se lo colocó en la palma de la mano y la señaló. Para ti, entendió. Una muestra más de la hospitalidad inherente a la cultura marroquí.

Kassandra miró el recipiente y lo abrió. Dentro había una especie de polvo fijado, entre rojo y marrón.

—*Aker Fassi* —dijo la niña en un balbuceo infantil. E hizo el gesto de pintarse los labios.

—¿Es un pintalabios? —preguntó Kassandra.

La niña se mojó el dedo con un poco de saliva y lo repasó por el interior del recipiente. La pintura fijada tomó una consistencia arcillosa y el dedo se le coloreó de un rojizo y acre. Se puso un poco en su propia mejilla. También es colorete. Es maquillaje, supuso. Señaló su pómulo y giró la cara para que la niña la pintara. Después extrajo un espejito de su riñonera y se miró. La mejilla había tomado un color rosado.

—Gracias —le dijo en español—. Ahora yo a ti —expresó con señas.

La niña asintió divertida. Kassandra se chupó el dedo y comenzó a trabajar el producto con la punta del índice. Dibujó en su mejilla. Le enseñó el resultado en el espejo.

—¿Te gusta?

La niña miró su propio rostro atenta, poniendo su pequeña mano encima de la suya. Recorrió su mejilla con los ojos. Tenía las pestañas más largas que Kassandra había visto jamás. Volvió a mirarla. La niña balbuceó algo más largo que ella no pudo entender.

—No te entiendo —se lamentó sonriendo.

Miró hacia la derecha. La que supuso que era la madre de la niña y una chica adolescente —seguramente las artífices de la idea del regalo— miraban la escena bajo el marco de una puerta sonriendo también.

Entonces, a falta de palabras, comprendió lo que decía. La niña giró la cara y puso el otro moflete. Kassandra hizo lo propio, la abrazó y la pequeña volvió con la mujer de la puerta que, efectivamente, era su madre. Levantó el maquillaje y se lo agradeció a las mujeres desde lejos. Se adentraron las tres en la casa. La madre, la adolescente y la niña, orgullosa de su nuevo aspecto con un corazón rojo —muy parecido en la forma al que tenían las barajas inglesas— dibujado en cada mejilla.

Divisó a Polina saliendo de la casa a la que anteriormente había entrado. La seguían dos personas ataviadas con una tela negra que les cubría todo el cuerpo de la cabeza a los pies. Eran mujeres, supuso. Ambas bajas de estatura. Al acercarse, Kassandra solo alcanzó a ver sus miradas a través de la abertura rectangular recortada en el tejido a la altura de los ojos. Vestían niqab. Subieron al coche de los italianos. Las dos mujeres detrás y ellos delante. Nadie habló hasta dos horas más tarde, cuando pararon para que la *madame* comprara algo para comer y beber en un pequeño bar de afluencia turística. Ella y las dos mujeres aguardaron dentro del vehículo hasta que regresó.

Polina volvió con provisiones. Dio un portazo y se dirigió a Kassandra.

—Diles que se lo quiten —le ordenó.

—¿Cómo? —preguntó medio aturdida por el calor que todavía tenía acumulado en el cuerpo. Había pasado casi media hora en suelo llano, sin pañuelo para protegerse, en medio del poblado.

—Diles en francés que se quiten eso que llevan puesto —espetó antes de arrancar.

Lo dijo. Los cuatro ojos marrones la miraron desde el rectángulo. «Descúbranse, por favor». Obedecieron. Comenzaron a desprenderse del niqab lentamente, y Kassandra notó cómo el estómago le daba un vuelco de trescientos sesenta grados cuando contempló sus caras. Sintió cómo el corazón se le agitaba. Bum bum bum bum. Bum bum bum bum. Rápido. Las sienes martilleantes. Se giró para no seguir mirando y apoyó sus manos fuertemente en la guantera, intentando buscar un punto de agarre.

Las mujeres que había debajo de aquellos niqabs no eran mujeres. Faltaba mucho para que lo fueran. No tenían más de catorce años.

Las crías provenían de los poblados más pobres de Marruecos y eran trasladadas a las capitales de provincia para ser usadas como esclavas sexuales en las fiestas de los hombres pudientes. Constructores, mafiosos, traficantes, ingenieros y arquitectos europeos, turistas adinerados o políticos. Algunas de ellas, una vez llegadas a su destino, eran ocultadas en *riads* cómplices situados en el centro de las ciudades y controlados por los propios mafiosos extranjeros y marroquíes. Encerradas incluso en jaulas, a la espera de que se pujara por su cuerpo y su virginidad. La mayoría eran llevadas a Casablanca, núcleo empresarial de Marruecos, para acabar la fiesta, cuando aún eran vírgenes. Se paga casi el quíntuple por una niña virgen. Poder observar cómo rompes la inocencia de una niña es un atractivo valioso. Como poseer un diamante en bruto. Aquella semana la 'Ndrangheta italiana había viajado a Marrakech para cerrar un trato. El trato se había cerrado satisfactoriamente. Facilidad de instauración en toda la costa andaluza. Nigeria a sus pies. Alquiler de mujeres a un precio algo más alto de lo que estimaban, pero un buen trato, al fin y al cabo. El mejor socio con el que podían comenzar sus andaduras, como antaño lo habían hecho compatriotas de la Cosa Nostra y la Camorra. Esa noche lo celebrarían, junto al cumpleaños de uno de ellos —Fabrizzio Ferrini, segundo de una de las familias más importantes de Calabria—. Y las niñas eran el regalo.

Todo el mundo supo, desde que comenzó a suceder, que desaparecían de las aldeas. Después, todo el mundo supo a dónde iban. Todo el mundo supo para qué. Pero nadie dijo nada. Como siempre.

«Marrakech Menara» significa en lengua bereber «Tierra de Dios». Se la conoce también como La Perla o Puerta del Sur, o La Ciudad Roja, dada la tonalidad predominante en la mayoría de sus edificaciones.

«Marrakech Menara» significa «Tierra de Dios». Un Dios misericordioso. Un Dios justo. Un Dios que está con los que sufren. Cuando uno conocía a aquellos hombres, cuando uno trataba con ellos y entendía cómo se facilitaban todas aquellas atrocidades de forma casi amable, cuando uno veía con sus propios ojos cómo se les reverenciaban sus carteras repletas de billetes sangrientos al pasar, casi podía jurar que hacía mucho que aquel Dios no pasaba por Marrakech.

—Para el coche —dijo segundos después.

—Acabamos de parar —contestó Polina negándose.

—Para el coche —pidió mirándola totalmente descompuesta—, voy a vomitar.

Tras la vomitera, el viaje de vuelta continuó a través de las escarpadas montañas de piedra. Pararon una vez más, pero ella no bajó. Se quedó en el vehículo, muda, con las niñas detrás.

Tras la última parada se escucharon unos sollozos en los asientos traseros. Era algo normal que las niñas comenzaran a llorar una vez se sabían presas. Ambas, desde la posición delantera, se percataron. Polina, en su tono acre habitual, le dijo que pusiera música para no oírlas.

Kassandra dio al *play* del radiocasete antiguo. Comenzó a sonar una canción que conocía. Italiana. Una nana de cuna perteneciente a un álbum antológico llamado *La Musica della Mafia, il canto di malavita*, publicado en el año 2002 y cuya comercialización había sido prohibida en Italia por su mensaje. Era una colección de canciones folclóricas calabresas que narraban la imaginería de la 'Ndrangheta como una de las organizaciones criminales más antiguas de Europa, reflejo del ruralismo del sur de Italia y de la conservación del sistema de familia patriarcal: las mujeres se ocupaban de la crianza, los hombres de los negocios. Las hijas eran un reclamo de casamiento para los hijos de otros mafiosos, estableciendo lazos y creando uniones sobre todo con filiales de la mafia siciliana, mientras que los niños eran instruidos desde su nacimiento en las bases y pilares de la organización, incluso en las canciones de cuna como aquella —era la nana que las esposas de los capos cantaban a sus hijos mientras los arrullaban— y cuya traducción no tenía desperdicio. «Mirad este hijo mío, cómo se parece a su papá. Escúchame bien, hijo querido, que huérfano fuiste a nacer. A tu padre te lo han matado con traición e infamia. Te harás grande, rápido creces, ya empiezas a manejar pistolas y cuchillos, el honor de la familia has de mantener…».

«'Ndrangheta» procede etimológicamente de dos palabras griegas. El valor —*agathòs*— del hombre honorable —*anèr*—. En el seno de la mafia calabresa, nada hace más virtuoso, valeroso y honorable a un hombre que la violencia.

Echó un vistazo hacia el asiento de atrás por el retrovisor. A las caras blanquecinas de las dos niñas —a pesar del moreno natural de su piel, el estrés comenzaba a somatizarse— y a sus ojos vidriosos. Esa es la cara que a uno se le debe quedar cuando sabe que va a la horca, pensó. Hijos de la mierda.

Se vio a sí misma. No a la de ahora, sino a la Kassandra niña con seis años. En el momento en el que comenzó todo por culpa del mismo hombre que ahora enviaba a esas dos niñas al propio comienzo del fin de su vida.

La visión era tan cruda que no desaparecía pestañeando o cerrando fuertemente los ojos. La niña apareció ahí, con su faldita de cuadros rojos y verdes, sentada encima de las telas negras arrugadas de los niqab. Sus ojos grandes la observaban sin expresión alguna. Las otras dos niñas estaban sentadas una a cada lado, cada una atrapada en su propio cinturón. La segunda de ellas también comenzó a llorar. Primero débilmente, después con sollozos ahogados. Un ataque de desesperanza incontrolable. A Kassandra se le formó otra vez el nudo en el estómago. Desvió la mirada un segundo, tragando saliva. Después volvió a mirar. Kassandra niña, que seguía ahí, también había empezado a llorar. Acompañando a las otras, aunque solo la viera y oyera ella. Llantos. Tres débiles llantos infantiles que pese a su dulzura y fragilidad le estaban perforando los tímpanos. Resonaban en sus oídos como un grito ensordecedor.

Cuántas veces se había negado ella el llanto. Cuántas veces había pensado que el hecho de mostrar sus sentimientos era un signo de debilidad. Recordó aquellos veranos en la casa de campo. Aquel frío en pleno agosto. La sensación de no pertenecerse a sí misma y de que el mundo no la merecía. Después, pasas a pensar que eres tú la que no se merece al mundo. Que no eres digna. Y te endureces. Te haces piedra. Y finges no haber sentido jamás y no tener corazón. Encierras en un laberinto a la persona que fuiste y te conviertes en un fantasma que guarda la salida, lamparilla en mano. Y la rabia y la tristeza se te acumulan dentro hasta que rebosan y, como un ectoplasma, te cubren de un líquido viscoso que no te deja respirar, ni ver, ni escuchar ni sentir nada. Eres tú misma quien no quiere salir. Eres tú misma quien guarda sufrimiento hasta que el sufrimiento se hace tu dueño.

La nana seguía sonando por los altavoces. «Hijo, a tu padre lo has de vengar. Perdóname por estas palabras, pero no me puedo resignar. Quítame este odio que tengo en el corazón. Hijo, a tu padre lo has de vengar...».

Llorar es bueno, decía su madre. Si uno no llora, al final acaba ahogándose a sí mismo, o quedándose seco, como una flor que no se riega. Hay que llorar para florecer, sí, le advertía.

Ahí detrás había dos pequeñas flores a las que alguien quería secar por completo.

¿Por qué?, se preguntó. ¿Por qué no hacemos nada, Polina?, tuvo ganas de preguntarle a la mujer. ¿Por qué no nos plantamos ante esta atrocidad? ¿Por qué nos odiamos, Polina? ¿Cómo llegan a conseguir que nos odiemos así?

Por qué. Por qué esto. Por qué sucede. Por qué dejamos que suceda. Preguntó y preguntó para sus adentros, pero nadie contestó. Nadie le había contestado jamás. Nadie respondió nunca a la niña que preguntó por qué le robaron la infancia. Nadie respondió nunca a la joven que preguntó por qué la odiaba el mundo. Nadie iba a responder ahora a la mujer en la que se estaba convirtiendo. ¿Por qué nos pasa esto? Qué pesadas. Tediosas. Las mujeres siempre preguntando cosas vanas e inútiles. ¿Por qué nos dejamos? ¿Por qué no nos dejáis? El porqué. El odioso porqué. Las mujeres, siempre preguntando, pero siempre en silencio. Con el porqué que no sale, entre la garganta y la nuca. Ahí donde la asfixia. Donde todo acaba. Metidas sus respuestas en una realidad paralela que no se les permite explorar. ¿Por qué nadie nos oye? Las mujeres, siempre preguntando. Instaladas-instadas-instigadas a lo vacuo. La mujer, *verba, non facta.* Siempre ocupadas preguntándose el porqué mientras el mundo gira y gira y gira sin dar una respuesta y ellas vomitan y lloran y callan y preguntan en silencio. Nadie responde a los porqués de un sufrimiento que es necesario. Nadie responde a los porqués de las mujeres.

Miró a Polina de soslayo. A su camisa de seda amarilla. A los destellos eléctricos que centelleaban en sus ojos azul metálico cuando entraban en contacto con el sol que traspasaba el cristal del coche. A su mirada fija al frente y sus manos apretando fuertes y tensas el volante al oír por encima de los acordes los lloros de las niñas. A la Walter Compact 9 mm parabellum bien calzada y ajustada a su cintura, por si a la niñata —que era ella— se le ocurría hacer alguna «locura» durante la travesía. ¿Cómo llegan a conseguir que dos mujeres canalicen su rabia entre ellas y no hacia quienes las odian y las colocan en la situación que están sufriendo?

No iba a dejar que aquellas niñas se convirtieran en ella. Lo tenía claro. Aunque —dadas las circunstancias— no pudiera abrazarlas en ese instante, ni consolarlas de ninguna otra forma. Se negaba a ello. Se negaba a que algún día dejaran de llorar y de sentir por creer que nadie las escuchó ni se compadeció nunca. A que pensaran que no importaban a nadie. A que acabaran siendo su propio fantasma y este las persiguiera toda la vida, como la niña de la falda de cuadros a ella.

Levantó el brazo y pulsó el botón de pausa. Tres segundos. Polina presionó el mismo botón y volvió a encender la música. El estribillo de la canción se retomó. Dos segundos. Kassandra volvió a parar la música. La otra le puso inmediatamente la mano encima de la suya, que todavía pulsaba el botón. La miró con visible enfado.

—¿Qué haces? —le dijo.

—Me molesta mucho —dijo, excusándose en la vomitera de antes— y voy a volver a vomitar.

Escúchalas llorar, Polina. Escucha cómo lloran esas niñas. Clávate sus llantos en las sienes.

La *madame* accedió de muy mala gana. Los lloros de las niñas volvieron a escucharse al cabo de breves instantes. Se atragantaban y sorbían por la nariz taponada. Kassandra niña se había esfumado y la Kassandra de ahora, con el rostro vuelto hacia la ventanilla y la vista clavada en el paisaje de matorrales y tierra roja que avanzaba difuminándose, comenzó a cantar a duras penas su propia nana. Un fandango que su madre le cantaba antes de dormir cuando ella era pequeña.

Porque morir es natural
morir es natural
Yo no le temo a la muerte
le temo más a la vida…

Siguió cantando mientras el 4x4 descendía avanzando por la carretera mal asfaltada. En escasos cuatro metros cuadrados, cuatro mujeres tenían miedo o dejaban de tenerlo. Cuatro mujeres. El llanto y la voz de cuatro mujeres. Un coche. Un viaje. Y un solo destino para todas: morir.

Iban todas juntas a morir, pensó ella. A morir de todas las formas posibles en las que se puede morir una mujer. En las que muere una mujer antes de lo que llaman morir de verdad. Las mujeres mueren muchas veces antes de morirse: muere su cuerpo, su alma y su vida. Y luego mueren ellas.

Siguieron avanzando por la recta. El sol caía hacia el oeste degradando de forma paulatina el horizonte de rojizo intenso a azul. Una lágrima cayó por la mejilla derecha de Polina un segundo antes de que la limpiara rápido con la manga de su camisa. Disimuló la expresión adoptando un gesto serio, tragó saliva y volvió a concentrarse al volante. Kassandra siguió cantando. Fraseando los versos a voz hablada.

Yo no le temo a la muerte
porque morir es natural…
Le temo más a la vida
porque no sé dónde voy a llegar
Dios mío de mi alma, con esta cabeza mía.

Todas lloraban. Lloraban las niñas, encogidas de pánico por imaginar, en la robada inocencia de su mente, lo que les esperaba, hasta que —meciéndose con las curvas y adormeciéndose con la nana de aquella desconocida— el cansancio las venció. Lloraba gota a gota la *madame*, por no poder evitar verse reflejada en aquellos llantos. Por verse obligada de una vez a dejar de oír el ruido que te impide parar y escuchar de verdad. Y lloraba hacia el cristal ella misma. Cantando con la voz quebrada al destino triste que la había llevado hasta allí. Hasta aquel instante en el que, por primera vez en su vida, pensó que morir por lo que crees, a veces, merece la pena.

Marrakech es dicótoma. De un lado, la medina, tan destartalada y caótica. Tan oscura y silenciosa por la falta de vehículos en cuanto el sol se esconde. De otro, en los extramuros, los jardines de Menara, amplios, luminosos y tan cuadriculadamente estéticos. La Mellah, el barrio judío, tan ocre y monocromático en sus ensanches y su cementerio. Los jardines de Majorelle, propiedad de Yves Saint Laurent desde 1980, tan coloridos y diversos. La avenida del Príncipe Moulay Rachid, por la que podías alejarte del centro hacia la ciudad nueva, abierta, ordenada y lujosa.

Marrakech es como la vida. De un lado parece que va a caerte encima en cualquier momento, que te perderás y no sabrás salir; de otro, guía, sin saberlo. El sol, el sonido de los tambores, los carteles improvisados con símbolos y el gentío indicándote que algo continúa y vibra, aunque tú hayas dejado de hacerlo; el camino intrincado que te lleva a lugar abierto siempre que estés dispuesto a caminar por él.

Dos cosas le llamaron la atención. La primera, el hecho de que la ciudad vieja en sí fuera una fortaleza y una trampa. La medina era un entramado de callejones estrechos y llenos de esquinazos sin salida por los que podías perderte con la facilidad de una curva mal dada. Aquello la convertía en un laberinto claroscuro y gigante de blancos y negros, y aquella arquitectura tenía una razón histórica: despistar a los antiguos invasores. La otra fueron las puertas. Casi todas las paredes tenían una tonalidad marrón más clara, más rojiza o más oscura. Las puertas, en cambio, presentaban un sinfín de colores vivos y formas. Todas invitaban a entrar. Hospitalidad como forma de vida unida al hermetismo y secretismo de sus casas, cuyos patios se ocultaban de la vista de los transeúntes. La plaza central de Yamaa el Fna, donde hasta hacía relativamente poco se ejecutaban las penas de muerte, siempre llena de vida. Marrakech es dicótoma como solo lo humano lo es.

Se habían alojado en dos casas *riad*. En una estarían los italianos con los que iban a hacer trato, Polina, Emil y ella misma. En otra Kráneo y Bogdán con las niñas, que, como todo buen regalo, eran una sorpresa.

Se puso una falda de cuero lo suficientemente gruesa como para que el nailon atado a su muslo derecho no se notara. Un top de tirantes. Unas sandalias cómodas con plataforma. Los labios rojos. El pelo amarillo suelto en ondas largas. Marcó sus pómulos con el pigmento que los pétalos de amapola molidos daban al *aker fassi* que la niña le había regalado en el poblado. Guardó su billete en el dobladillo preparado del interior de la falda. «Niña, nos vamos».

La llamada a la oración comienza cuando el último resquicio de sol ilumina la Kutubiya. Entonces su minarete arde con la luz rojiza que se prende en su interior, y todas y cada una de las mezquitas comienzan a sonar potentes. Alá es grande. Los rezos se superponen unos con otros en su eco, en un momento emocionante que aumenta al mismo tiempo que la luz natural, por el contrario, se va apagando, vespertina, mientras cae lóbrega e inevitable la noche sobre ellas.

Kassandra escuchó con respeto aquellas voces intensas de hombre que envolvieron el ambiente por unos minutos, hasta que ordenadamente cesaron. Una tras otra. Poco a poco. El final del rezo. El final de la luz del sol. Alá es grande. Alá es misericordioso. La noche es irremediable y tirana, como a veces lo es el destino. La oscuridad se adueñó de la ciudad y de sus ojos como un aguacero sombrío e incorpóreo. Inmediatamente después, el rojo y el naranja de los candiles comenzaron a iluminar la medina, y la ciudad despertó en la negrura.

Silencio.

La discoteca se encontraba en la ciudad nueva. Un complejo lujoso y minimalista blanco perlado, situado bajo uno de los hoteles más caros y elegantes de Marrakech y destinado, sobre todo, al usuario turista. Se instalaron en el VIP, que cerraron solo para ellos. Los cinco italianos en varios sofás, ellos en otro. Comenzó la fiesta. Champán con bengalas, ginebra, billetes que se lanzaban al aire como si acabaran de recogerlos de una piñata. Sonaba música comercial entremezclada con toques árabes y electrónicos. *Magenta Riddim. Belly Danza.* Pero también el clin-clin de los mafiosos, todos vestidos al estilo italiano, con bermuda larga y polo de marca patriótica, que hicieron que la música cambiara varias veces para dar paso a tarantelas italianas mientras celebraban el cumpleaños de uno de ellos y daban palmas acompañando la canción. Los mafiosos bailaban folclóricos, enredándose los brazos mientras reían exaltados y ebrios y seguían repartiendo billetes entre las camareras. Kassandra los observaba en silencio, con gesto adusto, asqueada, el labio torcido en una mueca de repugnancia.

Polina tampoco parecía demasiado agradada con aquel espectáculo. En un momento dado, sus miradas se cruzaron y Kassandra advirtió cómo Polina miraba a los hombres para, acto seguido, volver a mirarla a ella y emular su mueca de desagrado. A Kassandra aquella actitud extraña hacia ella le pareció tan fuera de lugar como su propia presencia en aquella disco-

temporal y el oído izquierdo. El proxeneta se desplomó en el suelo, arrancando en su caída el portapapeles fijado a la pared con la espalda. Kassandra se sacó el nailon y lo enrolló en su cuello mientras se subía encima y apretaba con ambas piernas su pecho, estrangulando sus brazos e impidiendo su movimiento.

Ocho minutos. Nueve. Seguía resistiéndose. Kassandra sudaba. La nariz se le reventó de la fuerza empleada. Los brazos le dolían intensamente.

—Shh..., tranquilo —susurró—. Piensa que estás en otro lugar, disóciate. Imagina que estás en una isla virgen, como ellas cuando están debajo de ti mientras las violas.

Diez minutos.

La resistencia del proxeneta venció de golpe. Esperó unos segundos de comprobación y dejó de apretar el nailon. Tomó una intensa bocanada de aire. Había contenido la respiración durante todo el forcejeo. Movió los brazos doloridos y los dedos entumecidos. Lo arrastró hacia la pared del fondo del cubículo, dejándolo medio sentado con la tapa de porcelana encima de las piernas. Cerró la puerta con pestillo, se subió a la tapa del inodoro. Jup. Saltó. Cayó fuera. Se ató el nailon otra vez al muslo y se cortó la hemorragia nasal con papel.

Se lavó las manos. Se soltó el pelo y se peinó con los dedos. Escupió la saliva que se le había espesado en la boca y le pesaba en la lengua. El escupitajo fue sanguinolento, consecuencia de haber tragado su propia sangre. Bebió agua y la escupió, enjuagándose la boca y la garganta. Volvió a beber para paliar la sed y la pérdida de líquido por el sudor y el estrés. Después se secó la cara con las toallitas antibrillos del bolsillo. Trece minutos. Matar no llevaba tanto tiempo como creía. Ni desmaquillaba tanto como pensaba.

El de seguridad abrió la cinta en cuanto la reconoció, haciéndole un guiño lascivo al comprobar que volvía sin su acompañante. Caminó hacia los sillones despacio, con el contoneo exagerado que caracterizaba sus pasos. Se detuvo y miró hacia abajo, a la poca gente que quedaba ya en la discoteca y que se divertía y bromeaba con la acelerada música extranjera que brotaba de los altavoces. Los italianos coreaban y palmeaban al ritmo de la tarantela napolitana que cerraba la noche en aquel club a las tres menos diez de la mañana. Emil se acercó a ella. La asiduidad con la que Bogdán desaparecía en las salidas nocturnas fue una baza que ella jugó con la inteligencia astuta que la caracterizaba. Las respuestas que dio a las preguntas de Emil fueron escuetas y realistas: se había pasado cinco minutos vomitando, como bien se notaba en su cara sudorosa y blanca como un fantasma. Después había tardado algo más porque Bogdán se había parado a hablar con dos mujeres. La había dejado en la cinta de entrada al VIP, bajó las escaleras y había salido con ellas fuera de la discoteca. Emil miró a Kráneo con evidente enfado. Ya eran demasiadas las veces que la promiscuidad de Bogdán los dejaba solos. Por norma, aquello provocaría entre ambos una pelea a viva voz con insultos proferidos en otro idioma tan pronto como Bogdán llegara al *riad* puesto de cocaína hasta las trancas, si bien Kassandra sabía que aquella situación tan habitual nunca volvería a repetirse. Tenía aquella madrugada para matarlos a todos ellos y un día completo para buscar al Rey, acabar con él y esconderse hasta la salida de su avión de vuelta.

La tarantela seguía sonando. Polina llamó la atención a Emil respecto a algo. «¿Qué hace?», preguntó mirando con la ceja levantada hacia el mirador del balcón VIP.

Kassandra estaba apoyada en la barandilla, con los ojos fijos en los sofás. Parecía que su actitud había cambiado y se divertía con la fiesta de los italianos. O no. Ahora los observaba a todos desde allí, con esa mirada cazadora. Tenía dibujada una sonrisa en los labios. Y seguía con palmas lentas la canción.

El hombre marroquí que conducía de vuelta a la medina preguntó qué hacer ante la situación. Emil le indicó que parara con la mano al frente. Del *jeep* negro con cristales tintados que se había interpuesto entre ellos y el resto de la carretera salieron dos hombres corpulentos y extranjeros a los que Kassandra no reconocía. Se plantaron junto a la parte posterior del vehículo del que se acababan de apear. Pies separados. Brazos delante y manos agarradas. Espera militar.

Aguardaron a que Emil saliera para hablar con ellos. «¿Qué pasa?», preguntó Polina desde el asiento de detrás a Kráneo. Kassandra iba sentada entre ambos. El proxeneta no contestó. No lo sabía. Salió también del coche, dejando a Kassandra respirar y asomarse por la ventanilla de la derecha. Desde el otro lado del cristal pudo ver cómo Emil asentía a los hombres y estos se acercaban al vehículo con cautela. Indicaron a Kráneo que volviera a abrir la misma puerta trasera por la que acababa de salir.

—¿Qué pasa? —volvió a preguntar Polina.

Las manos la cogieron por los brazos. Se resistió. Dio patadas. Gritó «no» una y mil veces. «¡Qué estáis haciendo!», gritó. Kassandra no paró de gritar mientras la arrastraban por la calzada. «¿A dónde me lleváis?», exigía saber.

El propio Emil le propinó un puñetazo antes de que aquellos hombres la metieran en el *jeep*. Uno de ellos le agarró fuerte la cara y se la tapó con un pañuelo de tela que olía intensamente a caramelo. Kassandra sintió una especie de entumecimiento en la nariz. En la parte superior de su labio. Aquella sensación se adueñó paulatinamente de su rostro. Intentó abrir mucho los ojos. Pero pesaban. Sus párpados pesaban muchísimo. Pesaron cada vez más…, cada vez más…, hasta que sin más opción tuvo que cerrarlos.

¡QUE LE CORTEN LA CABEZA!

Los dos policías registraban los cajones del salón mientras ellas permanecían sentadas en el sofá junto a su compañera de operaciones. Estaban las cuatro. Colocadas por orden. Marcela y Aleksandra todavía llevaban los vestidos y las medias de rejilla. Aleksandra tenía una venda que le cubría la mitad del brazo izquierdo. Se había descalzado y miraba incómoda la escena. Bruna llevaba la ropa de calle con la que se había vestido para salir de allí hacía ya casi dos días.

—Nada. Solo el dinero en metálico y alguna papelina —dijo el más joven, desgarbado y pálido, a la mujer que lo observaba por detrás.

—Por aquí tampoco nada —contestó otro desde el piso de arriba.

—Solo habitaciones —dijo otra voz también desde arriba.

El flaco miró a la inspectora, que estaba sentada en el reposabrazos de la cheslón azul junto a las chicas.

—Dice que ya no hay más mujeres, ¿verdad? —preguntó la inspectora dirigiéndose a la chica que permanecía plantada en una esquina de la estancia. No se había quitado la gorra reglamentaria. De ella sobresalía un moño pequeñísimo de color castaño claro. Tenía unos ojos preciosos color verde aguamarina, las pestañas muy negras y tupidas, y unos pómulos muy marcados que a Bilma le recordaron algo a Kassandra.

—No —mintió Bilma—. Solo la exlimpiadora. Es una mujer más mayor. Sé dónde vive y también necesita protección, aunque quizá no sepa mucho. Según me contó solo venía aquí por las mañanas, cuando todo estaba tranquilo. Les contará a ustedes lo poco que sabe —dijo.

—Ya han contactado con ella —contestó la policía en un tono amable—. Lo que nos interesa es saber si aquí había más mujeres. Es muy importante.

Bilma se mordió los labios pensativa. Miró a Marcela, que le devolvió una mirada cómplice. Bruna movía rápido y en círculos su pie, evidentemente por los nervios. Aleksandra fijó la vista —y todo lo que pudo la mente— en el ventanal del jardín, observando el suelo seco y poco compacto. Hacia un lugar y un instante pasado que aquellos policías ignoraban por completo. La quinta mujer.

Lo siento, se disculpó en secreto. Lo siento por cobarde. Lo siento por no haberte dicho muchas más cosas. Por la esperanza y el miedo que nos mantuvieron aquí.

Esas cosas pasan. Uno se ve de pronto solo, despidiéndose de alguien cuando ya no está para decir adiós. Así son a veces de injustas las despedidas. Y los perdones. Al final, en la vida, uno entiende que despedirse y pedir perdón son cosas para las que no debería hacérsete nunca tarde. El problema es que lo entiendes tarde, siempre. Siempre hay adioses y perdones que llegan demasiado tarde. Ella ya había elegido los suyos. Esos que le dolerían por siempre. Ahí estaban su adiós y su perdón: bajo tierra, en el jardín.

La inspectora pidió al policía un pañuelo para que Aleksandra se limpiase las lágrimas y se sentó más cerca de ella frotándole el hombro con una mano y abrazándola con la otra.

—Tranquila —le susurró—. Estás en buenas manos, te lo aseguro. ¡López! —llamó al flaco—, si no hay más, baja al club. Están los demás con la denunciante principal. Corrobora la versión y nos las llevamos a declarar. Aquí ya casi hemos acabado.

—¿Qué denunciante? —dijo el joven, que todavía no se enteraba muy bien de absolutamente nada.

—La que fue a comisaría con esta chica. La que se escapó por el jardín —hizo un aspaviento hacia el pasillo indicándole que fuera—, la chica negra. Está abajo, con los compañeros.

Su cara evidenciaba cansancio. Habían sido dos días muy largos, entre la denuncia, las detenciones y los registros. Las mujeres habían tenido suerte. Los proxenetas a los que las habían dejado a cargo eran jóvenes, novatos e inexpertos. Una de ellas robó un juego de llaves y la otra —ajena al prostíbulo— conocía a la antigua limpiadora. La pobre limpiadora se había sentido tan mal al irse de allí que compró un móvil de prepago y le dijo a la chica española que concertara la salida con la chica africana. Y sucedió. Aparecieron ambas en comisaría una semana más tarde.

Lo que no sabía la inspectora era que, en realidad, no había habido nunca ninguna limpiadora —era Ana, la madre de Kassandra—, y la chica africana tampoco podría haber hecho nunca una copia de las llaves. Todo era un ardid de Maisha y Bilma para brindar protección a la madre de Kassandra y ocultar que la propia Kassandra había estado allí, en vista de lo que pudiese suceder en Marruecos. Las llaves se controlaban al extremo, pero Kassandra se arriesgó y había conseguido hacer una copia antes de marcharse. Tiró todos los preservativos para que Polina la mandara a hacer una compra de urgencia y, en esta ocasión, no entregó las llaves a Polina antes de salir, tal y como era su costumbre. Por fortuna, la *madame* nunca llegó a percatarse de ello, porque de haber echado en falta las llaves en el transcurso de los veinte minutos que Kassandra tardó en regresar, la habrían matado de una paliza. A la vuelta, le entregó la copia de las llaves y el teléfono a Maisha para que Bilma y ella pudieran organizarse. Después Bilma habló con la madre de Kassandra y urdieron el testimonio de la supuesta limpiadora para garantizarle protección.

—¿Cómo se llamaba la otra chica? —se dirigió la policía hacia Bilma.

—Maisha —dijo Bruna muy atenta a la conversación e hiperactiva a causa del estrés—. Aunque creo que ya dijo que no había más mujeres. Aquí solo estábamos nosotras —continuó la mentira.

Bruna dirigió una mirada de preocupación a Bilma. Esta se la devolvió. No hay más chicas. No. Hay. Más. Chicas. La esperanza y la espera, conceptos tan abismales como solo aquello que no puede medirse, condensados en una sola frase. El desasosiego de comprender que quizá fuera ya cierto. Que no había más chicas. Pero las hubo. Y eso era lo que importaba.

Habían pasado dos días desde que se fue. La noche caería pronto y con ella la última oportunidad que tenía Kassandra de regresar y ellas de volver a verla.

Bruna cruzó los dedos apoyados en su pierna. Bilma hizo lo mismo. Ambas se miraron. Pensaron en la sexta chica.

«No hay más chicas».

Se había quedado dormida, no sabía cuánto tiempo. Seguía con la misma falda con la que la capturaron al salir de la discoteca. Tenía tres moretones gigantes todavía incipientes. Dos en la pierna derecha y uno en la izquierda, de las patadas que había recibido cuando intentó resistirse en el coche.

Los demás cardenales —sabía que comenzaban a salir porque le dolía todo el cuerpo— no podía vérselos. Notaba la sangre reseca en los orificios de la nariz. No sentía excesivo dolor en la cara, por lo que supuso que solo le habrían dado el golpe justo para que perdiera el conocimiento. Los párpados le pesaban como dos lingotes de plomo. Había llorado en sueños. Estaba atada con varias bridas de plástico por las muñecas, los tobillos y el abdomen a una silla blanca de plástico. En un sótano infecto que olía a cadáver y al guano de paloma utilizado para curtir las pieles —curiosamente, era mierda lo que se usaba para convertir la piel de un animal en un material imputrescible como el cuero.

Abrió lentamente los ojos. Estaba demasiado adormecida como para acabar de despertar y sentía sus extremidades flojas. Su letargo era producto de sedantes, no había duda. Su cuerpo no estaba tan maltrecho, al parecer solo la habían golpeado en el momento de la captura para reducirla. Alcanzó a ver el brillo difuso de tres bombillas colgantes que iluminaban el sótano, pero poco más. Todo estaba borroso y volvió a cerrar los ojos.

De repente escuchó un ruido. Un crujido que indicaba que alguien se había movido justo delante de ella. Entonces lo intuyó. Había alguien sentado frente a ella.

Sintió que su cuerpo se activaba de golpe y que la sangre comenzaba a bombear deprisa. Respiró hondo, como si acabara de despertar de una pesadilla, y abrió los ojos. La imagen que apareció dejó de ser un borrón desdibujado en cuestión de segundos para convertirse en él.

La miraba triunfante. Reconoció la cara alargada y huesuda, la nariz aguileña, la tez blanquecina y el mentón salido. Su cuerpo delgado y extenso, como el de una araña, se estiraba hacia el cielo proyectando una sombra negra aún más larga y esquelética en la pared.

El azul intenso y helado de sus ojos le cortocircuitó el pensamiento, pero no impidió que lo reconociera. Lo habría reconocido hasta en el mismísimo infierno. Se encontraba sola, no sabía dónde, frente a frente con Nikola Tareov. El Rey de Corazones.

—Hola, Kassandra.

Por fin hablaba. Estaba sentado tranquilamente en una silla como la suya, apoyados los codos en sus rodillas y con las manos enlazadas bajo la barbilla levantándole el mentón. Parecía muy entusiasmado con la situación. Como si acabara de adquirir una obra de arte por la que llevaba años pujando. Polo azul y bermudas color crema. Zapatillas de piel con ribeteados en hilo marrón impolutas. Reloj de lujo último modelo. Su acento eslavo y su voz grave la retrotrajeron al instante hasta un lugar del que salió igual de rápido, obligándose a regresar al presente. Movió los ojos y miró hacia su alrededor para despejar su mente. No era el momento de recordar. Presente. Sigue en el presente, atenta al más mínimo movimiento. No te muevas de aquí, K. Por tu madre, no te muevas de aquí.

No había ventanas. El lugar estaba lleno de retales de tela. En unas estanterías pegadas a la pared se almacenaban botellas y latas de conservas. Divisó la puerta de salida justo detrás de él.

—¿Buscas esto?

Él extendió la mano hacia su izquierda y extrajo un objeto del interior de una bolsa de tela. Era el telescopio que ella había pensado utilizar como bate improvisado. Al parecer, había registrado sus cosas y descubierto el arma oculta en el doble fondo del macuto deportivo que trajo como equipaje de mano. Mierda. Lo sabe todo.

Se le erizó la piel de todo el cuerpo. Estaba sudando y estaba muy fría. Y muy quieta. Como una muerta. Le sobrevinieron unas ganas tremendas de agarrar el bate —el de verdad— que llevaba prendido del cuello. Apretarlo muy fuerte, como siempre hacía cuando la tensión la sobrepasaba. No te vayas, K, se repitió por dentro. No te muevas lo más mínimo. Atenta a todo.

Permanece callada. Ni se te ocurra moverte. Lo miraba encogida hacia adelante, dejando caer su peso sobre la brida, intentando aparentar tranquilidad. No contestes.

El Rey se levantó y balanceó el telescopio-bate unos instantes. La cabeza de Kassandra quedó justo a la altura de su cadera. Era más alto y espigado de lo que recordaba. Casi había olvidado su aspecto físico, centrados como estaban todos los recuerdos en su cara y sus ojos.

De repente, el Rey efectuó un movimiento de barrido con el telescopio, que pasó junto a la cabeza de Kassandra a toda velocidad, desplazando el aire, que vibró con un zumbido. Intentó encogerse instintivamente. Un segundo, dos. Volvió a pasar veloz rozándole la mandíbula derecha y dándole un golpe. Se escuchó a sí misma soltar un quejido de susto y dolor. Su voz aguda salir disparada hacia el exterior. Comenzó a respirar sin control. Se ahogaba. Respira. Respira. No bajes la guardia.

Lo escuchó reír para sus adentros. Divertido en su sadismo. El telescopio salió despedido de forma violenta hacia atrás, contra la puerta del sótano. Ahí estaba él, sin ningún remordimiento después de aquel alarde de violencia. La violencia que tanto le caracterizaba en sus formas. Ningún remordimiento.

Volvió a sentarse tranquilamente en la silla y la miró callado durante unos segundos. Ella miraba hacia el suelo, evitando el contacto visual directo.

—¿No te parece maravilloso que nos parezcamos tanto, Kassandra? —sonrió maquiavélico, a sabiendas de que ella no iba a contestarle—. No me refiero a físicamente, eso es evidente. Además, te has convertido en una mujer guapísima... —Se acercó y le levantó el mentón para que ella lo mirara y poder observarla de cerca a su vez. Ella desvió la mirada hacia el lado contrario—. Así mucho mejor —dijo, y volvió a sentarse—. Me refiero a otra cosa..., ya sabes, has matado a golpes a uno de mis hombres en una discoteca. Tranquila. Muy serena. Como si despellejaras a un conejo para comértelo después. De no haber tenido yo claro que al venir aquí intentarías desmontar todo esto —lo sabía. Lo había sabido desde el principio—, los demás ni se habrían dado cuenta de tus intenciones. Te gusta enfrentarte, provocar, como cuando me provocabas a mí de pequeña. En eso no has cambiado. Sigues siendo una niña provocadora y astuta.

Yo no provoqué a nadie. Fuiste tú el que abusó de mí, hijo de la mierda. Muérete.

La rabia se apoderó de ella y entonces lo miró a los ojos. Fijamente. Él sonrió ampliamente. El colmillo de plata apareció en escena y volvió a recordar. Vuelve. No te vayas de aquí. Eso es lo que quiere. Sabe que eres fuerte. Quiere debilitarte. Atenta a todo.

El Rey se levantó y comenzó a dar pasos lentos por el sótano. Siguió hablando.

—¿Qué tal tu año, Kassandra? —ironizó—. El mío bien, aunque aquí hace bastante calor. Soportable con los medios necesarios, eso sí... —miraba las pegatinas de las latas de aceitunas escritas en árabe, sin prestar demasiada atención—. Por lo que me han comentado, te adaptaste rápido a tu nuevo trabajo. ¿Quieres saber por qué lo hice, Kassandra?

Bum.

Bum bum bum bum. Bumbumbumbum. El corazón se le iba a salir por la boca. Había llegado el momento. Lo reconoció en su voz. El porqué. El por qué estaba ahí acechándola detrás de una puerta que se iba a abrir en cualquier momento. Tragó saliva. Llegados a este punto, qué más da ya saberlo, pensó. Si me voy a ir a la mierda igual. Si me voy a ir a la mierda, que sea sabiéndolo. Si este es el final al menos que sea un final en mayúsculas. En condiciones.

Dilo. Suelta el porqué. Hazlo, cabrón. He venido para responder esto. Di el porqué.

—He estado instruyéndote durante casi un año. Curtiéndote. Te he enseñado cómo funciona cada mujer, porque cada una es distinta, ya lo habrás comprobado, y cada origen imprime un carácter y necesita una forma de dominación. —Hablaba tranquilo, como si las mujeres fueran perros de caza a los que adiestrar y usar hasta que dejaban de servir—. Te dejé llevar las cuentas para que supieras los beneficios que se obtienen, ir con mis lugartenientes y empaparte del negocio. Ya sabes cómo funciona todo. —Abrió las manos y miró a su alrededor orgulloso, como mostrando una mansión recién comprada. Rio. Fuerte. Potente. Su risa exagerada de payaso de feria eslava. Aquella siniestra risa—. Te puse a trabajar para que demostraras ser digna. Y lo hiciste. Te he traído aquí y lo has demostrado todavía más.

Entonces ocurrió. El porqué.

Sintió un nudo en el estómago que no tenía nada que ver con el Fuego, sino con la mayor decepción y sorpresa de su vida a la vez. Kassandra niña corrió hacia ella y la abrazó presa de los nervios, esperando al momento clave. Cerró muy fuerte los ojos y se apretó muy fuerte contra ella. Y ambas esperaron en silencio en aquel sótano. Una sentada y atada y la otra abrazada con la cabeza entre su pecho. Y pasaron retazos de su infancia en blanco y negro, como en un filme antiguo, ante sus ojos. Y los miraron juntas como en un cumpleaños sorpresa donde se refleja toda una etapa. Apareció su madre dudando. Apareció su madre sufriendo. Su madre besándolas. Su madre callando. Y después. Después la explosión.

Bum.

Les dio en la cara. Abrasadora. Ambas cerraron los ojos y los puños muy fuertemente.

El porqué.

—Por algo eres mi hija.

La decepción de saber que todo aquello no había sido más que un proceso de instrucción; de lo que su madre había tenido que sufrir en secreto; de sentirse una traidora a su propio género; de pensar que todo aquello había sucedido por su culpa; que Katia había muerto por su culpa; que todas habían sufrido directamente a los peores y más macabros psicópatas por su culpa. Por su culpa, porque el capo, el hombre que ahora sabía que era su padre, lo había querido así. Todo para ella. Su propia casa de muñecas. Su propio tablero de ajedrez. Un tablero en el que ella había sido una pieza que nunca, jamás, habría podido ganar. Eres violenta como yo. Eres mi hija. Mi mujer. Nunca has tenido opción, le dijo. A mí me buscan por todos lados. A ti no. Solo tendrás que cerrar los tratos, las transacciones, responder con tu nombre ante las empresas legales, lo manejarás todo. Si aceptas, tendrás un imperio. Serás la reina. La reina del mundo. Si decides negarte, lo harás igual, porque mataré a tu madre, a toda tu familia y a tus conocidos. Y a ti no te quedará nada. Nada más que yo. Trabaja para mí. Puedes quedarte en España. Tendrás dinero y poder. Vas a tener tanto dinero y tanto poder que no vas a saber qué hacer con él.

—Yo no necesito poder —habló Kassandra.

Su voz sonó más segura y entera de lo que ella hubiera pensado. Nikola se quedó quieto asimilando el mensaje. Se acercó despacio a ella, con expresión seria. Muy serio. Se acercó más, hasta llegar a estar a unos centímetros de su cara. Abrió mucho los ojos y apretó la mandíbula. Estaba enfadado por su silencio. Y, ahora, sus palabras lo habían llevado al límite.

—Claro que necesitas poder, todos queremos poder —susurró.

Ella le mantuvo la mirada. Las pupilas rotas de ambos ojos se miraron, encajándose y midiéndose, como dos leones salvajes dando vueltas entre ellos, en tierra de sabana, antes del primer zarpazo. Antes del primer mordisco. Esperando a rugir.

Padre e hija. Hielo y fuego. Mujer y hombre. Rey y Reina.

—No necesito ese poder —contestó ella lentamente. Arrastró las palabras desafiante. La cara de Nikola Tareov comenzó a enrojecerse. Sus fosas nasales se abrieron y sus dientes rechinaron fuerte. Una vena apareció hinchada en su frente. Apretó más las facciones. Más. Más.

—¡Yo soy tu Dios! ¡Yo te creé!

El brutal grito retumbó en las paredes. Le escupió gotas en la cara. Se le acumuló la saliva en las comisuras de los labios. Los ojos se le inyectaron en sangre.

—¡Eres mía! —exigió con el rostro desencajado en el grito más infernal que ella había escuchado jamás. Sonó como un verdadero demonio. Como lo que era en realidad.

Se separó un instante y le arrancó el colgante del bate del cuello, que cayó al suelo. La golpeó en la cara con fuerza. Una bofetada limpia y sonora que le imprimió de rojo la gran palma en todo el hemisferio derecho. Iba a llorar. No podía aliviar el golpe con las manos y comenzó a arderle horrores. No llores ahora, Kassandra. No llores.

El Rey se calmó de repente, como si el arranque de furia hubiera remitido de forma mágica. Sus facciones volvieron a su sitio. Respiró calmado, otra vez. La miró larga y fijamente durante unos segundos y volvió a dibujarse una sonrisa macabra en su rostro.

—Tienes veinticuatro horas para pensártelo —dijo repentinamente calmado—. Acepta. De lo contrario me va a molestar mucho tener que ponerte una bolsa en la cabeza. No seas desagradecida.

Se acercó más y le agarró la barbilla. Ella giró la cabeza todo lo que pudo, asqueada. Él sonrió mucho más ampliamente, dejando ver otra vez el colmillo de plata. Su mirada se tornó lasciva.

—Vas a ser una Reina de Corazones muy atractiva.

Sacó algo del bolsillo del pantalón y cogió una pequeña botella de agua del suelo. Metió dos pastillas blancas y minúsculas en la boca de Kassandra. La obligó a tragar. Ella bebió. Él sabía que tenía mucha sed.

Me da igual, Nikola, habló mentalmente. Voy a acabar aquí. Mi camino acaba aquí. Colgada del techo como una de esas bombillas. Y me da igual. Eso es lo peor que podría pasarte: lo que pasa. Que me da igual.

Comenzó a sentir un leve adormecimiento producido por los somníferos. Hizo un esfuerzo para hablar por última vez.

—Ninguna mujer es de nadie —dijo.

Aquello fue lo último que pronunció antes de caer en un sueño profundo.

El sonido de la puerta al cerrarse impactó en las paredes y rebotó en la totalidad del sótano.

El tiempo se había convertido en un enigma. Uno nunca cae en la necesidad de marcar el tiempo hasta que entra en la espiral de lo continuo. Día o noche. Minutos u horas. Cuánto tiempo.

Buscaban desorientarla. Aquello formaba parte de la tortura y el proceso de convicción. Entre la falta de reloj —le había desaparecido de la muñeca—, su ubicación en un lugar sin ventanas y el sueño profundo en el que había caído ya dos veces, no tenía ni idea del momento del día en el que se encontraba. Ni del día, en realidad.

Volvía a tener sed. Hacía un calor horrible allí abajo. Un calor húmedo, muy diferente al de la calle. A decir verdad, ni siquiera sabía si se encontraba en Marrakech. Miró al agua del cuenco a un lado de la silla y entonces se percató. Sus ojos se le abrieron hasta el extremo y se miró a sí misma. Estaba desatada de manos, cintura y pies, y no solo eso: la puerta del sótano estaba entreabierta frente a ella. Mientras dormía, alguien había cortado las bridas limpiamente, supuso que con unas tijeras. Tardó varios segundos en reaccionar ante la escena en la que se encontraba. Estaba sentada en la silla, sola, en silencio. Solo el ruido a trompicones de las cañerías que pasaban por el techo.

Se levantó y sacudió las piernas entumecidas. Los nervios hicieron su función y comenzó a despertarse rápidamente. Bebió agua de una de las botellas sin abrir de las estanterías.

Abrió un poco más la puerta. Todo estaba oscuro en el estrecho pasillo, pero pudo reconocer por la luz del sótano y la cercanía, justo en frente, la pared amarilla con motivos lingüísticos mal pintados. Era el mismo *riad* donde se alojaba, solo que la parte de abajo. Había estado allí todo el tiempo. Podrían haber pasado horas. Quizá toda una noche. Quizá solo minutos y el Rey todavía estaría allí.

No lo pensó dos veces. No tenía tiempo para hacerlo. Se giró y fue hacia la silla, hacia donde había caído su colgante después de que el Rey se lo arrancara. Lo cogió del suelo. Curiosamente, la cadena no se había roto. Se lo colocó en el cuello otra vez. Lo apretó fuertemente en su mano derecha. Mirando hacia la puerta abierta. Silencio. Es la hora. Se dirigió hacia el telescopio.

Anduvo por el pasillo a tientas, con la luz apagada. Tocó las escaleras con la punta de la zapatilla y subió por ellas hasta llegar al piso de arriba. Era de noche. Las ventanas estaban abiertas para que el aire corriera. Ni una sola luz en el exterior.

Olía a comino y a pan. Sabía que se encontraba cerca de la recepción, donde guardaban los desayunos. Comenzaron a aparecer las vasijas en las paredes y una luz tenue empezó a clarear el hueco de las escaleras. Alcanzó el rellano. Vio las alfombras rojizas del suelo. Divisó la lucecita roja del ordenador viejo de la recepción y escuchó el sonido de la nevera. Ya estaba en la primera planta. Caminó de puntillas lentamente, intentando hacer el menor ruido posible y colocándose el bate delante y pegado a ella para no tirar nada a su paso. Entonces la divisó: luz en una de las salas. Y se acercó más y se quedó muy quieta y silenciosa escuchando, y se materializaron sus sospechas. La voz de Emil, la voz de Polina… y la del Rey. Se asomó a duras penas y los vio: los tres en el mismo salón reunidos en los dos sofás amarillos. El Rey solo en el de la izquierda fumando un cigarro. La pareja en el de en frente aparentemente tranquila. Despiertos.

Esperó a que el Rey apurara su copa de vodka. Hablaban los dos en su idioma. Polina permanecía callada ojeando un teléfono móvil. Aquellos fueron los casi diez minutos más largos de su vida. Agarró el bate con fuerza. Levántate y ve a la cocina, no me jodas, cabrón, no te queda vodka en el vaso. Levántate. Y, como si la hubiera escuchado realmente, el Rey se levantó y se dirigió tranquilamente hacia la cocina, donde entró cerrando la puerta detrás de él.

Era el momento. Lo vio fuera y lo supo dentro.

Entró todo lo rápido que pudo cerrando la puerta a su paso. La cara habitualmente estática de Emil Batzlaba se desencajó por completo ante la sorpresa. Se levantó del sofá, pero no tuvo siquiera tiempo para dar un paso. El bate de hierro impactó potente en su sien.

Emil perdió el equilibrio y se desplomó sobre la mesa, que cedió bajo su peso volcándose y derribando la lámpara de flecos que reposaba encima. Kassandra volvió a darle en la cabeza con el bate una vez más, aprovechando su posición, con toda la fuerza que pudo. Emil no se movía. Desmayado o muerto. No había ni forma ni tiempo de averiguarlo. Se giró. Polina se había levantado y la miraba desde un rincón del salón, junto a la puerta de salida. Su cara de asombro y su parálisis repentina le supusieron a Kassandra una brutal ventaja en aquel momento. Casi estuvo a punto de agradecérselo cuando el Rey apareció por la puerta de la cocina, vaso en mano, alertado por los ruidos.

Aquellos ojos azules la miraron. Miraron a su lugarteniente. Su cara se llenó de rabia; avanzó rápido hacia ella. Kassandra probó a golpearlo, pero él la esquivó y la lanzó violentamente contra la pared. Sus omóplatos chocaron con fuerza contra la dura superficie y cayó al suelo.

—Levántate, perra —escuchó la voz gutural e irritada de Nikola.

La espalda le ardía como si alguien estuviera quemándola con un soplete, pero no podía ignorar aquella frase. El mafioso se había equivocado escogiendo las palabras y le había hecho recordar un episodio que la llenó de rabia y valentía a la vez. Claro que puedo levantarme, cabrón. Por una vez voy a obedecerte, hijo de la mierda.

Se agarró del sofá y se alzó dolorida, separando las piernas todo lo que pudo para obtener equilibrio. Avanzó hacia él y esperó a que hiciera el primer movimiento. Entonces lo esquivó, atacando desde atrás con su rodilla a su plantar. Aquello aflojó su pierna y le permitió golpearlo en la espalda. Le obligó a caer con ella al suelo. Nikola dio un grito. Sacudió su mano derecha y se la agarró con la izquierda. Se la había roto al intentar amortiguar la caída.

Pese a su evidente delgadez y la inmovilidad de su mano derecha, él tenía más fuerza. Kassandra había soltado el bate tras el embiste inicial y a él no le costó colocarla bajo su cuerpo. La tenía apisonada con el pecho contra el suelo. Ella le agarraba por el cuello clavándole las uñas, arañándole como podía. Daba puñetazos con las manos a su espalda. Era imposible. Él tenía más fuerza. La estaba inmovilizando por completo y pronto comenzaría a asfixiarla, aunque fuera con una mano. Ganaría por peso.

Recordó las palabras de Ram en los entrenamientos: cuando puedas, usa la técnica. Cuando la técnica no funcione, entonces usa la inteligencia. La inteligencia y la rapidez son tus mejores armas.

Decidió arriesgarse y jugar su mejor baza. Dejó de moverse cuatro segundos del todo, como si estuviera literalmente muerta. No resultaba fácil. Debía fingir, soportar sin resistencia los golpes y el dolor y, al mismo tiempo, permanecer alerta internamente para que el hecho de aflojar no rebajara su propia adrenalina. Funcionó. Él cedió y se separó un poco para mirar. Entonces, zas. Extrajo las piernas rápido y, constriñéndolo con el tronco bajo lo retuvo y dio la vuelta a su posición, quedando encima de él. Zap. Zap. Zap. Golpea, golpea, golpea. Puñetazo tras puñetazo en la cara, rápida y aprovechando los breves instantes hasta que la potencia de él entrara otra vez en escena.

Nikola la cogió del brazo, paró los golpes y se alzó. Le asestó un mordisco en el cuello. Se agarró con los colmillos a su carne como el depredador que era. Dolor. Muchísimo dolor. Kassandra ahogó un grito e intentó tirar de su pelo corto con la otra mano, pero no lo consiguió.

Se quedaría allí. No había escapatoria posible. Emil se despertaría del desmayo en breve, y, si no, sería Polina la que despertaría de su parálisis y actuaría. Cogería la pistola de la cintura de él y le pegaría un tiro en la nuca. Se quedaría allí, ahora estaba al cien por cien segura, pero mataría al Rey antes.

Intentó divisar algo punzante a su alcance. No podía utilizar el nailon de su pierna con una sola mano. Tenía que actuar con mucha rapidez. Pensar rápido. Piensa, mamona, piensa. El Rey pronto vencería sus fuerzas. Entonces lo vio. El soporte de hierro de la lámpara.

Estiró la mano. Cuanto más se estiraba más apretaba su mandíbula él y más le desgarraba la piel del cuello. Vio la sangre en su camiseta. Había sangre. Su sangre.

Haz lo que debes, K, se dijo para sí misma recordando a Maisha. Da igual lo que te duela. Hazlo. Se desplazó hacia la derecha, basculando su cuerpo y chillando hastiada de dolor hasta que pudo tocar el pie de la lámpara con la punta de sus dedos. Luego con la yema. Respira, Kassandra. La cara del Rey permanecía hundida en el hueco entre su mentón y sus clavículas, paralizándola. Aquello le impedía ver el motivo de su inclinación. Comenzó a atraerla con la mano sana hacia él, clavándole los nudillos en la cintura. Ella apretó fuerte los labios. Le rechinaron los dientes. Respiró hondo y se empujó hacia la derecha una última vez. Cogió el soporte entre sus dedos y su mano, se irguió y zas. Le golpeó fortísimo en la zona del lóbulo temporal.

El golpe fue seco y efectivo. El Rey cayó, al menos temporalmente, pero no pudo acabar de machacarle la cabeza. Fue arrastrada hacia atrás por las manos de Emil, que comenzaron a estrangularla.

Lo has hecho bien, le repitió la voz. Kassandra niña estaba arrodillada con la falda plisada semirremangada en los muslos en frente de ella. Su pequeño polo blanco se había manchado de sangre al abrazarla. No pasa nada —la intentó calmar—, lo has hecho bien. Le sonreía sincera, con sus inteligentes ojos verdes entornados. Has hecho lo que tenías que hacer.

La imagen se desvanecía por momentos, derritiéndose en las junturas de sus ojos y emborronándose por la falta de riego sanguíneo. Sentía el latido espaciado y lento de su corazón en las sienes. Pum... pum. Pum... pum. La saliva le caía por las comisuras de los labios abiertos. Había dejado de escuchar. No tenía más aire. Todo acabaría pronto.

Dejó de sentir la opresión de las manos de Emil en su cuello. Se desvaneció y supuso que ya no había marcha atrás. Era el fin. Poco a poco la presión fue menguando hasta que ya no fue capaz de sentir constricción alguna. Aquello había acabado y aquello era lo que se sentía cuando acababa: libertad. Se sintió libre de las manos del proxeneta. Una bocanada de aire que la hizo toser y escupir, como si volviera a respirar en otro plano. Como si volviera a nacer en otro lugar. Los ojos cerrados. El zumbido constante en los oídos y la respiración dolorosa pero intensa, a bocanadas. Negro. Todo negro. Cayó hacia atrás. La libertad, por fin. Lo has hecho bien.

Unas gotas resbalaron por su frente. Aparecieron, paulatinas, más sensaciones. El aire. El tacto del cuerpo del proxeneta sobre el que estaba recostada. Más líquido manchando la base de su pelo. Líquido caliente. Más aire y olor. Un olor intenso a hierro. Sus párpados cerrados con fuerza abriéndose. Su boca buscando aire a la desesperada. Tos. La luz impregnando su campo de visión. La luz amarillenta. Tos. Más tos. La pared. El silencio. Tos. Aire. El líquido. Aquello era demasiado líquido. Aquellas demasiadas sensaciones.

Se tocó la frente y miró sus dedos. Volvió el sonido a sus oídos. Se giró y se escuchó llenando violentamente sus pulmones con grandes bocanadas de aire, que aspiraba. Se separó rápido del cuerpo girándose a gatas completamente.

La sangre que goteaba en su frente era la de Emil Batzlaba. La misma persona que había cortado sus bridas en el sótano hacía apenas una hora sujetaba desde la base del cabello la cabeza dócil e inerte del proxeneta. Polina la miraba desde arriba, cuchillo de sierra en mano. Le había rebanado el cuello de oreja a oreja a su marido.

—No sabía que era tu padre —dijo con la voz más aguda de lo habitual. Estaba visiblemente consternada por la situación. Soltó la cabeza, y el cuerpo de Emil cayó pesado al suelo boca abajo. Kassandra recobró más aire y comenzó a escuchar otra vez con nitidez. Su propio latido. El grifo de agua que el Rey había dejado abierto en la cocina cuando se dirigió curioso hacia el salón. Sonidos periféricos y lejanos que aparecían en escena de nuevo.

—Yo tampoco —contestó al recobrar el habla. Tenía la voz ronca. Carraspeó y se quejó del dolor con una mueca.

—Lo siento —dijo Polina.

—Así es la vida —contestó ella.

Polina sonrió a duras penas. Un atisbo de emoción se instaló en su labio inferior, que tembló levemente mientras miraba hacia el suelo. Tenía las manos y los brazos llenos de sangre.

—Lo siento —repitió.

—Yo también lo siento —dijo Kassandra.

Escucharon un ruido que provenía de arriba. Alguien se había despertado a causa del estruendo de la pelea. Quizá ya eran las seis y media de la mañana y era uno de los marroquíes madrugadores, imposible saberlo. Kassandra respiraba despacio y hondo. El dolor en el pecho y la garganta se habían mitigado algo. Pero lo importante estaba ahora en frente. En la mirada de Polina, que por fin se revelaba verdadera y cálida. En el hecho de que acababa de salvarle la vida.

Se parecía mucho a ella misma. Mucho más que aquel día en el que le abrió la puerta del club con aires de arrogancia. Aquella era la mirada de una mujer valiente. Allí estaba. La verdadera Polina, las lágrimas de la verdadera Polina, que resbalaban por su mejilla. Ambas se miraron unos segundos. Y entendieron eso de que alguien, a veces, puede pasar mucho tiempo sin ser uno mismo; que las circunstancias le crean una máscara, como a ellas dos les había ocurrido. Y entonces tiene que buscarse y encontrarse otra vez.

A veces la vida te pone entre la espada y la pared, inevitablemente. Entonces es cuando tu yo de verdad simplemente vuelve. Vuelve para recordarte dónde estabas y quién eras.

Los pasos rápidos y despiertos de varios hombres retumbaron en el techo junto a expresiones acaloradas e interrogativas en árabe e italiano. Habían despertado todos o la gran mayoría, y no era casualidad. Sabían que ocurría algo y bajarían en cualquier momento. Probablemente estaban trazando un plan de descenso. En la televisión se indicaba la hora y el día. Había dormido durante un día entero, así que contaba con menos de seis horas. Kassandra cogió el telescopio y corrió hacia la puerta, pero se percató de que Polina no la seguía. Se detuvo bajo el marco a esperarla. Estaba de pie, justo al lado del cuerpo muerto de su explotador y marido. La miró.

—Corre —se agachó y le lanzó a ras del suelo su pistola cargada—. Vete. Bajarán ahora mismo.

Ni de puta coña. Kassandra negó con la cabeza y se secó las lágrimas con el dorso de la mano.

—No me voy de aquí sin ti —dijo.

Polina suspiró. Qué niña más cabezota, hasta para esto. Kassandra negó con la cabeza otra vez, caprichosa. Le temblaban las piernas. No. Tú te vienes. Más pasos arriba. Pasos rápidos, que corrían cada vez más activos. Los hombres estarían, como poco, cargándose las armas en la cintura.

—No voy a irme de aquí, Kassandra... —la miró seria—. Creerán que he sido yo y tendrás tiempo.

No. No, no, no. Por qué, quiso preguntarle. Esta vez la pregunta era distinta a la que la atormentó durante el viaje de vuelta del poblado. ¿Por qué te sacrificas ahora por mí?

Tuvo unas ganas terribles de abrazarse a ella. De darle la noticia orgullosa, como si fuera su propia madre. ¡Polina, lo he hecho! ¡Estoy contestando a los porqués!

Quiso gritárselo. Contárselo despacio y hablar con ella. Decirle que la perdonaba por todo. Quiso abrazarla una primera vez, aunque fuera la última. Contarle que estaba equivocada desde el principio, que era falso que nadie respondiera a los porqués de las mujeres. Sí eran respondidos. Los porqués de las mujeres podían ser contestados por otras mujeres. Pero nunca nos han dejado respondernos entre nosotras, Polina, a pesar de tener todas las respuestas.

Tú, Polina, acabas de contestarme al mío. Hacemos esto por nosotras. Por las que ya no están y por las que estarán.

Entre las lágrimas y la garganta maltrecha no le salían las palabras. Polina también lloraba, con el ceño muy fruncido, controlándose para no salir corriendo a abrazarla y desplomarse allí mismo. Corre, le marcó la palabra, maternal, con los labios.

Kassandra cogió la pistola y la encajó en el nailon atado a su muslo. Bajó su falda. Dio unos cuantos pasos hacia atrás todavía dubitativa. Había comenzado a llorar de verdad. Sin negárselo.

Tenía que irse. Tragó saliva.

—Polina —la llamó.

—Di.

Los sonidos cesaron arriba. Eso significaba que se disponían a bajar. Intentó condensar su mensaje todo lo que pudo.

—Voy a luchar por ti también, te lo prometo.

Polina le dedicó una sonrisa amplia. Seguía quieta al lado de la mesa rota.

—En mi país hay un refrán sobre los cuervos —le dijo Polina—. «Los cuervos no saben que lo son, pero lo son». Se aplica a las personas valientes.

—En España hay otro dicho sobre los cuervos —contestó Kassandra.

—Pues ya sabes. Tienes toda una vida por delante —sonrió entre lágrimas—. El que tú quieras te lo aplicas.

Kassandra se limpió las mejillas con la parte interior del brazo. Lloraba tanto que ya no podía secarlas. Asintió con la cabeza. Polina también lo hizo. Después cogió uno de los mecheros de la repisa de la chimenea y se dirigió lenta hacia las cortinas. Sujetó la tela de una con la mano izquierda. La prendió. Y observó orgullosa la partida de Kassandra con el fuego extendiéndose de su mano al salón.

Se dirigió rapidísimo hacia la puerta de salida, que cerró muy despacio, sin hacer el menor ruido. La negrura de la calle la envolvió por completo. Después comenzó a correr. Corrió sin detenerse por el intrincado laberinto de la callejuela hasta llegar a la diagonal Sidi el Yamani, donde la primera luz matinal comenzaba a despuntar sobre los tejados. Dobló la esquina del cartel improvisado de indicación del *riad* Lebleu y se adentró en el todavía lúgubre y húmedo callejón. Caminó despacio. Tocó tres veces en la manilla —las puertas de los *riads* antiguos tenían dos manillas, una para desconocidos y otra para el marido. Así la mujer sabía si podía salir con o sin velo—. Ella usó la reservada a los familiares más íntimos. Toc, toc, toc. Me conoces. Nos conocemos. Agarró el bate escondida al lado de la jamba. La pistola en la otra mano. Esperó muy quieta a que se abriera la puerta.

El golpe sonó a roto. Crac. La cabeza de Kráneo basculó hacia atrás como la de un muñeco de futbolín tras un chute fuerte y golpeó contra el faldón de madera de la puerta de entrada. Pese a conseguir aturdirlo, Kassandra tuvo mala suerte, él llevaba la pistola en la mano. Entró y cerró. Se apuntaron con una rapidez inusitada ambos a la cara y comenzaron a danzar de un lado a otro en el zaguán de la casa. Muy despacio, mirándose. Las escaleras de caracol se encontraban detrás de él, así que no podía subir por ellas. Solo esperar a ver quién disparaba primero.

Aunque todavía algo mareado por el impacto del bate, Kráneo era tremendamente grande y fuerte. El más grande y fuerte de todos los Hombres de Hielo a los que había tenido la desgracia de conocer. La miraba como si le molestara el hecho de tenerla allí. Como si el solo hecho de que hubiera podido escapar y le estuviera apuntando con la pistola al entrecejo ya supusiera un perjuicio por su parte. Una mujer joven. Una niña. Una niñata que primero lo había desafiado y ahora estaba allí amenazándolo directamente con un cañón y sin ningún reparo.

Kassandra silbó. Fuerte. Fiuu. El otro se extrañó por su actitud. Miró rápido por el rabillo del ojo hacia los lados. Ella silbó otra vez.

—¿Qué miras, hijo de la mierda? —dijo ella.

El proxeneta cogió la pistola con ambas manos y se quedó muy quieto. Me quiere desconcentrar, pensó. Hija de puta.

Se equivocaba. Kassandra tenía un plan. Un plan que podía funcionar. Pasados unos segundos, detectó movimiento a través del reflejo del espejo colgado en el primer descansillo de la escalera, detrás de Kráneo. Vio los dos ojos mirarla a través de él. Desvió la vista para que el proxeneta no se percatara.

Se quedó también quieta, como él. No te muevas, mamona. Quieta, muy quieta. Un silencio atronador. Un inmovilismo previo a la detonación. El antes de.

Fingió afinar puntería. Se iba a jugar la vida como había hecho Polina minutos antes. Voy a hacer lo que había venido a hacer, jugarme la vida, se dijo.

Fingió que iba a disparar. Movió los dedos y deslizó su índice lentamente por el gatillo del arma. El proxeneta hizo lo mismo.

Apenas un instante después de que una de las niñas marroquíes tirara un jarrón al suelo del descansillo para romper la escena, la otra, desde las escaleras, golpeó con él a Kráneo en la cabeza por detrás, con el gran espejo. Kassandra disparó.

Las niñas se encargaron de coger todo el dinero —casi ochocientos euros en dírhams marroquíes en metálico— de su riñonera. Entre las dos buscaron un kaftán por las habitaciones para que Kassandra pudiera pasar algo más desapercibida en la calle. Kassandra recuperó su pasaporte, los pasaportes y documentación falsos, su teléfono con el billete y su carnet de identidad. Se repartieron el dinero y se dispusieron a salir. Miró el reloj. Eran casi las siete de la mañana. Su avión salía en tres horas. Kráneo estaba atado a una silla de madera en medio de la entrada al *riad.*

—*Arrêtez-vous* —les dijo Kassandra a las niñas—. Deteneos.

Le propinó a Kráneo una patada en el estómago y volcó la silla. Fue hasta la nevera y le vació una botella de agua fría en la cara. La caída y el choque por el cambio de temperatura hizo que comenzara a despertar. Sangraba en la pierna por el disparo.

—Hola, Kráneo.

Él abrió los ojos de par en par cuando la vio mirarlo desde arriba. Comenzó a moverse haciendo infinita fuerza. Kassandra se retiró un poco, cautelosa ante los embistes. Las venas del cuello —gordas y marcadas— se le habían hinchado todavía más por la rabia. Comenzó a proferir insultos en su idioma y en español. Puta, zorra, perra. Te voy a matar.

Kassandra se acercó a él despacio y se colocó de pie justo encima. Él le escupió en la pierna. Era difícil saber cuál de los dos odiaba más al otro, aunque estaba claro quién tenía más razones para hacerlo. Kráneo, a parte del más sádico, era también el más aficionado a apostar mujeres en cualquier juego que se preciara.

—Sé que esto te encanta —le dijo Kassandra.

Se subió la falda, se retiró las bragas y le orinó en la cara.

Una de las niñas consiguió cinta aislante y le tapó la boca. Kassandra se hincó de rodillas sobre el abultado abdomen del hombre. Indicó a las niñas que salieran de allí y esperaran en el salón hasta que ella volviera, pero se negaron hasta tres veces.

Acercó mucho su cara a la de Kráneo y le susurró algo al oído que las niñas no lograron escuchar, pero que tal vez hubieran entendido. La expresión originaria procedía del persa. *Shâh mâta.* Podía traducirse como «el Rey no tiene escapatoria», «el Rey está atrapado» o «el Rey ha muerto». Después comenzó a apretar el nailon con el que le había rodeado el cuello impasible.

Lo último que vieron los ojos rojos y faltos de oxígeno de Tomislav Danchev fue a tres mujeres sonriendo. Las últimas palabras que escuchó antes de morir fueron dos: Jaque mate.

Las primeras panaderas ambulantes las escrudiñaban desde sus puestos. Los hombres las miraban desde las mesas de desayuno improvisadas al lado de las puertas de las casas. Kassandra en falda —había decidido no ponerse el kaftán; si iban a por ella, que la encontraran—, exhibiendo, en aquellas partes donde sus ropas no cubrían su piel desnuda, numerosísimos golpes y marcas rojas que evidenciaban una paliza brutal y reciente. La piel nívea y los rasgos occidentales. El estrangulador de nailon atado al muslo derecho, asomando por debajo de su falda. La sangre mal lavada manchando su pierna por detrás. La sangre incrustada en las raíces de su pelo rubio claro. La sangre mal lavada por todos lados. Roja intensa la de Emil Batzlaba, que empapaba el top de tirantes por la espalda. Sus ojos color hierbabuena recorriendo con seguridad el zoco de la medina de Marrakech y la plaza de Yamaa el Fna. Dos tempranas adolescentes autóctonas, muy morenas y con una mirada distante y lejana, acompañadas de una adolescente tardía, muy blanca y muy maltratada, con una mirada igual de lejana. Parecía que las tres iban juntas y que dirigían la mirada hacia el mismo lugar.

Se encontraban en el mismo tablero. Las unas frente a las otras, pero no en bandos contrarios.

Había sido —era— un juego de intereses ajedrecísticos donde la victoria de los eternos ganadores no resultaba de matar al contrincante, sino de mantener el tablero intacto, fingiendo una partida que en realidad nunca se libraba. Los reyes del tablero lo eran gracias a hacer creer a las otras piezas que no podían moverse.

Pero algo sucedió. Un imprevisto. Un acontecimiento que al principio resultó algo banal, pero que luego se convirtió en el fuego que prendería la mecha: se descubrieron las unas a las otras. Descubrieron que no eran iguales. Unas eran blancas, otras negras. Unas eran altas, otras bajas. Otras tenían formas absolutamente distintas a todas las demás. Descubrieron que debían, por norma, agredirse entre ellas. Sin importar el color, la forma, el estatus o los privilegios respecto al movimiento de cada figura. Y descubrieron que, en realidad, todo el juego había sido una pantomima. Que las casillas eran jaulas. Cárceles impuestas. «Tú, ahí. No te muevas».

Una de las piezas se movió y comprobó que podía salir de su perímetro de control. Y todas la vieron y se miraron, por fin, las unas a las otras. Se miraron de verdad. Y comenzaron lentamente a moverse. Habían descubierto que podían.

Después de la primera hubo una segunda. Y luego una tercera. Y una cuarta.

Lo entendieron. Las unía algo a todas, independientemente de sus particularidades. Del mismo modo que unía las tres miradas de las tres chicas que paseaban tranquilas pero firmes por la medina aquel día.

Todos las observaron al pasar. Los comerciantes y mercaderes, que abrían sus tiendas y puestos de artesanía, *souvenirs*, lámparas, cachimbas y especias. Los camareros, que abrían los bares y las teterías, sirviendo ya, con el brazo muy arriba, los primeros tés con menta. Los exprimidores ambulantes de zumo, que colocaban los toldos en sus carritos coloridos de cuatro ruedas en plena plaza. Los encantadores de serpientes sentados en sus telas. Las mujeres con niqab que pintaban de henna las manos a los turistas. Los vendedores de postales del desierto. Los guías de excursiones tempranas. Algunos turistas momentáneamente asustados.

Bajo el culmen del amanecer que iluminaba de amarillo el minarete de la mezquita de Kutubía, todos los ojos observaron la extraña escena que atravesaba el centro de la plaza de la ciudad de Marrakech. Nadie dijo nada, como siempre. Todo el mundo calló. Con una diferencia: ahora había alguien que no iba a callar nunca más. Ahora había alguien que había entendido las reglas del juego.

Más allá de la mirada de aquellas chicas se extendía un tablero inmenso que estaban seguras de que iban a recorrer. Ahora se sabían jugadoras reales. Y sus propios ojos lo gritaban:

Miradnos. Estamos aquí. Dispuestas a movernos. No tenemos miedo.

Somos las jodidas reinas.

Que empiece la partida.

—¿No lleva maleta? ¿Solo la bolsa?

El taxista había salido del *petit taxi* aparcado justo a la gran entrada de los jardines de Menara, dispuesto a meter las pertenencias de la chica extranjera en el maletero. Parecía llevar mucha prisa.

—Solo la bolsa, señor, no se preocupe —subió a la parte de atrás y acomodó la bolsa grande de tela a su lado. El telescopio sobresalía un poco por el fruncido—. Al aeropuerto, por favor.

—Perfecto. En menos de veinte minutos estamos allí.

El vehículo pequeño y azul arrancó y, sin más dilaciones, comenzó a circular rápido por la carretera rumbo al aeropuerto de Marrakech. Los vehículos pitaban en una guerra a muerte por llegar a su destino, típica en el país. El conductor se movía hábil de carril en carril, sorteándolos. Taxista local experto, sin duda. Había tenido suerte.

Tenía puesta la radio a bajo volumen. Era una emisora extranjera —amabilidad turística— donde sonaba *Bohemian Rapsody*, de Queen. Quitó el volumen de la música y volvió a dirigirse a ella en francés.

—¿De dónde es?

—España. Alicante, la costa mediterránea.

—España, qué país más bonito. Yo estuve en Marbella con mi familia… —Hablaba francés con un marcado acento marroquí. Desde el silencio del coche podía notarlo mejor—. Y

¿qué te ha pasado? —la tuteó, dada la diferencia de edad entre ambos—, si no es indiscreción preguntar.

—Una guerra de cuervos, señor —bromeó ella.

El hombre le devolvió una media risa irónica.

—Bueno, entiendo. Yo voy a hacer como que no veo nada —levantó ambas manos un instante del volante, sonriente, en señal de paz—. Ojos que no ven, corazón que no siente.

Kassandra le devolvió la risa. Sus dientes blancos apretaron su labio inferior. Luego volvió a quedarse seria y pensativa mirando por la ventanilla. Pasados unos instantes, retomó la conversación y el contacto visual a través del retrovisor.

—¿Sabe qué va a pasar al final, señor?

El taxista se extrañó un instante por la pregunta, pero le siguió la conversación con simpatía.

—Dígame, señorita, ¿qué pasará? —preguntó con curiosidad.

—Que entre tantos ojos que no ven y corazones que no sienten, vamos a acabar todos así —ella se señaló el cuello—, llenos de sangre, en medio de una guerra de cuervos que nosotros mismos hemos criado. —Calló unos segundos. Volvió a hablar mirando hacia la ventanilla—: Y no sé si sabrá usted lo que pasa cuando uno cría cuervos.

El hombre asintió. «Conozco el dicho». La miró paternalista y algo apenado, pero también lo invadieron ciertas sensaciones extrañas, que iban de la curiosidad al temor. Ella siguió observando el paisaje ocre y arenoso, apoyando la sien en la mano izquierda, pegada a la ventanilla.

El taxista posó una última vez la vista en el espejo. La niña tendría aproximadamente la edad de su nieta, el pelo mojado pegado a la cara. Los trazos sanguinolentos en sus mejillas, arrastrados por el dorso de la mano.

—*Ça va bien, mademoiselle?* —preguntó.

—*Oui, monsieur* —dijo ella.

Curiosamente, pese a las manchas de sangre y la situación en la que podía imaginar que se había visto envuelta, no parecía nerviosa. Los ojos, de un color verde profundo y brillante, se mostraban inalterables. La piel seguía blanca como la nieve bajo las manchas rojo intenso y algún que otro golpe que conformaría un moratón en poco tiempo. La sangre de la cara se le aguaba con el sudor y se le escurría por el cuello, dejando un reguero limpio hasta las clavículas, donde se observaba la clara marca de unos dedos grandes. El líquido manchaba el top.

—*Sauvage* —susurró para sí el hombre en francés—. Salvaje.

No volvió a decir nada hasta llegar al aeropuerto.

MEMORIAS DE UNA SALVAJE

Permanecía en su puesto revisando las fichas informativas que los turistas presentaban antes de entrar al país, donde constaban datos oficiales y otros como motivo de la visita, profesión o país de origen. Entonces la vio, con una bolsa pequeña, en la sala de espera. Estaba cargando el teléfono móvil en uno de los enchufes habilitados que había debajo de los asientos.

Fijó un poco más la mirada allá, con el folio de la turista todavía en la mano, intentando discernir bien su aspecto y comprobar que era ella. La turista a la que estaba atendiendo suspiró y le obligó a desviar la atención.

—*Allez-y* —indicó él haciendo un aspaviento y señalándole la salida, mientras guardaba su tarjeta de información de entrada con las demás—. *Allez-y*!

La turista pasó de largo, evidentemente enfadada. Él ignoró su actitud y recogió sus gafas de vista bajo el atril. Se las colocó y la buscó otra vez. Estaba en el mismo lugar. La veía ahora perfectamente, nítida y guapísima.

Reconoció su cara por inusual. Era complicado ver a una mujer con una belleza tan distinta. Blanca nívea, los ojos claros color de la hierba. Su rostro se te quedaba grabado en la mente. Tenía una mirada intensa, como si te estuviera descifrando en vez de mirando. Le había llamado la atención cuando, hacía unos días, él mismo había revisado su ficha. Era muy joven. Dos años menos que él. La había mirado cara a cara unos segundos para el reconocimiento facial y le había dejado perplejo. Como cuando te encuentras con una mujer a la que no conoces en la calle unos segundos, y te mira y te hace pensar en ella todo el día. Eso pasa pocas veces. La había escuchado hablar. Era la única española que viajaba con los del favor. Y no parecía estar contenta de viajar a Marruecos con ellos.

Los del favor eran eso, los del favor. Conocidos por todos. Pasaban y dejaban dinero por donde se les facilitaba dejarlo, así de simple. A su amigo Moha le habían pagado más de una vez, cuando había estado destinado en pasaportes, para que hiciera la vista gorda con dos chicas jóvenes nigerianas. Treinta y cuatro mil dírhams. Una burrada. A él jamás se le ocurriría aceptar dinero por algo así. Quizá porque estaba casi seguro de a qué se dedicaban, y su moralidad se lo impedía. Los evitaba continuamente.

La chica seguía mirando el teléfono móvil enganchado al cable, moviendo la pierna derecha con nerviosismo. Su cara andaba algo descompuesta, apretada la mandíbula. Tenía el pelo algo mojado y la piel brillosa, como si acabara de ducharse o limpiarse el cuerpo y no se hubiera secado. Miraba de vez en cuando hacia los lados, como buscando a alguien.

Supuso que el dispositivo no se encendía y tenía algún problema. Pensó en ir y decirle algo, pero el que se pondría demasiado nervioso sería él, y había bastante cola en las llegadas como para abandonar su puesto. Además, con esa gente, cuanto menos se metiera uno, mejor. La mejor opción de cualquier persona mínimamente inteligente con los del favor era que no te tuviesen que pedir ningún favor. Pasar desapercibido.

La megafonía anunció el vuelo y ambos dieron un respingo, primero la chica y luego él, contagiado, tan absorto estaba en la conducta de ella. Miró hacia el indicador electrónico y observó que ya había aparecido el número de puerta, lo cual indicaba la posibilidad de entrar a la zona de embarque, reservada solo a pasajeros. La gente solía entrar un poco antes de la apertura de puertas para tomar algo en los restaurantes o comprar *souvenirs* en las Duty-Free.

HORAIRE	Nº VOL	COMPAGNIE	DESTINATION	DÉPART
11:30	A54854	IBERIA	RAK- ALC	7

Algunos turistas comenzaron, tranquilos, a recoger sus cosas. Otros permanecieron sentados bostezando y aburridos. Conductas lógicas.

Siguió despachando fichas de entrada con las gafas puestas, leyendo letras borrosas y mirando curioso de soslayo a los asientos donde estaba ella. No pudo aguantar la curiosidad. Decidió hacerlo.

Su amigo le dio el «ok» a través del walkie de mala gana —le debía más de un cambio— y apareció un minuto después. Rápido, le dijo. Cambiaron el puesto y él se dirigió a la entrada de pasajeros, relevando su puesto.

Bastaron apenas diez segundos para que, tras observar el indicador, la chica desenchufara el teléfono, guardara el cargador, sacara el pasaporte y recogiera todas sus cosas. Después la observó mirar hacia la entrada del aeropuerto mientras andaba rápido. Un segundo, dos, tres, examinando a las personas y los taxis de fuera.

Efectivamente, era ella. Se acercaba rápido hasta la zona de *check-in*, donde él estaba. Dispuesta a entrar en la zona de embarque cuanto antes. La miró, pero ella no le reconoció. Cogió su documentación y la examinó con cuidado. En el pasaporte figuraba el nombre de una mujer de origen no español.

Volvió a mirarla. Ella le devolvió la mirada. Llevaba manga larga y cuello alto en pleno septiembre. Iba muy maquillada. Se parecía a la chica de la foto, pero esos ojos no pasaban fácilmente desapercibidos. No era ella.

Apretó la mandíbula y volvió a mirar los documentos. Billete electrónico en regla. Parecido físico. Su moralidad y él se pelearon durante unos largos segundos que le parecieron horas. La cara de impaciencia de aquella chica se le imprimió en la conciencia. La vio morderse el labio nerviosa. Está escapando de algo, pensó. Estaba casi seguro. La vio esconder el pulgar en el puño disimuladamente y apretarlo fuerte. Lo había reconocido. Cerró los ojos un instante demasiado largo, pidiendo un milagro. Sabía por la actitud del chico que algo iba mal.

Él estampó el sello de control y le devolvió las cosas justo cuando abría los ojos.

—*Merci beaucoup* —le dijo ella con una expresión entre sorprendida y aliviada.

Samir debía contestar con un «Buen viaje, señorita», pero no lo hizo. Le deseó buena suerte. Aquel *bonne chance* dejó claro que tanto ella como él sabían que ambos estaban fingiendo. *Merci beaucoup*, le repitió ella antes de irse. Él le sonrió. Ella también.

Allez-y.

Doce detenciones. Nueve redadas a pisos, casas y clubs clandestinos de prostitución forzada. La noticia salió en prensa y telediarios de todo el país:

> *Las mujeres, de varias nacionalidades, eran vendidas y alquiladas por sus proxenetas —la mayoría compatriotas—, y obligadas a ejercer la prostitución bajo amenazas, coacciones y violencia extrema. Algunas eran enviadas a polígonos y forzadas a prostituirse durante más de doce horas al día. Se trata de una de las mayores operaciones contra la trata con fines de explotación sexual en España.*
>
> *La operación ha sido posible gracias a que una de las mujeres, de origen nigeriano, acompañada de otra española, acudió a la policía para denunciar la situación, así como varios homicidios cometidos a lo largo de su cautiverio.*
>
> *Al parecer, se trata de una filial costera de la mayor y más violenta organización criminal de este ámbito, regentada en su mayoría por hombres originarios de Europa del Este. Las vejaciones, amenazas, violaciones y maltratos eran tan frecuentes y brutales que las propias mujeres llamaban a sus proxenetas los Hombres de Hielo.*
>
> *El jefe de la organización, Nikola Tareov, de origen serbio, protagonizó en 2013 una espectacular fuga de la cárcel malagueña de Alhaurín de la Torre. Desde entonces se encuentra en busca y captura por las autoridades, habiéndose extendido la orden de detención a nivel internacional por la Interpol.*

Las redadas y entradas se sucedieron en varios puntos de la provincia de Alicante. Fueron descubiertos tres pisos y un chalé solo en la capital. Los proxenetas más jóvenes se encargaban del traslado de las mujeres que llegaban de sus países de origen hacia los puntos clave, mientras que los más experimentados se encargaban del movimiento internacional, la seguridad, las transacciones y el recuento económico de los beneficios que la explotación de las mujeres generaba.

La banda no fue desarticulada, solo dañada en esa área e interceptadas varias vías de comunicación y traslado. Después todo continuó funcionando.

Kassandra abrió la puerta de entrada al chalé y encendió la luz del recibidor. El escritorio de la recepción estaba destartalado, lleno de papeles. Abiertos algunos cajones. Olía a cerrado. Hacía apenas unas semanas que la casa se encontraba deshabitada y ya emanaba un aroma a ausencia que le resultó curioso. En realidad —supuso para sí— allí nunca había vivido nadie. Aquel chalé no era un antiguo hogar abandonado, sino una cárcel sin prisioneras. Sonó su WhatsApp.

Bil:
¿Estás ya allí?

K:
Sí. Acabo de entrar.

Bil:
Espera, te llamo.

El móvil sonó y Kassandra descolgó en seguida.

—Dime.

—Hola. Tía, tus primas pequeñas me están volviendo loca. No sé si cuando llegues seguiré viva —se escucharon unos chillidos agudos por detrás, como si alguien se estuviera peleando—. ¡Estoy hablando con vuestra prima y se lo voy a contar todo! —gritó hacia fuera del altavoz. Los berridos cesaron de momento.

—Te entiendo perfectamente. —Su tía Gladis había dejado a las niñas ese día a su cargo y Kassandra se las había encasquetado a su amiga para ir al club. Eran dos verdaderos demonios con trenzas de raíz. La novia de Bilma no había podido ir a ayudarla y se había quedado sola en medio de lo que —estaba segura— era una verdadera precuela de *La semilla del diablo.*

—Han rebuscado por toda la casa y han cogido mi vibrador de la mesita de noche. Lo han dejado en la mesa del zaguán. El repartidor de Correos ha venido a dejarme un paquete y lo ha visto. De hecho, yo lo he visto porque he tenido que girarme al notar que el hombre no podía apartar la vista de él. Ha sido el peor momento de mi vida. —Kassandra se aguantó la risa como pudo, pero se le escapó un carcajeo. La otra carraspeó—. No sé quién cojones les habrá explicado a dos crías de cinco años y medio lo que era eso..., pero lo saben..., estoy segura de que lo saben..., solo quieren dañar y destrozar...

Kassandra volvió a aguantarse la risa presionando sus labios hacia dentro.

—Perdón, de verdad. Muchos perdones. Pero no te vayas por las ramas. No me apetece estar aquí mucho tiempo.

—Dios..., por qué no ha podido venir Ana aquí —se lamentó Bilma para sí misma—. Ella tiene otra mirada, no sé, la gente le hace más caso. En fin. Vale. Tienes que bajar al bar, o al club, o como le llames, al sótano... —Un golpe sonó a una distancia que parecía ser cercana—. ¡¡¡EL ARMARIO!!! —El móvil cayó a una superficie y la escuchó correr. Luego risitas. Luego gritos de su amiga. Volvió a coger el teléfono—. Vale. ¡Que no vea yo que os movéis del sofá! ¡Como estatuas os quiero! —respiraba como si acabara de correr una maratón—. Tienes que bajar al bar —más respiraciones ahogadas—. Detrás de la cajonera de la máquina registradora hay algo para ti. Saca el segundo cajón. Luego te veo.

—Gracias —dijo Kassandra—. Te cuelgo ya. En tres segundos pueden pasar muchas cosas detrás de ti.

—Me debes cincuenta chupitos. De tequila.

—Vale.

—Y no cualquier tequila. Dos Armadillos Red Carmine. Reserva extra añejo. Ve ahorrando.

—Vale.

—Adiós —Bilma colgó la llamada.

Kassandra echó un vistazo pasillo adentro. La puerta del salón estaba cerrada. No quería entrar por ahora. Guardó el teléfono en el bolsillo delantero de la chaqueta del chándal y se dirigió hacia las escaleras para bajar al bar del sótano. La puerta estaba abierta. Encendió las luces que conectaban los ojos de buey y también los interruptores de los neones rojos de la barra, la pared y la estantería de las botellas. El club seguía igual que cuando se fue. Todavía había copas en el fregadero.

Se acercó a la caja registradora, la abrió y extrajo la cajonera. Había un papel que parecía ser una página de libreta arrancada por los ribetes arrugados en los márgenes. Lo abrió. Era una carta escrita a bolígrafo:

> *Hola, K, soy Bruna.*
>
> *Estamos bien. Esta carta la escribo yo, pero es en nombre de todas.*
>
> *Si estás leyendo esto es que tú también lo estás. Me alegro. Sabía que lo conseguirías.*

La carta la había redactado Bruna.

«Sabía que lo conseguirías», había escrito. No supo identificar la emoción que la embargó al relacionar su nombre con esas palabras. Simplemente las agradeció. Se lo agradeció muchísimo, al margen de todo lo demás. Le damos demasiada importancia al apoyo del durante y muy poca al refuerzo del después. Todo el mundo nos puede decir «lo conseguirás», pero ojalá a todos, alguna vez en nuestra vida, se nos cruzara alguien que nos dijera «sabía que lo conseguirías».

Esto será breve. Te pido perdón por todas las veces en las que te hice sentir mal. Por todo lo que te dije. Por haberte hablado mal tantas veces y haberte mentido sobre aquel chico que vino al club y que tú conocías. No era mi cliente. Nunca lo había visto. Lo único que hizo fue preguntar si una tal K trabajaba allí. Creo que deberías saberlo.

Ram. Una sensación jamás sentida antes, entre la satisfacción y la apoplejía, invadió su cuerpo. Continuó leyendo.

Sé que muchas veces dudaste de ti misma. Yo también dudé durante mucho tiempo sobre mí misma, sobre quién era y sobre mi propio valor. Yo también me olvidé de que era mi propia heroína. Todas las personas nos olvidamos de eso alguna vez.

Cuando llegué a España para trabajar de camarera y me encontré con una deuda, y me amenazaron y me engañaron y maltrataron, pensé que estaba sola. Era una niña. Me hicieron creer que no importaba a nadie y que no valía para nada. Me limité a hacer lo que a mí me pareció luchar por salir de aquí, pero en realidad viví una mentira. ¡Y me la creí! Me creí la mentira, ¿cómo pude creerla?

Fui una estúpida desde el principio. No por no rebelarme. No voy a echarme culpas que sé que no tengo, pero la verdad es que lo fui. Fui una estúpida por pensar que estaba sola. Esa es su mejor baza: hacerte pensar que estás sola; que las demás son tus enemigas y tu competencia porque añaden tiempo a tu cautiverio. Pero yo no estaba sola, estaba ciega. Estaba rodeada de chicas que se sentían igual de solas que yo, y no era capaz de verlas. La mentira me cegaba. Tenía compañeras por todos lados y no fui capaz de verlas.

En cierto modo, me di cuenta gracias a ti. Tú fuiste para mí el rayo de luz que necesitaba. Al principio, como con cualquier luz que te da directa en los ojos, pensé que tú me cegabas todavía más, pero no fue así. Me hiciste ver. ¡Me hiciste ver, Kassandra! Fuiste la antorcha prendida en medio de la cueva en la que me habían metido. Y no quería irme sin que lo supieras.

Dejó de leer y frunció los labios en un espasmo interno. Varias lágrimas cayeron en tropel por su rostro. Se quitó la chaqueta, quedándose en tirantes. Se limpió y se giró hacia el bar. Vale, se dijo a sí misma. Ya está. Volvió a mirar la hoja. Solo quedaba la despedida.

Te mando un abrazo de Maisha, que sé que te adora. Otro de Aleksandra. Marcela te ha dejado también algo escrito en la barra del sótano.

Lo siento. Ojalá me puedas perdonar.

Gracias por la luz.

Bruna.

Probablemente no volvería a ver a ninguna de ellas. Cabía la posibilidad de que alguna no quisiera tener contacto con su infierno anterior —ni siquiera vía telemática— y tendría que entenderlo. Cabía la posibilidad de no tener nunca un momento para abrazar a Bruna y disculparse con ella. No tendría un momento para salir con Aleksandra y celebrar lo de Kráneo mientras chocaban copas y disfrutaba de su exageración natural, sus expresiones gritonas y su emoción exaltada. No sabría nada de Maisha, de qué sería de aquella chica de su edad a la que la vida, por fin, le había pedido disculpas. Cabía la posibilidad de no poder besar por fin a Marcela sin esperar a oír la puerta, contarse la vida sin rapidez y secretismos. Bailar. Visitar Bogotá. Conocer a su hija. Decirle que su madre era una resistente, que ojalá fuera valiente como ella de mayor, que la quisiera, la cuidara y la admirara.

O tal vez sí. Tal vez escribirían una nueva vida cerca, de alguna forma —porque los sobrevivientes siempre encuentran una forma—, las unas de las otras.

Dejó la carta encima de la barra. Se apoyó en el relieve e inspiró muy hondo, recobrando algo de compostura. Buscó el papel que Marcela le había dejado, pero no lo encontró. Salió de la zona de copas y miró alrededor, entre las sillas y las mesas. Todavía había colillas apagadas en el suelo. Vislumbró algo blanco a la izquierda de la barra, muy cerca de los aseos. Se acercó y se agachó. Parecía arrancado de la misma libreta cuadriculada que la carta de Bruna y estaba doblado en cuatro.

No sabía si estaba preparada para leer algo de Marcela. Aquella mujer, pese a tener menos de treinta años, era más como una madre que como una amiga.

Decidió sentarse en una de las mesas. Sola, allí, donde había visto tantas cosas. Por fin en silencio. Sin mujeres siendo vendidas. Sin hombres comprando mujeres. Solos ese lugar, las luces, el olor a licor y a canela, su historia y ella. Aquel era el momento que indicaba el final de una historia. O quizá solo el principio de otra. Los finales —por más finales que sean— siempre son, a su vez, el inicio de otra cosa.

Miró a su alrededor. A los espejos de pared de la derecha que le rebelaban la evidente pérdida de peso de los últimos meses, sus labios rojos y su expresión nerviosa y atenta. Su collar al cuello. Su pelo rubio y largo cayendo en una coleta por su espalda. Era ella. Indiscutiblemente, era ella.

Podía escuchar sus propios latidos palpitar en su pecho. Su propia respiración. Miró a la bola de discoteca plateada del techo. A la palabra LOVE en tubos rojos de neón de la pared negra acolchada. Uno de los tubos comenzó a parpadear débilmente, parecía estar comenzando a fallar.

Agarró el colgante del bate y lo besó. Después tragó y desdobló con las manos aún temblorosas aquel papel, desarrugándolo con los dedos nerviosos sobre la mesa. Planchándolo con la palma de la mano.

En aquel instante escuchó la risilla de una niña. En todas partes y en ninguna, como un eco que lo inundó todo por un segundo. Giró la cabeza y miró a su espalda y a los lados. No había nadie.

—De qué te ríes ahora, mamona —le dijo en voz alta—. Aquí siempre eres tú la que te ríes y yo la que me jodo. A ver cuándo nos reímos las dos.

Negó con la cabeza a media sonrisa y bajó la mirada. Sus ojos se posaron sobre aquel papel. Y entonces entendió aquella risa.

Su cara de estupefacción aumentó por segundos. No podía creerlo. Estaba allí escrito. Lo miró y lo miró. Lo volvió a mirar.

Aquella era, sin duda, la mejor respuesta que alguien podía darle al más grande de los porqués que se había preguntado.

Kassandra susurró un audible y lento «joder».

Marcela no había escrito una carta, sino un título:

Memorias de una salvaje.

Alicante (España), 17 meses después

Caminaba por la avenida de Elche con los cascos puestos buscando a alguien en concreto.

Se acercó a una de ellas —a la que recordaba haber visto allí algunos sábados por la noche al pasar con el coche, a través de la ventana del copiloto— para preguntar por la persona a la que buscaba. Imaginó que en verano no se ponían solo de madrugada, como ocurría en invierno. Ella iba en busca de una de ellas, a quien había conocido hacía ya casi dos años cuando pasaba por allí por las mañanas —muy pronto, sobre las seis, para correr sus kilómetros de rigor—. Fue la propia mujer la que la reconoció a lo lejos. Kassandra llevaba un vestido minúsculo rosa palo y el pelo muy repeinado en una coleta atada, como siempre, con un pañuelo, y la había visto cruzar la gasolinera. La esperaba con una sonrisa.

—¡Mujer! Cuánto tiempo. Desde el verano *pasao* que no te veo. ¿Qué te trae por aquí? ¿Hoy no vienes vestida de deporte?

—Hola, Love —se acercó y le dio dos besos—. No he estado aquí en todo el año. Me fui a Bogotá con una amiga para dar un año de universidad en Colombia.

—¡Qué guapa estás! Oye, ¿y qué tal por Colombia? Chicos guapos, ¿eh?

—Sí. Estuvimos allí en casa de dos amigas. La verdad es que son muy guapos —levantó una ceja en un intento por denotar interés sexual—. Y guapas.

—Uy, ¿guapas también? Pues no me digas que vienes a pagarme porque yo a mujeres no cojo —negó con el dedo.

Kassandra se echó a reír.

—Vengo a algo mejor…, te traigo un regalo —abrió la bolsa de tela que llevaba al hombro y buscó en ella.

—¡¿Cómo que un regalo?! —la mujer hizo aspavientos exagerados y gritó a las demás, situadas a unos treinta metros de separación una de otra—. Que viene a darme un regalo la del *running*. ¿Os acordáis de ella? La del año *pasao* que venía siempre por aquí a correr. —Las demás sonrieron.

—¡Yo sí! —gritó una de ellas—. Me acuerdo hasta de su nombre.

—¿Recuerdas todo lo que te fui contando cuando paraba a hablar contigo? Lo del hotel, lo de mis compañeras del trabajo...

—Yo me acuerdo de todo, cariño —contestó Love—. ¡Ojalá no me acordara de ciertas cosas!

Kassandra lo sacó de su bolso y lo puso en su mano. La otra la miró curiosa mientras lo cogía.

—¿Qué quieres, que nos montemos una biblioteca aquí en el callejón? —bromeó Love mientras miraba la portada del libro.

—Oye, ¡yo también quiero un regalo! —dijo otra, dos callejones más adelante.

Kassandra la saludó.

—¡Es para todas! —gritó.

La otra levantó el pulgar en señal de conformidad.

—Pues ahí está la verdad —Kassandra señaló el libro.

—Ay, gracias, cariño. Me encanta leer —la abrazó. Le dio cuatro besos sonados y apretados en la mejilla, dejándole la marca del pintalabios rojo emborronada en el pómulo—. Y sobre todo si es tu historia... ¡Ya sabes lo cotilla que soy! Pero me lo leo en casa —se le acercó al oído—, que aquí no estoy yo para esas cosas —hizo una mueca graciosa de evidencia.

—Estás aquí para sobrevivir —contestó Kassandra.

Love la miró unos segundos, como entendiendo que ella lo entendía, y volvió a besarla en la mejilla.

—Te veo el martes cuando pases, ¿no? Porque seguirás saliendo a correr, imagino. Ese cuerpazo es algo más a parte de genética —sonrió emocionada—. Por cierto... —se interesó—, ¿te siguió molestando el pijo?

Se refería a Pablo De Lamo. Todavía se acordaba de las veces que le había hablado de él, en la misma avenida, en cada una de sus charlas improvisadas hacía más de un año. Kassandra puso los ojos en blanco y resopló.

—La tuve con él en MOMA, ¿no te lo conté? La discoteca esta que está por Castaños. No veo el momento de volver a clase este año y encontrármelo. Creo que ahora quiere matarme más que follarme.

—Pues mejor que te odie a que te quiera así. Si necesitas que pongamos en marcha un plan, me dices. Aquí nos hacemos las hogueras en invierno con bidones muy grandes —separó los brazos formando una circunferencia y miró hacia los lados—. Solo necesitamos ácido —bromeó, y le guiñó un ojo.

Kassandra soltó una carcajada sonora.

—Qué bestia. Oído, cocina —dijo.

—Hay que ver, qué bestia soy, sí... —se reprendió Love a sí misma. Kassandra volvió a reírse—. ¿Y el otro chico? —preguntó la mujer.

A ella se le cambió el semblante.

—Ni idea. Me esfumé —le dijo escueta.

—Pues qué lástima, parecía que ahí había amor. Yo no digo nada —levantó las palmas de las manos en señal de inocencia.

—Nada es más urgente que una rebelión, Love, ya entenderás por qué lo digo —declaró Kassandra. Miró hacia la izquierda, a lo lejos. Muy lejos, al espigón detrás del hotel. Dentro del mar.

Love la miró suspicaz, entrecerrando los ojos y apretando el libro en su pecho.

—Eso es verdad —dijo, y le sonrió.

Kassandra se alejó de la mujer, contenta por haberla visto de nuevo, andando ligera por el camino de piedra entre los descampados. Tenía que ir a otro sitio antes de llegar a casa.

—¡Me lo voy a leer en cuanto llegue a mi casa! —exclamó Love ya a lo lejos.

—No lo dudo. Luego lo pasas.

—No lo dudes —guiñó el ojo.

Se dirigió hacia el centro. La divisó al pasar a través de la cristalera. Estaba limpiando la estantería donde se exponían los *piercings*, justo detrás del mostrador. Se fijó en que había más tatuajes en sus brazos. Ahora el brazo derecho era un conglomerado bien dispuesto de iconografías mexicanas que le llegaba hasta el cuello. Seguía llevando el septum y la raya perfecta y gruesa dibujada en el párpado superior de los ojos.

Esperó a que la puerta corredera automática la detectara y entró al estudio.

—Buenos días.

La mujer se giró para mirarla, bayeta en mano.

—Hola... ¡Vaya! ¡Hola! Me acuerdo de ti, sí. —Una sorpresa amable se adueñó de su rostro. Aquella sonrisa gigante y amplia, de dientes grandes y blancos apareció en escena—. Eres la «chica perdida». ¿Qué tal?

Kassandra sonrió.

—Bien —dijo—. Muy bien.

La tatuadora dejó la bayeta en el barreño con agua y jabón y se limpió las manos con papel de cocina.

—¿Cómo te llamabas? K...

—Kassandra. Pero puedes llamarme K.

—Me alegro de verte, K. —Hizo una bola con el papel y la coló en la papelera a la primera, como si tirara a una canasta—. Yo me llamo Claudia, pero me llaman Gata. Llámame así. Y bueno..., ¿qué te trae por aquí? Imagino que tatuarte otra vez.

Aquí no vendemos bocadillos de tortilla —hizo una mueca graciosa arrugando los labios y mirando a su alrededor.

—Sí, vengo a tatuarme. Ya he comido —bromeó Kassandra.

—¡Genial! ¿Cuánto ha pasado? ¿Un año? ¿Año y medio?

—Más o menos —calculó—. He estado fuera mucho tiempo.

—Pero has vuelto —chasqueó el dedo—. Bueno, pasa, pasa dentro, no tengo a nadie hoy. De hecho, hoy no iba a abrir, solo a limpiar, pero pasa. —La acompañó hasta la sala de tatuajes, cuya puerta abrió con llave. Le indicó que se sentara en la camilla—. Te veo algo distinta..., no sé, hay algo en ti que me gusta —dijo.

—Digamos que ahora soy yo. Hacía casi quince años que no lo era.

—Eso está bien —dijo la tatuadora—. Siempre está bien que uno sepa quién es cuando la vida se lo pregunta. ¿Y qué diseño vienes a hacerte? —la miró de arriba abajo, simpática—. Llevas el mismo collar que cuando nos vimos —dijo señalando el bate de plata—, me acuerdo perfectamente de él. Me encanta.

—Gracias —dijo Kassandra. Echó un vistazo rápido a la sala de tatuar. La habían pintado de rojo, pero, por lo demás, todo seguía exactamente en el mismo sitio—. Quiero que me dibujes un corazón. Justo debajo de la K. Llevaba tiempo rondándome la idea en la cabeza, pero estaba fuera. Me fui a Bogotá con una amiga para dar un año de universidad en Colombia y se alargó casi medio año más. He esperado porque quería que fueras tú quien me lo tatuara.

—¡¡Vaya!! Colombia debe ser un país fascinante —aplaudió entusiasmada con ese aire tan exageradamente intenso que la envolvía— y parece que has vuelto con las ideas más claras..., bien —sonrió—. La Reina de Corazones por fin se nombra a sí misma —puso cara de interés mirándola y entrecerrando los ojos con curiosidad.

Kassandra asintió.

—En realidad, el reino siempre fue mío —bromeó.

La tatuadora la acompañó en la broma.

—Entonces encontraste lo que te faltaba para empezar a

reinar, como dijimos la primera vez —recordó. Y luego sonrió ampliamente—. No hace falta que me digas qué era. Ya sabes que solo quiero inspiración. Una historia detrás —le guiñó el ojo. Se dispuso a preparar la tinta y las gasas en la pequeña mesa destinada al efecto—. Solo dime... —le habló de espaldas—, ¿te costó encontrar el camino? Ya sabes..., ¿dolió?

Aquello habría dolido a cualquiera que se acercara lo más mínimo, Gata. Si tú supieras.

Corrió hacia atrás, al pasado. Un recuerdo apareció en su cabeza. Se agarró el cuello con la mano inconscientemente.

—¿Te molesta la garganta? —la tatuadora, que se había girado para alcanzar un utensilio de la estantería trasera, le había echado un vistazo rápido—. ¡Tengo caramelos! ¿Quieres uno?

—No, gracias —contestó Kassandra absorta.

La otra volvió a girarse y continuó preparando todo, tatareando divertida una melodía circense.

Claro que dolió. Dolería eternamente. Igual que la sujetaría fuerte por siempre cada vez que volviera a pensar en caer.

Permaneció muy atrás en el tiempo unos segundos, hasta que el carraspeo cotilla de la tatuadora, que seguía esperando una respuesta por su parte, la despertó de su ensimismamiento nostálgico.

—Bueno... —Kassandra la miró a la espalda, hablándole al gato gordo de rayas negras y blancas que tenía tatuado en medio de sus omoplatos. La sonrisa gigante del gato se escapaba de su rostro formando un efecto 3D curioso—, más duele tatuarse —contestó.

La tatuadora estalló en una carcajada.

—Más duele tatuarse, sí —repitió divertida aquella frase que le había parecido tan ocurrente mientras extraía la aguja estéril del envoltorio.

Kassandra fijó la vista en el tatuaje del gato. «No importa el camino que tomes. Solo que sepas hacia dónde vas», rezaba la frase de debajo del diseño. Esperó sentada en la camilla, los pies colgando. Mirándose el dedo.

Entró apresuradamente en la cafetería, con el macuto deportivo en la mano y un batido de proteína en la otra. Gritando.

—Manuel, lo de siempre, tío, que hoy tengo prisa.

Se sentó en la mesa donde desayunaba cada día antes de irse a trabajar y se estiró las cervicales con las manos. El camarero, un chico atractivo más o menos de su edad, veintitantos, lo saludó con la mano y le indicó que se acercara a donde estaba él.

—¡Qué quieres, tío, no me enseñes ahora vídeos de mierda, pásamelos por WhatsApp! —gritó él desde la mesa.

—¡Que vengas, hermano, que tengo algo *pa* ti! —le contestó desde la barra enseñándole algo.

Él lo miró extrañado. Dejó las cosas en la silla de al lado y se acercó a él. Era un objeto cuadrado. Parecía una libreta. El camarero extendió la mano y se lo aproximó.

—¿Qué me das, compadre?

—Un libro. Me lo dejó una chica que ha venido ya varias veces a tomar algo desde hace una semana o así. Es *pa* ti seguro, vamos, otro con tu nombre y tu trabajo no conozco. —El libro pasó de sus manos a las de él despacio—. Estaba buenísima la tía, compadre, un espectáculo —el camarero siguió hablando mientras él miraba la portada extrañado—. Lo he visto en las librerías. Centros comerciales y eso. Habla de putas y todo ese rollo, no sabes la que se ha *liao* con la mierda del libro —le colocó su desayuno en la barra—. No lo he abierto, pero si te ha *dejao* el número pásalo, por tu madre, que te he hecho el favor —le hizo un gesto cómplice y le guiñó el ojo, palmeándole el hombro y retomando su trabajo.

Le dio las gracias al camarero, recogió su tostada y su zumo de la barra y volvió a sentarse en la mesa. Abrió el libro. Había algo escrito en la primera página con tinta azul.

—¡Mira, compadre! —exclamó el camarero excitado—. Lo que te decía.

El chico buscó rápido por dentro de la barra el mando para darle voz al televisor. Una mujer y un hombre daban las noticias de la mañana. En la pantalla alternativa al primer plano del plató, situada en la esquina superior derecha, se exponían imágenes de algunos políticos conocidos entrando y saliendo de lo que parecía ser el Congreso de los Diputados, con manifestantes detrás que portaban pancartas color rojo con mujeres esposadas dibujadas.

> *En el último año ha aumentado la trata de menores con fines de explotación sexual, siendo España el país de la Unión Europea con más víctimas de este delito. El debate público abierto pide la creación de un órgano ejecutivo específico que coordine y ponga en marcha actuaciones contra la trata de forma específica. Así mismo, asociaciones y activistas feministas reclaman la creación de una ley integral con una clara perspectiva de género y la infancia, abordándose así de forma integral y transversal esta vulneración de los derechos humanos, y evitando la dispersión normativa y las lagunas legales. Una actuación policial efectiva que imponga la obligación de investigar ante el conocimiento de una situación…*

No podía creer lo que estaba viendo. Con todo lo del gimnasio no tenía casi tiempo de ver las noticias. Desde que se corrió la voz de los entrenamientos mixtos y femeninos, funcionaba mejor que nunca. Se había llenado de mujeres deseando aprender artes marciales, lo habían ampliado y estaban en trámites de abrir otro en el centro comercial que había cerca de su casa. De hecho, ya llegaba tarde a su cita de esa mañana con el notario.

Miró el libro. Lo firmaban M. Álvarez y K. Fernández, indicándolos como pseudónimos. Aquella «K» le produjo una descarga íntima en su estómago. Volvió a abrirlo por la tapa y leyó la dedicatoria que había escrita. Era un mensaje escueto pero directo. Tan breve como lleno de significado, como absolutamente todo lo que hacía alguien a quien conoció una vez:

De Kassandra para Ramsés

Había pasado más de un año desde que le había dejado aquel otro mensaje colado bajo la rendija de la persiana del gimnasio. Todavía lo guardaba. Un papel de cartulina doblado en dos en el que ponía lo que fue para él como puñalada: «No voy a volver. Espero que tú tampoco». Más de un año desde que había ido cada sábado a Tumbao para ver si la veía. Cada sábado. Y a MOMA, con ese tío repelente mirándolo altivo desde la zona VIP con sus amigos de camisa impoluta y mocasines de piel. Ni rastro. Ni de ella ni de su amiga. Ni de nada que pudiera decirle dónde se había metido. Ni redes sociales. Ni nombres ni teléfonos de contacto. Ni una sola pista. Solo una letra.

Más de un año soportando el olvido, la sensación de haber decepcionado a alguien a quien apreciaba de verdad. Soportando la esperanza, asesina y madre lactante a la vez, que lo había mantenido en pie, hambriento, mirando en cada rostro de cada calle. Aguantando los vuelcos de corazón cada vez que una melena rubia se giraba para mirarlo. Más de un año esperando hasta que supo que la había perdido —la esperanza y a ella—. Un año sin poder desayunar en la mesa de su propia cocina. Entrando al mismo gimnasio, recordándola cada vez que se sentaba en el banco después de la ducha, frente a su taquilla. Recordándola cada vez que una mujer pasaba oliendo a su perfume. Cada vez que le daban un puñetazo bien dado y con rabia en la cara. Cada vez que recordaba que no debía hablar por las mujeres como si ellas estuvieran mudas, sino escuchar lo que tenían que decir. El eslogan de su gimnasio nunca había tenido tanto sentido como aquel año, cuando ellas salieron el 8 de marzo e inundaron las calles, valientes e impertérritas. Defendiéndose. La primera huelga feminista de la Historia de España.

Las vio a todas a media distancia. Gritaban potentes: «No nos mires, únete». Y él les sonrió. Y se unió, a su manera. Cerró el gimnasio e hizo salir a todos los hombres a la puerta. Y las aplaudió. Vaya que si las aplaudió. Las aplaudió hasta que las manos le escocieron y sintió el corazón ensanchársele un poco más. Y la vio en cada una de sus caras, en cada uno de sus puños. En cada voz que se encendía. En cada consigna. La vio en cada mirada llena de rabia y de amor, de sororidad, de concordia y de lucha. La vio en cada noticiero que daban sobre aquellos desalmados explotadores de ojos claros, que eran todos uno, como lo eran todas ellas. Una sola. Una sola mujer.

Más de un año desde que no había vuelto a verla. A ella. A Kassandra Fernández, que —ahora lo sabía— tenía algo que contarle.

Cerró el libro despacio escurriéndose en la silla. Miró a la televisión. En el telediario seguían hablando de las protestas. Revolucionarias, decía el informativo. Revolucionarias.

Negó con la cabeza y comenzó a reír.

—Hija de la mierda.

Alicante (España), año 1996

Jamás había sentido tanto frío como aquel día en aquel baño. Estaba sentada en el váter. Los pantalones y las braguitas bajadas hasta los tobillos. Tenía la piel erizada y blanquecina la cara, descompuesta. Unas náuseas horribles que tragaba continuamente mientras la saliva se acumulaba en su paladar. Inspiraba hondo. Sentía la vida suspensa, como cuando dejas de respirar y oír bajo el agua, pero esta vez juró que se ahogaba de verdad. Se puede ahogar alguien que aún respira, sin ninguna duda. La experiencia te lo demuestra en contadas e intensas ocasiones como aquella.

Se lo había preguntado tantas veces..., se había echado la culpa tantas otras... que había acabado por arrepentirse de sus propias acciones. De todas. Como si, por alguna razón que desconocía, en sí mismas, ellas fueran las causantes de su fatídico presente.

La situación en la que se encontraba era, sin dudarlo, la más complicada a la que se había enfrentado durante toda su vida. Se avergonzó de ella misma. Rezó a Dios y a cualquiera que pudiera escucharla durante aquellos instantes que se le hacían interminables. Qué diría, qué haría, cómo resolvería aquello. Cómo olvidaría el dolor y cómo no recordarlo todos los días si aquello no salía como debía salir. Aquel sueño que apretó en su vientre mucho tiempo como quimera, convertido en lacerante y traumática pesadilla, se adueñaba de ella en cuatro escasos metros cuadrados; en cuatro paredes de azulejos azules y blancos.

Cerró los ojos y respiró una última vez antes de levantarse y subirse la ropa, y se acercó al lavamanos para acabar con aquello cuanto antes. Miró hacia el objeto susodicho. Ningún pensamiento en su mente más que el de ser libre, por una vez en su vida. ¿Tan difícil era que una mujer fuera libre por una vez en su vida?

Aquel pensamiento se adueñó de ella como un mantra instantes previos a la extraordinaria y a la vez terrible noticia: estaba embarazada. Su marido era estéril y ella estaba embarazada de un hombre al que no amaba. Embarazada de una violación. De la violación de un hombre que no era capaz de amar a ninguna mujer.

El tiempo y la marea no esperan a ningún hombre. O, en este caso, mujer.

Madre de Alicia, *Alicia en el País de las Maravillas*

—No veo el momento de pasar aquí el último cuatrimestre en la universidad —dijo Kassandra.

—¿No te apetece?

Kassandra fingió una arcada. Su madre soltó una risa.

—Ha sido un año y medio precioso en Colombia. Me he divertido como nunca, pero también ha sido duro. Escribir la novela extrajo mucho dolor. Y para extraer el dolor primero hay que aceptar que existe. Eso fue lo peor. —Llenó sus pulmones de aire y lo expulsó despacio. La ansiedad había hecho mella en su cuerpo después de aquello. Y probablemente la sufriría por mucho más tiempo—. Las echaré de menos hasta que vuelvan. Sobre todo a Esperanza.

—Qué niña más bonita. Tiene los ojos tan verdes. Me recuerda mucho a ti. Casi se parece más a ti que a Marcela.

—Marcela dice lo mismo —rio Kassandra por lo bajo.

—¿Y ahora qué vas a hacer? —preguntó su madre.

El viento húmedo del mar le acariciaba la cara. Su madre se encontraba sentada en la toalla, con la cabeza de su hija apoyada en sus muslos. A últimos de febrero, la playa era un paisaje limpio y silencioso que mecía tranquila la mirada a quien lo observaba. El mar, de un color azul más oscuro que de costumbre, estaba tibio y en calma, como el corazón de Ana, que, tras un año y medio, había vuelto a abrazar a su hija.

—¿Qué voy a hacer de qué? —la miró Kassandra desde abajo curiosa.

—Con lo demás —se hizo un breve silencio. Ana no encontraba las palabras, otra vez. Aunque ahora era distinto. Después de tanto tiempo de silencio impuesto y de secretos, había aprendido a hablar. A hablar de verdad, por ella misma. A buscar las palabras hasta extraerlas—. Yo tengo protección. Tú no la tienes, y eso me da miedo —se atrevió a decir. Qué difícil es para alguien que tiene miedo decir que lo tiene.

—No pasa nada, mamá —dijo Kassandra—. El miedo es como el dolor, hay que sentirlo para acabar con él.

Ana asintió.

—Es verdad —dijo—. Llevas razón.

Ana había pasado muchísimo tiempo ocultando cosas. Prácticamente toda su vida. Algo en su fuero interno, apoyado por su propia experiencia, la llevaba a pensar que Kassandra le ocultaba algo. La conocía. Sabía cómo era. Sabía cuál era su temperamento. Su amiga Aleksandra se lo había dicho muchas veces al visitarla mientras su hija y Bilma estaban fuera: «Kassandra no se rinde —le decía entre preocupada y orgullosa—. No se rinde así le prometan tregua con la rendición. No lo hace».

Hay personas que encuentran una causa y la persiguen hasta el final. No dejan de correr hasta que ganan la carrera, aunque les vaya la misma vida en ello.

—Voy a dedicarme a mejorar en defensa personal y a sacar las asignaturas —le dijo a su madre.

Un olor disperso que le resultó familiar rozó sus fosas nasales. Lo buscó con la vista. Provenía de un puesto ambulante de perfumes e inciensos. La mujer que lo trasladaba caminaba lenta atravesando el paso de cebra cercano, tras el dique final de la playa, directa hacia la pequeña feria de artesanía de los alrededores del casino. Cuatro varillas clavadas en las esquinas del carrito que empujaba emanaban varios aromas que se entremezclaban y dispersaban en el viento fresco de levante. Entre ellos y más intenso que los demás, destacaba olfativamente la canela.

Kassandra siguió la vista hacia el paseo del hotel, al lado del semáforo, y recorrió con la mirada el paseo marítimo hasta el espigón. Sus ojos verdes se posaron en la construcción pedregosa.

Todo lo que buscamos está al otro lado del miedo. Solo necesitamos decidir zambullirnos en él. Atrevernos a cruzar, a mirarle a los ojos.

Se vio a ella misma saltando del espigón hacia el agua, igual de embravecida que las olas que ahora golpeaban las mismas rocas, encima de las cuales permaneció, un tiempo atrás, de pie. Mirando al horizonte y a su destino. Entre el ahogo y la libertad. Entre el mar y el cielo.

—Mamá —la llamó.

Su madre le estiraba el cabello de las sienes trenzándoselo hacia atrás. Paró de peinarla.

—Dime, reina.

—¿Tú sabes jugar al ajedrez?

Pasa corriendo, con la toalla enrollada en el pelo, junto a la vitrina de trofeos de artes marciales. Se resbala descalza en el suelo mojado. Ziup. Se agarra al borde de la mesa para no caer y coge el teléfono antes de que deje de sonar. El número corresponde a un centro de protección de mujeres de Málaga que ya le resulta conocido. Descuelga el aparato.

—Dime.

—¿Cómo estás? —la mujer del otro lado de la línea tiene un marcado acento extranjero.

—Bien. Acabo de ducharme. Venimos de la playa.

—Qué ganas tengo de ir para allá.

—Y yo de que vengas.

Un silencio breve se adueña de la conversación. La oración de después se adueña de la situación.

—Tengo otro aviso —dice la voz femenina a través del aparato.

—Dónde —contesta seca. Se quita la toalla para escuchar mejor y el pelo, larguísimo y mojado, cae hasta su cintura.

—Puerto Banús. Mis fuentes dicen que son varios búlgaros, dos albaneses..., y que al jefe le llaman el Rey.

—Saca los billetes —ordena sin dejar acabar a la otra. Su voz dulce ha mutado y se ha vuelto tosca.

—Y son fuentes fiables... —termina de contar la voz al otro lado—. Ha vuelto a España.

—Perfecto. Saca los billetes —espeta entre furiosa y excitada.

—Ya están sacados. Tres. Uno para cada una. Avisa a tu amiga para que esté en media hora en la estación de tren; vosotras dos salid ahora mismo o llegaréis tarde. Os espero aquí.

—Te aviso al llegar.

Cuelga. Camina hasta el final del pasillo y abre la puerta que da a las escaleras que bajaban al sótano. Silba varias veces.

—¡Hay un aviso! —chilla hacia abajo—. Prepárate, nos vamos.

Ambas salen unos minutos más tarde, bolsas de viaje en mano. Se gira desde la puerta de la verja que separa el chalé de la calle.

—Espera. Se me olvida algo —dice.

La chica negra, que no ha bajado aún las escaleras y continúa en el umbral de la puerta de entrada, interpone rápidamente el pie entre la jamba y esta evitando que se cierre.

—Tú siempre haces las cosas a tiempo —le dice la otra subiendo rápida las escaleras.

—Lo mismo digo, Reina.

Una mano delgada y muy blanca, con una «K» tatuada justo en el interior del dedo corazón, atraviesa el resquicio y palpa hasta el paragüero, extrayendo de él un telescopio de hierro. Portazo. El lugar queda en silencio.

En el jardín de detrás del antiguo club clandestino, dos prímulas rojas recién plantadas comienzan a florecer en honor a Polina Katrova y Katia Lassanis.

NOTA DE LA AUTORA

Querido lector:

Probablemente encontró esta novela en una sección de ficción.

Ninguna de las simbologías, alegorías y metáforas intrínsecas a la historia, enmarcadas tanto en los personajes como en los lugares, situaciones y acciones, es casual.

Toda representación en la novela integra un significado más profundo. Algunos ejemplos son el club —la propia sociedad—. En él, las mujeres son esclavizadas y, por el contrario, es el mismo escenario de esclavitud el que propicia su concierto, la unión de sus voces, la liberación mediante el baile y la música y la rebelión de estas. Es necesaria la oscuridad para hallar luz. No existe libertad sin esclavitud. No existe paz sin guerra.

La carga simbólica también se encuentra en las escenas de confrontación con los chicos a la salida de la cafetería, mostradas en un pulso constante e *in crescendo*, que acompañan al lector en la metamorfosis de la protagonista principal y reflejan, a su vez, la pasividad de los actores sociales secundarios ante la violencia socialmente aceptada hacia las mujeres. En ellas, los chicos se encuentran librando siempre una partida de cartas. Esa partida confiere un guiño literario a la verdadera Partida. Aquella que se libra, realmente, dentro del sistema.

Durante las conversaciones tan poco típicas —las cuales se alejan de la norma— entre la protagonista y su amiga son tratados, por un lado, el prejuicio como tema central desde una multiperspectiva que se aleja del maniqueísmo tan recurrente en lo literario y, por otro, las cuestiones más normalizadas del sistema heteropatriarcal, de forma que la temática dista mucho de lo que se ha pretendido instaurar como contenido central conversacional femenino: el amor romántico heterosexual (en esta novela, el amor «que todo lo puede» —entendido como el deber de sufrimiento que se impone en el concepto del amor tradicionalmente tóxico— es otro tipo de amor: la sororidad entre mujeres, la rebelión y el amor por la libertad, que se superponen dignamente a la subordinación romántica femenina).

La historia de amor es presentada en una escena específica: el combate. A través de la continua pelea y forcejeo entre él y ella, golpe tras golpe, se muestran las dificultades que ambos presentan emocionalmente hablando, mientras que estas luchan contra sí mismas.

El Fuego —representado en varias imágenes y puntos estratégicos, como lo son las hipnóticas hogueras y la sensación interna en la protagonista—: constituye una alegoría de la rebelión. El agua del mar en la que intenta sofocarlo cuando todavía no comprende su utilidad simboliza la asfixia y el ahogo que provoca la situación en la que se ven inmersas las protagonistas femeninas. La mujer es simbolizada como pilar e isla, soportando continuamente entre el mar y el cielo y alejada e incomunicada, sola en su subsidiariedad impuesta. De otra parte, las paulatinas muestras de desobediencia y rebeldía, narradas en una pulsión constante, representan también a ese Fuego lento que derretirá el Hielo de los proxenetas, en un tira y afloja tensional y antónimo.

En los relatos personales añadidos, los cuales rompen con la cronología narrativa, se ilustra cómo la violencia de género marca y conforma desde diferentes manifestaciones el *iter vitae* de los diversos personajes en la ficción.

El tablero no es más que el reflejo del sistema y sus normas de juego, donde la Reina comprende que las trampas son las propias reglas, se rebela y da jaque al Rey de su propio bando.

Por otra parte, el realismo mágico de las visiones de Kassandra, donde su niña interior —la valentía dormida— libra la partida de ajedrez, manifiesta la continua contradicción interna en nuestra protagonista. Esta contradicción es observada también en las metarreferencias simbólicas a Alicia y la Reina Roja, que son presentadas como dos planos congregados en una misma existencia que se niega y refuerza a sí misma; que es cobarde y valiente a la vez; inocente y despiadada. Una niña que se descubre pieza movida por la mano que la estrangula y también libre y salvaje; violenta y emocional; cruel y sufridora: humana, al fin y al cabo. Una mujer que recupera su corazón y acaba por responderse sola a los porqués que la atormentan. La duplicidad del mundo-los mundos en contradicción constante es también un recurso explotado en la historia. El onírico y el real. El legal y el ilegal. El interno y el externo. El amor y la rabia. La cobardía y la venganza. El pasado y el futuro. Alicia vagando entre ambas realidades contrapuestas y complementarias. Mareada continuamente dentro de la madriguera: una metáfora de la existencia humana y, más concretamente, un homenaje alegórico a la fatigosa y atribulada existencia femenina.

La misma Alicia, tras descender vertiginosamente, viaja hasta el País de los Horrores, y decide enfrentarse a sí misma, a su historia y a su propio padre. Este enfrentamiento propicia su indefectible nombramiento como Reina de Corazones: absolutamente todos poseemos dentro de nosotros algo que nos asemeja a aquello contra lo que luchamos. Es por ello que nuestra protagonista se tatúa una «K» y no una «Q»: decide apropiarse, despojar al Rey de su malévolo poder y transformarlo, no servir a su lado.

El colgante del bate de la protagonista constituye, también, un símbolo —la venganza y la violencia—. Lo agarra con fuerza en su cuello en los momentos tensionales, para aflojarlo después en un continuo clima de indecisión-decisión, que avanza progresivamente y de modo cada vez más rápido e intenso. El bate-telescopio a través del cual puede, a su vez, observar el verdadero orden establecido y luchar contra él: para saber contra qué se combate, uno debe observar primero al enemigo hasta comprenderlo. Eso es lo que hace Kassandra durante toda la narración: intentar comprender, no solo cómo funciona la organización criminal en la que se ve obligada a adentrarse, sino cómo funciona el mundo. El sistema. «El porqué».

El mutismo impostado de la mujer negra, que no habla teniendo voz, exhibe la superposición de opresiones. Hay un detalle muy importante respecto del significado de la figura de Maisha en la novela. Cuando Kassandra toma la decisión de viajar a Marrakech, decide «hablar» con ella y no con otra. Kassandra decide dar el teléfono a Maisha, ¡a Maisha, a la que nunca ha oído hablar! ¡A la que todos llaman muda!

Kassandra cree tanto en las posibilidades de Maisha, cree tanto en su amiga que es a ella a quien da el teléfono. Maisha representa la idea de inacción-acción. Una revolucionaria que revela que todos a su alrededor pretenden hablar por ella, no porque no tenga su propia voz, sino porque la enmudecen. La una se enamora de la fuerza de la otra, y viceversa. Se necesitan mutuamente. Ambas piezas, negra y blanca, se plantan en mitad del tablero para decirse: creo en ti. Ese gesto, a mi parecer, constituye el punto álgido de sororidad en la novela.

En dos escenas aparece Gata, la tatuadora. Una mujer que habla con Kassandra sobre encontrar el camino liberador y sobre cómo nombrarse a sí misma, que tatúa a tinta la piel de otra mujer para que recuerde quién es. Gata recuerda a un icónico personaje perteneciente a otra historia. Con ella comienzan las metarreferencias al viaje de Alicia.

Love, la prostituta obligada y asfixiada por sus circunstancias, cuyo proxeneta es la exclusión social. El aparente poco protagonismo de la madre como encarnación de la secundariedad de la mujer. La maternalidad de Marcela, la muerte de Katia, «plantada» en el jardín, propiciando el florecimiento de algo hermoso y fuerte, la alienación de Bruna y Polina, el sistema de afrontamiento de Aleksandra.

La metaliteratura insertada en la narración muestra la escritura como altavoz de la mujer. Lo que no se nombra y se escribe no existe. Jacobo Fernández encarna la normalización y sutileza más absolutas de la violencia doméstica. Emil Batzlaba, cuyo patrón vicario de hombre en la infancia marca su violencia futura. El Rey, representación más fiel de la criminalidad de género organizada. Ram, retrato de la deconstrucción que se desprende de la toxicidad del imperio del género y del racismo estereotipador. La figura de Ramsés constituye también un personaje importante en la novela. A lo largo de la narrativa se nos repite como un mantra que Ramsés es un delincuente. El lector, en un punto específico que roza la autoprofecía cumplida/imaginada, llega a tomarlo como semiverdad, cuando todas las evidencias reflejan fidedignamente lo contrario. La creación de este personaje pretende que el lector sienta en sus carnes, por una parte, esa consecuente angustia que sufre el etiquetado, cuestionado pese a demostrar continuamente que no es lo que la sociedad pretende decir que es y que vive en un continuo combate contra aquello en lo que el propio sistema imperativo le aboca a convertirse. Se siente el peso lacerante del estereotipo a la espalda, que incluso Kassandra llega a sufrir de forma subsidiaria. El *labeling approach* agresivo e incesante del que es objeto llega a enrabiarnos y a mostrar nuestros propios prejuicios de una forma tal que solo puede ser definida como necesaria.

Los chicos de la partida constante fuera de la cafetería reflejan la masculinidad tóxica exacerbada. El juego patriarcal. Kráneo, la injustificación de la crueldad, por una parte, la justificación del ejercicio de la violencia de Kassandra, por otra. Pablo De Lamo y su egocéntrica visión de las mujeres revela la utilización del género femenino como objeto de triunfo personal. Se encuentran también en el devenir de la narración pequeñas muestras de complicidad con personajes masculinos que recuerdan a la protagonista la esperanzadora bondad de los hombres —el mesero del bar, Ram, su primo Toni, el guardia del aeropuerto, el taxista.

El salvajismo es definido en su cualidad adjetiva de salvaje, acepciones 1, 3, 8, 10 y 11 como:

Que no está domesticado y vive en libertad.

Que se conserva en estado natural, sin haber sido habitado o modificado por el ser humano.

Que se opone a determinadas características o valores sociales que se consideran propios de una sociedad civilizada, como son la moderación, el respeto por las normas, la autoridad, la tradición, etc.

Que comete actos violentos, crueles e inhumanos, propios de una persona no civilizada.

Que se defiende o se aplica de manera excesivamente radical, impositiva o violenta.

Memorias de una salvaje constituye una novela de re-conocimiento. La protagonista necesita reconocerse en su propia historia, viajar al pasado para ir al futuro, para saber quién es realmente. La anagnórisis novelesca de Edipo Rey da paso a una igual de intimista, pero esta vez heroica, que propicia una salvación y facilita una subversión del orden establecido. Los neones y el fuego rompen en contraste con una sociedad que, pese a advertir una supuesta escala cromática infinita de posibilidades y libertades, sigue siendo en su fondo de un gris anodino, insustancial y estratégicamente soporífero. Basta con observarla desde una buena mirilla —o un telescopio—: nuestra aparente oferta de colorismo no es más que un chantaje; la obligatoriedad de la adaptación del individuo sigue latente y velada tras una ficticia libertad de elección del rol.

El rojo sangre —ya sea parpadeando en luces de neón o crepitando en la llama de un fuego prendido—, en esta novela, nos da un tortazo inusitado que despierta el adormecimiento, mostrándonos que vivimos en un lugar que no dista de ser el reflejo de su propio creador: un impostor. Un escenario teatral. El mismo fuego y los mismos psicopáticos mensajes en tubos de neón existen en una realidad no literaria, pero no se muestran como son realmente —o no somos capaces de llegar al icono, al significado real—. Las trabas impuestas al proceso de «desadaptación» que el individuo necesita para revertir el orden establecido son continuas, infinitas, recidivantes y efectivas, y nos sumen en el silencio y el estatismo de una humanidad que fluye, pero no se adentra; que ve pasar las tonalidades con el ánimo jocoso de un vitalismo impuesto y exacerbado, y no es capaz de interesarse en identificar qué simbolizan realmente, mucho menos de luchar contra aquello que representan.

¿Cuántas veces ha pasado usted por el cartel que reza LOVE?

Despertar en una sociedad como esta, querido lector, es curarse de una enfermedad comatosa. Nuestra protagonista lo hace. Le siguen otras. Y otros. *Memorias de una salvaje* es una oda a la inadaptación en una civilización esclavista y letal.

Nos encontramos ante un panorama desolador. Es mi deber comunicarle al lector que, en estos mismos momentos en los que lee estas palabras, catorce mil chicas están siendo explotadas sexualmente solo en España. Niñas inocentes siguen encerradas en jaulas, siendo vendidas en Marruecos y otros países, esperando la violación de desalmados que paguen por hacer con sus pequeños cuerpos lo que a sus depravadas mentes les plazca.

Miles y miles de mujeres siguen recluidas, secuestradas y coaccionadas en clubs, pisos, chalés o enviadas a la calle a ser violadas por hombres de a pie bajo violencia atroz y amenazas. Son violadas todos los días y a todas horas. En nuestras calles. En frente de nuestros propios ojos.

Haciendo paráfrasis de los propios pensamientos de la protagonista: «Nadie dice nada, como siempre».

¿Cómo ficcionar el sufrimiento? ¿Cómo se añade un plano creativo al reflejo de un mundo tan cruel como para romper a nuestra protagonista la mirada al nacer?

Es bien conocido el asiduo mantra del colectivo literato «la literatura debe incomodar, ser subversiva». Dígame, lector, ¿qué incomoda más a un sistema que condena al sufrimiento femenino al silencio, normalización y utilidad que la historia de mujeres sufriendo que se atreven a decir que sufren, de mujeres que se rebelan contra ello? ¿Qué incomoda más que narrar algo de lo que tenemos constancia y dejamos correr, como si fuera el agua del grifo cuya factura paga otro?

Quizá Kassandra exista. Quizá sea yo misma. Quizá alguien que conozco. La realidad es que Kassandra, la niña abusada y sedienta de venganza, la chica que se niega a amar, la mujer disociada, son todas las mujeres. Marcela, la adolescente que se ve obligada a dejar a su hija en su país de origen para sobrevivir y sustentar a su familia, siendo explotada como inmigrante en Europa, son todas las mujeres. Ana, la madre que deja de luchar por ella para luchar por los demás, la que soporta y soporta como un pilar forzado a serlo, son todas las mujeres. Maisha, la que limpia y limpia, la que calla harta de no ser escuchada, la que se rebela y decide hablar, son todas las mujeres. Polina, la explotadora explotada que se redime a sí misma y por las demás, son todas las mujeres. Katia, la que muere por lo que cree, son todas las mujeres. Aleksandra, la que se finge fuerte e impasible, la que hace de su traumática condición un chiste triste, son todas las mujeres. Bruna, la alienada que compite, recela y juzga a otras mujeres, son todas las mujeres. Todas las mujeres de esta novela encarnan a la Mujer en sus múltiples experiencias, facetas, sufrimientos. Nada en *Memorias de una salvaje* es una cuestión fortuita ni azarosa. Todo es susceptible de análisis, como sucede también con el mundo fuera de esta novela.

En Alicante y ahora mismo, en plena temporada estival, tengo constancia personal de la existencia de más de cincuenta «prostíbulos». Pisos, chalés clandestinos y pseudomoteles, que no son otra cosa que casas de violaciones sistemáticas que cuentan con el silencio y la complicidad de quienes dicen no apoyar la violencia y la violación. Esta es solo la situación de Alicante. Y esta novela no es una distopía literaria: es la realidad.

Cuando comencé a pensar en *Memorias de una salvaje*, escuché muchas veces —como si de una muletilla ensayada se tratara—: «Nadie quiere escuchar la historia de una puta». Lo oí mucho. Decenas de veces. Aquello me retumbó en los oídos como la reverberación del tic-tac constante de un reloj cercano. Y en cada una de esas ocasiones me repetía para mis adentros otra sencilla muletilla propia: «Nada es verdad».

El arte no es un producto, es un vómito. Y vomité. Y acabé sabiendo que lo que ocurría era que nadie quiere oír la verdad; mirar a los ojos a la verdad siempre constituye un acto incómodo. Nadie quiere escuchar una historia que le grite al oído un sufrimiento que se niega a oír.

Todas las mujeres somos putas a lo largo de nuestra vida, por una u otra razón. Una es una puta cuando la obligan, es una puta cuando la engañan, es una puta cuando es libre o cuando es esclava, es una puta cuando no hace las cosas bien o cuando empieza a hacerlas bien. La sociedad quiere historias de mujeres felizmente sumisas, que aman y que sufren porque aman, pero aman amar así. Mujeres cuya vida se enrola en un sentimentalismo idealista e idiotizado que monitoriza su existencia, y en torno al cual giran lo suficientemente angustiadas como para no fijarse en nada más. Quiere una literatura de consumo que consuma la fuerza de sus protagonistas, que las moldee a su antojo, que haga de ellas la fémina débil que la sociedad pide que sean. Ese amor-opio novelesco que las adormece, ese amor-soga plástico que las estrangula, esa tinta poética densa que las ahoga está ahí fuera también, realista, parpadeante en tubos de neón e intrincado en la cotidianeidad más arraigada.

Querido lector:

Este libro que tiene usted en sus manos no es una novela de ficción. Es una alegoría de usted mismo y de la sociedad en la que vive.

Es hora de saber que la negligente y sesgada «Historia del Hombre» —aquella que tanto nos malcontaron— se ha basado también en narrar a la mujer desde una óptica secundaria y estratégicamente falsa. Esa cobardía embebida necesita de una valentía indomable. Esa mentira necesita de una verdad. Y la Verdad —por más que a algunos les duela como un golpe de bate en la sien— hace ya inevitable escuchar, de una vez por todas, la verdadera Historia de las Mujeres.

AGRADECIMIENTOS

A mi madre, mi padre, mi hermana y mi familia. No habría podido escribir esta novela sin su apoyo y paciencia. A todos los escritores que alguna vez me inspiraron con sus obras y por los que siento una profunda admiración. A Carlos, por hacer honor al significado de su nombre. A mis amistades incondicionales. A mis compañeras. A quienes han inspirado y han formado parte de esta historia, aun sin saberlo. A mis raíces, mi mestizaje, mi pobreza, mi condición, mi sangre, mi pasado y ojalá que también mi futuro, pues eso significará que sigo aprendiendo.

A todas las personas —activistas, académicas, psicólogas, psiquiatras, editores y trabajadores— que, de un modo u otro, han ayudado y han posibilitado dar a luz esta narrativa. A todos aquellos que me llenaron de rabia, pues esta fue mi salvación —el amor y el asco, en mi impulso creativo, siempre van de la mano.

A:
B. L. R.
J. M. M.
M. A. E.
C. S. L.
C. G. N.
B. T. J.
J. M. V.
M. F. M.

K. F. C.

A ti, hombre que estás leyendo esto: «No nos mires, únete».

A todas las mujeres: No temáis al Fuego.

Y a todos los Hombres de Hielo y reyes del tablero: Jaque mate.

ÍNDICE